Sozialpsychologie der Organisation

Martin Elbe

Sozialpsychologie der Organisation

Verhalten und Intervention in sozialen Systemen

Martin Elbe
ZMSBw - Zentrum für Militärgeschichte und
Sozialwissenschaften der Bundeswehr
Potsdam
Deutschland

ISBN 978-3-662-50382-9   ISBN 978-3-662-50383-6   (eBook)
DOI 10.1007/978-3-662-50383-6

Die Deutsche Nationalbibliothek verzeichnet diese Publikation in der Deutschen Nationalbibliografie;
detaillierte bibliografische Daten sind im Internet über http://dnb.d-nb.de abrufbar.

Springer Gabler

Springer Gabler ist Teil von Springer Nature
Die eingetragene Gesellschaft ist Springer-Verlag GmbH Germany
Die Anschrift der Gesellschaft ist: Heidelberger Platz 3, 14197 Berlin, Germany

für meine Schwestern
Birgit, Karin und Irene

Vorwort

Hiermit wird ein Lehrbuch zur *Sozialpsychologie der Organisation* erstmals in deutscher Sprache vorgelegt – das ist umso verwunderlicher, als dass es einerseits seit den 1960er Jahren in den USA bahnbrechende Werke hierzu gab und andererseits Organisationen nun mal zentrale Orte sozialpsychologisch relevanten Erlebens und Verhaltens von Menschen sind. Allerdings schien die Notwendigkeit für eigenständige Literatur zur *Sozialpsychologie der Organisation* eher gering, da ja seit längerem in der Arbeits- und Organisationspsychologie zahlreiche (Lehr-)Bücher vorhanden waren.

Diese Vorstellung hatte auch ich, als ich im Herbst 1992 eine auf zwei Semester angelegte Veranstaltung zur ‚Sozialpsychologischen Organisationsforschung' bei Prof. Dr. Bernd Köhler während meines Studiums an der Universität der Bundeswehr München besuchte und sehr gespannt war, was denn nun die Differenz zu meinem Schwerpunktfach ‚Arbeits- und Organisationpsychologie' (bei Prof. Sonja Sackmann Ph.D.) sein sollte. Diese Differenz hat mich seither bewegt und schließlich veranlasst dieses Lehrbuch vorzulegen und damit eine Lücke in der psychologischen Organisationsliteratur zu schließen. Das Buch ergänzt die bereits vorhandenen Lehrbücher zu den Grundlagen der Organisation (‚Die temporäre Organisation': Elbe und Peters 2016) und zur Organisationsdiagnose (Elbe 2015).

Obwohl der Hauptteil der Arbeit am Text im Laufe des akademischen Jahres 2015/2016, das ich als Professor für Arbeits- und Organisationspsychologie an der HMKW Hochschule für Medien, Kommunikation und Wirtschaft verbringen durfte, erbracht wurde, greife ich natürlich auch auf frühere Arbeiten und Texte mit zurück. Es freut mich besonders, dabei auch Ergebnisse eines Experiments, das im Jahr 1999 am Arbeitsbereich von Prof. Dr. Jutta Allmendinger an der Ludwig-Maximilians-Universität München von uns durchgeführt wurde, vorstellen zu können – hierfür und für die Unterstützung (zusammen mit Prof. Dr. Betina Hollstein) bedanke ich mich herzlich.

Besonderer Dank gebührt den KorrekturleserInnen, die den Text mit zahlreichen Verbesserungsvorschlägen zugänglicher und richtiger gemacht haben: Karin Elbe-Heimann, Dr. Holger Morick, Dr. Gregor Richter, und den Kollegen, die mich darin bestärkten, das Projekt zum Abschluss zu bringen: Prof. Dr. Sebastian Kunert, Prof. Dr. Sibylle Peters und Dr. Gerhard Westermayer. Alle verbleibenden Mängel oder Ungereimtheiten sind meinem ‚blinden Fleck' oder Starrsinn zuzuschreiben. Wann immer im Text nur ein Geschlecht angesprochen wird, sind in der Regel alle Geschlechter damit gemeint.

Martin Elbe,
Berlin, 2016

Literatur

Elbe M, Peters S (2016) Die Temporäre Organisation. Kooperation, Gestaltung und Beratung. Berlin
Elbe M (2015) Organisationsdiagnose: Methoden - Fallstudien - Reflexionen. Baltmannsweiler

Inhaltsverzeichnis

1   Sozialpsychologische Organisationsforschung 1
1.1   Ungewissheit in sozialen Systemen. 2
1.2   Perspektiven der Sozialpsychologie 6
1.3   Verstehen und die Sozialpsychologie der Organisation 11
1.4   Grundlegende sozialpsychologische Problemstellungen 15
1.4.1 Gemeinschaft und Gesellschaft 15
1.4.2 Kommunikation und Soziale Wahrnehmung 18
1.4.3 Verhaltenssteuerung: Altruismus vs. Egoismus 23
1.4.4 Kultur, Einstellungen und Werte 27
1.4.5 Konformität und Herrschaft 31
1.5   Fragen 32
       Literatur. 33

2   Sozialisation und System. 37
2.1   Organisation als soziales System und Prozess 38
2.2   Sozialisation, Lernen und Rollen. 41
2.3   Phasenmodell der Sozialisation 51
2.4   Berufliche Sozialisation und berufliches Lernen 54
2.5   Modelle der Betrieblichen Sozialisation 57
2.6   Zur integrativen Perspektive 61
2.7   Fragen 62
       Literatur. 63

3   Wandel im System 67
3.1   Anpassungsprozesse: Mensch, Ding, System 68
3.2   Wandel und Konflikte 71
3.3   Organisationskultur und Führung 73
3.4   Betriebliche Sozialisation der Organisation. 76
3.5   Betriebliche Sozialisation des Individuums 81
3.6   Lernprozesse in der Betrieblichen Sozialisation. 84
3.7   Alternative Perspektiven 87
3.8   Fragen 88
       Literatur. 89

4   Organisations- und Personalentwicklung 93
4.1   Zum Management Betrieblicher Sozialisation 94
4.2   Organisationskultur-Management 94
4.3   Gruppen und Gruppendynamik 96
4.4   Ansätze der Organisationsentwicklung. 102
4.5   Kultur und Identität 110
4.6   Differentielles Personalmanagement. 112
4.7   Personalentwicklung im Sozialisationsprozess 118
4.8   Empirische Personalforschung 122
4.9   Beziehungsentwicklung, Beratung und Kommunikation 128
4.10   Übungsaufgaben. 132
       Literatur. 132

5   Intervention durch sozialpsychologische Beratung 137
5.1   Beratungskontext 138
5.2   Konvergenzhypothese 139
5.3   Prozess und Methode 141
5.4   Action Research 143
5.5   Rat geben: zur Beraterrolle 144
5.6   Methodische Ansätze sozialpsychologischer Beratung 146
5.6.1 Quantitative Methoden 148
5.6.2 Qualitative Methoden 149
5.7   Diagnose, Aktion, Evaluation 150
5.8   Beratung und andere helfende Beziehungen 154
5.8.1 Coaching 154
5.8.2 Mentoring 157
5.8.3 Supervision 158
5.9   Widerstand im Beratungskontext 159
5.10   Kommunizieren und Darstellen 160
5.10.1 Kommunikation und Intervention 160
5.10.2 Fragetechniken 163
5.10.3 Interviews und Fragebögen 165
5.10.4 Erzählen, Auf- und Darstellen 167
5.11   Fragen 169
       Literatur. 169

6   Aktuelle Anwendungsfelder 173
6.1   Beschreibung, Erklärung und Gestaltung 174
6.2   Anreiz- und Führungssystem 176
6.3   Employography als neue Perspektive 181
6.4   Sozialpsychologisches Innovations management 183
6.5   Betriebliches Gesundheits management 186
6.6   Fragen 188
       Literaur 188

7   Schlussbemerkungen 191
       Literatur. 192

       Serviceteil 193
       Weiterführende Literatur. 194

Sozialpsychologische Organisationsforschung

1.1   Ungewissheit in sozialen Systemen – 2

1.2   Perspektiven der Sozialpsychologie – 6

1.3   Verstehen und die Sozialpsychologie der Organisation – 11

1.4   Grundlegende sozialpsychologische Problemstellungen – 15
1.4.1   Gemeinschaft und Gesellschaft – 15
1.4.2   Kommunikation und Soziale Wahrnehmung – 18
1.4.3   Verhaltenssteuerung: Altruismus vs. Egoismus – 23
1.4.4   Kultur, Einstellungen und Werte – 27
1.4.5   Konformität und Herrschaft – 31

1.5   Fragen – 32

        Literatur – 33

© Springer-Verlag Berlin Heidelberg 2016
M. Elbe, *Sozialpsychologie der Organisation*,
DOI 10.1007/978-3-662-50383-6_1

Zusammenfassung

Das erste Kapitel führt in die sozialpsychologische Organisationforschung ein. Das Phänomen der Ungewissheit in sozialen Systemen bildet den Ausgangspunkt hierzu. Es werden die unterschiedlichen wissenschaftstheoretischen Traditionen der Sozialpsychologie als Rahmen des vorliegenden Ansatzes dargestellt und die Sozialpsychologie der Organisation als reflexiv-verstehender Disziplin einer angewandten Sozialpsychologie verortet. Im weiteren Verlauf des Kapitels werden die grundlegenden sozialpsychologischen Problemstellungen umrissen: Gemeinschaft und Gesellschaft, Kommunikation und soziale Wahrnehmung, Verhaltenssteuerung (Altruismus vs. Egoismus), der Zusammenhang zwischen Kultur, Einstellungen und Werten und abschließend die Bedeutung von Konformität und Herrschaft in sozialen Systemen. Hiermit werden in Kapitel eins die Grundlagen der Sozialpsychologie der Organisation gelegt.

1.1   Ungewissheit in sozialen Systemen

Traumatisierte Organisationen?   *New York, 11. September 2001: Die beiden Türme des World Trade Centers in New York werden durch einen Terroranschlag zerstört. Unter den Toten sind zahlreiche Mitarbeiter von Firmen verschiedener Branchen. Diese Firmen müssen schlagartig damit fertig werden nicht nur einzelne Menschen verloren zu haben, sondern ganze Abteilungen, mit all dem dort vorhandenen Wissen, den Erfahrungen, den sozialen Beziehungen.*
[…]
Paris, 7. Januar 2015: Zwei maskierte Attentäter dringen in die Redaktionsräume der Satirezeitschrift ‚Charlie Hebdo‘ in Paris ein, töten elf Menschen und verletzen zahlreiche weitere. Diese Zeitschrift und die sie produzierende Organisation werden in ihrem Kern getroffen. Am 14. Januar 2015 erscheint eine Ausgabe von ‚Charlie Hebdo‘ mit dem Titel ‚Das Journal der Überlebenden‘ (im Original: ‚Le Journal des Survivants‘).

Die beiden Beispiele haben mehrere Gemeinsamkeiten: In beiden Fällen wird von Terroranschlägen berichtet. Es werden jeweils mehrere oder zahlreiche Menschen getötet. Beide Beispiele beziehen sich aber auch auf spezifische soziale Kontexte, auf Unternehmen oder, allgemeiner gesprochen, auf Organisationen. Natürlich ist dies nur eine bestimmte Perspektive, denn die Betroffenen (z. B. Verletzte, Zeugen, Einsatzkräfte, Attentäter, Angehörige und überlebenden Kollegen) haben sehr unterschiedliche emotionale Beziehungen zu dem Geschehen, haben unterschiedliche Erinnerungen an eigenes und fremdes Verhalten und verbinden mit den kurz beschriebenen Situationen jeweils eigene Sinnkonstruktionen. Neben diese individuellen Bezüge tritt ein sozialer Bezug, der nicht nur zu einer spezifischen Situationsdefinition führt, sondern einen konkreten sozialen Kontext betrifft, der unsere Gesellschaft in hohem Maß prägt: Beide Beispiele thematisieren Organisationen als professionelle soziale Systeme und deren Umgang mit dem Geschehen. Die beiden Beispiele sind prominent, stehen aber für eine Bedrohung, die Organisationen als wichtige Elemente moderner Gesellschaften prinzipiell betreffen. Diese sozialen Systeme sind als kollektive Akteure, als juristische Personen konstruiert und damit ebenso anfällig für physische Gefährdungen wie natürliche Personen als individuelle Akteure, und sowohl die natürlichen als auch die kollektiven Personen müssen das Erlebte verarbeiten. Allein das stellt schon eine erhebliche Herausforderung dar, doch ist das Erleben und Verhalten zugleich an die zeitliche Perspektive jedes Erlebens und Verhaltens geknüpft: an das Vergangene, das Gegenwärtige und das Zukünftige. Wie gehe ich mit dem in der Vergangenheit Erlebten jetzt um und welche Konsequenzen hat das für mich und mein Handeln in der Zukunft? In diesem Feld (Lewin 1982 – ergänzt um die Zeitperspektive der ‚transzendenten Zukunft', vgl. Zimbardo und Boyd 2011) entstehen Unsicherheiten hinsichtlich der Bewertung, der Kausalitäten und der Handlungsziele. „Die Zeitperspektive wechselt fortwährend. Nach der Feldtheorie hängt jede Art von Verhalten vom gesamten Feld, einschließlich der Zeitsperspektive zu einer bestimmten Zeit ab …" (Lewin 1982, S. 142) Mit Feld bezeichnet Lewin den konkreten Lebensraum des Menschen in dem sich das Verhalten, als Wechselwirkung zwischen Person um Umwelt, manifestiert.

Unsicherheit hat hierbei unterschiedliche Facetten: Ambivalenz, Nichtwissen, Angst, Risiko, Offenheit, Chancen, Herausforderungen, Wahrscheinlichkeit sind Formen der Unsicherheit, die unterschiedliche emotionale Befindlichkeiten auslösen. Unsicherheit kann als Bedrohung empfunden werden und zu Handlungslähmung oder Abwehr/Aggression führen, Unsicherheit kann aber auch als Chance gesehen werden und eröffnet damit neue Handlungsmöglichkeiten und Perspektiven. Die Soziologie erforschte seit den 1980er Jahren hierbei insbesondere die Risikoperspektive (Beck 1986; Bonß 1995; Beck und Bonß 2001; Baumann 1992, 2008). Demgegenüber betonte das Projekt der Reflexiven Sozialpsychologie die Chancen, die das Subjekt in den neuen Freiheiten findet (Keupp 1988, 1994). Auch Zimbardo und Boyd (2011) finden einen Erklärungsansatz, in den sie mit der transzendenten Zeitperspektive eine religiös-kulturell fundierte Handlungsorientierung des Subjekts in ihre sozialpsychologische Analyse aufnehmen, die sich explizit mit dem eingangs geschilderten Problemkomplex der Attentate auseinander setzt – nun aber aus der Sicht der Attentäter. Die Autoren verwerfen monokausale Erklärungen (z. B. aufgrund abnormer Psyche, Gehirnwäsche, unerträglicher Umstände, einfacher Religiosität oder rationaler Erwägung); sie betonen, dass spezifische Zeitarrangements mit explizit zukünftig-transzendenter Ausrichtung die Handlungsperspektive von Selbstmordattentätern bestimmt (Zimbardo und Boyd 2011). Selbstmordattentäter setzen sich damit in ein zeitlich gestaffeltes, komplexes Gefüge sozialer Beziehungen, die ihr Erleben und Verhalten beeinflussen und im jenseitigen Leben nach dem Tod kulminieren: Hier erhalten alle die Belohnung, die sie verdienen, und somit ist auch der Tod von ‚Unschuldigen' zu rechtfertigen, da diese ja dann auch eher ihre Belohnung erhalten. Diese Erklärung mag für das Verstehen von Selbstmordattentätern hilfreich sein, es konzipiert diese aber eben nicht als reflexive Subjekte in der Moderne, sondern als deren (heimliche) Antipoden. Für die Erklärung des Erlebens und Verhaltens der getroffenen Organisation scheint die transzendente Zeitperspektive keine Hilfestellung zu liefern, doch ist dies eine Vorstellung, die nicht der sozialwissenschaftlichen und psychologischen Erkenntnis zu sozialen Systemen, die als eigenständige Akteure agieren, entspricht. Diese handeln wie natürliche Personen und bedürfen damit auch kognitiver Handlungsgrundlagen. Sie müssen über Wissensbestände verfügen, auf die sie zurückgreifen können, sie müssen Wahrnehmungen Sinn zuweisen, um Relevantes von Irrelevantem zu unterscheiden, sie bilden Werte und Normen aus und erhalten damit eine transzendente Perspektive (ob nun religiös oder nicht-religiös fundiert).

Somit ist es auch Organisationen möglich, katastrophale Ereignisse, wie einen Terroranschlag, zu überstehen und trotz erlittener Verletzungen und Verluste Handlungsoptionen für die Zukunft zu generieren. Die Zeitschrift ‚Charlie Hebdo' z. B. erschien eine Woche nach dem Anschlag als Zeitschrift der Überlebenden – mit Beiträgen von Überlebenden. Diese hatten es geschafft, die Unsicherheits-Erfahrung in *Ungewissheit* zu verwandeln und damit wieder Handlungsfähigkeit zu erlangen. Ungewissheit verbindet die unterschiedlichen Zeitebenen durch eine nicht-fatalistische, chancenorientierte Perspektive, die realistisch die Möglichkeit von Unglücken, des Todes oder eines Terroranschlags annimmt, davon aber nicht das Handeln bestimmen lässt, sondern durch die eigenen wertbasierten Sinnkonstruktionen. Speziell aufgrund der Terroranschläge auf das World Trade Center (9/11) und die damit verbundenen krisenhaften Erfahrungen zahlreicher Unternehmen, hat sich eine breite Diskussion darüber entwickelt, wie Organisationen sich auf solche traumatischen Erlebnisse vorbereiten und in Krisen als widerstandsfähig erweisen können.

Heller, Elbe und Linsenmann (2012) zeigen in diesem Zusammenhang auf, dass das Konstrukt der Resilienz zunehmend zur Untersuchung der Widerstandsfähigkeit von sozialen Systemen verwendet wird. Nach Kluge (2004) untersucht die arbeits- und systembezogene Resilienzforschung die Widerstandsfähigkeit von Unternehmen und deren Mitarbeitern, was in Folge von 9/11 speziell im anglo-amerikanischen Raum zu einer Vielzahl von Publikationen geführt hat (z. B. Harvard Business Review 2003). Resilienz wird so zu einer gestaltbaren Eigenschaft von Organisationen, die das Management von Ungewissheit unterstützt. Die Thematisierung von Ungewissheit in sozialen Systemen stellt eine neue Perspektive auf das menschliche Erleben und Verhalten in Organisationen dar: Soziale Systeme werden hierbei als Institutionen begriffen, die einerseits helfen, die bedrohlich wirkenden Unsicherheiten der modernen, differenzierten Gesellschaft in handhabbare, mit Ressourcen gekoppelte Wirklichkeitsausschnitte zu fassen. Andererseits haben Organisationen aber auch den Charakter kollektiver Akteure, mit eigener Identität (Elbe 2013a) und Kognition, was sie zu eigenständigem Handeln befähigt. Organisationen als soziale Systeme kompensieren so lähmende Unsicherheit und verwandeln sie (z. B. durch Führungsprozesse) für die Organisationsmitglieder in handhabbare Ungewissheit, dabei unterliegen sie aber selbst eben auch der Herausforderung, Ungewissheit zu bewältigen (Böhle und Busch 2012; Elbe 2013a, b).

In diesem Sinn beschäftigt sich die *Sozialpsychologie der Organisation* damit, wie Menschen sich ihre Umwelt in sozialen Systemen (als konkrete Strukturen sozialen Handelns) vorstellen, diese wahrnehmen und, daraufhin gerichtet, sich verhalten. Besondere Bedeutung haben in diesem Zusammenhang Formen der Vergemeinschaftung und Gruppenbildung, Macht und Hierarchie, Kommunikation und Konflikte, Kooperation und Führung, Gehorsam und soziale Abweichung, Einstellungen und Werte, Altruismus und Egoismus usw. Die Aufzählung weist darauf hin, dass die Sozialpsychologie der Organisation ein spezifisches Anwendungsfeld der allgemeinen Sozialpsychologie ist und nicht gleichbedeutend mit wirtschaftsspezifischen Teildisziplinen der Psychologie (insbesondere der Organisationspsychologie, der Arbeitspsychologie, der Personalpsychologie oder der älteren Betriebspsychologie), die sozialpsychologische Themen zwar berücksichtigen, diese aber nicht ins Zentrum der Betrachtung stellen. Auhagen und Bierhoff (2003) sehen Organisationen als ein Praxisfeld der angewandten Sozialpsychologie neben anderen (wie z. B. Sport, Schule oder Gesundheit), in dem spezifische Kommunikations- und Interaktionsprozesse wirksam werden und damit eine eigenständige sozialpsychologische Perspektive Relevanz erhält.

Die wirtschaftspsychologischen Teildisziplinen stellen vielfach die Machbarkeitsperspektive in den Vordergrund und begeben sich damit in die Tradition von Münsterberg (1912, 1914). Auch wenn durch Tendenzen zur Humanisierung der Arbeit und Lernförderlichkeit, durch partizipative Gestaltungsansätze (wie der Organisationsentwicklung) oder neuere gesundheits- und diversity-fördernde Managementansätze der Vorwurf, Psychotechnik im Sinne des Kapitals oder herrschender Eliten bereit zu stellen, abgemildert wird, so ist unbestreitbar, dass die praktische Wirtschaftspsychologie an ein *ökonomisches Verwertungsinteresse* gekoppelt ist. Dieser Nähe zur Ökonomie entkommen auch die akademischen Teildisziplinen der Wirtschaftspsychologie (z. B. die Organisationspsychologie) nicht, da sie Psychologen für Management und Beratung ausbilden und sich hieran auch in der Forschung orientieren. Dies gilt nicht im selben Maß für die Sozialpsychologie, die als Grundlagendisziplin zwar spezifische Anwendungsfelder in den Blick nimmt – so z. B. das Erleben und Verhalten von Menschen in organisationalen Kontexten –, dabei aber die Interessen Dritter nur insoweit berücksichtigen muss, dass diese nicht den Forschungsprozess behindern. Hier spielt das Verwertungsinteresse des Managements oder der Beratung nur eine nachgeordnete Rolle. Es tritt vielmehr in der Praxis ein aufklärerisch-partizipatives Interesse der angewandten Sozialpsychologie in den Vordergrund. Kurt Lewin, einer der Vordenker dieser Disziplin, forderte,

1. dass sozialpsychologische Forschung konkrete soziale Veränderungen im sozialen Feld erzeugen soll: „Eine Forschung, die nichts anderes als Bücher hervorbringt, genügt nicht." (Lewin 1968, S. 280) und
2. dass sie sich mit dynamischen Konstrukten, „[…] die auf Interdependenzen gründen […]" (Lewin 1982, S. 203), beschäftigt.[1]

Hierbei mag als erstes irritieren, dass Dynamik eine der Grundforderungen Lewins ist, als zweites, dass Interdependenzen im Vordergrund stehen und als drittes, dass hierbei Konstrukte (wie ‚soziale Gruppe' oder auch ‚Organisation') Gegenstand der Beschäftigung sind. Es geht der Sozialpsychologie somit um soziale Systeme in Bezug auf konkrete Menschen. Natürlich ist Organisation nur ein Aspekt der sozialen Einbindung, was Lewin (1982) anhand der Adoleszenz als Phase des Wechsels von Gruppenzugehörigkeiten im sozialen Raum – als zentrales Beispiel für seine Konzeption der Sozialpsychologie – verdeutlicht. Organisationen als soziale Systeme sind aber wichtige Integrationsinstitutionen in der Gesellschaft und für die Vergesellschaftung von Menschen, womit ein zentrales Thema des vorliegenden Buches angesprochen ist: Sozialisation und Rollenlernen in organisationalen Kontexten als wichtige dynamische Konstrukte mit hoher Interdependenz, die Menschen und Systeme zur Ungewissheitsbewältigung befähigen. Das bedeutet aber auch, dass die Sozialpsychologie der Organisation eine Sozialpsychologie der Einmischung, des Wandels und des Managements sein muss, die sich normativ für Sinnkonstruktionen auf individueller und kollektiver Ebene einsetzt und keine Beschränkung auf konstante Effizienzsteigerung kognitiver, emotionaler, leistungsbezogener Faktoren von Einzelnen und von sozialen Systemen als wissenschaftlichen Auftrag akzeptiert. Letztere Perspektive ergibt sich aus der Beschränkung auf eine technische Auffassung der Psychologie, die sich unter der Illusion naturwissenschaftlicher Objektivität eben in den Dienst einer (letztlich dann ebenso konsequenten) Effizienzorientierung stellt. Sozial- und Wirtschaftspsychologie kommen somit nicht umhin, eine normative Entscheidung zu treffen und sich von der Scheinobjektivität ‚reiner' Wissenschaft zu verabschieden: Entweder werden die individuellen und kollektiven Akteure mit ihren jeweiligen Sinnkonstruktionen ernst genommen und werden damit zu eigenständigen Subjekten im Forschungsprozess oder sie sind zu beforschende Objekte der Wissenschaft, für die schließlich angegeben werden kann, wie es besser zu machen ist. Sozialpsychologie bietet somit keine Objektivität, sondern erfordert Entscheidungen dahingehend, wie sie sich der sozialen Realität nähern will und wie sie mit den Folgen dieser Auseinandersetzung umzugehen gedenkt. Diese Entscheidungen sind heute ebenso zu treffen, wie sie zu Zeiten Kurt Lewins zu treffen waren – diesbezüglich kann es keinen wissenschaftlichen Fortschritt geben, sondern nur eine begründete Positionierung.

Diese Positionierung ist aber keine Absage an die Wissenschaftlichkeit der Erkenntnisgewinnung und das Bemühen um Objektivität im Einsatz wissenschaftlicher Methoden – in der empirischen Sozialforschung ebenso wie in der Theoriearbeit und in der Diskussion. Diese Grundforderung, die Max Weber bereits vor über 100 Jahren im Rahmen des Werturteilsstreits stellte, gipfelt in der Aussage, „dass es niemals Aufgabe einer Erfahrungswissenschaft sein kann,

---

1   Hier ist Kurt Lewin heute noch genauso aktuell wie im Jahr 1939: „Meiner Meinung nach haben die Soziologen Grund, mit den neuesten Entwicklungstendenzen der Psychologie zufrieden zu sein. Es hat den Anschein, dass sich die meisten Psychologen traditionsgemäß mehr oder weniger genötigt sahen, den biologischen Charakter des Menschen zu betonen und an die Realität physikalischer und physiologischer Prozesse zu glauben, um dabei gleichzeitig gegenüber soziologischen Kategorien misstrauisch zu sein und diejenigen als Mystizisten zu betrachten, die behaupten, dass soziale Tatsachen genauso wirklich seien wie physische" (Lewin 1982, S. 187).

bindende Normen und Ideale zu ermitteln, um daraus für die Praxis Rezepte ableiten zu können." (Weber 1992, S. 187) Das gilt auch für die Psychologie und insbesondere die Sozialpsychologie und ihre Anwendungsfelder. In diesem Sinn kann die Sozialpsychologie der Organisation nicht dazu dienen, Unsicherheit zu beseitigen, wohl aber, Ungewissheit zu bewältigen.

1.2   Perspektiven der Sozialpsychologie

Die Sozialpsychologie als Wissenschaft steht vor der Herausforderung, einen begründeten wissenschaftlichen Zugang zu ihrem Gegenstand (der Mensch in seiner sozialen Umwelt) zu finden. Unstrittig ist, dass es um das Erleben und Verhalten von Menschen in sozialen Kontexten geht, doch über diesen Konsens hinaus eröffnen sich unterschiedliche Zugänge zur Sozialpsychologie der Organisation, die über die rein psychologische Perspektive hinaus gehen. Der Sozialphilosoph Martin Hollis (1991, 1995) hat dies u. a. unter Rückgriff auf die Philosophie Ludwig Wittgensteins (Elbe 2002) in ein doppeltes Spannungsfeld gestellt. Auf der einen Seite wird entweder das Individuum als Ausgangspunkt der Betrachtung genommen oder ein Kollektiv – das eröffnet das Spannungsfeld individualistischer vs. holistischer Zugänge – und auf der anderen Seite steht die Modellierung sozialen Handelns dem Nachvollziehen von Sinnkonstrukten im sozialen Feld gegenüber – das beschreibt das Spannungsfeld Erklären vs. Verstehen. ☐ Tabelle 1.1 zeigt das doppelte Spannungsfeld (in Anlehnung an Hollis 1991, 1995) auf.

Ein *holistisch-erklärender* Zugang versucht ganzheitliche Modellierung im sozialen Feld vorzunehmen – dies eröffnet die Systemperspektive, bei der Elemente und ihre Beziehungen zueinander hinsichtlich ihrer Funktionalität für einen bestimmten Ausschnitt des sozialen Feldes betrachtet werden. Aus dieser Perspektive sind Organisationen soziale Systeme; diese Position wird insbesondere von Parsons (1951) oder Luhmann (1964, 2000) vertreten. Aus einer *ganzheitlich-verstehenden* Sicht ist das soziale Feld durch Spiele strukturiert, also Sinnzusammenhänge, die Regeln begründen, an denen sich die Einzelnen als Spieler orientieren; Vertreter dieser Position sind Wittgenstein (1997) mit seiner Sprachspiel-Theorie oder Berne (1970, 1979) mit der Transaktionsanalyse und deren organisationsbezogener Anwendung. Die *individualistisch-erklärende* Perspektive wird in der ökonomisch-soziologischen Handlungstheorie vertreten: Individuen und Kollektive handeln rational und versuchen ihre Interessen durchzusetzen und ihre Bedürfnisse zu befriedigen (z. B. Simon 1993 und Coleman 1995). Mit dem *individualistisch-verstehenden* Zugang schließlich wird der Einzelne in der Ausgestaltung der verschiedenen Anforderungen im sozialen Feld (und damit auch in unterschiedlichen Organisationen) als Rollenspieler konzipiert; wichtige Vertreter sind hier Mead (1968, 1969) und Goffman (1996).

All diese Perspektiven haben wichtige Beiträge zur Sozialpsychologie geleistet und damit auch für die Organisationswissenschaft wichtige Impulse gegeben. Trotzdem hat speziell die individualistisch-erklärende Perspektive eine dominierende Stellung erhalten. Wie Lauken (1998) betont, ist die gängige Auffassung in sozialpsychologischen Lehrbüchern, dass diese das individuelle Verhalten als eine Funktion sozialer Stimuli konzipieren. Dies ist aber eine Engführung der möglichen Perspektiven der Sozialpsychologie, die Lauken (1998) folgendermaßen skizziert:

- Die *Strukturale Sozialpsychologie* untersucht die Vergesellschaftung des Individuums, insbesondere die strukturellen Einflüsse von Gruppen oder der Gesamtgesellschaft – dies entspricht der erklärend-holistischen Systemperspektive.
- Die *Symbolisch-interaktive Sozialpsychologie* analysiert zwischenmenschliche Beziehungen, als sprachlich und symbolisch vermittelnde Kommunikation, die spezifische Rollen interpretieren – hier finden sich verstehend-individualistische Ansätze.

☐ Tab. 1.1 Zugänge zur Sozialpsychologie der Organisation

	Erklären	*Verstehen*
Holismus	Systeme	Spiele
Individualismus	Akteure	Aktoren

- Die *Individualistische Sozialpsychologie* konzipiert das Verhältnis des einzelnen Menschen zu seiner mitmenschlichen Umwelt und betont dabei die Kausalzusammenhänge.
- Die *Gruppenpsychologische Sozialpsychologie* schließlich erforscht die Gruppendynamik als Beziehungsgeflecht zwischen Gruppenmitgliedern.

Hiermit wird eine Reichhaltigkeit sozialpsychologischer Theoriearbeit dargestellt, die in den meisten Lehrbüchern (z. B. Aronson, Wilson und Akert 2014; Fischer und Wiswede 2009; Jonas, Stroebe und Hewstone 2014; Werth und Mayer 2008) nicht zu finden ist. Vielmehr wird Sozialpsychologie vielfach als experimentell arbeitende Disziplin dargestellt, die einer individualistisch-erklärenden Perspektive in Anlehnung an den kritischen Rationalismus folgt. In diesem Sinn betont auch die Fachgruppe Sozialpsychologie der Deutschen Gesellschaft für Psychologie, dass diese „… die allgemeinen Gesetzmäßigkeiten menschlichen Verhaltens im sozialen Kontext" (FGSP, o. J.) erforsche. Dieser ‚Experimentellen Sozialpsychologie' stellt Keupp (1994, 1995) kontrastierend die ‚Reflexive Sozialpsychologie' gegenüber.

Die *Experimentelle Sozialpsychologie* konzipiert den Menschen letztlich als Naturwesen, das als solches auch naturwissenschaftlicher Betrachtung zugänglich und eben Objekt der Wissenschaft ist. Damit werden Universalität und Eindeutigkeit des Wissens über das Erleben und Verhalten der Menschen zur Maxime der Sozialpsychologie. Gegenstand der sozialpsychologischen Forschung sind die allgemeingültigen Gesetzmäßigkeiten der untersuchten psychischen Prozesse. Im Zentrum der Forschung stehen Experimente, die menschliches Verhalten in Testsituationen simulieren. Dies ist die dominante Kultur der Sozialpsychologie, wie sie auch in den gängigen Lehrbüchern zu finden ist (siehe oben).

In der *Reflexiven Sozialpsychologie* hingegen werden Menschen als Kulturwesen gesehen, die in spezifischen kulturell-historischen Bedingungen aufwachsen und leben. Das bedeutet, dass die menschliche und situative Singularität angemessen zu berücksichtigen ist und damit die Komplexität sozialpsychologischer Analysen. Gegenstand der Betrachtung sind aus dieser Perspektive konkrete psychische Inhalte (Erleben und Verhalten), die im Einzelfall verstanden und interpretiert werden müssen. Die Forschung findet damit nicht als Simulation im Labor statt, sondern im konkreten sozialen Feld.

☐ Tabelle 1.2 fasst die zentralen Aspekte der beiden sozialpsychologischen Kulturen (im Anschluss an Keupp 1994, 1995, 2005[2]) zusammen und stellt sie einander gegenüber.

Mit der Positionierung zu Beginn dieses Kapitels scheint eine Verortung der hier vertretenen *Sozialpsychologie der Organisation* gut vornehmbar und diese wäre im Sinne der Reflexiven Sozialpsychologie zu fällen. Folgen wir der Begrifflichkeit Wilson (1973) so kann zwischen normativem und interpretativem Wissenschaftsparadigma unterschieden werden. Dem entsprechen

---

2　Sehenswert und als Einführung sehr gut geeignet sind hierzu die Vorlesungsmitschnitte der Einführungsvorlesung zur Reflexiven Sozialpsychologie, die Heiner Keupp an der LMU im Wintersemester 2005 gehalten hat (Keupp 2005).

□ Tab. 1.2 Kulturen der Sozialpsychologie

Sozialpsychologische kultur Merkmale	Experimentelle Sozialpsychologie	Reflexive Sozialpsychologie
Grundannahme	Mensch = Naturwesen =>legitimer Gegenstand naturwissenschaftlicher Betrachtung	Mensch = kulturwesen =>Kulturell historische Bedingungen sind mit einzubeziehen
Leitwert	Kultivierung von universalität und Eindeutigkeit	Kultivierung von Singularität und Komplexität
Gegenstand	ahistorisch gedachte und nomothetisch undersuchte psychische Prozesse	Konkrete psychische Inhalte, die kulturspezifisch sind und ideographisch-hermeneutisch verstanden werden sollen
Vorgehen	Nomethetisch-experimentell	Einzelfallbezogene Feldforschung

auch die beiden Kulturen der Sozialpsychologie. Während sich die Experimentelle Sozialpsychologie am normativen Paradigma orientiert, lässt sich die Reflexive Sozialpsychologie dem interpretativen Paradigma zuordnen.

Allerdings hat Lewin (1982) in diesem Zusammenhang deutlich gemacht, dass die Sozialpsychologie keiner Entweder-oder-Entscheidung bedarf, sondern dass Feldtheorie vielmehr bedeutet, die experimentell und die situationsbezogene Forschung so zu integrieren, dass diese sowohl sinnvoll für die Erkenntnisgewinnung als auch hilfreich für die Entwicklung im sozialen Feld ist. Die Sozialpsychologie der Organisation erfordert in diesem Sinn sowohl Theorie- als auch Methodentriangulation (Flick 2008) und folgt – in Anschluss an Kurt Lewin – einem dritten Weg zwischen den beiden reinen und damit als idealtypisch zu verstehenden Ausprägungen der Psychologie.

» Es gilt zur Einsicht zu bringen, dass Allgemeingültigkeit des Gesetzes und Konkretheit des individuellen Falles keine Gegensätze sind, und dass an Stelle der Bezugnahme auf einen historisch möglichst ausgedehnten Bereich häufiger Wiederholungen die Bezugnahme auf die Totalität einer konkreten Gesamtsituation treten muss. (Lewin 1981, S. 270)

Dies betrifft die Sozialpsychologie der Organisation in besonderem Maß, da Organisationen eine besondere Form differenzierender Vergemeinschaftung darstellen. Arbeitsteilung und Kooperation scheinen grundlegende menschliche Verhaltenstendenzen zu sein. Organisation ist aber ein spezifischer Typ der Koordination von Kooperation und damit als jeweils zeitlich gebundene Erscheinung zu untersuchen (vgl. die Überlegungen zur Temporären Organisation von Elbe und Peters 2016). Trotz dieser kulturell-historischen Bedingtheit geht es aber um das Erleben und Verhalten von Menschen in einer Form von Institution, die auf eine grundlegende Idee, eine Universalie verweist (Elbe 2002). Die Sozialpsychologie der Organisation muss also beide oben genannte Wissenschaftskulturen angemessen berücksichtigen. Lewin (1968, 1982) kennzeichnet diesen dritten Weg der Sozialpsychologie mit seinen Ansätzen der Feldtheorie und der Aktionsforschung, wobei experimentelles Vorgehen für ihn (und für die Erforschung von Kooperation und Koordination in organisationalen Settings) besondere Bedeutung hatte. Dies soll an einem berühmten Beispiel aus der Führungsforschung verdeutlicht werden:

Drei Führungsstile? *Einer der wichtigsten Texte der Führungsforschung wurde von Lewin, Lippitt und White (1971) bereits 1939 veröffentlicht und berichtet von einer Reihe von Experimenten, in denen die Wirkung von autoritärer oder demokratischer Führung auf Gruppen zehnjähriger Jungen* *untersucht wurde. Darüber hinaus wurde untersucht, was passiert, wenn keine Führungsleistung erbracht wird (laissez-faire) – dies ist aber kein Führungsstil im Sinne der Autoren, sondern ein Gruppen-Setting, in dem Führung fehlt. In einem eklatanten Missverstehen (oder in Ignoranz) des Originaltextes wird in der Führungsliteratur seitdem regelmäßig über drei Führungsstile geschrieben.* Über diese grundlegenden experimentell gestützten Erkenntnisse hinaus erkennt Lewin:

» Wir beginnen zu sehen, dass es hoffnungslos ist, eine dieser Seiten der Intergruppenbeziehungen ohne Berücksichtigung der anderen in Angriff zu nehmen. Das gilt gleichermaßen für die praktischen wie für die wissenschaftlichen Seiten der Frage. (Lewin 1968, S. 281)

In diesem Sinn plädiert Lewin nicht nur für eine Annäherung der wissenschaftlichen Kulturen, sondern auch der wissenschaftlichen Disziplinen, insbesondere von Psychologie und Soziologie. Er wird damit einer der Begründer einer Sozialpsychologie, die eben einen solchen dritten Weg beschreitet (Lewin 1982) – eine Position, die auch Georg Simmel diskutiert:

» Diese Erörterung der Erfolge, die aus dem Zusammenschluss bestimmter Gruppenmitglieder zu führenden Organen hervorgehen, ist so wesentlich psychologischer Art, dass hier in besonderem Maße Soziologie nur zu einem anderen Namen für Sozialpsychologie zu werden scheint. (Simmel 1995, S. 625, ohne Hervorhebungen)

Mit der Organ-Perspektive führt Simmel die Gruppenbeziehungen auf die Ebene sozialer Ordnung und meint damit, was wir heute als Organisation bezeichnen, will aber letztlich doch Soziologie und Psychologie trennen.

Die Verflechtung der soziologischen und der psychologischen Perspektiven wird durch die *Analytische Sozialpsychologie* weiter voran getrieben – in deren Tradition die Reflexive Sozialpsychologie steht. Erich Fromm definierte als Aufgabe der Analytischen Sozialpsychologie 1932: „[…] die Triebstruktur, die libidinöse, zum großen Teil unbewusste Haltung einer Gruppe aus ihrer sozialökonomischen Struktur heraus zu verstehen." (Fromm 1982, S. 16f., ohne Hervorhebungen) Er schließt die Sozialpsychologie damit an die Psychoanalyse und eine marxistisch-materialistische Grundorientierung an, wodurch einerseits die naturwissenschaftliche Grundlegung der Psychoanalyse angenommen wird, andererseits aber das Verstehen als explizite Erkenntnisform bereits in der Definition festgeschrieben wird. Die Analytische Sozialpsychologie führt die Massenpsychologie Freud (2014) und Le Bon (2012) fort, wobei beide Gruppen oder größeren Menschenmassen eine Kollektivseele zubilligen (was Simmel, 1995, vehement ablehnte). Triebhaftigkeit und das Unbewusste sind die zentralen psychologischen Mechanismen der Masse (Wählermasse ebenso wie Parlament oder die Geschworenen bei Gericht) und das macht sie verführbar. Während Freud (2014) sich auf sein psychoanalytisches Instrumentarium beschränkte, erweiterte Fromm (1982) dies um die sozioökomische, marxistisch fundierte Perspektive, wobei er der Familie eine besondere Rolle zuweist: „[…] die Familie ist die psychologische Agentur der Gesellschaft." (Fromm 1982, S. 17, ohne Hervorhebungen) Doch hängt sie in ihrem Agieren und den durch sie geschaffenen Sozialisationsbedingungen von den ökonomischen Bedingungen der Gesellschaft ab. Aus der sozialen Lage und deren Schichtung leitet sich der Sozialcharakter der Individuen als gesellschaftlich geprägte und libidinös vermittelte Handlungsneigungen und psychische Befindlichkeit ab. Dieser Sozialcharakter prägt aber nicht nur Einzelne sondern aufgrund der gesellschaftlichen Struktur und ihrer Antagonismen die Gesellschaft an sich. Fromm (1982) beschränkt sich aber nicht auf die Verbindung zwischen Freud'scher Psychoanalyse und Marx'schem Materialismus, er berücksichtigt auch die bürgerliche Soziologie seiner Zeit (insbesondere Sombarts Analyse des Bourgois und Webers religionssoziologische Fundierung des ‚Geist des Kapitalismus').

Mit der Rückkehr Adornos und Horkheimers aus dem amerikanischen Exil nach dem Ende der Nazidiktatur fand die analytische Sozialpsychologie an der Frankfurter J. W. Goethe-Universität eine akademische Heimstatt, die bis heute produktiv ist (vgl. zur Geschichte der Analytischen Sozialpsychologie Brunner et al. 2012). Die Reflexive Sozialpsychologie nimmt starke Anleihen bei der analytischen Sozialpsychologie. Neben der Betonung des kritischen Potenzials und der Berücksichtigung des Unbewussten ergänzen weitere soziologische Bezugspunkte und die Beschäftigung mit Sinn und Zeitlichkeit hin zu einem ‚Sinn-Paradigma‘ (Clemenz 1998) die analytische Sozialpsychologie. Damit wird das Verstehen als Methodologie psychoanalytischen Arbeitens von Fromm (1982) über Lorenzer (2005) bis hin zu Clemenz (1998) konstant in der analytischen Sozialpsychologie zugrunde gelegt.

Ein wichtiger inhaltlicher Anknüpfungspunkt zwischen Analytischer Sozialpsychologie und anderen sozialwissenschaftlichen Disziplinen findet sich in der Sozialisationstheorie. Speziell Parsons (1980) beschrieb den Beitrag Freuds zur Integration von Psychologie und Soziologie, womit er einen der Grundsteine für die Sozialisationstheorie als Kernperspektive einer integrativen Sozialpsychologie legte. Lorenzer (1972) führte dies in seiner ‚Materialistischen Sozialisationstheorie‘ fort und auch Habermas (1980) griff darauf in seinen Überlegungen zu ‚Sozialisation und Gesellschaftsstruktur‘ zurück. Die spezifischen Beiträge der psychoanalytischen Sozialpsychologie zu einer Sozialpsychologie der Organisation zeigen Beumer (2014) oder Eisenbach-Stangl und Ertl (1997): das Unbewusste für und in Organisationen bewusst zu machen.

Einen wichtigen Beitrag zur Integration von Soziologie und Psychologie liefert die in den USA auf der Basis des Pragmatismus entstandene Theorie des *Symbolischen Interaktionismus*. Zwischen der philosophischen Fundierung und der Ausdifferenzierung dieser sozialpsychologischen Theorierichtung steht die Arbeit George Herbert Meads als zentraler Bezugspunkt. Methodologisch steht Mead (1968, 1969) Lewin nahe: Auch er vertritt eine Verbindung von experimentellem Vorgehen mit der symbolischen Vermittlung des Verhaltens und Kommunizierens und der daraus erwachsenden Notwendigkeit des Sinnverstehens. Was bei Mead angelegt ist, wird im Rahmen der Herausbildung des Symbolischen Interaktionismus, als einer eigenständigen Schule der Sozialpsychologie, noch intensiviert. Dies interpretierte Helle (1992) dahingehend, dass der Symbolische Interaktionismus die Verstehende Soziologie unserer Zeit sei. Während die Vertreter der kritischen Theorie sich anfänglich noch gegen den amerikanischen Pragmatismus (als philosophischer Grundlage des Symbolischen Interaktionismus) abzugrenzen suchten (Dahms 1994), betont Clemenz (1998) die inhaltlichen und methodologischen Ansatzpunkte des Symbolischen Interaktionismus in der Nachfolge Meads zu einem Teil des theoretischen Bezugsrahmens der analytischen Sozialpsychologie. Inhaltlich dominieren im Symbolischen Interaktionismus Überlegungen zur Identität, Sozialisation und Rolle. In dieser Tradition hat sich in den USA eine eigenständige Sozialpsychologie der Organisation (z. B. Katz und Kahn 1966; Weick 1995) entwickelt, auf die im ► Abschn. 2.1 genauer eingegangen wird.

Wie Wilson (1973) deutlich macht, ist soziale Interaktion immer ein interpretativer Prozess. Das bedeutet aber, dass, auch wenn dem Verstehen sinnbehafteter Verhaltensanteile (also Handeln) eine besondere Bedeutung für eine *Sozialpsychologie der Organisation* zukommt, wir uns nicht auf die Interpretation von Handlungen beschränken können. Es müssen alle sozialpsychologisch relevanten Aspekte des Erlebens und Verhaltens von Menschen im organisationalen Kontext Gegenstand der Betrachtung sein, und damit kommen auch nicht sinnbehaftete, nicht intentionale, sondern anders motivierte Verhaltensweisen und Erleben in den Fokus. Wie schon bei Lewin (1982) soll dementsprechend hier weder einem interpretativen noch einem normativen Paradigma in Reinform gefolgt werden; vielmehr wird – wie bereits angemerkt – ein dritter Weg verfolgt, für den das verstehende Erklären als Leitgedanke hilfreich ist. Dies soll im Folgenden diskutiert werden.

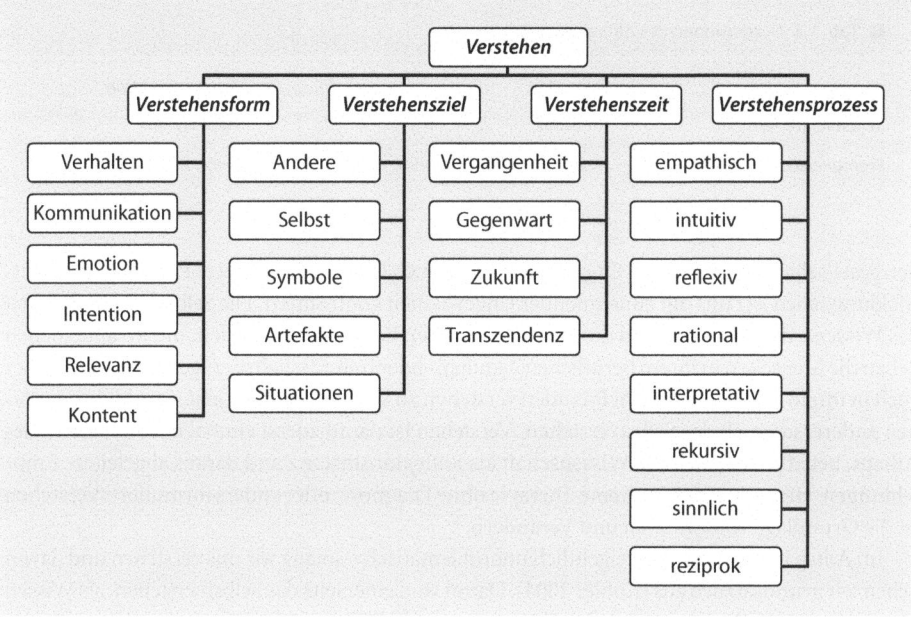

Abb. 1.1   Systematik des Verstehens

1.3   Verstehen und die Sozialpsychologie der Organisation

Für die Sozialpsychologie der Organisation kann die Verstehende Organisationswissenschaft (Elbe 2002; Elbe und Peters 2016) als organisations- und wissenschaftstheoretischer Bezugsrahmen dienen. Ansätze hierzu finden sich aber auch im Sozialpsychologischen Organisationsverstehen (Leithäuser, Meyerhuber und Schottmayer 2009). Das Verstehen ist ein sozialpsychologischer Prozess, der prinzipiell alle Bereiche des Lebens umfasst und es Menschen ermöglicht, sich selbst und ihre Umwelt als relevant, sinnbehaftet und nachvollziehbar in ihrem Da-Sein und ihren Da-Seins-Äußerungen (Verhalten) zu erleben. Aufgrund dieses Verstehens des Selbst, von Anderen und der Umwelt ist es dem Einzelnen möglich, sich sinnvoll, gerichtet und zielstrebig zu verhalten. Hierbei lassen sich Verstehensform, Verstehensziel, Verstehenszeit und Verstehensprozess unterscheiden. ◻ Abb. 1.1 systematisiert die sozialpsychologisch relevanten Aspekte des Verstehens.

Hinsichtlich der Verstehensziele sind menschliche Schöpfungen (Artefakte) in unterschiedlicher Weise dem Verstehen zugänglich: Texte unterliegen der Hermeneutik, Filme gehen über die Hermeneutik hinaus, da hier mehrere Sinne im Verstehensprozess angesprochen werden, Gebilde umfassen alle Artefakte der bildenden Schöpfung (Bauten, räumliche Gestalten, Bilder) und Musik als Artefakt unterliegt eigenen Prinzipien des Verstehens. Auch Situationen als Verstehensziele sind weiter erläuterungsbedürftig: Hierzu zählen alle Erlebens- und Verhaltenszusammenhänge, die einen Kontext bilden – ad hoc-Situationen, die spontan erscheinen; wiederkehrende Situationen; Institutionen, die Situationen rahmen; Situationen, die durch Fremdheit geprägt sind. Während Menschen in traditionellen Gesellschaften einander unmittelbar verstehen oder nicht verstehen, ist im Zuge der Differenzierung gesellschaftlicher Teilbereiche und mit der zunehmenden Individualisierung in der Moderne dem Verstehen die Selbstverständlichkeit verloren gegangen. Die sozialen Bezüge, aber auch wir selbst, unsere Identität, erscheinen nur in Ausschnitten verständlich und folgen in ihrer Segmentierung jeweils eigenen Logiken. Sowohl in

1

◻ **Tab. 1.3** Dimensionen des Alltagsverstehens

	Empathie	Kommunikation
Selbstverstehen	Identität	Reflexivität
Fremdverstehen	Reziprozität der Perspektiven	Decodierung

den gesellschaftlich relevanten Organisationen als auch hinsichtlich unserer Persönlichkeitsentwicklung sehen wir uns mit zunehmender Ungewissheit konfrontiert. Die Selbstverständlichkeit des Wissens, des Glaubens und des Handelns müssen heute erfragt werden, um im alltäglichen Leben die Menschen in ihrem beruflichen, familien- oder freundschaftsbezogenen Handeln, aber auch in ihrem Umgang mit dem Fremden verstehen zu können. Das umfasst sowohl das Verstehen anderer als auch das Selbstverstehen. Verstehen ist damit zuerst einmal ein Phänomen des Alltags, betrifft aber auch die Wissenschaft als Reflexionsinstanz und daraus abgeleitete Empfehlungen. Hier gilt generell: ‚Keine Therapie ohne Diagnose‘ oder anders formuliert: Verstehen ist die Grundlage von Erklären und Verändern.[3]

Im Alltag ist das Verstehen eigentlich unproblematisch – solang wir uns verstehen und davon gehen wir grundsätzlich aus (Köhler 2004). Damit sind einerseits das Selbstverstehen, als Wissen um unsere Einstellungen, Wünsche, Werte, unsere Gefühle und Motive und andererseits das Fremdverstehen, als Vorstellung davon, was Andere meinen oder empfinden, angesprochen. Grundsätzlich sind wir in der Lage, uns in andere hineinzuversetzen und auf dieser Grundlage den Anderen in seinen Empfindungen und seinem Handeln zu verstehen. Dieses empathische Verstehen ist weitreichend und kann auch große räumliche oder zeitliche Distanzen überwinden. Weber (1985, S. 428) gibt uns ein Beispiel: „Man […] muss nicht Caesar sein, um Caesar zu verstehen." Das Problem ist allerdings, dass hieraus keine Interaktion entsteht, denn Caesar kann uns nicht (mehr) verstehen. Das Verstehen im Alltag hat damit zwei grundsätzliche Dimensionen: Selbst- vs. Fremdverstehen und Empathie vs. Kommunikation. (Tab. 1.3)

Empathie ist die unmittelbarste Form des Verstehens: Als In-Eins-Setzen mit sich selbst (speziell im zeitlichen Verlauf) ist hier das Selbstverstehen als Identitätsempfindung ein unbewusster und (im nicht pathologischen Fall) unhinterfragter Verstehensvorgang. Das empathische Fremdverstehen beruht auf der Reziprozität der Perspektiven (vertiefend Elbe 2002), der Fähigkeit sich in den Anderen hineinzuversetzen und mit Anderen Mitgefühl (in der ganzen Breite der Emotionalität) zu empfinden. Diese Reziprozität der Perspektiven ist eine Quelle für prosoziales Verhalten, kann aber ebenso die Grundlage für antisoziales Verhalten sein, wenn der Schaden Anderer nicht nur in Kauf genommen, sondern bewusst herbei geführt wird. Wer einer anderen Personen schaden oder sie quälen will, muss wissen, was diese Person als Schaden oder als Qual empfindet. Im Positiven wie im Negativen genügt hierfür häufig die grundlegende Reziprozität der Perspektiven als Fähigkeit, den anderen zu verstehen, weil dieser auch Mensch ist.[4] Empathisches Verstehen ist damit zuerst einmal unbewusst.

Erst dadurch, dass ich mir einen Verstehensvorgang bewusst mache, Unbewusstes durch Aussprechen, Aufschreiben, bewusst Denken oder sonst wie in einen Bewusstseinsakt überführe, wird eine höhere Ebene des Verstehens erreicht. Nun werden diese Bewusstseinsinhalte

---

3   Dies zu befördern ist das Anliegen der Initiative Verstehende Organisations- und Persönlichkeitsentwicklung.

4   Empathie lässt sich auch gegenüber Tieren oder Dingen empfinden, doch ist das nicht Gegenstand einer Sozialpsychologie der Organisation.

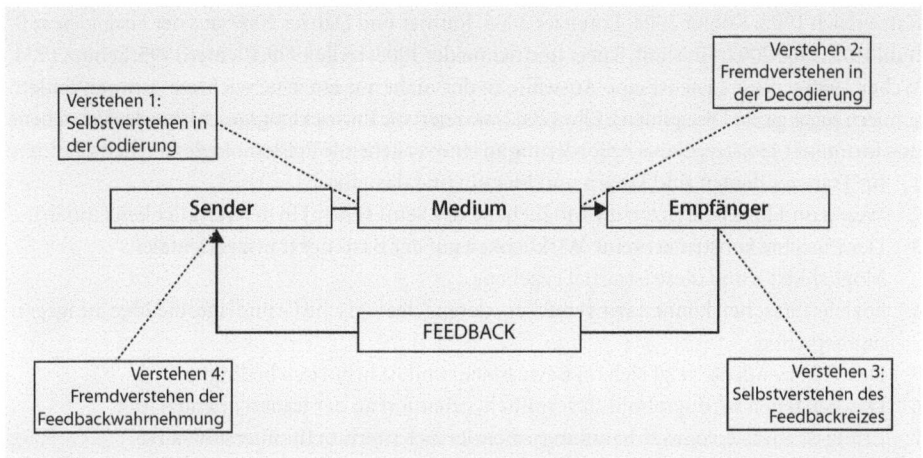

◘ Abb. 1.2   Verstehen im Kommunikationsprozess

im Rahmen des Selbstverstehens Gegenstand der Selbstvergewisserung, der Reflexion und damit auch aktiven Umbewertens. Im Rahmen des Fremdverstehens entspricht dem die Dekodierung kommunikativen Handelns Anderer. Von besonderem Interesse aus sozialpsychologischer Sicht ist das zwischenmenschliche Verstehen dann, wenn hieraus eine Interaktion entsteht oder anders formuliert, wenn Menschen miteinander kommunizieren. Verstehen ist dann die Rekonstruktion des Gemeinten. Das Verstehen im Rahmen von Kommunikationsprozessen zeigt ◘ Abb. 1.2 (in Anlehnung an Elbe 2015a).

Hier zeigt sich, dass an den Kommunikationsprozess unterschiedliche Verstehens-Vorgänge geknüpft sind, die zwischen Selbst- und Fremdverstehen alternieren. In Ergänzung des bekannten Sender-Empfänger-Modells von Shannon und Weaver (Röhner und Schütz 2012) werden die Stellen der Codierung und Decodierung als Ansatzpunkte für das Selbst- und Fremdverstehen eingeführt. Da es keinerlei Evidenz dafür gibt, dass Selbstverstehen vor Fremdverstehen ginge,[5] können Störungen im Verstehensprozess an allen vier Stellen verursacht werden. Die grundlegende Annahme, dass sich das Individuum selbst versteht, wird mit dem Fortschreiten der Moderne immer prekärer, da die Entfremdung im Alltag, die alltägliche Ungewissheit zunimmt. Je weniger Selbstverständlichkeit unhinterfragt unseren Alltag, unsere gesellschaftliche Position und unsere Identität bestimmen, desto größer wird das Bedürfnis der Einzelnen und auch von Organisationen, Hilfestellung bei der Interpretation von alltäglicher Kommunikation zu erhalten. Dem Verstehen im organisationalen Kontext widmen sich insbesondere Elbe (2002) sowie Leithäuser, Meyerhuber und Schottmayer (2009).

In der Philosophie reicht die Diskussion um die Möglichkeit des Verstehens bis in die Antike zurück. Im Zuge der Ausdifferenzierung der Wissenschaften wurden insbesondere in den Geistes- und Gesellschaftswissenschaften (z. B. Soziologie und Pädagogik), aber auch in Psychologie und Medizin Ansätze des Verstehens entwickelt. Es gibt hierzu zahlreiche Einführungs- und Überblickswerke (aus der *Philosophie* z. B. Apel, Manninen und Tuomela 1978; Figal 1996; Jauß 1994; Simon 1995; Wright 1991; aus der *Psychologie* z. B. Graumann 1982; Groeben 1986; Jaspers 1973;

---

5   Dies wurde seit Kleists (1805) scharfsinniger Analyse „über die allmähliche Verfertigung der Gedanken beim Reden" in unterschiedlichen Varianten vielfach analysiert, bis hin zum Bonmot ‚Woher soll ich wissen, was ich denke, bevor ich gehört habe, was ich sage?' Wir hatten dies als reflexives Selbstverstehen eingeführt.

Katzenbach 1992; Köhler 2004; Lorenzer 2005; Rattner und Danzer 2009; aus der *Soziologie* z. B. Bühl 1972; Elbe 2002; Greshoff, Kneer und Schneider 2008; Helle 1999; Richter 1995; Schütz 1974; Weber 1980 – diese Liste ist eine Auswahl, in der nicht nur einzelne wichtige Autoren fehlen, sondern sogar ganze Disziplinen). Elbe (2002) skizziert die Entwicklungsgeschichte des Verstehens und formuliert 15 Sätze, die als Anforderung an eine verstehende Epistemologie zu sehen sind: „ …

1   Im Transzendenten sind Wesen und Idee ein und dasselbe.
2   Wesen und Idee begrenzen die Möglichkeit des Seins (Form) in der Wirklichkeit (Inhalt).
3   Der Einzelne konstruiert seine Wirklichkeit auf der Basis der transzendentalen Möglichkeit – und diese ist sozial gegeben.
4   Soziale Tatsachen können wir verstehen, deren teleologische Grundlage, die Idee, hingegen nur begreifen.
5   Das Transzendente zeigt sich im Bewusstsein und ist historisch bedingt.
6   Das Verstehen wird symbolisch vermittelt, orientiert an der transzendenten Idee.
7   Erfolg ist ein teleologisch-handlungsorientiertes Kriterium für intersubjektive Wirklichkeitskonstruktionen.
8   Die Handlung ist der Erfolgstest einer vermuteten intersubjektiven Wirklichkeitskonstruktion. Missverstehen als Absurdität heißt die Ent-Täuschung dieser Vermutung.
9   Die Erkenntnis des Phänomens als reiner Bewusstseinsakt ist lebensweltlich gebunden.
10 Der Verstehensakt hat zirkulären Charakter, Vorwissen und Erkenntnis bedingen einander in jedem Schritt des Verstehens aufs Neue.
11 Im Verstehen fallen Handlung und Sprache, Institution und Sprachspiel zusammen. Diese verstehen heißt aber, ihre Bedeutung, ihr Wesen aus sich heraus zu begreifen.
12 Im verstehenden Zirkel erwirbt der Mensch empathisch die Reziprozität der Perspektiven, welche ihm die Teilnahme am Sprachspiel, an der Institution ermöglicht.
13 Das Sprachspiel der Textinterpretation heißt Hermeneutik, ihr entzieht sich die Empathie.
14 Verstehen heißt die Regeln des Sprachspiels anzunehmen, Erklären heißt diese Regeln zu explizieren (auszusprechen).
15 Hermeneutik ist die Methode, lebensweltliches Verstehen in wissenschaftliches Erklären zu überführen." (Elbe 2002, S. 191f.)[6]

Der Kern einer verstehenden Methodologie findet sich in der Konstruktion systematischer Verstehensgrundlagen, insbesondere in Typenbildungen im Sinne Max Webers (1980), die eine Interpretation von menschlichem Handeln in Organisationen ermöglicht (Elbe 2002). Demnach ist Interpretation in drei Formen möglich, einmal in der Erfassung des im Einzelfall Gemeinten, zum anderen in der Erarbeitung des näherungsweise (durchschnittlich) Gemeinten und zum dritten in der Konstruktion von Idealtypen. Sehen wir uns den Zweck der Konstruktion von Idealtypen genauer an: Als reiner Begriff kann der Idealtyp in der Diagnose zur Kategorisierung dienen, er hilft Sinnzusammenhänge zu erfassen. Dabei ist zu beachten, dass Weber (1980) mit Idealtyp nicht etwas Sein-sollendes meint, sondern die radikalst vorstellbare Ausprägung. Wenn es gelingt, die gedanklich-idealtypische Form bloß zu legen, kann darauf bezogen nach den typischen Sinnzusammenhängen des Mitarbeiter- oder Führungshandelns in Organisationen gefragt werden, und es wird möglich, hiervon abweichendes Verhalten in der Realität in seiner kausalen und teleologischen Verursachung zu interpretieren, also zu verstehen. Letztlich handelt es sich bei Idealtypen um Vorstellungen, die als Hypothesen im Verstehensprozess wirken, also um Gedankenexperimente, die in der Organisationsdiagnose jeweils Startpunkte im diagnostischen Zirkel

---

6   Auf die Besonderheiten von Sprachspielen in Anschluss an Wittgenstein (1997) wird in den folgenden Abschnitten genauer eingegangen.

markieren. Die erkenntnistheoretische Position des Verstehens lässt durchaus sowohl quantitative als auch qualitative Verfahren zu, was vom Einsatz von Fragebögen (z. B. im Rahmen von Mitarbeiterbefragungen) bis zur Führung von Interviews (z. B. auf der Führungsebene) und zur Beobachtung (z. B. kommunikativer Prozesse) reicht.[7] (Elbe 2015a)

Damit führt das Verstehen zum Erklären als Ziel sozialpsychologischen Forschens: Es gilt, soziale Tatsachen

1 zu beschreiben und damit der Wissenschaft zugänglich zu machen,
2 in dem so Explizierten das Erleben und Verhalten der Beteiligten zu verstehen sowie
3 hieraus kausale und teleologische Erklärungen abzuleiten.

Hierbei lassen sich sowohl anthropologisch-konstante Phänomene finden wie auch kulturell und zeitlich spezifische, was bedeutet, dass experimentelle Forschung und Feldforschung einander ergänzen sollten, um belastbare Ergebnisse zu bekommen – oder, wie Lewin (1968, S. 127) formulierte: „Ich bin überzeugt, dass die wissenschaftliche Soziologie und Sozialpsychologie auf der Grundlage einer intimen Verbindung von Experimenten mit empirischer Theorie soviel oder mehr für die menschliche Verbesserung leisten können, wie es die Naturwissenschaften getan haben." Das Verstehen wird damit zur Grundlage des ‚Dritten Wegs' der Sozialpsychologie, die beide Kulturen (einer Experimentellen und einer Reflexiven Sozialpsychologie) vereinigt.

‚Der psychologische Vertrag' *Wenn sich Menschen an Organisationen binden – insbesondere wenn sie einen Arbeitsvertrag eingehen – dann werden zahlreiche Erwartungen an diese soziale Beziehung geknüpft, die über das im formalen Vertrag Geregelte hinausgehen. Dies kann auch als ‚psychologischer Vertrag' (Marr und Fliaster 2003; Richter 2003; Rousseau 1995), der nicht schriftlich fixiert und nicht formal abgeklärt ist, angesehen werden. Aus soziologischer Sicht werden hierbei insbesondere gesellschaftliche Werte über gerechte Arbeitsverhältnisse zugrunde gelegt. Sozialpsychologisch handelt es sich um eine innerlich weitergeführte Aushandlung des formalen Vertrags, bei der ggf. Verstehensprobleme (sowohl im Selbst- als auch im Fremdverstehen) auftreten können. Sozialpsychologisches Verstehen versucht nun zu rekonstruieren, welche Sinnzuschreibungen und emotionale Bewertungen ein Mitarbeiter hinsichtlich eines ‚gerechten' Arbeitsverhältnis aufgrund seines individuellen psychologischen Vertrages trifft. Auf dieser Grundlage lässt sich erklären: Welche spezifische Verhaltensweisen von Mitarbeiter sind aus dem empfundenen Bruch des psychologischen Vertrages ableitbar? Dies lässt sich sowohl im sozialen Feld erheben (z. B. mit Hilfe von Interviews), als auch durch Experimente in typischen Verhaltensmustern systematisieren.*

1.4 Grundlegende sozialpsychologische Problemstellungen

1.4.1 Gemeinschaft und Gesellschaft

Die Besonderheit der Sozialpsychologie ist, dass sie sich nicht auf das Erleben und Verhalten des Individuums in einer künstlichen Isolation beschränkt, sondern das soziale Feld des Menschen mit berücksichtigt. Lewin (1982, S. 196) fasst dies in die Formel:

$$\left[V = F\left(P, U\right) = F\left(L\right) \right]$$

---

7 Wer sich intensiver mit den sozialpsychologischen Aspekten des Verstehens auseinander setzen möchte, findet auf der Homepage der Initiative Verstehende Organisations- und Persönlichkeitsentwicklung (www.invop.de) über die hier vorgestellten Inhalte hinaus weitere Informationen, Texte und Verweise.

Er macht mit der Funktion (F) deutlich, dass die wechselseitige Abhängigkeit von Person (P) und Umwelt (U) nicht nur sein Verhalten (V), sondern zugleich ein jeweils spezifisches soziales Feld, den Lebensraum (L) begründet. Eben dieser Lebensraum stellt das äußere Relevanzsystem, in dem sich Sinnbezüge und in Bezug darauf Erleben und Verhalten manifestieren. Dies gilt insbesondere für soziale Gruppen, die zeitlich gebunden den Lebensraum von Menschen in hohem Maß beeinflussen. Allerdings unterliegt die Gruppenzugehörigkeit selbst im Lebenslauf des Menschen deutlichen Veränderungen (Lewin 1982 demonstriert dies anhand der Adoleszenz), wodurch sich das soziale Feld mit seinen Sinnbezügen und Freiheitsgraden jeweils verändert.

Gruppen sind dabei mehr als nur ein Konglomerat sich verhaltender Individuen, vielmehr entwickeln diese eine Eigenbezüglichkeit, die sowohl vom Individuum als auch von der Summe der Individuen abstrahiert ist, worauf Lewin (1968, 1982) mehrfach hinweist. Die Sozialpsychologie der Organisation beschäftigt sich mit allen Aspekten des sozialen sich-in-Beziehung-Setzens von Menschen in organisationalen Kontexten, und hierbei haben Gruppen eine besondere Bedeutung, da sich für das Individuum der organisationale Lebensraum in Gruppenbeziehungen realisiert. Bis heute gilt dabei:

> » Die Definition des Begriffs „Gruppe" hat eine etwas chaotische Geschichte. Der Ausdruck ist mit philosophischen und metaphysischen Überlegungen verflochten. Es war einer der Hauptdiskussionspunkte, ob die Gruppe eine Gruppenseele habe oder nicht und ob sie darum eine Entität über dem Individuum und außerhalb von ihm sei. Außerdem betont die Diskussion häufig mit Nachdruck den Unterschied zwischen *Gemeinschaft* und *Gesellschaft*: ob man es bloß mit Dingen formaler Organisation zu tun habe oder ob es so etwas gebe wie eine ‚natürliche Einheit der Gruppe', die sich auf Bedingungen wie der Einfühlung gründe. (Lewin 1982, S. 203)

Dem Autor erscheint das selbstverständlich, wobei er nicht mehr auf die frühe gestaltpsychologische Vorstellung zurückgreift, sondern dies aus der Dynamik der Ganzheit (Gruppe, Organisation) begründet (Lewin 1982). Sowohl Gruppen, als auch Organisationen wird dabei ein kollektives empathisches Selbstverstehen, die Ausbildung eines Wir-Gefühls, das als kollektive Identität über die Zeit trägt, zugeschrieben. Dieses ist vom Individuum abstrahiert, stellt für ihn aber einen wichtigen Bezugspunkt in der Definition seines Lebensraums dar.[8] Die Dynamik der Organisation als institutionalisiertem Lebensraum für den Einzelnen einerseits und eigenständiger Entität/Identität andererseits muss in exakt dieser Dualität als Grundlage organisationalen Wandels angenommen werden:

> » Selbst der beste Plan zur Reorganisation der Produktionskanäle ist wertlos, wenn er nicht für die menschlichen Wesen passt, die in diesem Rahmen zu leben und zu reagieren haben. Das geschilderte Verfahren ist daher wesentlich durch die Rücksichtnahme auf die Gruppendynamik bestimmt, ja, jeder Schritt ist durch diesen Gesichtspunkt bestimmt. (Lewin 1968, S. 199)

Mit dieser Beschreibung der „Lösung eines chronischen Konflikts in der Industrie" (Lewin 1968, S. 188ff.) wird der gruppendynamisch fundierte Aktionsforschungsprozess zur Grundlage der Organisationsentwicklung als sozialpsychologischem Ansatz der Gestaltung von Organisationen

---

8   Der Zusammenhang von sozialer, kollektiver und organisationaler Identität wird bis heute diskutiert (Elbe 2013a).

und des organisationalen Wandels. Diesem Ansatz folgt auch das vorliegende Buch und widmet der sozialpsychologischen Gestaltung der Organisation die zweite Hälfte des Textes: der Organisations- und Personalentwicklung (▶ Kap. 4), der Intervention durch systemische Beratung (▶ Kap. 5) und dem sozialpsychologisch orientierten Management im Gesamtsystem (▶ Kap. 6).

Lewin (1982) hatte in seinen Überlegungen noch ein weiteres Thema eingeführt, dass für die sozialpsychologische Organisationsforschung besondere Bedeutung erlangt hat: Gemeinschaft und Gesellschaft. Wie Elbe und Peters (2016) zeigen, hat sich die Gemeinschaftsperspektive bereits in den 1920er Jahren zu einem ersten organisationstheoretischen Paradigma verdichtet. Gemeint ist hiermit, dass die kollektive Identität der Organisation ein empathisches Gefühl der Aufgehobenheit, des ‚Wir‘ vermittelt, das weit über rationale Nutzen- und Zugehörigkeitserwägungen hinaus geht. Speziell seit den 1980er Jahren wird dieses Thema aus Sicht der ‚Organisationskultur‘ wieder aufgegriffen, wobei insbesondere Edgar Schein (1985) an Lewin anschließt und mit „Organizational Culture and Leadership – A Dynamic View" die gruppendynamische Gemeinschaftsperspektive betont. Krell (1994, 1996) sieht den gemeinschaftlich-organisationskulturellen Ansatz mit seinen Homogenitätsbestrebungen und Sozialisationsmechanismen kritisch, was aber insbesondere einem normativen Verständnis des Gemeinschafts- und Kulturansatzes geschuldet ist, dem ein analytisches Verständnis dieser Konzepte (Elbe und Peters 2016) gegenüber steht. Aus analytischer Sicht regeln Organisationen als Institutionen die Verhaltenserwartungen ihrer Mitglieder, sie schaffen die Gemeinschaft, die den Lebensraum selbstverständlich werden lassen und ihn erlebbar und erlernbar machen. Dieser Lebensraum mit seinen Verhaltenserwartungen drückt sich in Sprachspielen aus, wie sie Wittgenstein u. a. in seinen Philosophischen Untersuchungen beschrieben hat. Sprachspiele sind spezifische, regelgebundene Formen sprachlicher Konvention, die bestimmten Lebensformen (Wittgenstein 1997) eigen sind.

Sprachspiel heißt, dass wir unser Tun im Alltag vielfach nach Routinen ablaufen lassen und dabei in jeweils ähnlicher Art und Weise handeln und sprechen. Das gilt für alle sozialen Situationen, in denen wir Routinen einsetzen, ob beim Einkaufen oder wenn wir Bekanten begegnen; dann sagen wir beispielsweise ‚Guten Tag, wie geht's?‘ oder Ähnliches und erwarten nur eine begrenzte Verhaltensvarianz in der Antwort und der darauf folgenden Interaktion. Wir sprechen mit Familienmitgliedern anders als mit Freunden oder mit Kollegen (andere Themen, anderer emotionaler Ausdruck, teilweise andere Wortwahl) – wir passen also unser Sprechen und Handeln den jeweiligen Situationen an. Wir haben für die jeweiligen Situationen also spezifische Codierungen (Wörter), Sprechgewohnheiten und Sprachregeln – die diese Situationen voneinander abgrenzen und jeweils spezifische, aufeinander bezogene Handlungsfolgen (Interaktionen) erzeugen. Dabei variieren die Handlungen und Interaktionen natürlich und laufen nicht schematisch ab. Es gibt Freiheitsgrade, um den eigenen Willen in einer spezifischen Situation auszudrücken – deswegen heißt es (Sprach-)Spiel, weil wir spielerhaft mit den Situationen umgehen, weil wir ausprobieren, was geht und was nicht, was erlaubt ist und was nicht mehr, wie weit wir die Regeln des Umgangs miteinander in spezifischen sozialen Situationen dehnen können. Aus soziologischer Sicht kann man dies auch Institution nennen, die Handlung wird aber konkreter durch das Konzept des Sprachspiels erfasst.

Lorenzer (1970, 1977), Leithäuser und Volmerg (1979), Elbe (2002) oder Sichler (2009) schließen an diese Sprachspielkonzeption an, um Verhaltensmuster in organisationalen Kontexten sozialpsychologisch zu verstehen und zu erklären. Während Lewins Lebens*raum* zwar sozialpsychologisch, aber doch vom Individuum aus gedacht ist, denkt Wittgenstein seine Lebens*form* als Verortung spezifischer Sprachspiele vom Sozialen her. Dennoch treffen die beiden Begriffe jeweils ein konkretes institutionelles Setting, das als gemeinschaftsstiftend wahrgenommen und durch sprachliche und sonstige kulturelle Konventionen gekennzeichnet ist.

1

1.4.2 Kommunikation und Soziale Wahrnehmung

Sprachspiele sind komplexe sozialpsychologische Phänomene, in denen individuelles Verstehen an interindividuelle Konventionen zur Regelung des gemeinsamen Umgangs, von Wahrnehmung und Sinnkonstruktion geknüpft werden. Es wird festgelegt, wie kooperiert werden soll und was wichtig ist. Es werden also Regeln aufgestellt, die das Decodieren als kommunikatives Fremdverstehen betreffen: Wie sollen Aussagen und Handlungen von Anderen verstanden werden? Welche Aspekte des Gesamtverhaltens sind dabei wichtig und welche können ignoriert werden? Was sind zulässige Ziele und wie sind Ursachen und Handlungsfolgen miteinander verknüpft? Sprachspiele sind der sprachliche Ausdruck von Institutionen (Wittgenstein 1997; Elbe 2002) und prägen damit Gruppen und Organisationen, die spezifische Sprachspiele nutzen und für sich weiterentwickeln, um das Verhalten innerhalb dieser sozialen Einheiten zu koordinieren und nach außen zu abgestimmtem Wahrnehmen und Handeln fähig zu sein.

Das Management-Sprachspiel   Bagusat (2004) demonstriert dies anhand des Management-Sprachspiels. In Führungs- und Entscheidungsprozessen, bei Verhandlungen, Besprechungen und Präsentationen werden nicht nur spezifische Begrifflichkeiten (Codes) verwendet sondern auch eingeübte Regeln zur Anwendung gebracht. Es gibt Eröffnungskombinationen und erwartbare Spielzug-Abfolgen, aber auch neue Spielzug-Kombinationen, die als Innovation verstanden werden können. Bagusat (2004, S. 108ff.) liefert hierfür Beispiele:
- *Regel für die Eröffnungskombination:*
  „Betrachte die Ausgangssituation im Vergleich zu den stärksten Wettbewerbern. Der Vergleich liefert Ansatzpunkte zur weiteren Problematisierung."
- *Regel für erwartbare Spielzug-Abfolgen:*
  „Gebrauche den Zusammenhand >Verdoppelung der Ausbringungsmenge reduziert die Kosten um 20 – 30%< wie ein Gesetz. Variiere die Ausgangsgrößen, aber durchbreche nie die innere Mechanik."
- *Regel für die Spielzug-Variation:*
  „>Lern- und Wandlungsfähigkeit< ist eine inhaltlich mächtige, fast universal gültige Spielzugkombination – weil sie auf keinen Nebenschauplätzen zum Einsatz kommt – sondern immer Betroffene >attackiert<. Mit ihrem Einsatz greifst Du immer Grundlagen an."

In Anlehnung an Wittgenstein (1997) lässt sich formulieren: So – oder so ähnlich – funktioniert das Sprachspiel ‚Management'. Bagusat (2004) leitet daraus die Forderung nach einer veränderten Ausbildung für den Management-Nachwuchs ab und macht einen dementsprechenden Vorschlag.

Beiträge zur Kommunikation aus Sicht der Sozialpsychologie wurden in beiden sozialpsychologischen Kulturen geleistet (worauf wir in Zukunft nicht immer wieder hinweisen wollen). Die experimentelle Sozialpsychologie baut zwar auf experimentellen Settings auf (in diesem Zusammenhang sind insbesondere die sozialpsychologischen Arbeiten der gestaltpsychologischen Schule, z. B. von Solomon Asch über die Dominanz des ersten Eindrucks und von Vorwissen oder zur Konformität in Gruppen, vgl. Wert und Mayer 2008), der Übergang zu einer interpretativen Sicht ist aber fließend. So beschreiben Fischer und Wiswede (2009, S. 191) Wahrnehmung als die „[…] konstruktive Vermittlung zwischen Person und Umwelt." Die individuelle Wahrnehmung unterliegt dabei spezifischen Selektions- und Organisationsprinzipien, die eine Fokussierung von Wahrnehmung auf spezifische Reize ermöglicht, zugleich aber Sinnhaftigkeit und Geschlossenheit der Wahrnehmungsinhalte aktiv herzustellen suchen. Lehar (2004) macht den gestaltpsychologischen Ansatz auch für eine neurophysiologische Perspektive zugänglich. In Anschluss

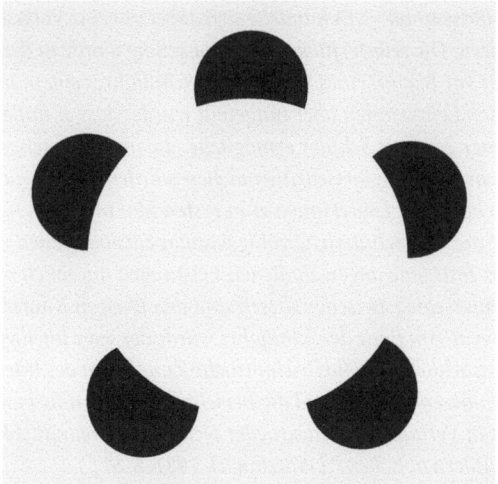

■ **Abb. 1.3**   Gestalt

an die dort zahlreich präsentierten Beispiele kann die Geschlossenheit von Wahrnehmung nach bekannten Mustern anhand der Figur in ■ Abb. 1.3 demonstriert werden.

Aufgrund unserer Erfahrungen ergänzen wir die fünf dunklen Figuren in ■ Abb. 1.3 durch eine sechste in der Mitte und sehen sechs Kreise, wo objektiv fünf nicht-kreisförmige Flächen vorhanden sind. Die Gestaltgesetze der Wahrnehmung, z. B. Nähe, Ähnlichkeit, Geschlossenheit, lassen Gegenstände oder auch Abbildungen als eine Ganzheit (eine Gestalt) erscheinen, der aufgrund von Vorwissen Bedeutung zugeschrieben wird. So könnte, abhängig vom Kontext mit ■ Abb. 1.3 z. B. ein Besprechungsplatz in einem Großraumbüro mit Hilfe eines Piktogramms – als stilisiertem runden Tisch mit fünf Stühlen – gekennzeichnet sein. Auch wenn die Gestaltperspektive nur einen Teilaspekt psychischen Erlebens abdeckt, wie Lewin (1982, S. 47) formuliert: „Die Psychologie kann niemals mit einem einzelnen Konstrukt, wie Assoziation, Instinkt oder Gestalt, alles erklären wollen. Verschiedene Konstrukte sind notwendig."

Es gibt biologische Gründe für bestimmte Wahrnehmungsmechanismen (z. B. Beschränkung des Frequenzbereichs, in dem Menschen hören, oder die Anatomie des Auges, die zu einem blinden Fleck führt, wenn man nur mit einem Auge sieht, vgl. Foerster 1981), es gibt wahrnehmungsspezifische (z. B. in der Gestalt) und es gibt soziale (z. B. aufgrund unserer kulturellen und sozialisatorischen Prägung) Gründe für die Organisation von Wahrnehmung. So führt der schon erwähnte erste Eindruck dazu, dass wir andere Menschen aufgrund einer sehr begrenzten Anzahl an wahrgenommenen Merkmalen kategorisieren und auf die gesamte Persönlichkeit des Gegenübers schließen. Damit gelangen wir rasch zu einer Handlungsgrundlage, müssen uns aber damit auseinandersetzen, dass der gute oder schlechte erste Eindruck die Tendenz hat, sich zu verfestigen (primacy effect) und damit zu einer systematischen Wahrnehmungsverzerrung führt (Elbe 2013c). Die Organisationsstrukturen der Wahrnehmung beeinflussen darüber hinaus, wie wir Ursache-Wirkungs-Zusammenhänge zuschreiben (attribuieren). Unsere Wahrnehmung schafft konstante Muster der Sinnhaftigkeit, die sich sowohl auf unser Selbsterleben als auch auf Handlungen anderer beziehen und daran Ursachenzuschreibung für individuellen Erfolg oder Misserfolg knüpfen (Elbe 2016). Dies ist in hohem Maß konstruiert und kann zu Zuschreibungsdynamiken führen, bei denen Ursache und Wirkung geradezu vertauscht sind. Watzlawick (1981) demonstriert dies anhand von sich selbsterfüllenden Prophezeiungen, die im sozialen Kontext Teil eines Sprachspiels sind und sich damit selbst bestätigen.

Oak-School-Experiment (Rosenthal)   *„Es handelte sich dabei um eine Volksschule mit 18 Lehrerinnen und über 650 Schülern. Die selbsterfüllende Prophezeiung wurde in den Lehrkräften dadurch erzeugt, dass die Schüler vor Beginn eines bestimmten Schuljahres einem Intelligenztest unterzogen wurden, von dem den Lehrerinnen aber mitgeteilt wurde, dass er außer dem Intelligenzgrad auch die Feststellung jener 20% der Schüler ermögliche, die im bevorstehenden Schuljahr rasche und überdurchschnittliche Leistungsfortschritte machen würden. Nach Durchführung der Intelligenzprüfung, aber noch bevor die Lehrerinnen zum ersten Mal mit ihren neuen Schülern zusammentrafen, erhielten sie die (der Schülerliste völlig wahllos entnommenen) Namen jener Schüler, von denen aufgrund des Tests jene ungewöhnlichen Leistungen angeblich mit Sicherheit erwartet werden konnten. Der Unterschied zwischen diesen und den übrigen Kindern bestand also nur im Kopf der jeweiligen Lehrerin. Am Ende des Schuljahrs wurde der selbe Intelligenztest für alle Schüler wiederholt und ergab tatsächlich überdurchschnittliche Zunahmen des Intelligenzquotienten und der Leistung dieser ‚besonderen' Schüler, und die Berichte der Lehrkräfte bewiesen ferner, dass sich diese Kinder auch sonst in Verhalten, intellektueller Neugierde, Freundlichkeit und so weiter vorteilhaft von ihren Mitschülern abhoben." (Watzlawick 1981, S. 97f.)*

Das Beispiel zeigt, wie sehr Menschen ihre Wahrnehmung konstruieren und darauf ihr Verhalten abstimmen. Diese Wahrnehmungs- und Verhaltensabstimmung hat im sozialen Zusammenhang eine sich verstärkende Bindungskraft, indem sich in der Gruppe (oder in der gesamten Organisation) eine Regel zugrundegelegt wird, aufgrund derer eine gemeinsame Wirklichkeitskonstruktion erfolgt. „Es ist dies die Beziehung zwischen dem Du und dem Ich, und diese Beziehung heißt Identität:

Wirklichkeit = Gemeinschaft."

(Foerster 1981, S. 59) Analog zu unserer Wahrnehmung ist auch unsere Kommunikation ein Vorgang des Konstruierens und die Grundlage der Herstellung von Gemeinschaft in Organisationen und darüber hinaus. Watzlawick, Beavin und Jackson (2003) haben deutlich gemacht: Man kann nicht nicht kommunizieren, und jeder Kommunikation haften Inhalts- und Beziehungsanteile an. Die Übereinstimmung hinsichtlich der Wirklichkeitskonstruktion ist aus Verstehensperspektive eine Beziehungsfrage: Wir stimmen darin überein, dass wir dies als gemeinsame Wirklichkeit annehmen (Reziprozität der Perspektiven als empathisches Fremdverstehen). Auf dieser Grundlage müssen wir nur noch den Inhaltsteil der Kommunikation decodieren: kommunikatives Fremdverstehen. Mit diesen Vorstellungen wird Watztlawick zu einem der wichtigsten Vertreter des radikalen Konstruktivismus und der Kommunikationspsychologie als spezieller Sozialpsychologie, auf die z. B. Schulz v. Thun (1997) aufbaut. Dieser erweitert die zwei Ebenen auf vier gleichzeitige Seiten jeder Art von Kommunikation: Sachebene, Appellebene, Beziehungsebene und Selbstoffenbarungsebene. Bei Schulz v. Thun (1997) tritt das Verstehen im Zuge der Kommunikationsanalyse ins Zentrum, wobei er neben Watzlawicks Arbeiten insbesondere die Arbeiten Bernes zugrunde legt.

Bernes Transaktionsanalyse als kommunikationsorientierte Psychologie menschlicher Beziehungen und deren Anwendung in Bezug auf Organisationen (Berne 1970, 1979) hat – ebenso wie die Ansätze Watzlawicks und Schulz v. Thuns – erheblichen Einfluss auf die Ausgestaltung der Organisationsentwicklung im letzten Drittel des 20. Jahrhunderts gehabt. Mit Transaktionen bezeichnet Berne (1970) Interaktionen als Austauschbeziehungen zwischen Menschen (wie auch innerhalb der Empfindens- und Verhaltensstruktur des Einzelnen).

„1. Jedes Individuum hat Eltern (oder Eltern-Stellvertreter) gehabt, und es besitzt in seinem Innern eine Gruppe von Ich-Zuständen, die die Ich-Zustände seiner Eltern (so wie er sie aufnahm) wiedergeben; diese Eltern-Ich-Zustände lassen sich unter gewissen Voraussetzungen aktivieren (exteropsychische Funktion). Umgangssprachlich ausgedrückt: ‚Jeder trägt in seinem Innern seine Eltern mit sich herum.'

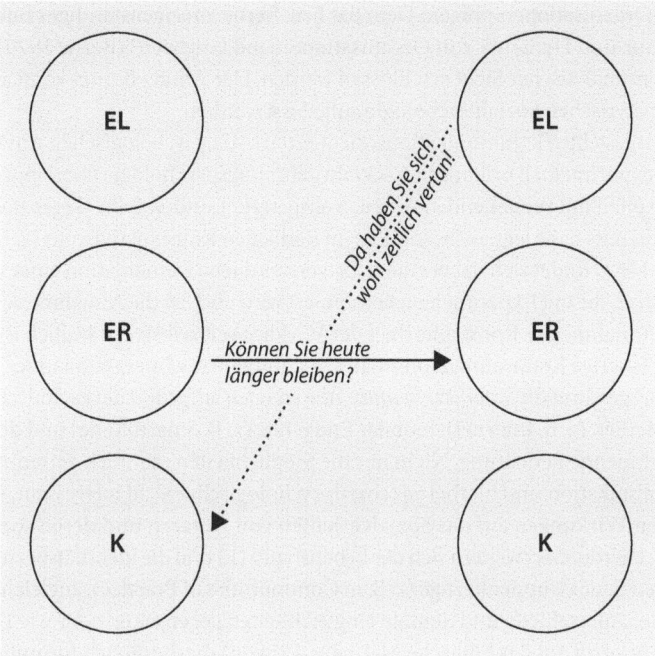

■ **Abb. 1.4**   gekreuzte Transaktionen

2. Jedes Individuum (einschließlich der Kinder, der geistig Zurückgebliebenen und
   Schizophrenen) hat die Fähigkeit zur objektiven Übermittlung von Informationen, wenn
   der angemessene Ich-Zustand sich aktivieren lässt (neopsychische Funktion). Umgangssprachlich: ‚Jeder hat ein Erwachsenen-Ich.'
3. Jedes Individuum war früher einmal jünger als zum gegenwärtigen Zeitpunkt, und es
   besitzt in seinem Innern fixierte Relikte aus früherer Zeit; diese werden unter bestimmten
   Voraussetzungen wirksam (archäopsychische Funktion). Umgangssprachlich: ‚Jeder trägt
   in seinem Innern einen kleinen Jungen bzw. ein kleines Mädchen mit sich herum.'" (Berne
   1970, S. 27)

Aufgrund dieser Prägungen besitzt jeder Mensch die Fähigkeit, aus allen Ich-Zuständen heraus
zu kommunizieren, wobei die drei Ich-Zustände (Eltern-Ich: EL; Erwachsenen-Ich: ER; Kind-
heits-Ich: K) auf unterschiedliche Weise miteinander in Beziehung treten. Speziell in beruflichen Kontexten wird dabei ein Austausch auf Ebene des Erwachsenen-Ichs erwartet, die aber
nicht unbedingt auf derselben Ebene beantwortet wird. ■ Abbildung 1.4 zeigt dies in einer
schematischen Darstellung.

Im vorliegenden Beispiel kann eine sachlich formulierte Anfrage eines Kollegen (ER → ER)
durch eine belehrende Antwort (EL → K) Missmut auslösen, da ja eigentlich eine Antwort auf
der rationalen Ebene erwartet worden war (ER → ER). Transaktionen dieser Art prägen unser
menschliches Sozialleben, wobei diese Transaktionen vielfach an ‚Spiele' gebunden werden, die
(ähnlich zu Wittgensteins Sprachspielen) bestimmten Mustern folgen. Gekennzeichnet sind
diese Spiele häufig durch verdeckt komplementäre Transaktionen, die zu einem geplanten, vor-
aussagbaren Ergebnis führen. Unser Alltag ist geprägt von solchen Transaktionssequenzen – dies
sind die Spiele der Erwachsenen (Berne 1970), die eben auch die Kommunikationsprozesse in

Gruppen und Organisationen prägen. Dem hat Eric Berne ein eigenständiges Buch gewidmet, in dem „Struktur und Dynamik von Organisationen und Gruppen" (Berne 1979) aus psycho- und transaktionsanalytischer Sicht erschlossen werden. Der Ansatz Bernes kann als ein eigenes Konzept der analytischen Sozialpsychologie aufgefasst werden.

Den hier dargestellten kommunikationsorientierten sozialpsychologischen Ansätzen, die sich mit der – eher experimentell orientierten – Wahrnehmungspsychologie überlappen ist gemeinsam, dass sie explizit mit verstehenden Anteilen ausgestattet sind; was ihr Gegenstand, die Kommunikation ja bereits nahe legt. Insbesondere im Radikalen Konstruktivismus (z. B. Watzlawick 1981; Foerster 1981) findet sich dabei eine selbstverständliche Kombination einer verstehenden Grundperspektive, die mit Experimenten kombiniert wird und der die Annahme von Paradoxien aufgrund der Annahme der Konstruiertheit der Wirklichkeit selbstverständlich ist.

Während bisherige Kommunikationsanalysen dominant die Interaktion unter Anwesenden thematisierten,[9] gewinnt die *Interaktion unter Abwesenden* aufgrund der technischen Möglichkeiten neuer Medien (z. B. Internet), mobiler Endgeräte (z. B. Smartphone) und deren Nutzung im Alltag zunehmende Bedeutung. Nicht nur die Möglichkeiten räumlich getrennter und asynchroner Kommunikation sind hierbei aus sozialpsychologischer Sicht interessant, sondern auch die spezifischen Wirkungen auf das Sozialverhalten von Nutzern und deren soziales Umfeld (Döring 2003). Hierdurch erweitern sich der Lebensraum (L) und die Identitätsbezüge der Nutzer und es entstehen neue Gruppenbezüge (z. B. in Communities of Practice), zugleich aber verstärken sich soziale Unterschiede und digitale Ungleichheiten gegenseitig, oder wie Döring (2013, S. 75 – unter Rückgriff auf das biblische Matthäus-Prinzip) diesbezüglich formuliert: „Wer hat, dem wird gegeben." Für weniger Privilegierte sinkt die Hemmschwelle für die Nichteinhaltung gängiger Kommunikationsregeln. Cybermobbing kann hierbei nicht nur zu einer Belästigung, sondern ggf. zu einem eigenen Sprachspiel werden, bei dem die scheinbaren Adressaten am Sprachspiel gar nicht partizipieren und dadurch in doppeltem Sinn Opfer werden.[10] Gruppendynamische Prozesse werden aber nicht nur im virtuellen Raum durch die Interaktion unter Abwesenden beeinflusst Auch in Anwesenheitskontexten intervenieren die Kommunikationsanteile mit Abwesenden und führen zu verändertem Gruppenverhalten und neuen Varianten in organisationalen Sprachspielen. Auf individueller Ebene macht Internet-Nutzung weder einsamer noch depressiver, noch lässt sich eine Korrelation zwischen den Intensitäten der Internetnutzung und der Kommunikation unter Anwesenden feststellen (Döring 2014), vielmehr steigt der Anspruch der Verhaltenssteuerung.

» Tatsächlich stellt uns das Internet vor gesteigerte Anforderungen der Selbstregulation: Es gibt unüberschaubar viele, oft widersprüchliche Optionen und niemals einen Sendeschluss – man muss selbst auswählen und sich auch Offline-Nischen erhalten. (Döring 2014, S. 266)

Dies gilt in besonderem Maß in organisationalen Kontexten, in denen die technikvermittelte Kommunikation inzwischen einen hohen Anteil der Arbeit ausmacht und damit zur Entgrenzung von

---

9   Hinsichtlich Interaktion und Kommunikation ist die kommunikations- und sozialpsychologische Perspektive deutlich von der soziologisch-systemtheoretischen Perspektive zu unterscheiden. Letztere, vertreten insbesondere durch Luhmann (1975) oder Kieserling (1999) konzipieren Interaktion als soziale Systeme, wohingegen die Sozialpsychologie Interaktion als wechselseitig aufeinander bezogenes Handeln von Menschen betrachtet, z. B. durch sprachliche Kommunikation.

10 Mit Hilfe des sogenannten ,Drama-Dreiecks' das sich wiederholende Spielmuster als Opfer-Täter-Retter-Konstellation modelliert, lassen sich transaktionsanalytisch hier gruppendynamische Prozesse im virtuellen Lebensraum bearbeiten.

Arbeit (Gottschall und Voß 2005) beiträgt. Mit der Möglichkeit, auch außerhalb organisationaler Grenzen (z. B. nach Feierabend, Zuhause, am Wochenende, bei Freunden) für organisationsbezogene Kommunikation unter Abwesenden erreichbar zu sein, steigt natürlich auch die Erwartung an diese Verfügbarkeit und die Herausforderung an die Selbstregulation durch deren Begrenzung.

1.4.3 Verhaltenssteuerung: Altruismus vs. Egoismus

Der Begriff der Verhaltenssteuerung meint eigentlich: Handeln. Handeln ist (in Anlehnung an Weber 1980) zielgerichtetes und damit gesteuertes Verhalten. Soziales Handeln ist darüber hinaus von der Intention her auf andere Menschen gerichtet. Wenn wir also unser Verhalten steuern, dann handeln wir, weil wir dem Handeln eine Zielrichtung verleihen. Aus Sicht der rationalen Steuerung von Organisationen besteht die Verhaltenserwartung an ihre Mitglieder darin, dass diese die Erwartungen verlässlich erfüllen. Hierfür hat die Arbeitspsychologie den Begriff der Handlungssicherheit geprägt (Hacker 2005), der die Bedeutung der Analyse-, Bewertungs- und Gestaltungsmöglichkeiten hervorhebt (psychische Handlungsregulation). Ansätze zur Handlungsregulation haben in der Arbeitspsychologie insbesondere da eine Bedeutung erlangt, wo es zu Fehlbelastungen aufgrund riskanter oder besonders belastender Arbeitssituationen kommt (vgl. z. B. Oesterreich und Leitner 1995; Metz und Rothe 2003). Verhaltenssteuerung bedeutet in diesem Kontext die verlässliche Erwartungserfüllung im Rahmen organisationaler Regelprozesse.

Diese Form rationaler Verhaltenssteuerung entspricht dem Sicherheitsparadigma, das von einer Beherrschbarkeit der Produktionsprozesse und darüber hinaus generell der Mensch-Umwelt-Beziehung ausgeht (Böhle und Busch 2012). Dies liefert uns aber keine Handlungskonzepte für neue, unbekannte oder krisenhaften Situationen, in denen unsere Handlungssicherheit versagt. Die rationalen Steuerungskonzepte des Verhaltens bedürfen also der Ergänzung durch Konzepte, die den Menschen in seiner individuellen Geschichtlichkeit (Sozialisation) und augenblicklichen sozialen Einbindung (Institutionen, Sprachspiele) beschreiben und verstehen helfen. Hierdurch lassen sich für die Gestaltungsfunktion neue Handlungsalternativen generieren, neue Ressourcen entdecken. Es gilt also, das rationale Handlungsmodell zu erweitern, wofür Habermas (1997, S. 143) folgenden Vorschlag macht:

>> Hingegen berücksichtigt das kommunikative Handlungsmodell, das die an Meads symbolischen Interaktionismus, Wittgensteins Konzept der Sprachspiele, Austins Sprechakttheorie und Gadamers Hermeneutik anschließenden sozialwissenschaftlichen Traditionen bestimmt, alle Sprachfunktionen gleichermaßen.

Dies gilt darüber hinaus auch für alle Handlungsfunktionen: Hier ist der Anschluss an die Verstehende Sozialpsychologie, wie sie hier bisher entworfen wurde, vollzogen. Dies grenzt rationale Verhaltenssteuerung nicht aus, es ergänzt sie vielmehr um die konkrete, historische Situation und um all die irrationalen Verhaltensbestandteile, die sich nur aus der sozialisatorisch-institutionellen Betrachtung der individuellen Verhaltensbedingungen, verstehen und erklären lassen. Diesen Zusammenhang meinte wohl auch Weber (1980) in seiner Beschreibung der Nahtstelle zwischen Soziologie und Psychologie:

>> Die rationale Überlegung eines Menschen: ob ein bestimmtes Handeln für bestimmte gegebenen Interessen nach den zu erwartenden Folgen förderlich sei oder nicht und der entsprechend dem Resultat gefasste Entschluss werden uns nicht um ein Haar verständlicher durch ‚psychologische' Erwägungen. Gerade auf solche rationalen

> Voraussetzungen aber baut die Soziologie (einschließlich der Nationalökonomie) die meisten ihrer ‚Gesetze' auf. Bei der soziologischen Erklärung von *Irrationalitäten* des Handelns dagegen kann die *verstehende* Psychologie in der Tat unzweifelhaft entscheidend wichtige Dienste leisten. (Weber 1980, S. 9)

Zweck- oder wertrationales Handeln kann ausgehend von der Wert- oder Zwecksetzung demnach soziologisch erklärt werden und das heißt: aus sozialen Gründen (insbesondere Nutzenerwägen). Alle nicht rationalen Verhaltensanteile (insbesondere die affektive Motivation) müssen psychologisch erklärt werden. Die tradierten Verhaltensanteile, die nicht den bisher angeführten Motiven zuzurechnen sind, können aufgrund der nur rationalisierbaren, aber nicht rationalen Verhaltensauslösung ebenfalls eher psychologisch erklärt werden. Dem Erklären liegt aber in allen Fällen nach Weber (1980) das Verstehen des Verhaltens zugrunde – soziologisch oder psychologisch. Zweck- oder wertrational motivierte Verhaltensanteile unterliegen dem Prinzip der Kommunikation – indem wir uns die Gründe des Handelns bewusst machen (Selbstverstehen bewussten Denkens) oder es anderen gegenüber explizit machen (Fremdverstehen des kommunikativen Handelns). Traditionales und affektives Handeln unterliegen bei uns selbst der Empathie uns selbst gegenüber (Identität), bei anderen aber der Reziprozität der Perspektiven (empathisches Fremdverstehen). Hinsichtlich sozialer Interaktion tritt das Fremdverstehen in den Vordergrund. Die Frage ist dann: Was will der Andere und mit welcher Begründung?

„Wie kommt das Gute in die Welt?   *Wesley Autrey wartete mit seinen beiden kleinen Töchtern auf die U-Bahn, als ein junger Mann neben ihm plötzlich zu zittern begann, sich verkrampfte und dann bewusstlos auf den Bahnsteig sank. Mehrere Passagiere eilten zur Hilfe, doch Autrey war schneller. Geistesgegenwärtig fragte er nach einem Kugelschreiber und klemmte ihn dem Fremden zwischen die Zähne, damit dieser sich bei seinem epileptischen Anfall nicht auf die Zunge bisse. Nach kurzer Zeit gingen die Krämpfe vorbei, der Epileptiker stand auf, und Autrey wollte seine Heimfahrt fortsetzen.*
Ein Rumpeln kündigte den Zug an. In diesem Moment taumelte der Mann erneut. Er stolperte und fiel auf das Gleis. Autrey rief einer Wartenden zu, sich seiner Töchter anzunehmen, und versuchte, den Gestürzten wieder auf den Bahnsteig zu ziehen. Doch seine Hand glitt ab. Inzwischen fuhr der Zug ein, Autrey blieb keine Zehntelsekunde Zeit zum Nachdenken. Er sprang auf das Gleisbett, zerrte den Mann zwischen die Schienen und warf sich auf ihn. Schon fuhr der erste Waggon über beide, zwischen Autreys Scheitel und dem Zug blieben genau zwei Fingerbreit Luft." (Klein 2009)

Dieser Vorfall wurde international von der Presse aufgegriffen, dieses Ausmaß an Selbstlosigkeit bewegte die Menschen und brachte Wesley Autrey einen Empfang beim amerikanischen Präsidenten und einen Orden ein. Aber was trieb ihn dazu? Rationale Erwägungen können das Handeln Autreys (speziell bei seiner zweiten Intervention) kaum erklären, da der Grad der Gefährdung hier auch keine wertrationalen oder traditionalen Begründungen mehr rechtfertigt. Das Ausmaß altruistischen Verhaltens, das Autrey hier zeigte, lässt sich nur durch empathisches Fremdverstehen, durch die Reziprozität der Perspektiven erklären und, wie der Neurobiologe Pfaff (2014) deutlich macht, dies geht so weit, dass in Situation wie der, die Wesley Autrey erlebt hat, die Grenze zwischen der Eigen- und der Fremdwahrnehmung verschwimmt. Die Gefährdung des Nächsten wird als Gefährdung des Selbst erlebt. Altruistisches Verhalten kann zum einen durch die unmittelbare Reziprozität der Perspektiven erklärt werden, als Hilfe für den Nächsten, doch deckt dies nicht alle Formen des Helfens.[11]

---

11   Zur Kritik an der Empathie-Altruismus-Hypothese vgl. Fischer, Asal & Krueger (2014).

Prosoziales Verhalten (Fischer, Asal und Krueger 2014; Werth und Mayer 2008; Bierhoff 2007) generell kann nicht nur aus einem Motiv heraus erklärt werden – traditionelle Gründe (z. B. aufgrund von Gemeinschaft), wertrationale Gründe (z. B. aufgrund religiöser oder ethischer Vorstellungen) und auch zweckrationale Gründe (z. B. der Imagegewinn einer Spende im Rahmen der Corporate Citizenship-Strategie eines Unternehmens in Verbindung mit der Möglichkeit eine Spende steuerlich geltend zu machen) ergeben eine motivationale Gemengelage, die als Gesamtkraft im sozialen Feld wirkt. Doch auch dieses Erklärungsmuster deckt nur einen Teil altruistischer Handlungen ab. Neben den Willen, unmittelbar Gutes zu tun, tritt der Wille, eine als gut angenommene soziale Ordnung aufrecht zu erhalten und für die Durchsetzung entsprechender sozialer Normen auch eigene Verluste in Kauf zu nehmen.

Dieser Effekt lässt sich mit Hilfe des Ultimatumspiels (Güth, Schmittberger und Schwarze 1982; Grötker 2009) simulieren, bei dem einer Person eine Geldsumme geboten wird, die sie beliebig zwischen sich (Summe 1) und einer zweiten Person (Summe 2) teilen darf. Die zweite Person kann die vorgeschlagene Summe annehmen, dann erhalten beide Spieler jeweils die entsprechenden Summen. Falls aber die zweite Person das Angebot der ersten Person zurückweist, gehen beide Spieler leer aus. Die beiden Spieler kennen einander nicht und wissen, dass die Interaktion nur einmal stattfindet. Unter diesen Bedingungen sollte ein rationaler Spieler 1 ein möglichst kleines Angebot machen und ein rationaler Spieler 2 auch den kleinsten ihm angebotenen Geldbetrag annehmen. Dies entspräche einem egoistisch-nutzenorientiertem Verhalten, das sich so aber unter Experimentalbedingungen regelmäßig nicht realisiert. Vielmehr kann inzwischen im internationalen Vergleich festgestellt werden – da dieses Experiment sich als ein Standard-Element in der wirtschafts- und sozialpsychologischen Lehre etabliert hat –, dass sich eine Akzeptanzgrenze herausbildet.

» Among subjects from industrialized populations – mostly undergraduates from the United States, Europe, and Asia – proposers typically offer an amount between 40 % and 50 % of the total, with a modal offer of 50 %[...]. Offers below about 30 % are often rejected. (Heinrich, Heine und Norenzian 2009, S. 61)[12]

Dies entspricht nicht der Annahme eines egoistisch-rationalen Akteurs (wie er in Teilen der ökonomischen und soziologischen Theorie zugrunde gelegt wird), sondern zeigt eindringlich, dass sich Menschen durchaus auch entgegen eines einfachen Nutzenkalküls verhalten können und dabei sogar einen eigenen Schaden (hier der Verlust des angebotenen Betrages) bewusst produzieren. Wie lässt sich das erklären? Man kann versuchen, eine evolutionär-funktionale Erklärung zu finden, die davon ausgeht, dass hierdurch langfristig ein gesamtgesellschaftlicher Vorteil, durch die Durchsetzung von Fairness-Normen, entsteht (Vieth 2003) – diese Erklärung trivialisiert aber einerseits den Rationalitätsbegriff, indem jedes Verhalten rationalisiert wird und trifft andererseits problematische Verhaltensannahmen hinsichtlich des Individuums, das in einem evolutionären Modell dann rein genetisch veranlagte Verhaltensweisen zeigen würde. Es geht hierbei aber durchaus um Gerechtigkeits- oder Fairness-Normen, die es durchzusetzen gilt: Ungleiche Verteilung ist akzeptabel, übersteigt die Ungleichheit aber ein gewisses Maß (bei der obigen Gewinnverteilung etabliert sich eine Teilungsgrenze 70:30), dann wird sie als Ungerechtigkeit empfunden und sanktioniert, auch wenn hierdurch eigene Nachteile entstehen (Verlust des 30 %-Anteils). Das Ultimatumspiel zeigt als Experiment sehr deutlich, dass aus

---

12   Diese Ergebnisse entsprechen auch der Erfahrung des Autors über viele Jahre, in denen er das Ultimatumspiel als Experiment mit Studierenden in sozialpsychologischen Kursen eingesetzt hat.

sozialpsychologischer Sicht prosoziales Verhalten nicht mit Nachgiebigkeit verwechselt werden darf und, dass Altruismus nicht nur auf Reziprozität der Perspektiven (empathisches Fremdverstehen), sondern durchaus auch auf der Decodierung von Regelverletzungen (kommunikatives Fremdverstehen) beruhen kann. Für diese Sichtweise spricht bereits die Einschätzung von Güth, Schmittberger und Schwarze (1982, S. 383), „[…] that in the repeated experiment there is a stronger tendency to suggest an equal split and that not all players 1 in the repeated experiment were fully aware of the payoff structure."

Das prosoziale Verhalten hat für die Sozialpsychologie der Organisation eine besondere Bedeutung, geht es hier doch um Verhaltensabstimmung, um Kooperation zwischen Menschen, was zwar durchaus auf Eigennutz basieren kann, in der Begründung gemeinschaftlicher Koordinationsmechanismen aber auf Werte und Normen und deren Einhaltung angewiesen ist. Hieraus erwachsen auch in Organisationen Gerechtigkeitsfragen (Kals und Gallenmüller-Roschmann 2011; Fischer und Wiswede 2009):

- nach der Verteilungsgerechtigkeit (Wie werden Anreize und Beiträge verteilt?) sowie
- nach der Verfahrensgerechtigkeit (Wie werden Entscheidungen gefällt und Weisungen getroffen?).

Die Aufrechterhaltung von Organisationen erfordert damit die grundlegende Bereitschaft einer hinreichend großen Zahl von Organisationsmitgliedern, auch altruistisches Verhalten dahingehend zu zeigen, dass Trittbrettfahrer oder generell eigennutzgetriebenes Verhalten auf Kosten Anderer in der Organisation nicht überhand nehmen.

Grenzen des prosozialen Verhaltens finden sich im Eigennutz, insbesondere dann, wenn eigennütziges Verhalten ohne Berücksichtigung der Belastungen oder des Schadens für andere gezeigt wird – erst dann spricht man von egoistischem Verhalten. Dieses wird in der Rationaltheorie grundsätzlich unterstellt, da der Homo Oeconomicus nur zur eigenen Bedürfnisbefriedigung handelt und hierfür nur die eigene Präferenzordnung, nicht aber Bedürfnisse oder Befindlichkeiten Anderer Bedeutung hat. Damit ist der Homo Oeconomicus als vollständiger Selbst-Versteher (er kennt seine Präferenzordnung vollständig und überzeitlich) und Nicht-Fremd-Versteher (da dies für ihn irrelevant ist) konzipiert. Er verhält sich nicht prosozial aber auch nicht antisozial. Das ist bei der Verhaltenskonzeption in der Neuen Institutionökonomik anders: Hier ist der Akteur vollständiger Selbst- und Fremd-Versteher, da er die Befindlichkeiten wie auch das rationale Kalkül seines Gegenübers berücksichtigen muss, um sich opportunistisch verhalten zu können. Der Opportunist verhält sich konsequent antisozial, da die Schädigung des Nächsten ein probates Mittel sein kann, um den eigenen Nutzen zu maximieren. Jedes kooperative Verhalten wäre limitiert durch den Augenblick, in dem nicht-kooperatives Verhalten höheren Nutzen verspricht.

In der Ökonomie steht die rationale Nutzenmaximierung im Vordergrund; unser Alltag ist aber durch begrenzte Rationalität gekennzeichnet (Simon 1993), und das gilt auch für prosoziales Verhalten. Dies zeigt das Experiment von Darley und Batson (1973), in dem Theologiestudenten auf dem Weg waren, um einen Vortrag zu halten und einem Teil von ihnen gesagt wurde, sie seien spät dran. Auf dem Weg zum Vortragsraum kommen die Studenten, die über die Parabel des barmherzigen Samariters sprechen sollen, nun an einer offensichtlich leidenden, hilfebedürftigen Person vorbei. Von den Theologiestudenten unter Zeitdruck ignorierte die Majorität (60 %) die hilfebedürftige Person. Die Fokussierung auf den zu haltenden Vortrag unter Verstärkung durch den erzeugten Zeitdruck führen dazu, dass das wertrational zu zeigende Verhalten (dem Bedürftigen zu helfen) nicht gezeigt wird, obwohl sie sich damit theoretisch gerade beschäftigen (Gleichnis vom barmherzigen Samariter). Diese Studierenden verhalten sich nicht bewusst antisozial und auch nicht bewusst irrational – sie sind nur so im Selbstverstehen gefangen, dass ein Fremdverstehen nicht mehr möglich ist: Die Reziprozität der Perspektiven ist blockiert. Generell wird prosoziales Verhalten weniger gezeigt, wenn die Anzahl der möglichen Beteiligten steigt. Es gibt drei spezielle Gründe, dann nicht zu helfen (Bierhoff 2007):

1. Verantwortungsdiffusion – je mehr Menschen das Geschehen beobachten, desto weniger bin ich als Einzelner für das Geschehen und seine Folgen verantwortlich,
2. Situationsdefinition – wenn Andere nicht helfen, dann besteht offensichtlich kein Hilfebedarf,
3. Vermeidungsverhalten – wenn ich nichts tue, kann ich mich auch nicht blamieren, etwas falsch machen oder mich gar gefährden.

Diese Effekte sind für die Verhaltenssteuerung im organisationalen Kontext ebenfalls von großer Bedeutung, auch wenn die Auslöser für prosoziales Verhalten im organisationalen Alltag nicht so dramatisch sein müssen, wie in den gängigen Feldexperimenten, die angestellt werden, um prosoziales Verhalten und seine Grenzen zu untersuchen. Interaktionen in Organisationen finden regelmäßig in Kontexten statt, in denen eine größere Anzahl Menschen anwesend ist. Die Wahrscheinlichkeit des Absinkens prosozialen Verhaltens aufgrund der höheren Anzahl Beteiligter wird durch Gemeinschaftsbildung mit Hilfe entsprechender Werte und Normen kompensiert.

Eine weitere Grenze prosozialen Verhaltens, so wie wir es bisher diskutiert haben, ist noch anzusprechen:

» The findings suggest that members of WEIRD societies, including young children, are among the least representative populations one could find for generalizing about humans. (Heinrich, Heine und Norenzian 2009, S. 61)

Mit WEIRD (*W*estern, *E*ducated, *I*ndustrialized, *R*ich, *D*emocratic) werden die westlich orientierten, bildungsintensiven, industrialisierten, reichen und demokratischen Gesellschaften der sogenannten ersten Welt bezeichnet. Hier werden 96 % der psychologischen Experimente durchgeführt, es leben aber nur 12 % der Menschheit in diesen Ländern. In diesem Sinn sind nicht nur die Gesellschaften, in denen fast alle psychologischen Experimente stattfinden, sondern auch die Ergebnisse seltsam (weird). Sie sind für Menschen oder die Menschheit in keiner Weise repräsentativ, sondern – aufgrund der systematischen Begrenzung der Untersuchungskontexte – in hohem Maß selektiv, selten und wirken aus einem anderen kulturellen Blickwinkel vielfach seltsam.

1.4.4 Kultur, Einstellungen und Werte

Eine genauere Beschreibung des Begriffes ‚Kultur' erweist sich als problematisch, da in der Umgangssprache der Begriff unterschiedlich verwendet wird. Kultur kann

- als Synonym für künstlerische Ausrichtung stehen (‚Kultursponsoring'),
- als Bezeichnung für verfeinertes Verhalten gebraucht werden (‚ein kultivierter Mensch') oder
- zur Bezeichnung ethnischer Gemeinsamkeit dienen (‚indianische Kulturen').

Die Wissenschaft, die sich am eindringlichsten mit dem Kulturbegriff auseinandersetzt, ist die Anthropologie, doch hat sich auch hier keine einheitliche Definition des Begriffs durchgesetz (Sackmann 1991). Greverus (1987) nennt drei Aspekte, um den anthropologischen Kulturbegriff zu beschreiben: ersten eignet sich der Mensch seine Umwelt in einem Lernprozess an und ist fähig, die Umwelt und sein Verhalten in Bezug auf die Umwelt zu gestalten, zweitens ist die Umweltaneignung ein historisch-gesellschaftlicher Prozess, drittens sind auch gesellschaftliche

Verhaltensmuster durch Umweltbedingungen bestimmt. In Anlehnung an Elbe (1997) lässt sich Kultur somit allgemein definieren als Ausdruck für die Relation zwischen Gesellschaft und Umwelt und auf verschiedene Ebenen beziehen, denen sich Sozialisationskontexte zuordnen lassen. Kultur kann sowohl ethnische Kulturen, als auch Subkulturen oder überlagernde Kulturen (z. B. Branchenkultur versus nationaler Kultur oder Berufskultur versus Organisationskultur) kennzeichnen.

Die Entdeckung des Kulturbegriffes für den organisatorischen Bereich erfolgte in den 1980er Jahren und ist im Zusammenhang mit der Entwicklung des Organisationsbegriffes zu sehen (Dülfer 1991; Heinen 1985; Schein 1985). Erst der institutionelle Organisationskontext (das Unternehmen ist eine Organisation) ebnete das Verständnis für einen kulturellen Organisationsbegriff.[13] Sackmann (1990) unterscheidet drei Ansätze zur Organisationskultur: den Variablenansatz (Organisationen haben eine Kultur), den Metaphernansatz (Organisationen sind eine Kultur) und den Ansatz der Organisationskultur als dynamischem Konstrukt. Dem dynamischen Ansatz, als Synthese der beiden erstgenannten Ansätze, liegen die folgenden Annahmen zugrunde: „[…]

1. Kultur im Kontext von Unternehmen ist ein *komplexes, dynamisches Konstrukt*, das sich in menschlichen Interaktionen und Aktionen gegenüber Problemen entwickelt und das aus verschiedenen *ideellen* und *materiellen* Facetten besteht.
2. Einzelne dieser Facetten sind sichtbar, andere nur in Form ihres *Einflusses nachvollziehbar*, den sie auf Wahrnehmung, Denken, Fühlen und Handeln haben.
3. Die Facetten sind in *komplexer, multikausaler Weise* miteinander verknüpft.
4. Jedes Unternehmen ist und hat Kultur, die für sich genommen weder *gut noch schlecht* ist. Durch ihr Vorhandensein erfüllt sie quasi automatisch gewisse Funktionen in förderlicher oder hinderlicher Weise, während andere Funktionen durch ihr entsprechendes ‚Sein‘ (Art, Gestalt, Form, Ausprägung, Subkulturbildung etc.) wahrgenommen werden können, doch nicht müssen." (Sackmann 1990, S. 161).

Auf dieser Basis wirkt die Organisationskultur als Persönlichkeit der Organisation, ist dabei aber hinsichtlich des Aktions- und Interaktionsmechanismus zu erweitern. Kultur als Relation zwischen gesellschaftlichen Gruppen und Umwelt wird durch menschliches Handeln begründet, gewinnt auf Systeme bezogen aber eine Eigendynamik, welche die so entstandene Organisationskultur vom menschlichen Handeln gegenüber Problemen emanzipiert. Organisationen sind somit Wissens- und Wertegemeinschaften, die als eigenständige Institutionen nach innen und außen wirken. Dies erfolgt aufgrund von Habitualisierung eines spezifischen Sets an Verhaltensmustern und -erwartungen (zum Neo-Institutionalismus vgl. z. B. Hasse und Krücken 1999), letztlich also mit der Herausbildung von Handlungsmustern aufgrund von Normbildung (Elbe und Peters 2016).

Aus dieser Perspektive sind Organisationen kulturelle Institutionen mit spezifischen Wissensbeständen, aus denen sich Deutungsmuster hinsichtlich der Umwelt sowie Handlungs- und Kommunikationsmuster (Handlungs- und Sprachcodes als Teile von Sprachspielen) ableiten, die sich auch in Artefakten manifestieren. Als Artefakte werden z. B. Logos, Schriftstücke, Technologie bezeichnet, die im organisationalen Produktionsprozess zum Einsatz kommen. Das gilt für alle Arten von Organisationen, auch des staatlichen Sektors oder des dritten Sektors, wie z. B. Behörden oder gemeinnützige Vereine. Die Organisationskultur drückt sich auch in Mythen (positive oder negative Erzählungen, die von besonderen Situationen handeln und zur

---

13   Lewin (1982) bezeichnet bereits in den 1940er Jahren Fabriken oder Schulen als ‚organisierte Institutionen'.

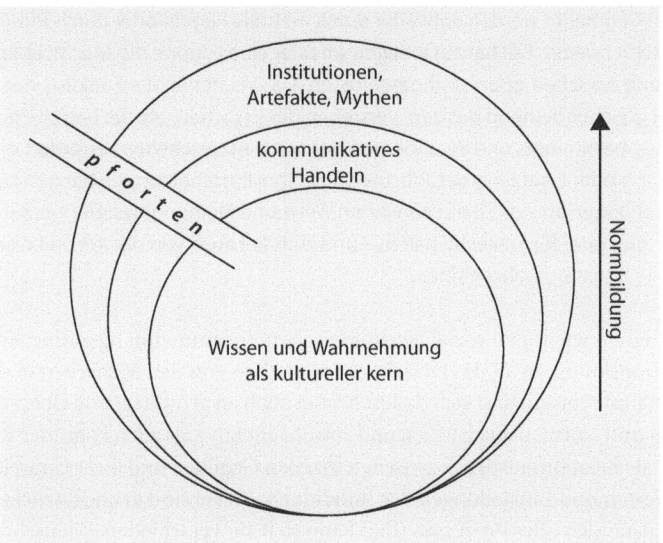

□ Abb. 1.5 Organisationen als kulturelle Institution

Verhaltensorientierung für die Organisationsmitglieder dienen) und Riten (z. B. Eröffnung neuer Betriebsstätten, Umgang mit Beförderungen, Ein- oder Ausstand bei Begrüßungen oder Verabschiedungen von Kollegen, Betriebsfeiern), aber auch Einstellungs- oder Beförderungskriterien aus (Elbe und Peters 2016; Schein 1985). Kultur ist dabei kein Wissens- oder Artefaktbestand, sondern ein Prozess, der vom Wissenskern, über die Handlungsebene, bis hin zu den Manifestationen zunehmende Normierung erzeugt. □ Abbildung 1.5 (in Ergänzung von Elbe und Peters 2016) fasst dies in eine schematische Darstellung.

Organisationen als kulturelle Institutionen sind temporär in dem Sinn, als dass sie einerseits sozialem Wandel unterliegen und andererseits eine je eigene Dynamik des Substitutionsverhaltens zwischen struktularer, prozessualer und institutioneller Organisationsperspektive entwickeln (Elbe und Peters 2016). Weder die individuellen und kollektiven Wissensbestände noch die Institutionen in der Organisation sind fix, vielmehr unterliegen sie Aushandlungsprozessen und Veränderung. Aus feldtheoretischer Sicht sind „[…] *Kultur und Gruppenleben als quasi-stationäre Prozesse* […]" (Lewin 1982, S. 293) zu verstehen. Die Organisationskultur lässt Anpassungen von Individuen und Institutionen in umgekehrter Richtung der Normbildung zu, wodurch einerseits Inklusion und Gemeinschaftsgefühle befördert werden, diese andererseits aber eben nicht als Prädisposition des Verhaltens missverstanden werden dürfen (Elbe und Peters 2016). Akteure können sich auch abweichend von den Normen verhalten und das Sprachspiel variieren. Wenn diese neuen Spielvarianten in der Organisation akzeptiert werden erzeugt das sozialen Wandel. Je dichter dies allerdings an den kulturellen Kern (Schein 1985 nennt dies Grundannahmen) der Organisation kommt, desto unwahrscheinlicher wird die Akzeptanz neuer Praktiken.

Organisationale Prozesse können aus feldtheoretischer Perspektive als ‚Kanäle' betrachtet werden, die Handlungszusammenhänge oder Sprachspiele hin zu einem bestimmten Ereignis (Produkt, Dienstleistung, Entscheidung, Weisung etc.) als Prozessergebnis bündeln. Kanäle, die die Organisation und ihre Kultur im Kern berühren – und das bedeutet: in ihrer Identität und ihrem Bestand gefährden können –, werden von Sicherungssystemen abgeschirmt, die Lewin (1982, S. 308) als ‚Pforten-Bereich' bezeichnet.

» Die Pforten-Segmente werden entweder durch neutrale Regeln oder durch ‚Pförtner‘ beherrscht. Im zweiten Fall hat ein Individuum oder eine Gruppe die ‚Macht‘ über die Entscheidung zwischen ‚offen‘ und ‚geschlossen‘. Das Verstehen der Funktion der Pforte wird damit gleichbedeutend mit dem Verstehen der Ursachen, die die Entscheidungen der ‚Pförtner‘ bestimmen, und Veränderung des sozialen Geschehens erfordert die Beeinflussung oder Ersetzung des ‚Pförtners‘. […] Ihre Entscheidungen hängen zum Teil von ihren Einstellungen ab – das heißt von ihrem Wert- und Meinungssystem, worauf beruht, was sie für ‚gut‘ oder für ‚schlecht‘ halten – und zum Teil auch von der Art und Weise, wie sie die jeweilige Situation wahrnehmen.

Hier wird auf einen wichtigen sozialpsychologischen Zusammenhang aufmerksam gemacht: Die Organisationskultur ist an das tatsächliche Verhalten von den Menschen in der Organisation gebunden und reproduziert sich dadurch, aber auch an grundlegende Überzeugungen, die sich in Werten und Normen ausdrücken und sowohl affektive als auch kognitive Komponenten haben. Kultur als Relationsausdruck zwischen sozialen Gebilden und ihrer Umwelt manifestiert sich in den Werten und Einstellungen der Individuen. Werte sind grundsätzliche Präferenzen hinsichtlich Zuständen oder Prozessen (dies kann sich auf verschiedene Menschen oder Dinge und ihre Kontexte beziehen) und finden in Einstellungen ihre individuell handlungsrelevante, kognitive Repräsentation. Nach dem Drei-Komponenten-Modell (Fischer und Wiswede 2009) haben Einstellungen damit sowohl emotionale Einflüsse als auch kognitive Prozesse und Verhaltenswirkungen – diese sind aber nicht unmittelbar kausal aneinander gebunden. Die Werterepräsentation kann mit emotionaler Befindlichkeit und aktueller Wahrnehmung in Konflikt geraten und widerstreitende Kognitionen hervorrufen, die dann zielgerichtetes Handeln (aufgrund kognitiver Dissonanz)[14] behindern. Während Einstellungen individuelle Ausdrücke von Zuneigung oder Ablehnung gegenüber Umweltphänomenen und anderen Menschen bezeichnen (dies umfasst auch Vorurteile und Stereotypen), sind Normen soziale Konstruktionen, die konkrete Verhaltensvorgaben hinsichtlich des Tuns oder Unterlassens bestimmter Handlungen beschreiben, und damit zentrale Regeln von Sprachspielen. Sowohl Einstellungen als auch Normen liegen Werte zugrunde und im Ausmaß der Konsistenz der Einstellungs- und Normebene lässt sich die Intensität (auch Enge) von Kultur und Gemeinschaft in einer Organisation messen (kritisch hierzu: Krell 1994, 1996).

Lewin (1982) hat deutlich gemacht, dass es aus sozialpsychologischer Sicht zwei Möglichkeiten gibt, um den zentralen Werte-Bereich der Organisation gegenüber nicht einstellungskonformen Veränderungen oder (generell) Handlungen zu schützen, durch Regeln oder durch Personen. Anders formuliert: „Führung ist also ein funktionales Äquivalent zur Institutionalisierung von Normen.“ (Luhmann 1964, S. 207) Während Regeln (als zentrales Element von Institutionen oder Sprachspielen) einem quasi-evolutionären Prozess des Wandels unterliegen und die Regeleinhaltung von allen Spielern mit kontrolliert wird, Veränderungen also mit breiter Akzeptanz oder verdeckt erfolgen und mit Erfolg für das Gesamtsystem vonstatten gehen müssen, ist Führung an die Prinzipien von Selektion und Sozialisation gebunden.

» Wir bemerken, dass es Beamte, Verwaltungsangestellte in leitender Stellung oder Ausschüsse sind, die darüber entscheiden, ob jemand in die Organisation aufgenommen,

---

14 Kognitive Dissonanz ist eine von dem Lewin-Schüler Leon Festinger (1978) entwickelte Theorie, um konflikthafte Zustände zu erklären, die Menschen erleben, wenn ihnen zwei Kognitionen unvereinbar erscheinen, z. B. nachdem jemand eine Entscheidung getroffen oder eine Handlung ausgeführt hat, die zu bisherigen Einstellungen, Gefühlen oder Wahrnehmungen im Widerspruch steht.

von ihr ferngehalten, befördert wird usw. In solchen Organisationen ist die Methode des Diskriminierens eng mit solchen ‚Funktionären' verbunden, die bewirken, dass das Leben der Mitglieder einer Organisation in bestimmten Kanälen fließt. Damit besteht ein fundamentaler Zusammenhang zwischen Diskriminierung und Organisationsfragen; und Handlungen von ‚Pförtnern' entscheiden darüber, was getan und nicht getan wird. (Lewin 1982, S. 308)

1.4.5 Konformität und Herrschaft

In Gruppen und auch in Organisationen sichern Normen die Kooperationskosten dahingehend ab, dass Vorteilnahmen und antisoziales Verhalten für den Einzelnen unattraktiv werden sollen. Durch Sanktionsandrohung einerseits und die emotionale Belohnung des Gemeinschaftsgefühls andererseits wird darauf hin gewirkt, dass die Gruppen- oder Organisationsmitglieder sich an die Normen halten. Konformität in Gruppen hat damit sowohl eine Komponente der Verinnerlichung von Gruppennormen (Einstellungskonformität), als auch den Aspekt des äußeren Anreizes durch die Sanktionsandrohung (Anpassungskonformität). Konformität wird zum Einen gegenüber der Gruppe und den Gruppennormen gezeigt, zum Anderen aber auch gegenüber Individuen, denen Autorität zugeschrieben wird. Zahlreiche Experimente wurden zu den Formen sozialen Einflusses in Gruppen und Organisationen durchgeführt (z. B. die Konformitätsexperimente von Solomon Asch oder die Gehorsams-Experimente von Stanley Milgram, vgl. Fischer, Asal und Krüger 2014), wodurch deutlich wurde, dass sowohl die Formen sozialen Einflusses als auch die Prozesse der Beeinflussung recht unterschiedlich sein können. Obwohl einerseits Anpassungsdruck vorhanden ist, besteht andererseits doch die Möglichkeit, sich dem nicht zu beugen und abweichendes Verhalten zu zeigen.

Abweichendes Verhalten (Devianz) bezeichnet Verstöße gegen soziale Normen oder formal ermächtigte Handlungsanweisungen (z. B. von Vorgesetzten), bei dem Einzelne oder Minderheiten versuchen, eigene Interessen entgegen einer erkannten Gruppennorm oder einer berechtigten, wahrgenommenen Anweisung durchzusetzen. Aus rationaler Sicht tritt abweichendes Verhalten insbesondere dann auf, wenn die Gruppe oder Organisation das Anspruchsniveau von Mitgliedern hinsichtlich der Leistungserbringung nicht (oder nicht mehr) erbringt. Hirschman (1970) modelliert die möglichen Handlungsmuster als Exit, Voice oder Loyalty. Mit Exit wird das Verlassen der Organisation bezeichnet, also die Aufkündigung der Mitgliedschaft, mit Voice wird der offene Widerstand gegenüber der Herrschafts- oder Majoritätsposition bezeichnet und mit Loyalty das sich Fügen. Wobei speziell im letzten die eigentliche Herausforderung aus sozialpsychologischer Sicht steckt: Die Gegenposition ist nun einmal existent, das bedeutet für den Einzelnen, dass er entweder seine kognitive Dissonanz auflöst (z. B. durch Umbewertung) und seine Einstellung anpasst oder dass er seine Gegenposition behält, dies aber nicht mehr offen zeigt. Dies führt dann zu einem verdeckten Exit, nämlich zur ‚Inneren Kündigung' (Richter 2003), wobei dieses Verhalten von einfacher Aufwandsminimierung bis hin zu schädigendem Verhalten gegenüber der Organisation reichen kann. Ob Loyalty eine funktionale oder eher eine dysfunktionale Wirkung in der Organisation entfaltet, hängt insbesondere davon ab, ob das Individuum den ‚psychologischen Vertrag' (als ergänzende, nicht schriftlich fixierte Übereinkunft gegenseitiger Loyalität; Marr und Fliaster 2003; Richter 2003; Rousseau 1995) als im Kern verletzt erlebt oder nicht.[15] Auch wenn der psychologische Vertrag verletzt wurde, ist abweichendes

---

15 Vgl. hierzu das Beispiel in ▶ Kap. 1.

Verhalten nicht irrational, vielmehr kommt hier ein Werte-Konflikt zum Ausdruck, da einerseits die Gruppennorm erkannt, andererseits aber die hiervon abweichenden eigenen Motive über die Kooperationsverpflichtung gestellt werden. Dies kann im konkreten Handeln in Organisationen zwei verschiedene Reaktionen auslösen, wenn das abweichende Verhalten wahrgenommen wird. In einem Fall wird abweichendes Verhalten zu einer Regelverletzung im Sprachspiel führen, die von den anderen als für das Sprachspiel vorteilig wahrgenommen und als Innovation dann doch positiv bewertet wird, dann werden die Normen (die Regeln des Sprachspiels) angepasst. Im anderen Fall wird die Regelverletzung nicht akzeptiert, sondern als eine Form des antisozialen Verhaltens bewertet und negativ sanktioniert.

Mit dem psychologischen Vertrag ist das Verhalten von Organisationsmitgliedern an die Institution gebunden, die sich durch personale Herrschaft oder durch Herrschaft durch Verfahren ausdrückt. Herrschaft stellt dabei eine institutionalisierte Form von Macht dar, die insbesondere in Organisationen zum Tragen kommt und die von Führung im Allgemeinen zu unterscheiden ist. Die besondere Notwendigkeit für eine solche Unterscheidung aus sozialpsychologischer Sicht hat bereits Pfeffer (1977) festgestellt. Während Führung nach dem bereits angeführten Luhmann-Zitat eben ein Äquivalent zur Institutionalisierung (Luhmann 1964) darstellt, ist Herrschaft ein Ausfluss eben dieser Institutionalisierung. In beiden Fällen geht es aber um die Ausübung von Macht, die ja allen sozialen Beziehung zu eigen ist und damit amorph bleibt: „Macht bedeutet jede Chance, innerhalb einer sozialen Beziehung den eigenen Willen auch gegen Widerstreben durchzusetzen, egal worauf diese Chance beruht." (Weber 1980, S. 28) Bei Führung beruht die Chance auf Willensdurchsetzung grundlegend auf Einverständnis zwischen den Beteiligten, und das führt zu einer „[...] Erwartungshaltung der Geführten, eine Interpretationsleistung geboten zu bekommen, Sinnvermittlung zu erfahren und damit von der Ohnmacht, ggf. auch von der Verantwortung befreit zu werden, also Unsicherheitsabsorption zu erfahren [...]. Führung ist somit nicht nur Chance auf Willensdurchsetzung, sondern vielmehr die Verpflichtung zur Willensdurchsetzung." (Elbe 2012b, S. 175) Wie bereits angemerkt, ist deswegen ‚laissez-faire' die Enttäuschung von Führungserwartungen und damit eben das Gegenteil von Führung (Lewin, Lippitt und White 1971). Auch Führung wird damit eine spezifische Form von Machtbeziehung, die nicht durch Regelhaftigkeit gekennzeichnet ist, sondern durch persönliches Einwirken einer Führungsperson. *Rationale Herrschaft* (Weber 1980) – und darüber sprechen wir in Bezug auf Organisationen – ist durch Regeln gekennzeichnet, die zwar personell vermittelt werden können (was Unterordnungsbeziehungen, also Hierarchie begründet), prinzipiell aber steht die Regelhaftigkeit im Vordergrund. Diese kann sich auch in Verfahren (z. B. Prozesshandbücher, Verfahrensanweisungen, Computerprogramme, Besprechungsregeln), generell also Anweisungen zum Spielen von Sprachspielen ausdrücken. Wie diese Sprachspiele sich verändern und innovieren hängt davon ab, wie geschickt die Beteiligten es verstehen, ihre jeweiligen Machtressourcen im Sprachspiel zur Geltung zu bringen, und wie geschickt sie diese einsetzen. Ressourcen im Sprachspiel sind insbesondere Mitspieler, die die eigene Regelinterpretation stützen. Konformität ist letztlich die Anpassung an das erfolgreiche Spiel.

1.5   Fragen

- Welche Bedeutung hat Ungewissheit in sozialen Systemen?
- Was ist die spezifische Perspektive der ‚Sozialpsychologie der Organisation'?
- Welche Zugänge zur Sozialpsychologie der Organisation kennen Sie?
- Wodurch unterscheiden sich experimentelle und reflexive Sozialpsychologie?
- Skizzieren Sie bitte die Dimensionen des Alltagsverstehens.

- Was meint Lewin mit der Formel: $[V = F\,(P,\,U) = F\,(L)]$?
- Foerster setzt Wirklichkeit und Gemeinschaft gleich – was bedeutet das in Hinblick auf Organisationen?
- Das Ultimatumspiel ist eines von zahlreichen Experimenten, die sich mit prosozialem Verhalten beschäftigen. Warum ist die generelle Verallgemeinerung (für alle Menschen) problematisch?
- Beschreiben Sie bitte Organisationen als kulturelle Institutionen.
- Welche Bedeutung haben Einstellungen und Werte in Organisationen?
- Wie hängen Konformität und abweichendes Verhalten in Organisationen zusammen?
- Was ist der Unterschied zwischen Führung und Herrschaft?

Literatur

Apel K-O, Manninen J, Tuomela R (Hrsg) (1978) Neue Versuche über Erklären und Verstehen. Frankfurt a. M.

Aronson E, Wilson T, Akert R (2014) Sozialpsychologie, 8. Aufl. München

Bagusat O (2004) Die Rolle der Sprache beim Problemlösen. Eine sprach(spiel)theoretische Untersuchung für die Managementdisziplin. München

Baumann Z (1992) Moderne und Ambivalenz. Das Ende der Eindeutigkeit. Hamburg

Baumann Z (2008) Flüchtige Zeiten. Leben in der Ungewissheit. Hamburg

Beck U (1986) Risikogesellschaft. Auf dem Weg in eine andere Moderne, Frankfurt a. M.

Beck U, Bonß W (2001) Die Modernisierung der Moderne. Frankfurt a. M.

Berne E (1970) Spiele der Erwachsenen. Psychologie der menschlichen Beziehung. Reinbek bei Hamburg

Berne E (1979) Struktur und Dynamik von Organisationen und Gruppen. München

Beumer U (Hrsg) (2014) Freie Assoziation. Zeitschrift für das Unbewusste in Organisation und Kultur 1+2/2014. Gießen

Bierhoff H-W (2007) Prosoziales Verhalten. In: Jonas K, Stroebe W, Hewstone M (Hrsg) Sozialpsychologie. Eine Einführung, 5. Aufl. Berlin, S 295–327

Böhle F, Busch S (Hrsg) (2012) Management von Ungewissheit. Neue Ansätze jenseits von Kontrolle und Ohnmacht. Bielefeld

Bonß, W (1995) Vom Risiko. Unsicherheit und Ungewissheit in der Moderne. Hamburg: Hamburger Edition

Brunner M, Burgermeister N, Lohl J, Schwietring M, Winter S (2012) Psychoanalytische Sozialpsychologie im deutschsprachigen Raum. Geschichte, Themen, Perspektiven. In: Freie Assoziation. Zeitschrift für das Unbewusst in Organisation und Kultur. 3(4):15–78

Bühl W (1972) Verstehende Soziologie. Grundzüge und Tendenzen. München

Clemenz M (1998) Psychoanalytische Sozialpsychologie. Grundlagen und Probleme. Gießen

Coleman J (1995) Grundlagen der Sozialtheorie, Bd 1–3. Studienausgabe, München

Dahms H-J (1994) Positivismusstreit. Die Auseinandersetzung der Frankfurter Schule mit dem logischen Positivismus, dem amerikanischen Pragmatismus und dem kritischen Rationalismus. Frankfurt a. M.

Darley J, Batson C (1973) „From Jerusalem to Jericho": a study of situational and dispositional variables in helping behavior. J Person Soc Psychol 1(1973):100–108

Döring N (2003) Sozialpsychologie des Internet. Die Bedeutung des Internet für Kommunikationsprozesse, Identitäten, soziale Beziehungen und Gruppen, 2. Aufl. Göttingen

Döring N (2013) Ständig in Verbindung. Aufwachsen im Internet- und Handy-Zeitalter. In: Schüler. Wissen für Lehrer, S 74–75

Döring N (2014) Psychische Folgen der Internetnutzung. Psychologische Risiken und Chancen der Internetnutzung. Der Bürger im Staat 4(2014):261–267

Dülfer E (1991) Organisationskultur: Phänomen – Philosophie – Technologie. Eine Einführung in die Diskussion. In: Dülfer E (Hrsg) Organisationskultur: Phänomen – Philosophie – Technologie. Stuttgart. S 1–20

Eisenbach-Stangl I, Ertl M (1997) Unbewußtes in Organisationen. Zur Psychoanalyse von sozialen Systemen. Wien

Elbe M (1997) Betriebliche Sozialisation: Grundlagen der Gestaltung personaler und organisationaler Anpassungsprozesse. Sinzheim

Elbe M (2002) Wissen und Methode: Grundlagen der verstehenden Organisationswissenschaft. Opladen

Elbe M (2012b) Management der Ungewissheit: Zukünftige Zumutungen der Führung. In: Grote S (Hrsg) Die Zukunft der Führung. Berlin, S 173–189

Elbe M (2013a) Employography: Flüchtige Identitäten in Zeiten der Ungewissheit. Journal für Psychologie. Jg 21(3):1–24

Elbe M (2013b) Erkenntnistheoretische Grundlagen der Organisationsdiagnose. In: Werner C, Elbe M (Hrsg) Handbuch Organisationsdiagnose. München, S 31–41

Elbe M (2013c) Kognitive Fähigkeiten: Der Link zwischen Individuum und Organisation. In: Landes M, Steiner E (Hrsg) Psychologie der Wirtschaft. Wiesbaden, S 59–70

Elbe M (2015a) Organisationsdiagnose: Methoden – Fallstudien – Reflexionen. Baltmannsweiler

Elbe M (2015c) Gesundheitscoaching als Strategie Differenzieller Gesundheitsförderung. In: Gesundheit Berlin-Brandenburg (Hrsg) Gesundheit gemeinsam verantworten. Dokumentation des 20. Kongress Armut und Gesundheit – Der Public Health Kongress in Deutschland 2015. Berlin

Elbe M (2016) Scheitern und Identität: Das ungewisse Ich. In: Kunert S (Hrsg) Failure Management – Ursachen und Folgen des Scheiterns. Berlin, S 21–38

Elbe M, Peters S (2016) Die Temporäre Organisation. Kooperation, Gestaltung und Beratung. Berlin

Figal G (1996) Der Sinn des Verstehens. Beiträge zur hermeneutischen Philosophie. Stuttgart

Fischer L, Wiswede G (2009) Grundlagen der Sozialpsychologie, 3. Aufl. München

Fischer P, Asal K, Krueger J (2014) Sozialpsychologie für Bachelor. Berlin

Flick U (2008) Triangulation: Eine Einführung, 2. Aufl. Wiesbaden

Foerster HV (1981) Das Konstruieren eine Wirklichkeit. In: Watzlawick P (Hrsg) Die erfundene Wirklichkeit. München, S 39–60

Freud S (2014) Gesammelte Werke. Köln

Fromm E (1982) Analytische Sozialpsychologie und Gesellschaftstheorie, 7. Aufl. Frankfurt a. M.

Goffman E (1996) Wir alle spielen Theater. Die Selbstdarstellung im Alltag, 5. Aufl. München

Gottschall K, Voß G (Hrsg) (2005) Entgrenzung von Arbeit und Leben. Zum Wandel der Beziehung von Erwerbstätigkeit und Privatsphäre im Alltag. München

Graumann H (1982) Das Verstehen. Versuch einer historisch-kritischen Einleitung in die Phänomenologie des Verstehens. In: Balmer H (Hrsg) Geschichte der Psychologie. Geistesgeschichtliche Grundlagen, Bd 1. Weinheim, S 135–247

Greshoff R, Kneer G, Schneider W (2008) (Hrsg) Verstehen und Erklären. Sozial- und kulturwissenschaftliche Perspektiven. München

Greverus I (1987) Kultur und Alltagswelt: eine Einführung in die Fragen der Kulturanthropologie. Frankfurt a. M.

Groeben N (1986) Handeln, Tun und Verhalten als Einheit einer verstehend-erklärenden Psychologie. Tübingen

Grötker R (2009) Ein Spiel fürs Leben. MaxPlanckForschung 1:80–85

Güth W, Schmittberger R, Schwarze B (1982) An experimental analysis of ultimatum bargaining. J Econ Behav Organ 3:367–388

Habermas J (1980) Sozialisation und Gesellschaftsstruktur. In: Dahmer H (Hrsg) Analystsiche Sozialpsychologie, 2. Bd. Frankfurt a. M., S 471–480

Habermas J (1997) Theorie des kommunikativen Handelns. Handlungsrationalität und gesellschaftliche Rationalisierung, Bd 1. Frankfurt a. M.

Hacker W (2005) Allgemeine Arbeitspsychologie: Psychische Regulation von Wissens-, Denk- und körperlicher Arbeit, 2. Aufl. Bern

Harvard Business Review (2003) On building personal and organizational resilience. Boston

Hasse R, Krücken G (1999) Neo-Institutionalismus. Bielefled

Heinen E (1985) Einführung in die Betriebswirtschaftslehre, 9. Aufl. Wiesbaden

Helle H (1992) Verstehende Soziologie und Theorie der Symbolischen Interaktion, 2. Aufl. Stuttgart

Helle H (1999) Verstehende Soziologie. München

Heller J, Elbe M, Linsenmann M (2012) Unternehmensresilienz – Faktoren betrieblicher Widerstandsfähigkeit. In: Böhle F, Busch S (Hrsg) Management von Ungewissheit. Neue Ansätze jenseits von Kontrolle und Ohnmacht. Bielefeld, S 213–232

Hirschman A (1970) Exit, voice and loyalty. Responses to decline in firms, organizations and states. Cambridge

Hollis M (1991) Rationalität und soziales Verstehen. Frankfurt am Main.

Hollis M (1995) Soziales Handeln: eine Einführung in die Philosophie der Sozialwissenschaften. Berlin

Jaspers K (1973) Allgemeine Psychopathologie, 9. Aufl. Berlin

Jauß HR (1994) Wege des Verstehens. München

Jonas K, Stroebe W, Hewstone M (2014) Sozialpsychologie, 6. Aufl. Heidelberg

Kals E, Gallenmüller-Roschmann J (2011) Arbeits- und Organisationspsychologie, 2. Aufl. Weinheim

Katz D, Kahn R (1966) The social psychology of organizations. New York

Katzenbach D (1992) Die soziale Konstitution der Vernunft. Erklären, Verstehen und Verständigung bei Piaget, Freud und Habermas. Heidelberg

Keupp H (1988) Riskante Chancen: das Subjekt zwischen Psychokultur und Selbstorganisation. Sozialpsychologische Studien. Heidelberg

Keupp H (Hrsg) (1994) Zugänge zum Subjekt. Perspektiven einer reflexiven Sozialpsychologie. Frankfurt a. M.

Keupp H (Hrsg) (1995) Die Lust an der Erkenntnis: Der Mensch als soziales Wesen. Sozialpsychologisches Denken im 20. Jahrhundert. München

Keupp H (2005) Einführung in die Grundfragen der Reflexiven Sozialpsychologie. Vorlesung am 27.10.2005 an der LMU München. https://videoonline.edu.lmu.de/de/node/1291/590784 vom 17.02.2016

Klein S (2009) Altruismus. Wie kommt das Gute in die Welt? In: DIE ZEIT, 22.12.2009 Nr. 53. http://www.zeit.de/2009/53/DOS-Altruismus vom 09.02.2016

Kluge A (2004) Resilienzforschung. Aktueller Forschungsstand. Kommentierte Auswahlbibliographie, EU-Projekt: Arbeitsfähigkeit erhalten (AEIOU). Marburg, S 1–35

Köhler W (2004) Personenverstehen. Zur Hermeneutik der Individualität. Frankfurt a. M.

Krell G (1994) Vergemeinschaftende Personalpolitik: normative Personallehren, Werksgemeinschaften, NS-Betriebsgemeinschaft, Betriebliche Partnerschaft, Unternehmenskultur. München etc.

Krell G (1996) Mono- oder multikulturelle Organisationen? „Managing Diversity" auf dem Prüfstand. Industrielle Beziehungen 4:334–350

Lauken U (1998) Sozialpsychologie: Geschichte · Hauptströmungen · Tendenzen. Oldenburg

Le Bon G (2012) Psychologie der Massen, 7. Aufl. Hamburg

Lehar S (2004) Gestalt isomorphism and the primacy of subjective conscious experience: a Gestalt Bubble Model. Behav Brain Sci 4:375–444

Leithäuser T, Meyerhuber S Schottmayer M (2009) (Hrsg) Sozialpsychologisches Organisationsverstehen. Birgit Volmerg zum 60. Geburtstag. Wiesbaden

Leithäuser T, Volmerg B (1979) Anleitung zur empirischen Hermeneutik. Psychoanalytische Textinterpretation als sozialwissenschaftliches Verfahren. Frankfurt a. M.

Lewin K (1968) Die Lösung sozialer Konflikte: Ausgewählte Abhandlungen über Gruppendynamik, 3. Aufl. Bad Nauheim

Lewin K (1981) Wissenschaftstheorie I. Band 1 der Kurt-Lewin-Werkausgabe. Bern

Lewin K (1982) Feldtheorie. Band 4 der Kurt-Lewin-Werkausgabe. Bern

Lewin K, Lippitt R, White R (1971) Patterns of aggressive behavior in experimentally created 'social climates'. In: Pugh D (Hrsg) Organization theory. Selected readings. Harmondsworth, S 230–260

Lorenzer A (1970) Sprachzerstörung und Rekonstruktion. Vorarbeiten zu einer Metatheorie der Psychoanalyse. Frankfurt a. M.

Lorenzer A (1972) Zur Begründung einer materialistischen Sozialisationstheorie. Frankfurt a. M.

Lorenzer A (1977) Sprachspiel und Interaktionsformen. Vorträge und Aufsätze zu Psychoanalyse, Sprache und Praxis. Frankfurt a. M.

Lorenzer A (2005) Szenisches Verstehen. Zur Erkenntnis des Unbewussten. Marburg

Luhmann N (1964) Funktion und Folgen formaler Organisationen. Berlin

Luhmann N (2000) Organisation und Entscheidung. Opladen

Marr R, Fliaster A (2003) Jenseits der »Ich AG« Der neue psychologische Vertrag der Führungskräfte in Deutschland. Hampp

Mead GH (1968) Geist, Identität und Gesellschaft. Frankfurt a. M.

Mead GH (1969) Sozialpsychologie. Neuwied

Metz A-M, Rothe H-J (2003) SPA – Screening Psychischer Arbeitsbelastungen. http://www.uni-potsdam.de/db/psycho/ vom 25.10.2012

Münsterberg H (1912) Psychologie und das Wirtschaftsleben. Ein Beitrag zur angewandten Experimental-Psychologie. Leipzig

Münsterberg H (1914) Grundzüge der Psychotechnik. Leipzig

Oesterreich R, Leitner K (1995) Handlungspsychologische Arbeitsanalyseverfahren „VERA" und „RHIA". In Greif S, Holling H, Nicholson N (Hrsg) Arbeits- und Organisationspsychologie. Internationales Handbuch in Schlüsselbegriffen. Weinheim, S 240–244

Parsons T (1951) The social system. New York

Parsons T (1980) Sozialstruktur und Persönlichkeitsentwicklung: Freuds Beitrag zur Integration von Psychologie und Soziologie. In: Dahmer H (Hrsg) Analytsiche Sozialpsychologie, 2. Bd. Frankfurt a. M., S 365–400

Pfaff D (2014) The altruistic brain. How we are naturally good. New York

Pfeffer J (1977) The ambiguity of leadership. Acad Manage Rev 1:104–112.

Rattner J, Danzer G (2009) Hermeneutik und Psychoanalyse. Das Verstehen als Lebensaufgabe, Wissenschaftsmethode und Fundamentalethos. Würzburg

Richter G (2003) Innere Kündigung – Über Verträge, die brechen können, ohne dass sie je zustande gekommen sind. Personal 9:56–59

Richter R (1995) Grundlagen der Verstehenden Soziologie. Soziologische Theorien zur interpretativen Sozialforschung. Wien

Röhner J, Schütz A (2012) Psychologie der Kommunikation. Basiswissen Psychologie. Wiesbaden

Rousseau D (1995) Psychological contracts in organizations: understanding written and unwritten agreements. Thousand Oaks

Sackmann S (1990) Möglichkeiten der Gestaltung von Unternehmenskultur. In: Lattmann C (Hrsg) Die Unternehmenskultur: Theoretische und praktische Implikationen. Heidelberg, S 151–186

Sackmann S (1991) Cultural knowledge in organizations: exploring the collective mind. Newbury Park.

Schein E (1985) Organizational culture and leadership—a dynamic view. San Francisco

Schulz v, Thun F (1997) Miteinander reden 1: Störungen und Klärungen. Allgemeine Psychologie der Kommunikation. Reinbek bei Hamburg

Schütz A (1974) Der sinnhafte Aufbau der sozialen Welt. Eine Einleitung in die verstehende Soziologie. Frankfurt a. M.

Sichler R (2009) Kritik und Utopie. Veränderungspotenziale im hermeneutischen Diskurs und individuellen Entwurf. In: Leithäuser T, Meyerhuber S, Schottmayer M (Hrsg) Sozialpsychologisches Organisationsverstehen. Birgit Volmerg zum 60. Geburtstag. Wiesbaden, S 29–50

Simmel G (1995) Soziologie. Untersuchungen über die Formen der Vergesellschaftung. Gesamtausgabe, Bd II, 2. Aufl. Frankfurt a. M.

Simon H (1993) Homo rationalis: die Vernunft im menschlichen Leben. Frankfurt a. M.

Simon J (1995) (Hrsg) Distanz im Verstehen. Zeichen und Interpretation II. Frankfurt a. M.

Vieth M (2003) Die Evolution von Fairnessnormen im Ultimatumspiel. Eine spieltheoretische Modellierung. Zeitschrift für Soziologie 4:346–367

Watzlawick P (Hrsg) (1981) Die erfundene Wirklichkeit. München

Watzlawick P, Beavin J, Jackson D (2003) Menschliche Kommunikation. Formen, Störungen, Paradoxien, 10. Aufl. Bern

Weber M (1980) Wirtschaft und Gesellschaft: Grundriß der verstehenden Soziologie, 5. Aufl. Tübingen

Weber M (1985) Gesammelte Aufsätze zur Wissenschaftslehre. Tübingen

Weber M (1992) Die »Objektivität« sozialwissenschaftlicher Erkenntnis. In: Winckelmann J (Hrsg) Max Weber: Soziologie – Universalgeschichtliche Analysen – Politik. Stuttgart, S 186–262

Weick K (1995) Der Prozess des Organisierens. Frankfurt a. M.

Werth L, Mayer J (2008) Sozialpsychologie. Berlin

Wilson T (1973) Theorien der Interaktion und Modelle soziologischer Erklärung. In: Arbeitsgruppe Bielefelder Soziologen (Hrsg) Alltagswissen, Interaktion und gesellschaftliche Wirklichkeit. Reinbek b. Hamburg, S 54–79

Wittgenstein L (1997) Werkausgabe, Bd 1, 11. Aufl. Frankfurt a. M.

Wright GHv (1991) Erklären und Verstehen, 3. Aufl. Frankfurt a. M.

Zimbardo P, Boyd J (2011) Die neue Psychologie der Zeit und wie sie Ihr Leben verändern wird. Heidelberg

Sozialisation und System

2.1   Organisation als soziales System und Prozess – 38

2.2   Sozialisation, Lernen und Rollen – 41

2.3   Phasenmodell der Sozialisation – 51

2.4   Berufliche Sozialisation und berufliches Lernen – 54

2.5   Modelle der Betrieblichen Sozialisation – 57

2.6   Zur integrativen Perspektive – 61

2.7   Fragen – 62

        Literatur – 63

© Springer-Verlag Berlin Heidelberg 2016
M. Elbe, *Sozialpsychologie der Organisation*,
DOI 10.1007/978-3-662-50383-6_2

Zusammenfassung

Kapitel zwei der Sozialpsychologie der Organisation führt im ersten Abschnitt in die Forschungs-
tradition dieser Disziplin der angewandten Sozialpsychologie ein und geht dann auf die zentralen
Konstrukte ein, die diese reflexiv-verstehende Richtung der Organisationsforschung prägen:
Sozialisation, Lernen und Rollen. Es wird ein Phasenmodell der Sozialisation erarbeitet und
berufliche Sozialisation/berufliches Lernen werden als Rahmen für die Betriebliche Sozialisation
dargestellt. Auf dieser Grundlage wird in die Betriebliche Sozialisation als integrativen Ansatz
mit einer Mikroperspektive der personalen Sozialisation und einer Makroperspektive der
organisationalen Sozialisation eingeführt.

2.1   Organisation als soziales System und Prozess

Für die Sozialpsychologie der Organisation gibt es zwei Schlüsselwerke, die in den 1960er Jahren veröffentlicht wurden: „The social psychology of organizations" (Katz und Kahn 1966) und „The social
psychology of organizing" (Weick 1995; erstmals 1969). Darüber hinaus ist noch „The Structure and
Dynamics of Organizations and Groups" (Berne 1979, erstmals 1963) zu erwähnen. Während Berne
(1979), der seine Analyse psychischer Prozesse in Organisationen als *angewandte Sozialpsychiatrie*
bezeichnet, schon 1979 auch in deutscher Übersetzung erschien und damit auf die transaktionsanalytische Richtung der Organisationsentwicklung großen Einfluss hatte, wurde Weicks *Sozialpsycho-*
logie des Organisierens erst 1995 übersetzt und entfaltete ihre Wirkung insbesondere im Rahmen der
interpretativen Organisationsforschung. Die Arbeit von Katz und Kahn (1966) wurde nie ins Deutsche übersetzt, beeinflusste aber die sich etablierende Organisationspsychologie im letzten Drittel
des 20. Jahrhunderts in hohem Maß. Wie bereits angemerkt, wurde in der Organisationspsychologie der Ansatz von Katz und Kahn (1966) rasch aufgegriffen (empirisch z. B. von Tannenbaum et al.
1974) und in den Bezugsrahmen der organisationspsychologischen Referenztheorien integriert (z. B.
Huczynski und Buchanan 1985; Kirchler 2011). Trotzdem bleibt eine deutliche Differenz zwischen
der Organisationspsychologie, mit ihren Schwerpunkten in der verwertungsorientierten Gestaltung von Arbeitsprozessen, und der Sozialpsychologie der Organisation mit deren größerer Nähe
zur allgemeinen Sozialpsychologie und Soziologie bei Katz und Kahn (1966) sowie den hier behan-
delten Themen, wie wir sie im ersten Kapitel dargestellt haben. Als spezifische Sozialpsychologie der
Organisation erschien in Deutschland bisher nur der Sammelband von Leithäuser, Meyerhuber und
Schottmayer (2009), der allerdings den Charakter einer Festschrift für Birgit Volmerg hat und dementsprechend schlaglichtartig einzelne Aspekte herausgreift, aber nicht den Anspruch erhebt, eine
geschlossene sozialpsychologische Analyse zu liefern.

Die *Sozialpsychologie der Organisation* von Daniel Katz und Robert Kahn (1966) stellt die
erste umfassende psychologische Theorie der Organisation *als offenes soziales System* vor (Shafritz und Ott 2001), wobei die Autoren von Anfang an deutlich machen, „[…] dass die Systemtheorie ein sprachliches Konzept darstellt, das es ermöglicht, die Zyklen des Austauschs zwischen
Organisationen und ihrer Umgebung sowie die dazwischenliegenden Transformationsprozesse
zu beschreiben und zu verstehen" (Elbe 2015b, S. 371f.). Hierzu greifen die Autoren auf theoretische Ansätze der Psychologie und der Soziologie zurück, wodurch sie sich einer am Verstehen
orientierten Perspektive der Sozialpsychologie zuordnen.[1] In einer einfachen Betrachtung kann

---

1   Katz und Kahn (1966) führen insbesondere die Psychologen Floyd Allport, Kurt Lewin, Rensis Lickert und Eric
     Trist und die Soziologen Max Weber, Talcott Parsons, Robert Merton sowie James March und Herbert Simon an.

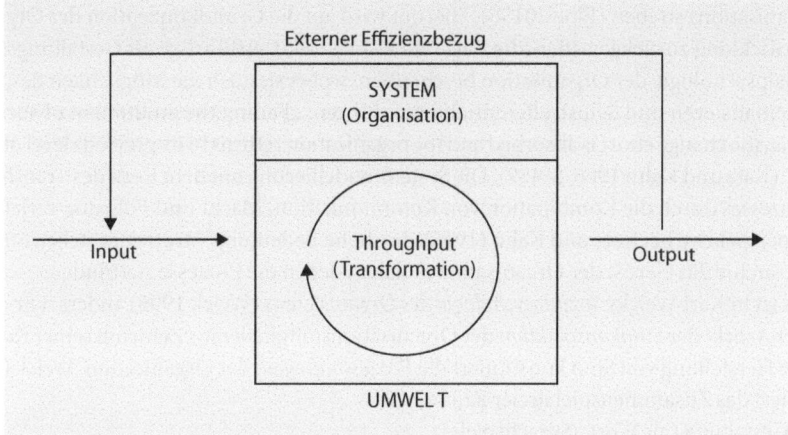

◘ Abb. 2.1 Transformationsprozess eines Systems

die Organisation als zur Umwelt offenes, sozio-technisches System, die in ihr tätigen Menschen und die in ihr vorhandenen Dinge (z. B. Gebäude, Maschinen, Büroeinrichtungen) können als Elemente betrachtet werden, die miteinander in Beziehung treten. Unter Einsatz von Ressourcen und individuellen Handlungen werden Übernahmen aus der Umwelt (Input) umgeformt und an diese wieder abgegeben (Output). Mit dem Systemansatz soll das sozialpsychologische Problem der Verbindung zwischen dem Individuum und dem Sozialen gelöst werden (Elbe 2015b). Das System selbst ist in seine Umwelt eingebunden und interagiert in diesem Rahmen. Den Transformationsprozess eines Systems zeigt ◘ Abb. 2.1. Eine komplexere Sichtweise führt dazu, Menschen und Dinge als Subsysteme zu sehen, welche im System ‚Organisation' agieren. [2] Die Organisation selbst ist dann Subsystem übergeordneter Systeme und kann durch die Merkmale Strukturentwicklung, organisationale Typen, Bedeutung von Effizienz-Kriterien und von Effektivität klassifiziert werden. Als Effizienzperspektive kann intern der Selbstbezug der Organisation („[…] in its own right […]", Katz und Kahn 1966, S. 170) dienen oder extern die Funktion als Subsystem eines umfassenden Gesellschaftssystems.

In der internen Perspektive verbinden Katz und Kahn (1966) den Systemgedanken mit dem Rollenkonzept, so dass es sich bei Organisationen um funktionale Rollen-Systeme handelt, „[…] die jeweils spezifische Aufgaben hinsichtlich einer (effizienten) Aufrechterhaltung der Organisation erfüllen" (Elbe 2015b, S. 373). Dies zeigt sich auch in Normen und Hierarchien, generell in den zugrunde liegenden Werten. Die Umwandlung vom Input aus der Umwelt in den Output der Organisation findet durch drei zyklische Prozesse statt:

— Kommunikation,
— Einfluss und Macht,
— Führung.

Diese drei Interaktionsformen machen den Kern der Abstimmungsprozesse aus, die nach Effizienz (als Erfüllung des ökonomischen Prinzips) und Effektivität (als umfassender Funktionserfüllung

---

2   Die Systemperspektive hat sich in den Wirtschafts- und Sozialwissenschaften in breitem Umfang durchgesetzt (in der BWL z. B. Ulrich 1968, in der Soziologie z. B. Luhmann 1964), wobei Luhmann (2000) die offene Systemperspektive aufgab, zugunsten einer geschlossenen, autopoietischen Konzeption von sozialen Systemen als differenzierten Kommunikationszusammenhängen.

der Organisation) streben (Elbe 2015b). Hiermit wird auf die Grundkonzeption der Organisationsentwicklung zurückgegriffen, die Katz und Kahn (1966) ausführlich als Gestaltungsansatz der Sozialpsychologie der Organisation beschreiben, wobei sie auch die Möglichkeit des Scheiterns thematisieren und Selbstreferentialität einführen: „Failing the attainment of such new equilibria, the change effort is absorbed and the organization returns to its previous level of functioning" (Katz und Kahn 1966, S. 459). Die Systemmodellierung mit dem Kern des Transformationsprozesses durch die Kombination von Kommunikation, Macht und Führung verleiht der Prozessperspektive bei Katz und Kahn (1966) eine hohe Bedeutung – trotzdem stellen Struktur und Hierarchie das Gerüst der Organisationen dar, in denen die Prozesse stattfinden.

Dies ist in Karl Weicks *Sozialpsychologie des Organisierens* (Weick 1995) anders. Für diesen rückt der Aspekt der *Sinnkonstruktion* der Organisationsmitglieder ins Zentrum seiner Konzeption. Die Herstellung von Sinn konstituiert die *Prozesshaftigkeit* der Organisation. Weick (1995) kombiniert das Zusammenspiel dreier Kräfte:
1. der Gestaltung (als Wort-/Sprachspiele),
2. der Selektion (als Wahrnehmungsprozess),
3. der Retention (als Dabei-Sein).

Organisieren als Prozess heißt dann, dass „[…] zu jeder Zeit zahlreiche Gestaltungs-Selektions-Retentions-Sequenzen (GSR) im Gang und über die ganze Organisation verstreut sind" (Weick 1995, S. 335). Da die Prozesse durch die Dauerhaftigkeit der Mitgliedschaft (Retention) verbunden sind, erhält das System einen stabilisierenden Faktor (Elbe und Peters 2016). Mit dieser Betonung der Prozessperspektive der Organisation verliert Weick (1995) – absichtlich – die Strukturperspektive der Organisation ebenso aus dem Blick, wie die institutionelle Perspektive.

Mit dem Ansatz der Temporären Organisation rücken Elbe und Peters (2016) das Zusammenspiel dieser drei Perspektiven (Prozess, Struktur und Institution als Ausdruck jeweils eines funktionalen, instrumentellen oder institutionellen Organisationsbegriffs) ins Zentrum ihres Ansatzes. Auch wenn man sich in der Beschreibung, Erklärung oder Gestaltung von Organisation auf eine dieser Perspektiven besonders konzentriert, bleiben die anderen Perspektiven nicht nur latent, sondern konkret für das Handeln der Organisationsmitglieder und sonstiger Beteiligter wirksam. Weick (1995) ist zuzustimmen, dass die Sinnkonstruktion im Augenblick des kommunikativen Handelns stattfindet, zugleich gibt es strukturelle Bedingungen, die die jeweilige Situation mit prägen, und es gibt institutionelle Einflüsse, die Handlungserwartungen beeinflussen. Aus der Gestaltungsperspektive zielt die Aufbauorganisation auf die Gestaltung von Strukturen, die Ablauforganisation beschäftigt sich mit der Gestaltung von Prozessen und die Projektorganisation bietet Gestaltungsvorschläge hinsichtlich der Institutionalisierung von Organisationsentscheidungen an, was zu einer Dynamisierung der Organisationsgrenzen führt. Dies gewinnt in Zeiten zunehmenden Unsicherheitssemantik immer mehr an Bedeutung (Elbe und Peters 2016). Unter Berücksichtigung dieses Vorverständnisses kann sowohl im lebensweltlichen Handeln in der Organisation als auch im wissenschaftlichen Umgang mit organisationalen Phänomenen zwischen Handlungs- und Darstellungsmodus von Organisationen unterschieden werden. Während der Darstellungsmodus die kommunikativen Verstehensanteile bewusst anspricht (sowohl in der Reflexion als auch in der Codierung/Decodierung), umfasst der Handlungsmodus sowohl kommunikative als auch empathische Verstehensaspekte im Selbst- und Fremdverstehen.

Diese Organisationsperspektive führt die Überlegungen einer interdisziplinären „Verstehenden Organisationswissenschaft" (Elbe 2002) weiter, wobei dort die organisationale Perspektive stärker betont wird als die des Individuums. Diese Perspektive ist der hier vorliegenden Sozialpsychologie der Organisation vorbehalten, die – neben den in diesem Kapitel bereits erwähnten Schlüsselwerken sozialpsychologischer Organisationsforschung – auch die Überlegungen aus dem Sammelband zum ‚Sozialpsychologischen Organisationsverstehen' (Leithäuser, Meyerhuber und Schottmayer 2009) berücksichtigt.[3] Insbesondere Sichler (2009) macht – unter Rückgriff auf die Sprachspiele Wittgensteins (1997), der Theorie des kommunikativen Handeln von Habermas (1997) und der Sozialisationstheorie Lorenzers (1972) – deutlich, dass das Verstehen der organisationalen Praxis als hermeneutisches Sprachspiel sich mit Fragen der Legitimation, des gerechten Zusammenlebens, dem ‚guten Leben' und letztlich den Sinnfragen zu beschäftigen hat. Das gilt auch für Organisationen als Lebens*raum* (so die Diktion von Lewin 1982) oder als Lebens*form* (so die Begrifflichkeit Wittgensteins 1997). Gemeint ist in beiden Fällen, das konkrete Umfeld, in dem soziales Handeln stattfindet, in dem Sprachspiele gespielt werden und das sind in unserer Gesellschaft insbesondere Organisationen. Das Handeln in Organisationen und das Spielen von Sprachspielen muss dabei gelernt werden. Nur durch die Teilnahme am Sprachspiel lernen wir dessen Regeln. Es ist die zunehmende Teilnahme an Sprachspielen, was mit dem Begriff der Sozialisation bezeichnet wird. Hiermit wenden wir uns dem Thema der Sozialpsychologie zu, das für den Aspekt des Wandels in der Organisation zentral ist: der Sozialisation.

2.2 Sozialisation, Lernen und Rollen

Im Rahmen zunehmend komplexer und dynamischer werdender individueller und kollektiver Wissens- und Handlungsmuster (generell: von Kompetenzen) treten neben expliziten Wissensbestandteile und Fertigkeiten insbesondere implizite Wissensformen und erweiterte Handlungsdispositionen als Anforderungen an die Menschen in Organisationen. Der Erfolg wandlungsfähiger Organisationen ist damit abhängig von veränderungskompetenten Mitarbeitern, die dazu fähig sind, Anpassungsleistungen auf hohem Niveau zu zeigen. Die Grundlage hierfür wird in einem erweiterten Lernbegriff geschaffen, der das Lernen an die Umwelt knüpft: dem Sozialisationsbegriff. Wie Grundmann (2006) betont, bezieht sich Sozialisation auf die intergenerationale Weitergabe von Wissen und Fertigkeiten und die Eingliederung in die Gesellschaft. Ausgehend von diesem erweiterten Lernbegriff entfaltete die Sozialisationsforschung im letzten Drittel des 20. Jahrhunderts (speziell aus Richtung der analytischen Sozialpsychologie) ein gesellschaftskritisches Potenzial, so z. B. Lorenzers (1972) Ansatz einer materialistischen Sozialisationstheorie. Geulen (1991) versteht unter Sozialisationsforschung eine erfahrungswissenschaftlich-kausale Analyse der gesellschaftlichen Bedingungen in der Entwicklung des Menschen hin zu einem sozial handlungsfähigen Subjekt. Das bedeutet, dass durch die Sozialisationsforschung die Verknüpfung zwischen dem lernenden Menschen und der Lernumwelt geschaffen wird. Das Konzept der Sozialisation ermöglicht die Dynamisierung des sozialpsychologischen Feldes durch die Verzeitlichung der sozialpsychologischen Betrachtung (Zimbardo und Boyd 2011). Die Vergangenheits-, Gegenwarts-, Zukunfts- und Transzendenzperspektive werden in der Entwicklung des Individuums in Auseinandersetzung mit seiner Umwelt in der biographischen Identität aneinander geknüpft. Wichtige Aspekte der Sozialpsychologie im Allgemeinen und der Organisation im Speziellen, wie wir sie im ersten Kapitel besprochen haben, werden in den Bedingungen, Abläufen und Folgen der Sozialisation nicht mehr isoliert betrachtet sondern in interdependenten Prozessen analysiert. Für die Sozialpsychologie der Organisation treffen die temporäre Organisation (Elbe und Peters 2016) und der sozialisierte Mensch (insbesondere als Organisationsmitglied) aufeinander und begründen ein soziales Feld, das es zu erforschen gilt.

---

3   Die Arbeit von Berne (1979) beschäftigt sich eher mit Gruppenprozessen und nimmt eigentlich erst im letzten Abschnitt auf wenigen Seiten konkret auf Organisationen Bezug. Mit Bernes Ansatz werden wir uns dementsprechend im Gruppenkontext weiter beschäftigen.

Die Sozialisationsforschung „[…] ist zwar erst seit etwa 60 Jahren und unter spezifischen Bedingungen in Gang gekommen, doch reichen die verschiedenen Wurzeln des ihr zugrundeliegenden theoretischen Vorverständnisses und ihrer Begrifflichkeit weit in die abendländische Philosophie zurück" (Geulen 1991, S. 21). Nach Griese (1976) taucht der Sozialisationsbegriff erstmals im Oxford Diktionary of the English Language von 1828 im Sinn von ‚in der Gesellschaft lebensfähig machen' auf. In den 1890er Jahren verwenden u. a. die Soziologen Franklin H. Giddings und Emile Durkheim den Begriff, um die Vergesellschaftung des Individuums zu beschreiben. In Deutschland greift Georg Simmel den Begriff auf (Simmel 1995; Geulen 1991). Im Folgenden erlangten u. a. die Arbeiten Sigmund Freuds, George H. Meads und Talcott Parsons für die Entwicklung einer spezifischen Sozialisationstheorie besondere Bedeutung (Abels und König 2010; Kärtner et al. 1984). Sozialisation wird so zum interdisziplinären Begriff zur Bezeichnung von Anpassungsvorgängen zwischen dem Individuum und seinem gesellschaftlichen Umfeld (Geulen und Veit 2004). Sozialisation behandelt damit zum einen die psychosoziale Reifung des Menschen (individuelle Perspektive) und zum anderen die Weitergabe kultureller Muster und sozialer Strukturen zwischen Generationen (interpersonale Perspektive).

» Sozialisation ist, individuell gesehen, ein lebenslanger Prozess, unter dem Gesichtspunkt des Generationenwechsels gesehen, ist Sozialisation ein Prozess, in welchem die jüngere Generation die kulturellen Leistungen der älteren Generation sich aneignet, sie erneuert und fortführt. (Retter 2002, S. 6)

Der sozialisatorische Prozess ist ein rückbezüglicher: Sozialisation wirkt auf den Einzelnen und zugleich auf die Gesellschaft. Mit diesem Wandlungsprozess beschäftigt sich die historische Sozialisationsforschung

Exkurs

zur historischen Sozialisationsforschung

Über den Staufer-Kaiser Friedrich II im 13. Jahrhundert wird berichtet, dass er ein Experiment vornehmen ließ, um festzustellen, welche die ursprüngliche Sprache der Menschen sei, aber die Babies, mit denen die Experimente vorgenommen worden waren, starben alle – so berichtet es der Franziskanerpater Salimbene (ein Zeitgenosse Friedrichs, der diesen allerdings wohl in möglichst schlechtem Licht erscheinen lassen wollte).

» Like Psammetichus in Herodotus, he made linguistic experiments on the vile bodies of hapless infants, bidding foster-mothers and nurses to suckle and bathe and wash the children, but in no wise to prattle or speak with them; for he would have learnt whether they would speak the Hebrew language (which had been the first), or Greek, or Latin, or Arabic, or perchance the tongue of their parents of whom they had been born. But he laboured in vain, for the children could not live without clappings of the hands, and gestures, and gladness of countenance, and blandishments. (Salimbene nach Coulton 1906, S. 242)

Nun kann es sehr wohl sein, dass Salimbene

diese Abwandlung einer altgriechischen Erzählung nur als Beweis für die Monstrosität und (naturwissenschaftlich getriebene) Sittenlosigkeit Friedrichs II. aufbrachte, es zeigt aber, dass (anders als bei Herodot) es zur Zeit Salimbenes eine offensichtliche Einsicht in das Bedürfnis von Kleinstkindern nach sozialer Zuwendung, letztlich nach Sozialisation als Voraussetzung für das Aufwachsen von Menschen, gab – ansonsten hätte die üble Nachrede ja nicht funktioniert. Als Ausgangspunkt einer historischen Sozialisationsforschung im engeren Sinn kann die Arbeit Norbert Elias' (1997) genommen werden. Er beschreibt in den

1930er Jahren die Entwicklung in Zentraleuropa vom Mittelalter bis ins 19. Jahrhundert als Prozess der Zivilisation, der zugleich soziogenetisch als auch psychogenetisch wirkt, und ist damit ein wichtiger Vertreter der reflexiv-soziologischen Sozialpsychologie. Die zentralen Muster hierbei sind zunehmende Selbstkontrolle und Verfeinerung der Sitten, was mit Aggressionsreduktion und Verhöflichung einhergeht: So werden höfische Sprachformen und Formen des Alltagshandelns (z. B. Tischsitten, Umgang mit Ausscheidungen; generell könnte man sagen: Sprachspiele) von immer weiteren Gesellschaftsschichten übernommen, bis sie ab ca. 1900 zum Standard in der gesamten Gesellschaft geworden sind. Es nehmen aber auch die Psychologisierung und Individualisierung, sowie die Selbst- und Fremdbindung durch Scham und Peinlichkeit zu (Elias 1997). Damit wird das Selbst- und Fremdverstehen vom empathischen Zugang hin zum reflexiven Zugang verschoben.
Noch früher war im Marxismus die Sozialisationsperspektive mit angelegt, allerdings konzipiert Marx (1983) in seinen ‚Thesen über Feuerbach‘ den Materialismus

als zielgerichteten Verlauf historischer Entwicklung konkret als Praxis, als umwälzende Veränderung der Lebens- und Sozialisationsbedingungen (eben dies nennt er *Vergesellschaftung*). „Der Standpunkt des alten Materialismus ist die ‚bürgerliche‘ Gesellschaft; der Standpunkt des neuen, die *menschliche* Gesellschaft, oder die vergesellschaftete Menschheit" (Marx 1983a, S. 28). In seiner ‚Kritik der politischen Ökonomie‘ arbeitet Marx dies aus: Die Vergesellschaftung zeigt sich in der realen Basis (Produktionsverhältnisse, ökonomische Struktur), über die sich der juristisch-politische Überbau erhebt und spezifischen Bewusstseinsformen entspricht. „Es ist nicht das Bewusstsein der Menschen, das ihr Sein, sondern umgekehrt, ihr gesellschaftliches Sein, das ihr Bewusstsein bestimmt" (Marx 1983b, S. 188). Lorenzer (1972) greift die marxistische Perspektive in seiner materialistischen Sozialisationstheorie bewusst auf. Er zeigt aufgrund der vor- und nachgeburtlichen Interaktionen (insbesondere im Spracherwerb) zwischen Mutter und Kind entstehende Konflikte mit den gesellschaftlichen Anforderungen auf,

die eine beschädigte Identität als Ergebnis des Sozialisationsprozesses unter spezifischen gesellschaftlichen Bedingungen hervorbringen.

» Lorenzer will seine Sozialisationstheorie als ‚geschichtsmaterialistisch‘ in doppeltem Sinne verstanden wissen: erstens aus ontogenetischer und zweitens aus kollektiver Perspektive. Damit will er die Chance der kategorialen Vermittlung einer Analyse subjektiver Leidenserscheinungen an eine ‚politisch-ökonomische Analyse der Produktionsweise‘ eröffnen. (Reinke 2013, S. 12)

Lorenzer als Vertreter der analytischen Sozialpsychologie stellte die Frage: Wie kann die Sozialisationstheorie die Psychoanalyse so integrieren, dass hieraus eine konkret wirkende Theorie der Praxis entsteht? Hier entwickelt er ein Modell Szenischen Verstehens: „Konfliktuöse Beziehungen kulminieren *in* Szenen, verdeutlichen sich *als* Szenen" (Lorenzer 2005, S. 36). Dies (hermeneutisch) zu verstehen ist bereits Teil der Praxis (Lorenzer 1977).

Ähnlich der *Sozialisationstheorie* ist auch die *historische Sozialisationsforschung* eine interdisziplinär angelegte Forschungsperspektive: Während beispielsweise der Pädagoge Ulrich Herrmann (1998) die pädagogische Perspektive ins Zentrum stellt und Pestalozzi sowie Humboldt als wichtige Impulsgeber sieht, wählt der Historiker Andreas Gestrich (1999) einen Zugang, der sich an historischen Quellen in ihrer gesamten Breite orientiert. Generell gilt: Der Sozialisationsbegriff wird in verschiedenen Wissenschaftsdisziplinen unterschiedlich verwendet. Bandura (1993) z. B. benutzt die Begriffe Sozialisation und Sozialisierung als Synonyme. Diese Begriffsverwendung führt zu einer grundlegenden Verständnisproblematik, da der Begriff der Sozialisierung auch die Vergesellschaftung von Produktionsmittel bezeichnet und somit eine Verbindung zu sozialistischen Gesellschaftstheorien impliziert, „[…] weswegen das bayerische Kultusministerium vor Jahren sogar einmal eine Lehrveranstaltung verboten haben soll, die unter dem Titel ‚Sozialisation‘ hier an der Regensburger Universität angekündigt war […]" (Lempert 1982, S. 1). Ein gängiges

Begriffsverständnis fasst unter Sozialisation den Prozess, in dessen Verlauf der Mensch die psychischen und sozialen Fähigkeiten aufbaut und aktualisiert, um sich den Erfordernissen der Umwelt anpassen zu können. Unter anderem bedeutet dies auch gesellschaftlichen Erwartungen, Normen und Institutionen entsprechend handeln zu können (Elbe 1997). Hierunter lässt sich das Begriffsverständnis in Soziologie und Psychologie, aber auch von Psychoanalyse, Medizin, oder Pädagogik subsumieren, auch wenn der Diskurs in der Sozialisationstheorie weiter anhält (Geulen 2004). In der Anthropologie z. B. wird der Begriff der Enkulturation zur Beschreibung des Sachverhalts bevorzugt, da hier das Anpassungsverhältnis zwischen dem Einzelnen und der ihn umgebenden Kultur im Zentrum des Erkenntnisinteresses steht (Griese 1976). Auch die *Politikwissenschaft* verbindet den Sozialisationsbegriff mit dem fachspezifischen Interesse:

» Politische Sozialisation ist ein nie abgeschlossener lebenslanger Prozess des Erwerbs
  und der Modifikation von kognitiven, affektiven und handlungsbezogenen Fähigkeiten,
  welche das individuelle und kollektive Verhältnis zum jeweiligen politischen System
  im engeren Sinne sowie zum Phänomen der Herrschaft im weiteren Sinne ausmachen.
  (Clausen 1988, S. 442)

Damit betont auch die Politikwissenschaft die Dauerhaftigkeit von Sozialisationsprozessen – diese betreffen alle Lebensphasen. Darüber hinaus verwendet die Politikwissenschaft, ebenso wie die Volks wirtschaftslehre den Begriff der Sozialisierung zur Bezeichnung der Vergesellschaftung von Produktionsmitteln. Die Sozialisation des Einzelnen wird in der Volkswirtschaftslehre nicht betrachtet. Im Rahmen der *Wirtschaftswissenschaften* wird dieser Aspekt vielmehr in der Betriebswirtschaftslehre behandelt. Erkenntnisse aus Soziologie und Psychologie werden zur Klärung des grundsätzlichen Verhaltens von Menschen herangezogen. Im Rahmen der Personalwirtschaftslehre wird der Aspekt der Sozialisation in Organisationen aber auch explizit behandelt (z. B. Marr und Stitzel 1979; Morick 2002 oder Drumm 2004). Die bisherigen Ausführungen verdeutlichen, dass eine klare definitorische Aussage über den in dieser Arbeit zugrundegelegten Begriff der Sozialisation getroffen werden muss, um ungewollte Assoziationen auszuschließen und inhaltliche Abgrenzung zu ermöglichen:

Definition

Sozialisation bezeichnet lebenslange Anpassungsvorgänge zwischen Individuen und ihrem gesellschaftlichen Umfeld. Dabei werden kulturspezifisch Wahrnehmungs-, Verhaltens- und Ausdrucksmuster durch den Einzelnen übernommen. Dieser Prozess ist jedoch ein interaktiver, die Anpassung erfolgt nicht einseitig. Sozialisation umfasst ungeplante soziale Anpassungsprozesse ebenso, wie geplante Erziehung und die Vermittlung von Fähigkeiten und Fertigkeiten. (Elbe 1997, S. 15)

Mit dieser Definition ist ein weiter Rahmen gesteckt: Grundlegende Werthaltungen, gesellschaftliche Normen, sprachlicher und schriftlicher Ausdruck sind dadurch ebenso erfasst wie der Umgang mit Technik oder künstlerischer Ausdruck. Zentrale Beiträge zur Sozialisationsforschung kamen aus den Bereichen der Soziologie, der Psychologie, der Psychoanalyse und der Kulturanthropologie, womit deutlich wird, dass verschiedene wissenschaftliche Disziplinen die Sozialisationstheorie prägen. Gottschalch et al. (1971) machen in diesem Zusammenhang auf die Abgrenzungsproblematik zwischen Psychologie und Soziologie aufmerksam, wobei die Sozialisationstheorie zusammen mit der Rollen- und Gruppentheorie den Kern einer soziologischen Sozialpsychologie ausmacht.

Aus der *Psychoanalyse* wurde die Vorstellung von nachhaltiger Wirkung frühkindlicher Traumata auf Eigenschaften und Verhaltensdispositionen von Erwachsenen für die Sozialisationstheorie bedeutend (Minsel und Bartussek 1977). Besondere Bedeutung hat Sigmund Freuds (1953) Theorie der Entstehung des Über-Ichs als psychische Instanz, diesem kommt u. a. die Funktion zu, in späteren Lebensphasen eine ‚Nacherziehung' des Individuums durch sich selbst zu ermöglichen. Freud verdeutlicht dies am Beispiel des Neurotikers: „Das neue Über-Ich hat nun Gelegenheit zu einer Art von Nacherziehung des Neurotikers, es kann Missgriffe korrigieren, die sich die Eltern in ihrer Erziehung zuschulden kommen ließen" (Freud 1953, S. 45). Ein generell wichtiger Aspekt ist hierbei die Identifikation mit dem gleichgeschlechtlichen Elternteil als Ausweg aus dem Ödipuskonflikt, die im frühen Kindheitsalter zur Internalisierung sozialer Normen und Wertvorstellungen führt (Minsel und Bartussek 1977). Der Ansatz Freuds wurde von Erik Erikson auf die gesamte Lebensdauer des Individuums ausgedehnt. Für Erikson (1965, 1997) ist zur Identitätsausbildung insbesondere die Phase der Adoleszenz von Bedeutung. Gelingt in dieser Phase die Integration bisheriger Identifikationsmuster nicht, so führt dies zu ‚role confusion' oder ‚identity confusion' (Lamb 1986), soziale Rollen können nicht erwartungskonform ausgefüllt werden.

» Versucht man die wesentlichen Beiträge der Tiefenpsychologie zu einer Sozialisationstheorie zusammenzufassen, so lässt sich sagen: Hauptpunkte sind die Feststellung, dass die menschliche Entwicklung nicht stückweise, sondern jeweils nur im Ganzen einer individuellen Entwicklung betrachtet werden kann. Der Nachweis, dass in jeder Phase eine Verschränkung von biologischer Reife und sozio-kultureller Entwicklung vorliegt, der Hinweis auf die Relevanz einer emotional fundierten frühen Mutter-Kind-Beziehung, die Erhellung der unbewussten Erziehungseinflüsse durch das soziale Milieu, die Bedeutung der frühkindlichen Erfahrungen für die Ausprägung der Persönlichkeitsstruktur […]. (Griese 1976, S. 20)

Einen Rückgriff auf psychoanalytische Beiträge zur Sozialisationstheorie tätigt auch Lorenzer (1972), der dies mit einer materialistisch-marxistischen Perspektive verbindet sowie Parsons (1958), für den die Sozialisationstheorie die Nahtstelle zwischen Psychoanalyse und Sozialstrukturanalyse darstellt – er nutzt psychoanalytische Konzepte um ein spezifisches Problem zu bearbeiten: „In the socialization of the younger generation in the American social system, there is a specifically structured deviation (a mass phenomenon) from the path of asymptotic approach to ‚maturity'" (Parsons 1958, S. 343). Die Psychoanalyse nach Freud hatte für Parsons (1980) einen besonderen Stellenwert zur Bereicherung der Sozialstrukturanalyse, es könnten aber auch andere psychologische Teildisziplinen zur Problemklärung beitragen, so Parsons (1958).

Die *Psychologie* als Wissenschaft vom Erleben und Verhalten des Menschen hat in vielfältiger Weise zum Verständnis des Sozialisationsprozesses beigetragen: Fragen zur generellen Entwicklung der Persönlichkeit, zur Wahrnehmung der Umwelt, zur personellen Verarbeitung und Deutung von Wahrnehmungen, aber auch zur Motivation und zum Verhalten bedürfen der Klärung, um interpersonelle Anpassungsprozesse verstehen zu können. Die zentralen sozialisationstheoretischen Beiträge finden sich aber in den Bereichen der Lerntheorie. Hierbei lassen sich drei Richtungen unterscheiden:

- die motivationstheoretische Richtung – das Bedürfnis nach Abbau von kognitiven Dissonanzen erfährt externe Verstärkung, wird dabei aber von internen Moderatoren[4] beeinflusst,

---

4   Zum Moderatorbegriff vergleiche das Kapitel zur Differentiellen Personalwirtschaft.

- die behavioristische Lerntheorie – Stimulus-Organismus-Reaktions-Paradigma: eine intervenierende Variable wird abgelehnt, betrachtet werden Reiz und Reaktion, sowie deren Verstärkung und
- das Modell des sozialen Lernens – Sozialisation „[…] ist die Ersetzung externer Sanktionen durch interne Kontrollen" (Bandura 1993, S. 2110), beim Lernprozess sind Beobachtung und Imitation neben der Verstärkung von entscheidender Bedeutung.

Mit dem Aufgreifen der konstruktivistischen Überlegungen Piagets (1975) zu den Anpassungsleistungen des Menschen in der Auseinandersetzung mit der Umwelt wandeln sich die struktur- und schichtspezifischen Modelle einfacher Lern- zu komplexen Sozialisationsprozessen. Unser Begriff des Konstruktivistischen leitet sich aus Piagets Abhandlung über die Entwicklung der Erkenntnis beim Kind ab: „La construction du réel chez l'enfant" (Piaget 1975, erstmals 1937). Aufgrund von Experimenten mit seinen drei Kindern kommt er zu dem Ergebnis, dass sich das ‚Weltbild' des Kindes, seine Wirklichkeitskonstruktion, gleichzeitig aufgrund von Assimilation und Akkomodation herausbildet.

》 Mit Assimilation wird der Aufbau eines sensomotorischen und damit vorsprachlichen Bezugsschemas bezeichnet, das sowohl die Umwelt als auch das eigene Selbst repräsentiert. In der Akkomodation setzt sich das Kind in Handlungen und Interaktionen mit der Umwelt in Beziehung, wobei die Ergebnisse dieses sich In-Beziehung-Setzens mit den Assimilationsschemata verglichen werden, was gegebenenfalls zu einer Differenzierung der Schemata führt. (Elbe 2002, S. 128)

Der Übergang von der sensomotorischen auf die sprachliche Ebene, ab dem zweiten Lebensjahr, führt beim Kleinkind zu einer Verschiebung dahingehend, dass Objekte, wie auch soziale Bezüge in Raum, Zeit und Kausalität nun perspektivisch geordnet werden und Welt sich im (auch kommunikativen) Handeln objektiviert – sie wird zur konstruierten Repräsentation (Piaget 1975). Mit seinem experimentellen Vorgehen bleibt Piagets wissenschaftstheoretische Auffassung einer biologistisch-szientistischen Tradition verhaftet (Piaget 1973), wobei aber Aspekte des Verstehens für ihn durchaus von Bedeutung sind (Elbe 2002; Grundmann 2006). Piaget wird so zum Vordenker einer konstruktivistischen Sozialisationsforschung (Grundmann 1999), womit sich die Sozialisationstheorie letztlich eines *erweiterten Lernbegriffs* bedient, der neben expliziten und impliziten Wissensanteilen des Individuums auch Praktiken und Gegebenheiten sowie Erwartungen der Umwelt einschließt (Niederbacher und Zimmermann 2011).

Aus der *Soziologie* (und der soziologisch orientierten Sozialpsychologie) werden insbesondere Beiträge hinsichtlich der Identität, der Rolle und der Einbindung in soziale Systeme geleistet. Speziell der Zusammenhang zwischen der *Identität* des Individuums und erwartungskonformem Verhalten wird im kindlichen Spiel eingeübt. Dies führt zur Fähigkeit in unterschiedlichen Rollen zu handeln, dabei aber doch die eigene Identität zu wahren (Mead 1968, 1969). In der Auseinandersetzung zwischen der unmittelbaren Seins-Erfahrung ‚I/Ich' des Individuums und der Vorstellung vom eigenen Bild bei anderen ‚Me/Mich' wird die Erfahrung vom Ego zur sozial vermittelten Identität, und die Anderen werden von spezifischen Anderen (meine Mutter) zu generalisierten Anderen (Mütter an sich), die erwartungs-, also rollenkonform handeln. Auch die Anderen sind Identitäten, sind Mitmenschen, in die ich mich hineinversetzen kann. Sie werden damit zum alter ego, zum anderen Ich, dessen Vorstellungen und Erwartungen an mich eben meine soziale Identität (das ‚Mich') prägen (Mead 1968, 1969). ◼ Abbildung 2.2 fasst diese Konzeption zusammen.

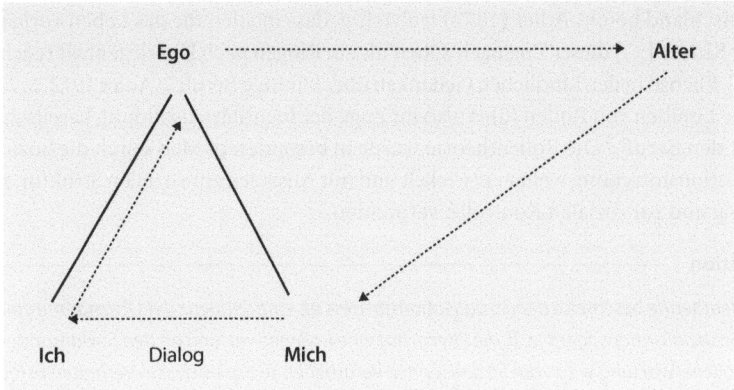

◘ Abb. 2.2   Identitätsausbildung im Sozialisationsprozess

An die Theorie Meads schließen einerseits Goffman (1996), der Identität als dramatische Selbstpräsentation im Alltag konzipiert (vgl. hierzu auch Abels und König 2010) sowie Moreno (1989, 1991) und damit der ‚Symbolische Interaktionismus' an – hierauf gehen wir weiter unten im Rahmen der Rollentheorie noch näher ein. Ein weiterer Anschlusspunkt ist die ‚Interpersonelle Theorie' (Sullivan 1980), der – aufbauend u. a. auf Meads Identitätskonzept und auf Lewins Feldtheorie – Persönlichkeit konzipiert als „[…] *das relativ überdauernde Muster wiederkehrender interpersonaler Situationen, die ein menschliches Leben charakterisieren*" (Sullivan 1980, S. 137). Identität und Persönlichkeit werden ganz in die Interaktion in wiederkehrenden Mustern verschoben, die sich in der Sozialisation ausbilden und verfestigen. Ähnlich wie Berne (1979) argumentiert Sullivan (1980) für einen *sozialpsychiatrischen* Ansatz.

In neuerer Zeit stellen Tajfel und Turner (1986) eine generelle Theorie sozialer Identität als Bezug auf soziale Gruppen vor. Für die individuelle Identitätskonstruktion ist der Bezug auf positiv wahrgenommene soziale Gruppen ein wichtiger emotionaler Baustein (Elbe 2013a). Da der Einzelne aus Sicht der Gruppe ein austauschbares Mitglied und das Individuum sich seiner Austauschbarkeit bewusst ist, erscheint die soziale Identität als *geliehener Identitätsanteil* und damit unsicher. Dies wird durch John Turners Theorie der *Selbstkategorisierung* (Turner 1999; Turner und Onorator 1999) in Hinblick auf komplexere Identifikationsmechanismen erweitert. Ein Ausschluss aus einer Gruppe bedeutet für die meisten, aufgrund der Bildung unterschiedlicher, gegebenenfalls auch gestaffelter Zugehörigkeitskategorien, nicht zwangsläufig einen Verlust an Identität, sondern führt zu Identitätswandel (Elbe 2013a).

» Als Angehörige der Entwicklungsabteilung eines Unternehmens kann eine Ingenieurin beispielsweise aus dem Kreativitäts- und Innovationsnimbus dieser Abteilung wichtige Identitätsbausteine beziehen. Dies ist aber eingebettet in die Identitätsanteile, die sich aus der Organisationszugehörigkeit generell speisen, zu sehen, die auch bei einem Abteilungswechsel, der neue Identitätsfacetten mit sich bringt, erhalten bleiben. (Elbe 2013a, S. 10)

Im Sinne der Selbstkategorisierungstheorie ist soziale Identität somit als ein dynamisches Konstrukt zu verstehen, innerhalb dessen Identität im Wechselspiel zwischen persönlichen und sozialen Identitätsbezügen ständig neu hergestellt wird. Damit liegt eine explizite Fortführung symbolisch-interaktionistischer Identitätstheorie im Anschluss an Mead (1968, 1969) vor.

In Deutschland betont Adler (1972) frühzeitig, dass in „den für das Leben *vorbereitenden Spielen* der Kinder [...] dieser Zug nach ‚Oben' als ein Ringen nach Überlegenheit regelmäßig zu finden [sei]. Ebenso in den kindlichen Gedanken über künftige Berufe" (Adler 1972, S. 217f.). Das spielerische Einüben von Rollen führt also im Zuge der Identitätsausbildung bereits zur ‚Sozialisation für den Beruf'.[5] Die Rollentheorie wurde in besonderem Maß durch die Soziologie für die Sozialisationsforschung weiter entwickelt und mit Ansätzen zur sozialen Struktur, zur Wertorientierung und zur sozialen Kontrolle, verbunden.

Definition

Die Rollentheorie beschreibt den Sozialisationsprozess als eine Sequenz der Übernahme von Rollen [...]: Der Sozialisationsagent (z. B. die Eltern) hat eine Rollenerwartung an den Sozialisanden. Diese Rollenerwartung wird vom Sozialisanden verarbeitet, so dass sich sein Verhalten in Richtung auf das intendierte Rollenverhalten verändert. (Minsel und Bartussek 1977, S. 440)

Dies impliziert schon eine *Rollendifferenzierung*, die sich in der ursprünglichsten Form der Sozialisation, den Anpassungsprozessen des Kindes in der Familie erstmalig manifestiert. Ein grundlegendes Verständnis für unterschiedliche Rollen und damit verbundenen Erwartungen begründet sich in diesen frühkindlichen Erfahrungen. Wie Elbe (2002) betont, begegnet die Gesellschaft dem Individuum nicht als Gesamtheit, sondern in spezifischen Bezugsgruppen und -personen. Der Einzelne hat dementsprechend unterschiedlich und vielerlei Rollen inne, kann aber gemäß seiner kognitiven Schemata situativ angepasst handeln. Die verschiedenen Rollen und Repräsentationen sind im Hintergrund immer vorhanden, es kann auf sie zurückgegriffen werden, es ist aber von den Handlungserwartungen im jeweiligen Kontext abhängig, welche Rolle das soziale Handeln dominiert – im organisationalen Kontext dominiert dabei die Mitgliedschaftsrolle.

Das Gefängnisexperiment (Zimbardo 1973)   *Unter Leitung von Philip Zimbardo fand 1971 an der Stanford University ein Experiment mit 24 Studenten statt, die aufgrund von vergleichbaren Persönlichkeitstests und Interviews ausgewählt worden waren und über einen ähnlichen sozialen Hintergrund verfügten. Diese wurden zufällig zwei Gruppen zugeordnet: Die einen sollten Gefangene in einem extra eingerichteten Gefängnis werden, die andere die Wärter. Wenige Tage später wurden die ‚Gefangenen' von echten Polizisten wegen bewaffneten Raubes und Einbruchs verhaftet, auf die Polizeiwache gebracht und anschließend in das ‚Gefängnis' überführt. Die ‚Wärter waren mit Uniformen und weiteren Accessoirs ausgestattet und hatten nun dafür zu sorgen, dass die Gefangenen entlaust wurden und anschließend mit schweren Fussketten gefesselt, mit nummerierten Krankenhaushemden bekleidet sowie mit Nylonstrümpfen über ihren Köpfen zu dritt in Zellen gesperrt wurden.*
In den nächsten Tagen erprobten Wärter und Gefangene ihre neuen Rollen. Die Wärter setzten willkürliche Zählappelle und Strafen wie Liegestütze zur Disziplinierung der Gefangenen ein, die Gefangenen übten sich in Widerstand. So brach schon am Morgen des zweiten Tages ein Aufstand aus, bei dem die Gefangenen die Zellentüren blockierten und den die Wärter gewaltsam niederschlugen. Diese gingen dabei zunehmend rigoros vor, wobei ein Drittel der Wärter besondere Härte zeigte. Das Experiment geriet zunehmend außer Kontrolle. Bereits nach drei Tagen musste der erste Gefangene aufgrund extremer Stressreaktionen entlassen werden und nach sechs Tagen (statt der ursprünglich geplant zwei Wochen) musste das Experiment abgebrochen werden. Fast alle Gefangenen zeigten inzwischen deutliche psychische und psychosomatische Reaktionen und auch die Wärter hatten sich vielfach mit ihren Rollen überidentifiziert.

---

5   Auf den Begriff der ‚Sozialisation für den Beruf' kommen wir später wieder zurück.

Dieses Experiment zählt zu den bekanntesten in der Sozialpsychologie und hat (auch bei bestehender Kritik) deutlich gemacht, wie leicht Menschen Rollen annehmen, diese ausgestalten und sich von den Rollen selbst so vereinnahmen lassen können, dass dies (wie im hier geschilderten Fall des Gefängnis-Experiments, also der Simulation einer Organisation als totaler Institution) bis hin zu empfundenem Identitäts-Verlust von Betroffen führen kann (Zimbardo 1973). Rollen prägen also Menschen in ihrem Sozialverhalten, sie bestimmen dies aber nicht. In Organisationen ist die zentrale Rolle die Mitgliedschaftsrolle, die ggf. weitere Rollenanteile umfassen kann (z. B. als Vorgesetzte oder als Betriebsrat), konstitutiv bleibt aber die Mitgliedschaftsentscheidung (Kühl 2011). Gefängnisse stellen in diesem Zusammenhang eine Anomalie der Organisation dar, da sie als totale Institutionen (Goffman 1973) diese Mitgliedschaftsentscheidung allein in die Disposition der Institution stellen. Generell ist es aber eines der zentralen Kennzeichen moderner Gesellschaften, dass die Ein- und Austrittsentscheidung Gegenstand vertraglicher Übereinkunft zwischen dem Einzelnen und der Organisation ist (Elbe und Peters 2016). Aus sozialpsychologischer Sicht wird dann das individuelle Handeln durch Rollen geprägt: "The set of activities required of an individual occupying a particular position in an organization constitutes a role" (Katz und Kahn 1966, S. 455). Aus der Binnenperspektive der Organisation kann zwar das gesamte System als ein Zusammenhang von Rollen und Rollenhandeln beschrieben werden, der Einzelne hat aber Spielräume zur Ausgestaltung der Rolle.

Diese Ausgestaltung der Rolle als Selbstinszenierung vor Anderen, denen der Aktor nur das zeigt, was er auch zeigen möchte, also auf einer Vorderbühne agiert, hat Goffman (1996) detailliert beschrieben. Die Inszenierung in Rollen ist nicht auf ein Individuum beschränkt, vielmehr beteiligen sich häufig mehrere Personen an einer Inszenierung (man kann dies mit einem Ensemble im Theater vergleichen), wodurch es zu Gruppeneffekten kommt: Wer spielt mit im Stück, wer ist Zuschauer und wer spielt keine Rolle (weder als Ensemble-Mitglied noch als Zuschauer). Für die Beteiligten gibt es neben dem Rollenspiel, das auf der Vorderbühne inszeniert wird, auch einen Bereich des Verhaltens, der den Zuschauern nicht zugänglich sein soll, der Gruppen- (oder Ensemble-) Mitgliedern vorbehalten ist: die Hinterbühne. Hier können Fragen der Inszenierung erörtert werden, hier findet nicht-rollenkonformes Verhalten seinen Platz, es kann gestritten werden, und die Aktoren können ‚aus der Rolle fallen'. Diese nicht rollenkonformen Verhaltensweisen – und das geht deutlich über zielgerichtetes Handeln hinaus, sondern kann vielfach genau dieses negieren – sollen von den Zuschauern, für die die Inszenierung auch gedacht ist, nicht gesehen werden, da dies die Illusion der präsentierten Rolle beschädigen oder gar zerstören würde (Goffman 1996). Ob nicht beteiligte Dritte dies sehen, ist hingegen eher unbedeutend. Dieses Verhalten kann z. B. von Jugendlichen in Gruppen gut beobachtet werden. Die eigene Gruppe ist das Ensemble – gemeinsam inszeniert man sich in unterschiedlichen Gruppenrollen und in Abgrenzung zu anderen (einschließlich der Hinterbühne, u. a. wenn einzelne über die Stränge schlagen), andere Jugendliche sind relevante Zuschauer – diese bekommen auf der Vorderbühne (z. B. im Pausenhof der Schule) die Inszenierung präsentiert. Erwachsene oder jungendliche Außenseiter sind hingegen für die Inszenierung irrelevant, sie können höchstens die Aufführung stören (z. B. durch einen Eingriff der Lehrer).

Kinder üben durch Spiele Rollen und Rollenwechsel in kindlichen Spielen ein, Jugendliche üben schon für die „Spiele der Erwachsenen" (Berne 1970), die sie dann als Erwachsene weiter spielen, wobei viele Stücke immer wieder aufgeführt werden. Durch das Spielen lernt man das Spiel, das ein Sprachspiel ist und man lernt dieses Sprachspiel zu variieren. Hierdurch entstehen Wandlungspotenziale, die auf die Gesellschaft insgesamt zurückwirken (Dahrendorf 1977).
◼ Abbildung 2.3 stellt den Zusammenhang dar (in Anlehnung an Elbe 2002).

In der Kulturanthropologie wird primär mit dem Begriff der *Enkulturation* gearbeitet. Dieser unterscheidet sich vom Sozialisationsbegriff in der Ausrichtung auf die Anpassungsdeterminante.

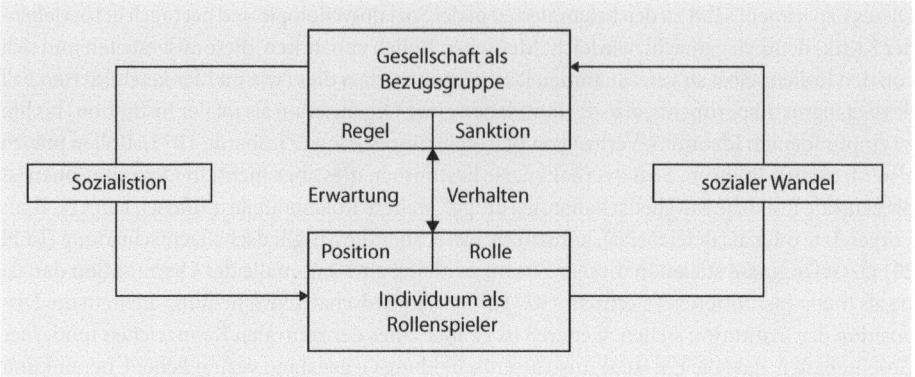

◘ Abb. 2.3   Sozialisation in der Rollentheorie

So stehen nicht der individuelle Sozialisationsprozess oder die Sozialisationsinstanzen im Vordergrund der Betrachtung, sondern die Anpassung an die kulturellen Gegebenheiten und die Rückkopplung zwischen Kultur und Persönlichkeit. „Hauptaussage ist, dass sich auf jede Kultur eine bestimmte Persönlich keitsstruktur der Kulturangehörigen bezieht und dass zwischen Kultur und Person eine gegenseitige Einflussnahme besteht, wobei der Einfluss der Kultur anfangs dominiert und dann immer mehr zurückgeht zugunsten des Einflusses der Person auf die sozio-kulturelle Umwelt" (Griese 1976, S. 22). Ein wichtiger Aspekt kulturanthropologischer Forschung ist im interkulturellen Bereich zu sehen, nur die „kulturvergleichenden Ansätze in der Sozialisationsforschung" (Liegle 1991, S. 214ff.) ermöglichen grundsätzliche menschliche Sozialisationsmuster zu erarbeiten, da Sozialisation – im Einzelfall – kulturspezifisch untersucht werden muss.

In den späten 1960er Jahren konzentrierte sich die Sozialisationsforschung, basierend auf einer kritischen Gesellschaftstheorie, zunehmend auf schichtspezifische Aspekte (Geulen 1991). Die unterstellten Kausalzusammenhänge zur Reproduktion der Klassengesellschaft konnten empirisch nicht ausreichend gestützt werden, was zu einer stärker systemorientierten ‚sozialökologischen Sozialisationsforschung' führte, diese versucht, die gesamte Umwelt in ihre Betrachtung einzubeziehen. Parallel hierzu entwickelte sich in den 1970er Jahren die Theorie zur vergesellschafteten Subjektivität, welche die Entwicklung der Handlungskompetenz des Einzelnen in Bezug auf das gesellschaftliche Umfeld untersucht (Geulen 1991). Neben diesen generellen Tendenzen kam es zu einer zunehmenden Spezialisierung der Sozialisationsforschung, einzelne Instanzen der Sozialisation (z. B. Betriebe, Massenmedien) und Wirklichkeitsausschnitte (z. B. berufliche oder politische Sozialisation) wurden Gegenstand spezifischer Untersuchungen und eigener Theoriebildung, was dazu führte, dass sozialisationstheoretische Ansätze zunehmend in weiteren Bereichen der Gesellschaftswissenschaften Beachtung fanden (z. B. Pädagogik und Betriebswirtschaftslehre) und hier in eigene Forschungen und Theorien mündeten. Insgesamt ist die Sozialisationstheorie als ein interdisziplinäres Projekt der ‚Humanities' zu bewerten, der Sozial- und Geisteswissenschaften, bis hin zur Psychologie (die sich heute vielfach stärker als Natur- denn als Geisteswissenschaft versteht). Zu weiteren Einflüssen und Entwicklungslinien der Sozialisationstheorie sei hier auf Niederbacher und Zimmermann (2011), Tillmann (2010), Baumgarten (2008), Hurrelmann (2006) sowie Geulen und Veit (2004) verwiesen. Der integrative Zusammenhang bleibt bestehen, neben allgemeinen Konzepten kommt inzwischen jedoch dem Anwendungsbezug (wie hier der Organisation) besondere Bedeutung zu. Sozialisationstheorie wird so zu einer Theorie der Praxis (Grundmann 2006). Hiermit wird an die Theorie Bourdieus

(1976, 1982) angeschlossen, für den die regelmäßige Handlungsdisposition (der Habitus), als Ausdruck klassenspezifischer Sozialisation und sozialer Praxis, zentral ist. Lebensgewohnheiten als klassenspezifische Ausdrucks- und Wahrnehmungsmuster (Geschmack) zeigen sich in der kulturellen und sozialen Praxis des alltäglichen Tuns. Der soziale Habitus ist somit das inkorporierte Ergebnis der Sozialisation:

» Nichts vermittelt ein besseres Bild von der Logik des Sozialisationsprozesses, worin der Leib als eine Art Gedächtnisstütze fungiert, als jene Komplexe aus Gesten, körperlichen Posituren und Wörtern – schlichten Interjektionen wie abgedroschensten Gemeinplätzen –, in die man nur einmal wie in eine Bühnenfigur eindringen muss, um sogleich kraft des evokativen Vermögens der körperlichen Mimesis eine Welt vorgefertigter Gefühle und Erfahrungen auftauchen zu sehen. (Bourdieu 1982, S. 739f.)

Hier tauchen die uns bekannten Bilder und Konzepte, die den Sozialisationsprozess und sein Ergebnis skizzieren, auf: die theaterhafte Inszenierung in Rollen, Sprachspiele und der Aufbau psychischer Schemata – allerdings angereichert um ein neues Merkmal. Der Körper in seiner Gesamtheit, seinem Ausdruck und seiner Selbstwahrnehmung ist der eigentliche Speicher der Sozialisationserfahrung, die Psyche ist in diesem Verständnis nur ein Teil der Physis. Der sozialisierte Mensch lebt seinen Habitus.

2.3 Phasenmodell der Sozialisation

Bisher wurden der Sozialisationsbegriff und prinzipielle Ansätze der Sozialisationsforschung dargestellt. In diesem Abschnitt soll der Verlauf des Sozialisationsvorganges anhand eines Phasenmodells erläutert werden. Phasenmodelle können nur eine schematische Darstellung des grundsätzlichen Verlaufs von Sozialisationsprozessen liefern; sie sind keine starren Einteilungen, in die sich ein Individuum einpassen lässt. In den Beiträgen zur Sozialisationsforschung hat es eine Vielzahl von Versuchen gegeben, den Prozess in Phasen darzustellen. Bandura (1993) beschreibt Sozialisation als lebenslangen Prozess, bezeichnet aber nur die frühkindlichen Anpassungsvorgänge mit dem Begriff der primären Sozialisation. Gottschalch et al. (1971) wählen darüber hinaus für die Sozialisation im Jugendalter den Begriff der sekundären Sozialisation. Griese (1976), Minsel & Bartussek (1977) und Hurrelmann (1991) unterscheiden nach Kindheit, Jugend und Erwachsenenalter zur Kennzeichnung der einzelnen Phasen. Groskurth (1979) verwendet alternativ die Begriffe primäre, sekundäre und tertiäre Sozialisation zur Beschreibung der drei Phasen. Diese Begriffswahl hat sich in der neueren Sozialisationsforschung durchgesetzt und ihr soll im Weiteren gefolgt werden.

Neben der Unterscheidung nach Phasen, gibt es weitere Aspekte, die auf den Sozialisationsprozess Einfluss haben. Mit Determinanten lassen sich wesentliche Einflussfaktoren auf den Prozess bezeichnen. Dies sind insbesondere die jeweilige Kultur, die Schichtzugehörigkeit und das Geschlecht des Sozialisanden. Die Teilbereiche der individuellen Entwicklung (Dimensionen der Sozialisation, z. B. körperliches Anpassungsverhalten, einschließlich Gesundheit) greifen, wenn auch mit unterschiedlichen Schwerpunkten, in allen Phasen. Instanzen der Sozialisation sind Institutionen, die durch regelbezogene Verhaltenserwartungen Rahmenbedingungen für die individuelle Anpassung darstellen und sich in Sprachspielen zeigen. Bei den Instanzen können teilweise Zuordnungen zu den Phasen getroffen werden, Medien (z. B. Internet) sind jedoch in allen Phasen wirksam.[6] ◘ Abbildung 2.4 zeigt (in Anlehnung an Elbe 1997) die prinzipiellen Aspekte des Sozialisationsprozesses, die anschließend in Abfolge der Phasen beschrieben werden.

2

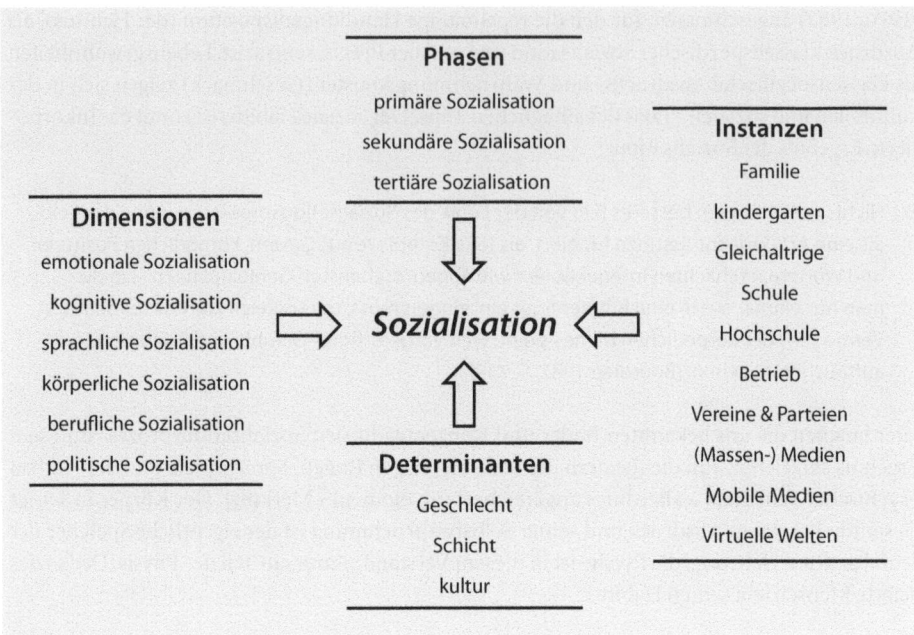

Phasen

primäre Sozialisation

sekundäre Sozialisation

tertiäre Sozialisation

Instanzen

Familie

kindergarten

Gleichaltrige

Schule

Hochschule

Betrieb

Vereine & Parteien

(Massen-) Medien

Mobile Medien

Virtuelle Welten

Dimensionen

emotionale Sozialisation

kognitive Sozialisation

sprachliche Sozialisation

körperliche Sozialisation

berufliche Sozialisation

politische Sozialisation

Sozialisation

Determinanten

Geschlecht

Schicht

kultur

◻ **Abb. 2.4**   Aspekte des Sozialisationsprozesses

Sozialisation als Entwicklungskonzept des Menschen in Auseinandersetzung mit seiner Umwelt wirkt in verschiedenen Aspekten der Persönlichkeit (Dimensionen), wobei der Sozialisand durch eine Vielzahl von Instanzen beeinflusst wird. Determiniert wird der Sozialisationsprozess von der jeweiligen Kultur, vom eigenen Geschlecht und von der gesellschaftlichen Schicht. Aus prozessualer Sicht kann Sozialisation in eine primäre, sekundäre und tertiäre Phase unterteilt werden. Als zentrale Mechanismen der sozialisatorischen Auseinandersetzung des Individuums mit seiner Umwelt haben die Lerntheorie und die Rollentheorie besondere Bedeutung erlangt.

Bei der *primären Sozialisation* handelt es sich um die Interaktionen zwischen Eltern und Kleinkind. In dieser Phase lernt das Kind Sprechen, motorische Fähigkeiten werden ausgebildet, geschlechtsspezifisches Verhalten und schichtspezifische Prägungen bilden sich heraus. Während des Prozesses der familiären (oder familialen) Sozialisation wird der Grundstein für die gesellschaftliche Anpassung gelegt. Schicht- und geschlechtsspezifische Verhaltensweisen in der Familie haben eine hohe Prägekraft und zeichnen vielfach den Lebensweg des Individuums, auch in beruflicher Hinsicht, vor. Das Kind lernt bereits in dieser Phase mit dem Aufbau sprachlicher Schemata familienspezifische Sprachspiele, die in hohem Maß milieu-/schichtspezifisch sind und damit den Habitus mit prägen. In diesem Alter spielt das Kind aber noch mit geringer Reflexion (Mead 1968: einfache Rollenübernahme/play).

---

6   Besondere Aufmerksamkeit erfahren – allein schon aufgrund ihrer relativen Neuheit – die mobilen Medien (z. B. Smartphones, Tablets, Notebooks) und virtuellen Welten (insbesondere das Internet mit Social Networks und Spielen), die neue Formen der Informationssuche, -überprüfung und -präsentation, aber auch der Interaktion unter Abwesenden ermöglichen. Dies hat sozialisatorischen Charakter, da die Identitätsbildung über ein erweitertes Raum-Zeit-Konstrukt erfolgt. Gesellschaft findet nun auch über mobile und virtuelle Medien statt. (Döring 2003, 2013; Mikos, Hoffmann, und Winter 2009) Sowohl Sozialisationsprozesse als auch Artefakte werden dabei entsynchronisiert und bleiben ggf. auch dauerhaft verfügbar.

Sekundäre Sozialisation bezeichnet die erste Phase gesellschaftlicher Einflüsse außerhalb des Familienverbandes. Abstrakte gesellschaftliche Erwartungshaltungen, die an spezifische Situationen gebunden sind und auch sanktioniert werden (Institutionen), bereichern nun das Erleben des jungen Menschen und vermitteln milieuspezifische Verhaltensmuster. In Kindergarten und Schule lernt der Einzelne darüber hinaus, sich in öffentlichen Institutionen zu bewegen (die sich hier als Organisationen manifestieren) und mit Menschen anderen familiären Hintergrunds umzugehen. Die Sozialisationsprozesse laufen nun wesentlich zielgerichteter ab, bestimmte Vorgaben (z. B. das Klassenziel, der Übertritt auf das Gymnasium) sind zu erreichen, Leistungsorientierung gewinnt an Gewicht. Die Formen der Spiele verändern sich, es werden nun komplexe Rollenbeziehungen im Spiel erschlossen (Mead 1968: game). Geschlechtsspezifische Verhaltensweisen werden verstärkt, da sich das Kind in der Regel an der eigenen Geschlechtsgruppe orientiert und das andere Geschlecht negiert (,Mit Mädchen spiel' ich nicht!'). Rollenverhalten stabilisiert sich in dieser Phase. In der *Pubertät* wird das geschlechtsspezifische Verhalten dem anderen Geschlecht gegenüber ausprobiert, die entsprechenden Institutionen (Schule, Vereine) sind hierfür Plattform. Auch das Verhältnis der Identitätsanteile, als Verknüpfung von Ich-Identität (I) und sozialer Identität (Me) z. B. hinsichtlich der sexuellen Orientierung stabilisiert sich. Es findet eine zunehmende Einbindung in differenzierte Organisationen statt. Neben die Schule treten weitere Formen organisierter Vergesellschaftung, wie z. B. Sportverein, Musikschule. Der Einfluss von Peergroups (Cliquen, subkulturelle Einflüsse von Gleichaltrigen) nimmt zu, die emotionale und habituelle Lösung von der Herkunftsfamilie wird ausprobiert. Es finden neue Inszenierungen statt (Goffman 1996) mit teilweise neuen Ensembles und wechselnden Vorder- und Hinterbühnen, wodurch zunehmende Spannungen in der Identität erzeugt werden. Da zugleich die Ansprüche der Erwachsenenwelt (Eltern, Schule, ggf. schon erste berufliche Erfahrungen) steigen, verstärkt sich das innere und äußere Konfliktpotenzial. Dies kann zu erheblichen manifesten Konflikten und biographischen Friktionen führen (Erikson 1997).

Mit *tertiärer Sozialisation* sind die Sozialisationsprozesse des Erwachsenenalters gemeint. Gespielt werden nun die Spiele der Erwachsenen (Berne 1970) und auch hier gilt: Sprachspiele werden erlernt, indem man an ihnen teilnimmt. „Beim Eintritt ins Erwachsenenalter werden drei wesentliche neue Rollen erworben: (1) die des Berufstätigen, (2) die des Ehepartners und (3) die des Vaters bzw. der Mutter eigener Kinder" (Minsel und Bartussek 1977, S. 448). Die milieu- und geschlechtsspezifische Orientierung ist inzwischen gefestigt, Partner- und Berufswahl werden dahingehend ausgerichtet. Der Habitus hat sich stabilisiert und häufig im Hinblick auf die Herkunftsfamilie in wesentlichen Teilen reproduziert. Diese Phase umfasst Anpassungsvorgänge vom Eintritt in das Erwachsenenalter bis zum Tod. Grundlegende Verhaltensänderungen sind schwer zu erreichen, da Werte und Normen inzwischen gefestigt sind. Im Bereich der tertiären Sozialisation wirken berufliche Sozialisation (Hochschulen, Betriebe) und politische Sozialisation (speziell Parteien) in besonderem Maß. Von zunehmender Bedeutung ist aufgrund des demographischen Wandels hin zu einer alternden Gesellschaft aus sozialisationstheoretischer Sicht die Frage, ob das ,Alter' eine eigene Sozialisationsphase darstellt, als quartäre Sozialisation, und wann diese denn einsetzt (Schäuble 1995). Hier geht es um neue Rollen (z. B. als Großeltern), neue Zeitmuster (Aufgabe der Berufstätigkeit), das Erleben des Alterungsprozesses als körperliche Veränderung, den Wechsel zwischen Gewinn und Verlust von Selbständigkeit (auch der zugesprochenen Kompetenz Entscheidungen zu fällen) etc. Je länger sich die Phase des hohen Alters (als Erleben zunehmender Einschränkungen bis hin zur Pflegebedürftigkeit) hinausschiebt, desto fraglicher erscheint die Sinnhaftigkeit einer solchen Konstruktion, insbesondere wenn man den Beginn der quartären Sozialisation bei den „jungen Alten vor und nach der Berufsaufgabe" (Schäuble 1995) ansetzt. Es handelt sich hier um fließende Übergänge in den Rollendefinitionen und in der Veränderung des Kohärenzsinns, der nach Antonovsky (1997) das Gefühl der Aufgehobenheit in der

Umwelt beschreibt. Der Kohärenzsinn zeigt sich in der Selbstzuschreibung von Handhabbarkeit (Manageability), Verstehbarkeit (Comprehensibility) und Sinnhaftigkeit (Meaningfulness). Der Kohärenzsinn bildet sich im Zuge der Sozialisation bis ca. zum 30. Lebensjahr heraus und bleibt dann relativ stabil (Bengel, Strittmatter und Willmann 2001). Der Bezugspunkt muss damit der selbstbestimmte Erwachsene bleiben und es erscheint nicht sinnvoll, eine weitere Sozialisationsphase (über die Erwachsenensozialisation hinaus) zu modellieren.

2.4   Berufliche Sozialisation und berufliches Lernen

Nach Mayer et al. (1981) bezeichnet ‚berufliche Sozialisation' einen andauernden Prozess der Anpassung, bei dem sich das Individuum mit den materiellen und sozialen Bedingungen seiner Arbeitssituation auseinandersetzt. Hierbei gilt es verschiedene, teilweise widersprüchliche Anforderungen gesellschaftlicher Arbeit zu verarbeiten und komplexe, berufsrelevante Handlungspotenziale auszubilden. Hierzu gehören Qualifikationen für bestimmte berufliche Tätigkeiten ebenso, wie Arbeitserfahrungen, die sich auf die Entfaltung allgemeiner Persönlichkeitsmerkmale auswirken. Dies beeinflusst die Entwicklung grundlegender Kompetenzen in Sinne von Fähigkeiten und Fertigkeiten, wie auch kognitive, emotionale, motivationale Strukturen des Individuums. *„Solche Prozesse beruflicher Sozialisation beginnen mit der beruflichen Ausbildung oder der Aufnahme einer beruflichen Tätigkeit und enden erst mit dem Ausscheiden aus dem Erwerbsleben"* (Mayer et al. 1981, S. 12). Hiermit ist also eine lebenslauf-orientierte Auffassung von Sozialisation hinterlegt.

Die berufliche Sozialisation ist eine der zentralen Dimensionen im individuellen Sozialisationsprozess. Lempert (2007) betont, dass die zentralen theoretischen Ansätze in den 1970er und 1980er Jahren liegen, es lassen sich aber durchweg Lehrbücher zum Thema finden (z. B. Bammé et al. 1983; Heinz 1995; Lempert 2009). Wie alle Dimensionen unterliegt sie den drei Determinanten (Kultur, Schicht, Geschlecht) und ist in allen Phasen vorhanden. Die stärkste Prägung zeigt sie jedoch in der Phase der tertiären Sozialisation. Die wichtigsten Instanzen sind neben den Betrieben, in denen angelernt und ausgebildet wird, fach- und berufsbildende Schulen sowie Hochschulen (Lange, Harney und Rahn 1999). Diese Instanzen wirken nicht nur im Rahmen der Sozialisation für den, in den und durch den Beruf (Bammé et al. 1983), sondern auch bei Brüchen im Sozialisationsprozess (z. B. Wechsel des Berufes; Griese 1976). Neben diesen Instanzen lassen sich noch die Gewerkschaften (als Schnittstelle zur politischen Sozialisation) anführen. Während einige Autoren den Prozess der beruflichen Sozialisation auf das Erwerbsleben beschränken (Groskurth 1979; Mayer et al. 1981), betrachten andere Autoren auch vorbereitende Anpassungsmechanismen (z. B. in der Schule erlernte Arbeitshaltungen) als dem Prozess der beruflichen Sozialisation zugehörig (Elbe 1997; Bammé et al. 1983; Städeli 1992). In Anschluss an Bammé et al. (1983) zeigt ◘ Abb. 2.5 ein ‚Zwiebelmodell' beruflicher Sozialisation.

Grundlegend ist hierbei für fast alle Angehörigen unserer Gesellschaft der Sozialcharakter in der Organisationsgesellschaft. Der Begriff des Sozialcharakters geht auf Erich Fromm zurück, der damit „[…] die Summe der für die Menschen dieser Gesellschaft typischen Charakterzüge[…]" (Fromm 1982, S. 59) bezeichnet. Es handelt sich um eine Abstraktion, die in dieser Form nicht der Realität entspricht – Fromm bezieht sich hier auf die Diskussion um den ‚Geist des Kapitalismus' zwischen Weber und Sombart. Fromm (1982) ist der Idealtyp in Anschluss an Weber (1980) als Heuristik bekannt, wenn er also die Summe der typischen Charakterzüge anspricht, dann kennzeichnet er den *Sozialcharakter als Idealtyp*. Besondere Bedeutung in diesem Zusammenhang hat die Rationalisierung der Lebensverhältnisse (Weber 1993), die sich auch in der Verzeitlichung und Strukturierung des Alltags ausdrückt. Alle drei

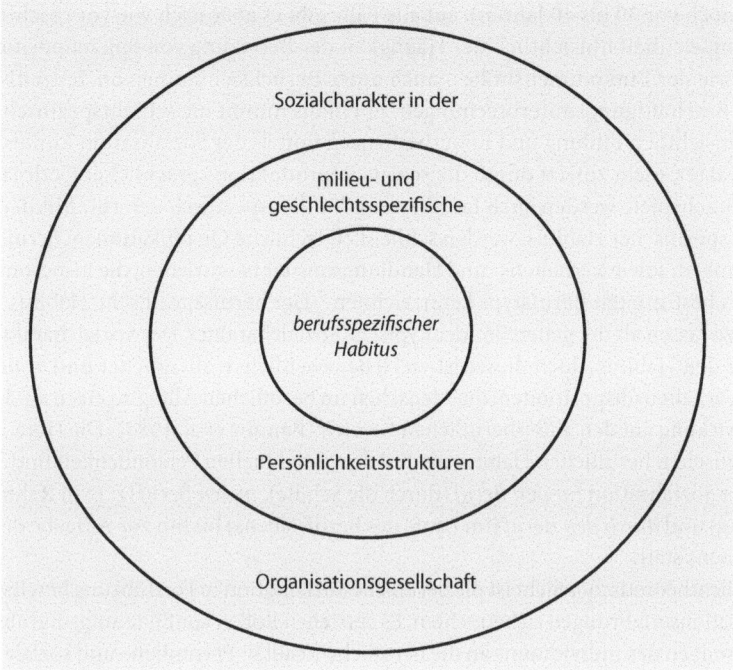

Abb. 2.5 Zwiebelmodell beruflicher Sozialisation

genannten Autoren (Fromm 1982 [erstmals 1932], Sombart 1920 [erstmals 1913] und Weber 1993 [erstmals 1904/05]) demonstrieren dies am Beispiel des amerikanischen Politikers, Forschers und Autors Benjamin Franklin, der die exakte Zeiteinteilung seiner täglichen Verrichtungen sowie die tabellarische Erfüllung seiner selbst auferlegten Tugenden in seiner Autobiographie dokumentiert hatte. Der Idealtyp des Sozialcharakters beschreibt den rationalisierten Menschen der Moderne. Während Bammé et al. (1983) noch den Sozialcharakter des Lohnarbeiters zugrunde legten und damit die Akzeptanz arbeitsteiligen Vorgehens mit der Konsequenz der Entfremdung vom Arbeitsgegenstand meinten, ist heute vom Sozialcharakter der Organisationsgesellschaft auszugehen. Obwohl immer mehr Menschen (teil-)selbständigen oder in eng befristeten Beschäftigungsverhältnissen tätig sind und auch die Virtualisierung in der Arbeitswelt neue Kooperationsmodelle ermöglicht, bleiben die meisten Menschen (wenn auch nicht dauerhaft) in abhängiger Beschäftigung in Organisationen tätig. Aufgrund des Fortschreitens der inzwischen doch mehrere Generationen umfassenden Realität des ‚Lohnarbeiters‘ und der Zunahme der Beschäftigung im Dienstleistungsbereich (der inzwischen deutlich die Mehrzahl der Arbeitsplätze umfasst), erscheint das Konstrukt der Entfremdung nur noch in geringem Maß die Lebensrealität der Menschen in der Organisationsgesellschaft zu treffen. Was aber für alle gilt – und damit für den Sozialcharakter für den Idealtyp grundlegend wirkt – sind Organisationen als differenzierter Lebensraum. Egal, ob wir als Angestellte einer Organisation (z. B. eines Internet-Software-Unternehmens) Mitglieder derselben sind oder ob wir alltäglich deren Produkte nutzen und dafür Lizenzen akzeptieren und Profile anlegen – wir handeln unter dem Postulat der Organisationsbezogenheit, wodurch z. B. personenbezogene Abhängigkeitsverhältnisse gegenüber vor- oder frühindustrieller Zeit deutlich reduziert sind.

Die milieu- und geschlechtsspezifischen Prägungen bestimmen die Berufswahl und den Berufsalltag erheblich mit. Nach wie vor gibt es geschlechtstypische Berufe (wenn auch weniger strikt, als noch vor 30 bis 40 Jahren), auf alle Fälle gibt es aber nach wie vor geschlechtsspezifische Ungleichheit hinsichtlich der Häufigkeit der Besetzung von Spitzenpositionen mit Frauen sowie der Einkommenshöhe – auch unter Berücksichtigung von Teilzeitbeschäftigung und Beschäftigungsunterbrechungen. Ebenfalls nimmt die schichtspezifische Reproduktion hinsichtlich Bildung und Erwerbschancen mittels der Sozialisation Einfluss auf den Sozialcharakter, nicht zuletzt durch die soziale Reproduktion sprachlicher Codes (Bertram 1981) – Sprachspiele werden auch familien- und milieuspezifisch vererbt. Mit dem Begriff ‚beruflichsspezifischer Habitus‘ werden schließlich fachliche Qualifikationen, berufstypische Orientierungen, sowie Verhaltens- und Handlungsmuster beschrieben, die insbesondere Vertreter eines bestimmten Berufstyps kennzeichnen.[7] Der berufsspezifische Habitus ist damit viel enger zu fassen als der generelle, idealtypische Sozialcharakter. Der Sozialcharakter beeinflusst zwar den Habitus, doch dieser ist viel lebensweltlicher, alltäglicher und er beschreibt konkrete Verhaltensdispositionen, die Menschen im beruflichen Alltag zu eigen sind. Dies hat auch Auswirkung auf den außerberuflichen Bereich (Bammé et al. 1983). Die Herausbildung eines spezifischen beruflichen Habitus als Teil der individuellen Persönlichkeit findet auf den Ebenen der Sozialisation *für den Beruf* (durch die Schule), *in den Beruf* (z. B. in Rahmen einer Ausbildung) und *durch den Beruf* (im Laufe des Berufslebens) bis hin zur Aufgabe des aktiven Erwerbslebens statt.

Aus rollentheoretischer Sicht ist die berufliche Sozialisation in Fortführung bereits gemachter Sozialisationserfahrungen zu betrachten. Es entstehen Rollen konflikte aufgrund abweichender Erwartungen des Individuums an die berufliche Realität. Persönliche und soziale Identität stimmen nicht mehr überein. Diese kognitive Dissonanz muss durch Anpassung beseitigt werden, um Brüche in der Ich-Identität zu vermeiden. Die berufliche Sozialisation endet mit dem Übergang von der Erwerbstätigkeit zum Ruhestand, wirkt aber in allen drei Ebenen (◻ Abb. 2.5) weiter, neuerliche Rollenänderungen (als Rentner) erfordern erneute Anpassung. „*Wechselwirkungen* zwischen Arbeit und Persönlichkeit zeigen sich schließlich nicht nur während, sondern auch vor und nach dem Erwerbsleben" (Hoff und Hohner 1989, S. 189). Dieser Konzeption einer relativ passiven Rollenübernahme steht der lerntheoretische Ansatz gegenüber: „Arbeitsrelevante Persönlichkeitsmerkmale werden als Bindeglieder zwischen Arbeiten und Lernen betrachtet, nämlich Qualifikationen (technische Fertigkeiten und Fähigkeiten) und Orientierungen (soziale Normen und Wertvorstellungen). Diese Grunddimensionen beruflicher Sozialisation müssen sowohl auf Merkmale der Arbeitstätigkeit als auch auf die Persönlichkeitsstrukturierung bezogen werden. Berufliches Lernen wird dann als Interaktionsprozess zwischen Arbeitsund Persönlichkeitsstrukturen konzeptualisiert, der zur Entwicklung und Veränderung von Handlungskompetenzen der Individuen beiträgt" (Heinz 1991, S. 401). Diese Auffassung steht in der Tradition des sozialen Lernens (Modellernen) und ihrer Bedeutung für die Sozialisationstheorie. Speziell in den Bereichen des Anlernens und der dualen Berufsausbildung haben Beobachtung und Imitation einen besonderen Stellenwert. Doch auch in der akademischen Berufsbildung beschränken sich Lehrpläne primär auf Qualifikationsvermittlung, Aspekte der normativen Orientierung werden ‚en passant‘ vermittelt. Hier greift der ‚heimliche Lehrplan‘ (Heid und Lempert 1982) – sowohl in Bezug auf Hochschulen, als auch bei den Betrieben. Letztere werden im Folgenden Gegenstand der Betrachtung sein. Lempert (2007) veranschaulicht

---

7   Zum Habituskonzept als grundsätzliche Handlungsdispositionen, die sich an sozialen Klassen und Lebensstilen orientieren und insbesondere zum Zusammenhang zwischen sozialer Klasse und Laufbahneffekten vgl. Bourdieu (1982).

die Einflussfaktoren der beruflichen Sozialisation im Wechselspiel zwischen Person (P) und Umwelt (U) anhand eines Schemas, das

- die Ausbildung berufsbezogener Persönlichkeitsmerkmale (spezifische Kompetenzen und Orientierung => Habitus)
- aufgrund des beruflichen Sozialisationsprozesses (für, in und durch den Beruf => Ausbildung von Einstellungen, Wahrnehmungsprägungen, formellen und informellen Lernergebnissen),
- unter spezifischen sozialstrukturellen Bedingungen (genereller Sozialcharakter, Schichtzugehörigkeit, Ausmaß wirtschaftlicher und gesellschaftlicher Ungleichheit etc.) systematisiert.

Instanzen der beruflichen Sozialisation sind insbesondere die Schulen und Hochschulen sowie natürlich die Betriebe, in denen die Majorität der Menschen in unserer Gesellschaft, tätig ist. Zentrale Orte beruflicher Sozialisation sind damit Organisationen, was zu der Frage nach der Abgrenzung von beruflicher und Betrieblicher Sozialisation führt. Die Beziehung zwischen beruflicher und Betrieblicher Sozialisation wird in der Literatur nicht einheitlich dargestellt. Hund und Preis (1975, S. 85ff.) verwenden die Begriffe alternativ, wobei sie den Begriff der Betrieblichen Sozialisation bevorzugen. Während Gravalas et al. (1989) ihre Lehrlingsstudie „Betriebliche Sozialisation von Auszubildenden" nennen, verwendet Städeli (1992) in seiner (vergleichbaren) Anlehrlingsstudie den Begriff der beruflichen Sozialisation. Auch Kärtner et al. (1984) differenzieren nicht zwischen beruflicher und Betrieblicher Sozialisation. Die uneinheitliche Begriffsverwendung lässt sich anhand einiger Faktoren erklären:

- Die am häufigsten diskutierte und untersuchte Instanz in Bezug auf berufliche Sozialisation ist der Betrieb.
- Speziell bei der Erstausbildung (Lehre, Anlernsituationen) fallen die berufliche Sozialisation mit der Sozialisation in einem bestimmten Betrieb zusammen.
- Unterschiedliche Erkenntnisinteressen führen zu verschiedenen Begrifflichkeiten: Eine stärker ontogenetische Ausrichtung führt zu einer berufsspezifischen Begriffsverwendung, eine eher mikropolitische Orientierung bedingt eine betriebsbezogene Begriffswahl.

2.5 Modelle der Betrieblichen Sozialisation

Abgesehen von Abgrenzungsproblemen zur beruflichen Sozialisation herrscht auch Uneinigkeit über die Reichweite des Betrieblichen Sozialisationsprozesses. Einige Autoren betrachten Betriebliche Sozialisation als Prozess der Einführung neuer Mitarbeiter in ein Unternehmen (Inplacement), der mit der Metamorphose abgeschlossen ist (z. B. Pascale 1985; Merkens und Schmidt 1988; Schein 1988; Hofstede 1989; Kieser et al. 1990; Neuberger 1991; Watzka 1992; Robbins und Judge 2012). Andere Autoren sehen Betriebliche Sozialisation als einen Prozess, der sich über die Gesamtdauer der Mitgliedschaft erstreckt (z. B. Vetter 1975; Pätzold 1982; Rosenstiel 1992b; Dick 1992; Hemmati-Weber 1993; Elbe 1994, 1997; Morick 2002).

Es hat mehrfach Versuche gegeben, den Prozess der Betrieblichen Sozialisation anhand von Phasenmodellen zu beschreiben. Eine gute Übersicht solcher Phasenmodelle bietet Rehn (1990), wobei sie die Modelle unter folgende Begriffe subsumiert:

- *Vorbereitung:* Hierunter fallen alle antizipatorischen Aspekte, also Sozialisationseinflüsse, die auf die Organisation bezogen werden können, bevor ein (zukünftiges) Mitglied in die Organisation eintritt.

— *Orientierung:* Dies ist die Phase der Begegnung (encounter), in welcher der oder die ‚Neue‘ mit den Werten, Normen, Erwartungen seiner Kollegen und Vorgesetzten, kurz mit der Realität des Unternehmens konfrontiert wird.
— *Bewältigung:* Das neue Mitglied passt sich den gestellten Anforderungen an (Integration), es wird zum Vollmitglied, die Betriebliche Sozialisation ist beendet.

Bei einer Mehrheit der Autoren, sowohl in der angelsächsischen als auch in der deutschen Literatur, ist die Auffassung von Betrieblicher Sozialisation somit von einem mikropolitischen Erkenntnisinteresse geleitet. Betriebliche Sozialisation kann als spezieller Aspekt der beruflichen Sozialisation verstanden werden, es geht dabei um die Sozialisation in einer Organisation, also um Anpassungsprozesse zwischen Individuen und einem sozialen System im Arbeitsleben. Luckie (1984) unterscheidet vier Grundmodelle Betrieblicher Sozialisation:
1 Sozialisationsmodell (einseitiger Anpassungsprozess des Individuums),
2 Austauschmodell (es wird versucht, eine gemeinsame Basis zu finden),
3 Akkommodationsmodell (Anpassung der Organisation ans Individuum),
4 Fusionsmodell (beiderseitiger Anpassungsvorgang).

Das Sozialisationsmodell kann als häufigste Variante personeller Anpassung betrachtet werden, da die durchschnittliche Arbeitssituation durch mikropolitische Überlegenheit der Arbeitsgruppe und hierarchische Herrschaftsstrukturen in der Organisation gekennzeichnet ist. Eine alternative Betrachtung führt zum Fusionsmodell als häufigste Variante: Anpassungsprozesse verlaufen niemals einseitig, der Sozialisand hat stets auch eine Wirkung auf den Sozialisationsagenten, die Arbeitsgruppe und das gesamte System. Das Austauschmodell lässt sich anwenden, wenn die Machtposition tendenziell ausgeglichen ist, z. B. bei freien oder hierarchisch höher gestellten Mitarbeitern. Das Akkommodationsmodell dürfte primär für Sozialisationsprozesse beim Wechsel in der Geschäftsführung Anwendung finden.

Lern- und rollentheoretische Ansätze werden auch zur Erklärung von Betrieblicher Sozialisation herangezogen, um die Anpassungsvorgänge ‚en detail‘ zu erklären. Rosenstiel (1992b) weist darauf hin, dass weder klassische Lerntheorien, noch das Modell des sozialen Lernens oder die Attributionstheorie zur Erklärung der Sozialisationsvorgänge ausreichen. „Rollentheoretisch betrachtet entspricht dem wechselseitigen Anpassungsprozess das Rollenaushandeln (role negotiation): [...] Sozialisation bedeutet immer auch die Übernahme (role taking) und Ausgestaltung (role making) von mehr oder weniger neuen Rollen [...]" (Rehn 1990, S. 9). Luckie (1984) betont, dass die zentrale Funktion der Betrieblichen Sozialisation im Erlernen der Rollenerwartungen besteht. Das Problem der konkreten Übernahme bleibt somit bestehen.

Die Analyse Betrieblicher Sozialisationsprozesse erfolgt mit Mitteln der empirischen Sozialforschung. Die Untersuchung findet in der Regel vor Ort (im Feld) als Befragung oder Beobachtung statt, das Vorgehen des Forschers kann anhand unterschiedlicher Strategien erfolgen (Elbe 2015a; Rosenstiel 1992a). Aufgrund der Bewusstmachungsfunktion einer solchen Analyse beim Sozialisanden sind Aspekte der Aktionsforschung zu beachten.

Ein Forschungsschwerpunkt zur Betrieblichen Sozialisation lässt sich von Mitte der 1970er bis Mitte der 1980er Jahre ausmachen. In diesem Zeitraum finden sich *sechzehn Forschungsarbeiten* zur Betrieblichen Sozialisation (Rehn 1990). Elf dieser Untersuchungen waren als Längsschnitte mit höchstens neun Monaten Dauer angelegt, 14 Arbeiten befassten sich nur mit neuen Organisationsmitgliedern, eine bezog ‚Job-Wechsler‘ innerhalb der Firma mit ein und eine Untersuchung bezog sich auf Führungs- kräfte. Acht Studien beschäftigten sich mit privatwirtschaftlichen Unternehmen, fünf Untersuchungen fanden im Bereich des Gesundheitswesens (primär Krankenhäuser) statt, die restlichen drei Forschungsarbeiten befassten sich mit der Kirche, der Polizei und einer Universität. Betriebliche Sozialisation lässt sich nicht auf einen bestimmten Bereich des Erwerbslebens beschränken. Die am häufigsten erhobenen Merkmale waren Zufriedenheit (in sieben Untersuchungen), Kündigung und Bindung an das Unternehmen (in sieben Untersuchungen), sowie Rollenaspekte (in sechs Untersuchungen). Eine Arbeit widmete sich ganz den Aspekten sozialen Lernens. Im Folgenden werden acht weitere Untersuchungen zur Betrieblichen Sozialisation von Mitte der 1980er Jahre bis in die 2010er Jahre dargestellt, wobei auffällt, dass die Anzahl der Forschungsarbeiten geringer ist und speziell von Mitte der 1990er Jahre bis Mitte der 2000er Jahre nur wenig Aktivität zu verzeichnen ist. Seitdem aber wieder ein verstärktes Interesse an dem empirischen Forschungsfeld zu bestehen scheint.

Eine Erhebung von Luckie (1984) war als Querschnittsstudie an 22 neuen Mitarbeitern eines Unternehmens der chemischen Industrie mit 2000 Beschäftigten angelegt. Die Daten wurden anhand eines „Fragebogen zur Erfassung von Eingliederungs- und Orientierungsschwierigkeiten" (Luckie 1984, S. 11) und eines „Arbeitsbeschreibungs-Bogen" zur Messung der Arbeitszufriedenheit erhoben. Ergebnis der Untersuchung sind Empfehlungen für die Einführung neuer Mitarbeiter: klare Formulierung der Erwartungen, Vergabe herausfordernder Arbeiten, Abgrenzung von Handlungskompetenzen, Institutionalisierung von Feedbackgesprächen, Unterstützung durch ein Patenkonzept und Intensive Schulung und Vorbereitung der Vorgesetzten (Luckie 1984).

Gravalas et al. (1989) untersuchten die Betriebliche Sozialisation von Auszubildenden. Hier wurden über einen Zeitraum von drei Jahren 110 Auszubildende dreimal und ihre Ausbilder einmal befragt. Neben quantitativ erfassbaren Fragen wie Schulbildung und soziale Herkunft (also sekundärer und primärer Sozialisation) wurden in Interviews folgende Hauptanalysepunkte erfasst: Lernbereitschaft, Selbständigkeit, Fähigkeit zur Kritik, Fähigkeit zur Zusammenarbeit, berufliches Selbstverständnis und berufliche Zukunftsorientierung. Diese Aspekte wurden gewählt, da sie als fachübergreifende Qualifikationen zunehmend an Bedeutung gewinnen, von den Auszubildenden und den Ausbildern als wichtig erachtet wurden sowie im gemeinsamen Interesse von Betrieb und Sozialisanden liegen (Gravalas et al. 1989).

Rehn (1990) befragte anhand von drei Fragensets die neuen Mitarbeiter eines Unternehmens aus dem Datenverarbeitungssektor (die Anzahl der Befragten nahm von 84 auf 70 ab). Dies wurde durch Interviews bei 12 Mitarbeitern nach ca. einem halben Jahr und durch Fragebögen an 165 Kollegen der Neueingetretenen ergänzt. Rehn (1990) kommt u. a. zu folgenden Handlungsempfehlungen: realistische Vorinformation zukünftiger Mitarbeiter, Schulung für Vorstellungsgespräche, Schulung der Vorgesetzten, Kennenlernen des zukünftigen Arbeitsplatzes, Gespräch mit den zukünftigen Kollegen, Handbuch für neue Mitarbeiter, Einführungstage, Betreuung durch ein Patensystem und die Personalabteilung sowie Unterstützungsseminare.

Städeli (1992) analysierte Sozialisationsaspekte in Bezug auf das System der ‚Anlehre' in der Schweiz. Die Datenerhebung erstreckte sich über drei Jahre (Längsschnittuntersuchung mit drei Erhebungsphasen) in verschiedenen Unternehmen, der Stichprobenumfang schwankte zwischen 122 und 87 Anlehrlingen. Obwohl die Untersuchung primär auf die berufliche Sozialisation abzielte, wird sie hier mit aufgeführt, da viele der erhobenen Merkmale die Betriebliche Sozialisation betrafen. Zu den wichtigsten Ergebnissen zählen: Abwechslungsreiche Tätigkeiten wirken sich positiv auf die Persönlichkeitsentwicklung aus, die Entwicklung des Selbstwertgefühls ist stark vom Routinisierungsgrad der Arbeit abhängig, die Arbeitszufriedenheit im Betrieb am Ende der Anlehre ist in hohem Maße für die Bereitschaft, in dem Betrieb und dem Beruf zu verbleiben, ausschlaggebend.

Elbe (1994) untersuchte Aspekte der Betrieblichen Sozialisation und der Personalentwicklung in einem Krankenhaus. Unter der Prämisse, dass Betriebliche Sozialisation die Gesamtdauer der Mitgliedschaft betrifft, lautete das Erkenntnisinteresse: „Lässt sich aus der Einschätzung der Befragten für die jeweilige Phase der Betrieblichen Sozialisation Personalentwicklungsbedarf ableiten?" (Elbe 1994, S. 65) Die Datenerhebung erfolgte anhand von Interviews sowohl mit der Geschäftsführung, als auch mit Mitarbeitern, anhand von Sekundäranalysen schriftlicher Unterlagen und mittels einer Fragebogenaktion, an der 76 Mitarbeiter des Pflegedienstes teilnahmen. Befragt wurden hierbei Schüler der Krankenpflegeschule, Mitarbeiter ohne Vorgesetztenposition und Vorgesetzte (Stationsleitungspersonal). Die Untersuchung war als Querschnittsanalyse angelegt. Es wurden Daten in den Bereichen Organisationskultur als Anpassungsdeterminante, Betriebliche Sozialisation sowie Personalentwicklung erhoben. Die Daten wurden qualitativ und quantitativ analysiert. Die wichtigsten Ergebnisse lassen sich folgendermaßen zusammenfassen: „[…]

1. Der Personalentwicklungsbedarf ist je nach Phase und Situation der Betrieblichen Sozialisation unterschiedlich.
2. Wichtigste Funktion in der Phase der Vorstufe ist das Vergleichen von Erwartungshaltungen.
3. Wichtigste Funktion in der Phase der Einführung ist die Komplexitätsreduktion, hiervon hängt der Grad der Erwartungserfüllung ab.
4. In der Phase der Vollmitgliedschaft ist nach Sozialisationssituationen zu unterscheiden, der Personalentwicklungsbedarf richtet sich nach diesen, wichtigste Funktion ist Gestaltung des permanenten Sozialisationsprozesses.
5. Wichtigste Funktion in der Phase des Ausscheidens ist, die Ablösung von der Organisation zu gestalten" (Elbe 1994, S. 111).

Kuckartz (2007) nutzte einen qualitativen Forschungsansatz, um ein breites Spektrum organisationaler Sozialisationsmaßnahmen und -effekte zu erheben. Gegenstand der Untersuchung waren Anpassungsleistungen von 20 Hochschulabsolventen bzw. Trainees in den ersten neun Monaten nach ihrem Berufsstart. Als zentrales Ergebnis kommt der Autor zu der Erkenntnis, dass das Image der Firma von großer Bedeutung für die Eintrittsentscheidung ist, dass enttäuschte Erwartungen zu erheblichen Beeinträchtigungen oder auch zum Verlassen der Organisation führen können und dass Freiraum, Verantwortung und komplexe Aufgabenstellungen zentrale Ziele für die Sozialisanden sind.

Mess und Woll (2007) untersuchten die Wirkung von Sport auf die soziale Integration von neuen Mitarbeitern in Betrieben. Anhand einer quasi-experimentellen Längsschnittstudie mit 64 neuen Mitarbeitern stellten sie aufgrund einer zehnwöchigen Sportintervention fest, dass die Netzwerkparameter bei der Experimentalgruppe hinsichtlich Größe, Umfang und Stärke zunahmen, die Probanden aber keine Wirkung auf ihre subjektiv wahrgenommene soziale Integration erlebten.

Zdravkovic (2011) verglich anhand eines breiten, quantitativen Datensatzes die Sozialisationstaktiken bei der Mitarbeiterintegration zwischen Stamm- und Randbelegschaft dahingehend, ob Organisationen neue Mitarbeiter in Abhängigkeit vom jeweiligen Arbeitsvertrag und dem langfristigen Nutzen des Humankapitals unterschiedlich sozialisieren.

Fassen wir zusammen: Auch wenn die hier referierten Untersuchungen keinen Anspruch auf Vollständigkeit erheben können (insbesondere wurden Erhebungen in anderen kulturellen Kontexten hier nicht mit aufgeführt), fällt doch auf, dass trotz eines frühen Schwerpunkts konstant empirische Forschungsarbeiten zur Betrieblichen Sozialisation zu finden sind, wobei der Integration der Mitarbeiter in den Untersuchungen besondere Aufmerksamkeit geschenkt wird. Die zentralen Themen von insgesamt 24 berücksichtigten Forschungsarbeiten seit den 1970er Jahren waren

- Zufriedenheit,
- Einführung und Unterstützung,

- Erwartungserfüllung,
- Freiräume und Routinen,
- Lernprozesse sowie
- Kündigung und Bindung an die Organisation.

Wenn in den bisherigen Betrachtungen andere kulturelle Sozialisationspraktiken ausgeblendet wurden, dann ist dies der besonderen Herausforderung geschuldet, dass sich einfache Übertragungen eben aufgrund der kulturellen Unterschiede (z. B. in der kulturell dominanten Arbeitsethik) verbieten.

2.6   Zur integrativen Perspektive

Aus einer integrativen Perspektive erlangte die Untersuchung von Hofstede (1989) große Bekanntheit. Er untersuchte die Sozialisation am Arbeitsplatz aus kulturvergleichender Sicht. „Die untersuchten Einheiten variierten von einer Spielzeugfirma bis zu zwei städtischen Polizeikörperschaften" (Hofstede 1989, S. 159). Die Daten zur Organisationskultur wurden in zwanzig verschiedenen Organisationen in Dänemark und den Niederlanden anhand von Interviews erhoben. Hofstede zieht folgendes Resümee: „Sozialisation am Arbeitsplatz ist nach dieser Untersuchung hauptsächlich eine Frage der Praktiken, die ein Anfänger lernen muss […] Mitglieder müssen nur in begrenztem Ausmaß ihre persönlichen Werte an die Bedürfnisse der Organisation anpassen […] Nach unserem Datenmaterial findet Sozialisation am Arbeitsplatz im Vergleich zur vorangegangenen Sozialisation in Familie und Schule auf einem relativ oberflächlichen Niveau geistiger Anpassung statt" (Hofstede 1989, S. 160). Diese Untersuchung ist eingebettet in ein umfassendes Forschungsprojekt Hofstedes zu sehen, in dem er seit den 1970er Jahren interkulturelle Vergleiche zwischen Gesellschaften (auch auf verschiedenen Kontinenten) und deren Wirkung auf unterschiedliche Kulturfaktoren, wie Organisationsverständnis, Sozialisationspraktiken, aber auch grundsätzliche kulturelle Faktoren, wie Machtdistanz, Individualismus versus Kollektivismus, Maskulinität versus Femininität oder Unsicherheitsvermeidung untersucht (Hofstede 1994). Berufliche Sozialisation als Auseinandersetzung des Individuums mit den gesellschaftlichen Anforderungen seiner Arbeitssituation ist generell als eingebunden in kulturelle Kontexte und bisherige sozialisatorische Erfahrungen zu betrachten. Es ist ein lebenslauforientiertes Begriffsverständnis zugrunde zu legen.

» Im Industriebetrieb entsteht auf diese Weise eine zweite informelle Wirklichkeit, eine ‚verborgene Situation' […], oder wie wir gezeigt haben, eine ‚betriebliche Lebenswelt' […]. In der betrieblichen Lebenswelt stellen sich ein Stück weit gegen die offizielle Weisungsstruktur, neben und im Arbeitssystem jene Formen lebendigen produktiven Zusammenwirkens der Menschen her, die ein Funktionieren dieses Systems erst möglich machen. (Volmerg 1987, S. 185)

Betriebliche Sozialisation betrachtet die konkreten Sozialisationsbedingungen in einer Organisation, die betriebliche Lebenswelt. Bisherige Konzeptionen beschränken sich dabei auf das Individuum. Die Organisation selbst wird nicht unter sozialisatorischen Aspekten analysiert. Berufliche und Betriebliche Sozialisation weisen nach dem Stand der Forschung drei Gemeinsamkeiten auf:
- Grundlage ist die Sozialisationstheorie mit ihren rollen- und lerntheoretischen Konzepten,
- die Begriffe berufliche und Betriebliche Sozialisation werden nicht einheitlich verwendet und
- bisher beschränkten sich die Autoren auf die Beschreibung und Erklärung der Phänomene.

Die Gestaltung der Betrieblichen Sozialisationsprozesse kann als Versuch der Planung des Unplanbaren (Seiler 1987) bezeichnet werden. Im Folgenden wird dementsprechend (in Anschluss an Elbe 1997) ein integratives Modell der Betrieblichen Sozialisation dargestellt, das die von der Sozialisationstheorie bereitgestellten Mittel nicht nur auf die menschliche Anpassung in der direkten Arbeitsumwelt anwendet, sondern auch auf die gesamte Organisation. Überträgt man den Grundgedanken der Sozialisationstheorie (Persönlichkeitsentwicklung im gesellschaftlichen Kontext) auf den professionell-organisatorischen Bereich, lassen sich zwei Subjektformen hierunter subsumieren: Personen und Organisationen. Die Beziehung zwischen Personen, also professionell in Organisationen arbeitenden Menschen, und der Sozialisationstheorie war im Rahmen traditioneller Auffassungen zur Betrieblichen Sozialisation schon vielfach Gegenstand der Betrachtung. Die Organisation wurde dabei als Anpassungsdeterminante aufgefasst. Diese einschränkende Betrachtung soll hier aufgegeben werden. Die Organisation selbst unterliegt Sozialisationseffekten in ihrer Umwelt. Ansatzpunkte für eine solche Betrachtungsweise finden sich in der Systemtheorie, die sowohl in der Sozialisationsforschung (Schulze und Künzler 1991), als auch in der Organisationstheorie (Fuchs 1973; Luhmann 2000) Wirkung gezeigt hat.[8]

Um in diesem Zusammenhang Sozialisationseffekte beschreiben zu können, bedarf es einer Neufassung und Erweiterung des Begriffes der Betrieblichen Sozialisation.[9]

Definition

Betriebliche Sozialisation bezeichnet Anpassungs- und Lernprozesse im Kontext von Organisationen. Als Makroperspektive ist die 'organisationale Sozialisation' zu sehen, die Anpassung der Organisation an das Umfeld (gesellschaftliche Kultur, Branchenkultur, etc.) - dies hat Einfluss auf die Unternehmenskultur. Die Mikroperspektive bezieht sich auf die 'personale Sozialisation', die Anpassungsprozesse zwischen Menschen in Verbindung mit der Organisation und der Organisationskultur. (Elbe 1997)

Im Rahmen der Beschreibungsfunktion des zu entwickelnden Modells werden die Anpassungsmechanismen des Systems und seiner Bestandteile[10] anschließend theoretisch hergeleitet und prinzipiell beschrieben.

2.7   Fragen

- Skizzieren Sie die Systemperspektive auf Organisationen.
- Was verstehen Sie unter Sozialisation?

---

8   Im Rahmen der Organisationstheorie gibt es sehr unterschiedliche Ansätze zur Systemtheorie, die bis zu einer Zuordnung der Mitarbeiter zur Systemumwelt reichen. (Luhmann 2000) Dies ermöglicht in der verhaltenswissenschaftlichen Entscheidungstheorie die grundsätzliche Beibehaltung eines rationalen Menschenbildes und somit die Erklärung von Zielkonflikten zwischen Organisation und Mitarbeitern und in der neueren Systemtheorie die Übertragung des Konzepts der Autopoiese auf soziale Systeme und damit die konsequente Anwendung der funktionalen Erklärung. (Elbe 2002).

9   Organisationale und Betriebliche Sozialisation werden nicht mehr als Synonyme verwandt, es wird der Begriff der personalen Sozialisation neu eingeführt, Betriebliche Sozialisation ist somit der Überbegriff. Zugrundegelegt wird hierbei das Fusionsmodell. (Luckie 1984) Anpassung erfolgt niemals einseitig, sondern interaktiv.

10   Für die Betrachtung Betrieblicher Sozialisation ist eine weitere Erörterung, ob es sich um Subsysteme oder Elemente handelt, nicht fruchtbar; so bietet der Ansatz selbstreferentieller Systeme gegenüber den Ansätzen zur Individuation keine wesentlichen Erkenntnisvorteile.

- Welchen Zusammenhang sehen Sie zwischen Sozialisation und sozialem Wandel in Bezug auf die Rollentheorie?
- Welches sind die zentralen Einflussfaktoren auf die Sozialisation.
- Unterscheiden Sie bitte die Phasen des Sozialisationsprozesses?
- Welche zentralen Ebenen beruflicher Sozialisation kennen Sie?
- Welche Grundmodelle Betrieblicher Sozialisation sind Ihnen bekannt?
- Skizzieren Sie bitte die zentralen Themen empirischer Untersuchungen zur Betrieblichen Sozialisation.
- Definieren Sie bitte ‚Betriebliche Sozialisation' nach dem integrativen Ansatz.

Literatur

Abels H, König A (2010) Sozialisation. Soziologische Antworten auf die Frage, wie wir werden, was wir sind, wie gesellschaftliche Ordnung möglich ist und wie Theorien der Gesellschaft und der Identität ineinanderspielen. Wiesbaden

Adler A (1972) Über den nervösen Charakter. Frankfurt a.M

Antonovsky A (1997) Salutogenese. Zur Entmystifizierung der Gesundheit. Tübingen

Bammé A, Holling E, Lempert W (1983) Berufliche Sozialisation – Ein einführender Studientext. München.

Bandura A (1993) Sozialisierung (Sozialisation). In: Arnold W, Eysenck H, Meili R (Hrsg) Lexikon der Psychologie, Band 3. 11. Aufl. Freiburg, S 2109–2116

Baumgart F (2008) (Hrsg) Theorien der Sozialisation. Erläuterungen – Texte – Arbeitsaufgaben, 4. Aufl. Bad Heilbrunn

Bengel J, Strittmatter R, Willmann H (2001) Was erhält Menschen gesund? Antonovskys Modell der Salutogenese – Diskussionsstand und Stellenwert, 2. Aufl. Köln.

Berne E (1970) Spiele der Erwachsenen. Psychologie der menschlichen Beziehung. Reinbek bei Hamburg

Berne E (1979) Struktur und Dynamik von Organisationen und Gruppen. München

Bertram H (1981) Sozialstruktur und Sozialisation. Zur mikroanalytischen Analyse von Chancenungleichheit. Darmstadt

Bourdieu P (1976) Entwurf einer Theorie der Praxis, auf der ethnologischen Grundlage der kabylischen Gesellschaft. Frankfurt a. M.

Bourdieu P (1982) Die feinen Unterschiede. Kritik der gesellschaftlichen Urteilskraft. Frankfurt a. M.

Clausen B (1988): Einfluß von Eltern, (Ehe-) Partnern und sonstigen Bezugspersonen. In: Mickel W, Zitzloff D (Hrsg) Handbuch zur politischen Bildung. Bonn, S 442–447

Coulton G (1906) From St. Francis to Dante. London

Dahrendorf R (1977) Homo Sociologicus: Ein Versuch zur Geschichte, Bedeutung und Kritik der Kategorie der sozialen Rolle, 15. Aufl. Opladen

Dick P (1992) Personalentwicklung aus mikropolitischer Perspektive – Mikropolitik und Sozialisation.

Döring N (2003) Sozialpsychologie des Internet. Die Bedeutung des Internet für Kommunikationsprozesse, Identitäten, soziale Beziehungen und Gruppen, 2. Aufl. Göttingen

Döring N (2003) Sozialpsychologie des Internet. Die Bedeutung des Internet für Kommunikationsprozesse, Identitäten, soziale Beziehungen und Gruppen, 2. Aufl. Göttingen

Döring N (2013) Ständig in Verbindung. Aufwachsen im Internet- und Handy-Zeitalter. In: Schüler. Wissen für Lehrer, S 74–75

Döring N (2013) Ständig in Verbindung. Aufwachsen im Internet- und Handy-Zeitalter. In: Schüler. Wissen für Lehrer, S 74–75

Drumm H (2004) Personalwirtschaftslehre, 5. Aufl. Berlin

Elbe M (1994) Betriebliche Sozialisation und Personalentwicklung. In: Elbe M, Luzius T(Hrsg) Die Augusta-Kranken-Anstalt gGmbH – Corporate Identity für konfessionelle Krankenhäuser – Betriebliche Sozialisation und Personalentwicklung. München, S 59–114

Elbe M (1997) Betriebliche Sozialisation: Grundlagen der Gestaltung personaler und organisationaler Anpassungsprozesse. Sinzheim

Elbe M (2002) Wissen und Methode: Grundlagen der verstehenden Organisationswissenschaft. Opladen

Elbe M (2013a) Employography: Flüchtige Identitäten in Zeiten der Ungewissheit. Journal für Psychologie. Jg 21(3):1–24

Elbe M (2015a) *Organisationsdiagnose: Methoden – Fallstudien – Reflexionen.* Baltmannsweiler

Elbe M (2015b) Katz, Daniel & Kahn, Robert L. (1966): the social psychology of organizations. Wiley, New York, S. IX; 498. In: Kühl S (Hrsg) Schlüsselwerke der Organisationsforschung. Berlin, S 371–374

Elbe M, Peters S (2016) Die Temporäre Organisation. Kooperation, Gestaltung und Beratung. Berlin

Elias N (1997) Über den Prozess der Zivilisation. Soziogenetische und psychogenetische Untersuchung, 2 Bände. Frankfurt. a. M.

Erikson E (1965) Kindheit und Gesellschaft, 2. Aufl. Stuttgart

Erikson E (1997) Identität und Lebenszyklus, 16. Aufl. Frankfurt a. M.

Freud S (1953) Abriss der Psychoanalyse. Das Unbehagen in der Kultur. Frankfurt a. M.

Fromm E (1982) Analytische Sozialpsychologie und Gesellschaftstheorie, 7. Aufl. Frankfurt a. M.

Fuchs H (1973) Systemtheorie und Organisation: Die Theorie offener Systeme als Grundlage zur Erforschung und Gestaltung betrieblicher Systeme. Wiesbaden

Gestrich A (1999) Vergesellschaftung des Menschen. Einführung in die Historische Sozialisationsforschung. Tübingen

Geulen D (1991) Die historische Entwicklung sozialisationstheoretischer Ansätze. In: Hurrelmann K, Ulich D (Hrsg) Neues Handbuch der Sozialisationsforschung, 4. Aufl. Weinheim, S 21–54

Geulen D (2004) Ungelöste Probleme im sozialisationstheoretischen Diskurs. In: Geulen D, Veith H, (Hrsg) Sozialisationstheorie interdisziplinär. Aktuelle Perspektiven. Stuttgart, S 3–20

Geulen D, Veith H (Hrsg) (2004) Sozialisationstheorie interdisziplinär. Aktuelle Perspektiven. Stuttgart

Goffman E (1973) Asyle. Über die soziale Situation psychiatrischer Patienten und anderer Insassen. Frankfurt a. M.

Goffman E (1996) Wir alle spielen Theater. Die Selbstdarstellung im Alltag, 5. Aufl. München

Gottschalch W, Neumann-Schönwetter M, Soukup G (1971) Sozialisationsforschung: Materialien, Probleme, Kritik. Frankfurt a. M.

Gravalas B, Grieger D, Spree B (1989) ‚Jetzt fühle ich mich richtig als Arbeiter – jetzt fühle ich mich erwachsen‘: Ergebnisse aus dem Projekt ‚Betriebliche Sozialisation von Auszubildenden‘. Berlin

Griese H (1976) Erwachsenensozialisation. München

Groskurth P (Hrsg) (1979) Arbeit und Persönlichkeit: berufliche Sozialisation in der arbeitsteiligen Gesellschaft. Hamburg

Grundmann M (2006) Sozialisation. Konstanz

Grundmann M (Hrsg) (1999) Konstruktivistische Sozialisationsforschung. Lebensweltliche Erfahrungskontexte, individuelle Handlungskompetenzen und die Konstruktion sozialer Strukturen. Frankfurt a. M.

Habermas J (1997) Theorie des kommunikativen Handelns. Handlungsrationalität und gesellschaftliche Rationalisierung, Bd 1. Frankfurt a. M.

Heid H, Lempert W (Hrsg) (1982) Sozialisation durch den heimlichen Lehrplan des Betriebes. Wiesbaden

Heinz W (1991) Berufliche und Betriebliche Sozialisation. In: Hurrelmann K, Ulich D (Hrsg) Neues Handbuch der Sozialisationsforschung, 4. Aufl. Weinheim, S 397–415

Heinz W (1995) Arbeit, Beruf, Lebenslauf: Eine Einführung in die berufliche Sozialisation. München

Hemmati-Weber M (1993) Die Sozialisation von Menschen und Dingen, zum Beispiel im Büro. Zeitschrift für Personalforschung 1:96–114

Herrmann U (1998) Historische Sozialisationsforschung. In: Hurrelmann K, Ulich D (Hrsg) Handbuch der Sozaislisationsforschung. Studienausgabe, 5. Aufl. Weinheim, S 231–250

Hoff E, Hohner H (1989) Berufliche Sozialisation. In: Greif S, Holling H, Nicholson N (Hrsg) Arbeits- und Organisationspsychologie: internationales Handbuch in Schlüsselbegriffen. München, S 186–193

Hofstede G (1989) Sozialisation am Arbeitsplatz aus kulturvergleichender Sicht. In: Trommsdorf G (Hrsg) Sozialisation im Kulturvergleich. Stuttgart, S 156–174

Hofstede G (1994) Cultures and organizations—intercultural cooperation and its importance for survival. London

Huczynski A, Buchanan D (1985) Organizational behaviour. An introductory text. New York

Hund J, Preis C (1975) Neue Formen Betrieblicher Sozialisation und veränderte Qualitätsanforderungen. In: Brock D, Hund J, & Vetter, H. (Hrsg.): Berufliches Verhalten und Sozialisation. München, S 81–132.

Hurrelmann K (2006) Einführung in die Sozialisationstheorie, 9. Aufl. Weinheim

Hurrelmann K, Ulich D (Hrsg) (1991) Neues Handbuch der Sozialisationsforschung, 4. Aufl. Weinheim

Kärtner G et al (1984) Politische Sozialisation im Betrieb. In: Braun F, Schäfer H, Schneider H (Hrsg) Betriebliche Sozialisation und politische Bildung von jungen Arbeitnehmerinnen und Arbeitnehmern. München, S 17–33

Katz D, Kahn R (1966) The social psychology of organizations. New York

Kieser A, Nagel R & Krüger K-H (1990) Die Einführung neuer Mitarbeiter in das Unternehmen, 2. Aufl. Frankfurt a. M.

Kirchler E (Hrsg) (2011) Arbeits- und Organisationspsychologie, 3. Aufl. Wien

Kuckartz R (2007) Zur Betrieblichen Sozialisation von Führungsnachwuchs unter besonderer Berücksichtigung von „Organizational Commitment (OC)". Eine qualitative Längsschnittanalyse anhand von Hochschulabsolventen wirtschaftswissenschaftlicher Fakultäten in Trainee-Programmen. Hagen

Kühl S (2011) Organisation. Eine sehr kurze Einführung. Wiesbaden

Lamb R (1986) Erikson Erik H. In: Harré R, Lamb R (Hrsg) The dictionary of developmental and educational psychology. Cambridge, S 89–90.

Lange U, Harney K, Rahn S (1999) Studienbuch Berufliche Sozialisation. Theoretische Grundlagen und empirische Befunde zu Etappen der beruflichen Sozialisation. Bad Heilbrunn

Leithäuser T, Meyerhuber S Schottmayer M (2009) (Hrsg) Sozialpsychologisches Organisationsverstehen. Birgit Volmerg zum 60. Geburtstag. Wiesbaden

Lempert W (1982) Sozialisation durch den heimlichen Lehrplan des Betriebes. Einführende Bemerkungen. In: Heid H, Lempert W (Hrsg) Sozialisation durch den heimlichen Lehrplan des Betriebes. Wiesbaden, S 1–8

Lempert W (2007) Theorien der beruflichen Sozialisation. Zeitschrift für Berufs- und Wirtschaftspädagogik 1:12–40

Lempert W (2009) Berufliche Sozialisation: Persönlichkeitsentwicklung in der betrieblichen Ausbildung und Arbeit, 2. Aufl. Baltmannsweiler

Lewin K (1982) Feldtheorie. Band 4 der Kurt-Lewin-Werkausgabe. Bern

Liegle L (1991) Kulturvergleichende Ansätze in der Sozialisationsforschung. In: Hurrelmann K, Ulich D (Hrsg) Neues Handbuch der Sozialisationsforschung, 4. Aufl. Weinheim, S 214–230

Lorenzer A (1972) Zur Begründung einer materialistischen Sozialisationstheorie. Frankfurt a. M.

Lorenzer A (1977) Sprachspiel und Interaktionsformen. Vorträge und Aufsätze zu Psychoanalyse, Sprache und Praxis. Frankfurt a. M.

Lorenzer A (2005) Szenisches Verstehen. Zur Erkenntnis des Unbewussten. Marburg

Luckie M (1984) Organisatorische Sozialisation als arbeitspädagogisches Problem. Aachen

Luhmann N (1964) Funktion und Folgen formaler Organisationen. Berlin

Luhmann N (2000) Organisation und Entscheidung. Opladen

Marr R, Stitzel M (1979) Personalwirtschaft: ein konfliktorientierter Ansatz. München

Marx K (1983a) Thesen über Feuerbach. In: Marx K, Engels F (Hrsg) Ausgewählte Werke. Moskau, S 26–28

Marx K (1983b) Zur Kritik der politischen Ökonomie. In: Marx K, Engels F (Hrsg) Ausgewählte Werke. Moskau, S 186–190

Mayer E et al (Hrsg) (1981) Betriebliche Ausbildung und gesellschaftliches Bewusstsein: die berufliche Sozialisation Jugendlicher. Frankfurt a. M.

Mead GH (1968) Geist, Identität und Gesellschaft. Frankfurt a. M.

Mead GH (1969) Sozialpsychologie. Neuwied

Merkens H, Schmidt F (1988) Enkulturation der Unternehmenskultur. München

Mess F, Woll A (2007) Sport und organisationale Sozialisation – Eine empirische Studie zur Förderung der sozialen Integration von neuen Mitarbeitern in Betrieben. Sport und Gesellschaft – Sport and Society 1:27–44

Mikos L, Hoffmann D, Winter R (2009) Mediennutzung, Identität und Identifikation: Die Sozialisationsrelevanz der Medien im Selbstfindungsprozess von Jugendlichen. Weinheim

Minsel B, Bartussek D (1977) Sozialisation. In: Herrmann T, Hofstätter P, Huber H, Weinert F (Hrsg) Handbuch psychologischer Grundbegriffe. München, S 437–451

Moreno J (1989) Psychodrama und Soziometrie: essentielle Schriften. Köln

Moreno J (1991) Die Grundlagen der Soziometrie. Wege zur Neuordnung der Gesellschaft, 3. Aufl. Opladen

Morick H (2002) Differentielle Personalwirtschaft. Theoretisches Fundament und praktische Konsequenzen. Neubiberg

Neuberger O (1991) Personalentwicklung. Stuttgart

Niederbacher A, Zimmermann P (2011) Grundwissen Sozialisation. Einführung zur Sozialisation im Kindes- und Jugendalter, 4. Aufl. Wiesbaden

Parsons T (1958) Essays in sociological theory. Revised edition, 2. Aufl. Glencoe

Parsons T (1980) Sozialstruktur und Persönlichkeitsentwicklung: Freuds Beitrag zur Integration von Psychologie und Soziologie. In: Dahmer H (Hrsg) Analytsiche Sozialpsychologie, 2. Bd. Frankfurt a. M., S 365–400

Pascale R (1985) The paradox of 'Corporate Culture': reconciling ourselves to socialization. Calif Manage Rev (z). Winter:26–41

Pätzold G (1982) Der heimliche Lehrplan des Betriebes: zur Systematik funktionaler sozialer Lernprozesse. In: Heid H, Lempert W (Hrsg) Sozialisation durch den heimlichen Lehrplan des Betriebes. Wiesbaden, S 9–26

Piaget J (1973) Erkenntnistheorie der Wissenschaft vom Menschen. Hauptströmungen der sozialwissenschaftlichen Forschung. Herausgegeben von der Unesco. Frankfurt a. M.

Piaget J (1975) Der Aufbau der Wirklichkeit beim Kinde. Gesammelte Werke, Bd 2. Stuttgart

Rehn M (1990) Die Eingliederung neuer Mitarbeiter. eine Längsschnittstudie zur Anpassung an Normen und Werte der Arbeitsgruppe. München

Reinke E (Hrsg) (2013) Alfred Lorenzer. Zur Aktualität seines interdisziplinären Ansatzes. Gießen

Retter H (2002) Theorien der Sozialisation. Kindheit und Jugend. Brauschweig

Robbins S, Judge T (2012) Organizational Behavior, 12. Aufl. Upper Saddle River

Rosenstiel Lv (1992a/2000) Grundlagen der Organisationspsychologie, 3., 4. Aufl. Stuttgart

Rosenstiel Lv (1992b) Entwicklung von Werthaltungen und interpersonaler Kompetenz – Beiträge der Sozialpsychologie. In: Sonntag K (Hrsg) Personalentwicklung in Organisationen – Psychologische Grundlagen, Methoden und Strategien. Göttingen, S 83–105

Schäuble G (1995) Sozialisation und Bildung der jungen Alten vor und nach der Berufsaufgabe. Stuttgart

Schein E (1988) Organizational socialization and the profession of management. Sloan Manage Rev Fall 1988:53–65

Schulze H, Künzler J (1991) Funktionalistische und systemtheoretische Ansätze in der Sozialisationsforschung. In: Hurrelmann K, Ulich D (Hrsg) Neues Handbuch der Sozialisationsforschung, 4. Aufl. Weinheim, S 121–136

Seiler H (1987) Die Einplanung des Unplanbaren – Fragen an die Betriebliche Sozialisationsforschung. In: Dürr W, Merkens H, Schmidt F (Hrsg) Unternehmenskultur und Sozialisation – Bericht über einen Workshop an der Freien Universität Berlin. Baltmannsweiler, S 9–38

Shafritz J, Ott S (2001) Classics of organization theory, 5th edn. Fort Worth

Sichler R (2009) Kritik und Utopie. Veränderungspotenziale im hermeneutischen Diskurs und individuellen Entwurf. In: Leithäuser T, Meyerhuber S, Schottmayer M (Hrsg) Sozialpsychologisches Organisationsverstehen. Birgit Volmerg zum 60. Geburtstag. Wiesbaden, S 29–50

Simmel G (1995) Soziologie. Untersuchungen über die Formen der Vergesellschaftung. Gesamtausgabe, Bd II, 2. Aufl. Frankfurt a. M.

Sombart W (1920) Der Bourgeois. Zur Geistesgeschichte des modernen Wirtschaftsmenschen, 5. und 6. Tausend. München

Städeli C (1992) Berufsausbildung, Persönlichkeitsentwicklung und berufliche Integration bei Anlehrlingen – Eine Längsschnittuntersuchung. Münster

Sullivan H (1980) Die interpersonale Theorie der Psychiatrie. Frankfurt a. M.

Tajfel H, Turner J (1986) The social identity theory of intergroup behavior. In: Worchel S, Austin W (Hrsg) Psychology of intergroup relations, 2. Aufl. Chicago, S 7–24

Tannenbaum A, Kavcic B, Vianello M, Wieser G (1974) Hierarchy in organizations. An international comparison. San Francisco

Tillmann K-J (2010) Sozialisationstheorien. Eine Einführung in den Zusammenhang von Gesellschaft, Institution und Subjektwerdung, 16. Aufl. Reinbek

Turner J, Onorator R (1999) Social identity, personality and the self-concept: a self-categorization perspective. In: Tyler T, Kramer R, John O (Hrsg) The psychology of the social self. Mahwah, S 11–46

Ulrich H (1968) Die Unternehmung als produktives System soziales System. Bern

Vetter H (1975) Grundzüge Betrieblicher Sozialisationsprozesse als Bestimmungsmoment Arbeitsorganisatorischer Veränderungen. In: Brock D, Hund J, Vetter H (Hrsg) Berufliches Verhalten und Sozialisation. München, S 131–296

Volmerg B (1987) Verkehrsformen und Interaktionsformen – ein sozialpsychologischer Ansatz zur Vermittlung von Arbeit und Sozialisation. In: Belgrad J, Görlich B, König H-D, Schmid Noerr G (Hrsg) Zur Idee einer psychoanalytischen Sozialforschung: Dimensionen szenischen Verstehens. Alfred Lorenzer zum 65. Geburtstag. Frankfurt a. M., S 180–195

Watzka K (1992) Führungsstil und Führungsinstrumente bei der Einführung neuer Mitarbeiter ins Unternehmen (Teil I). Zeitschrift Führung + Organisation zfo 2:90–94

Weber M (1980) Wirtschaft und Gesellschaft: Grundriß der verstehenden Soziologie, 5. Aufl. Tübingen

Weber M (1993) Die protestantische Ethik und der »Geist« des Kapitalismus. Bodenheim

Weick K (1995) Der Prozess des Organisierens. Frankfurt a. M.

Wittgenstein L (1997) Werkausgabe, Bd 1, 11. Aufl. Frankfurt a. M.

Zdravkovic D (2011) Prozesse organisationaler Sozialisation in Stamm- und Randbelegschaft. Eine empirische Untersuchung im qualifizierten Tätigkeitsbereich. Dresden

Zimbardo P, Boyd J (2011) Die neue Psychologie der Zeit und wie sie Ihr Leben verändern wird. Heidelberg

Zimbardo P (1973) A Pirandellian Prison. In New York Times Magazine 08. April 1973, S. 38ff.

Wandel im System

3.1   Anpassungsprozesse: Mensch, Ding, System – 68

3.2   Wandel und Konflikte – 71

3.3   Organisationskultur und Führung – 73

3.4   Betriebliche Sozialisation der Organisation – 76

3.5   Betriebliche Sozialisation des Individuums – 81

3.6   Lernprozesse in der Betrieblichen Sozialisation – 84

3.7   Alternative Perspektiven – 87

3.8   Fragen – 88

Literatur – 89

© Springer-Verlag Berlin Heidelberg 2016
M. Elbe, *Sozialpsychologie der Organisation*,
DOI 10.1007/978-3-662-50383-6_3

Zusammenfassung

Im dritten Kapitel der Sozialpsychologie der Organisation werden die Wandlungsprozesse in das Zentrum der Betrachtung gestellt. Wandlungsprozesse betreffen Menschen, Dinge und ganze Systeme. Hierbei entstehen Konflikte, die Hemmnis oder Antrieb des Wandels sein können. Eingebettet sind diese Wandlungsprozesse in die Organisationskultur, die eng mit der Betrieblichen Sozialisation verbunden ist und, die aus Sicht des Wandels in eine Mikroperspektive (personale Sozialisation) und eine Makroperspektive (organisationale Sozialisation) differenziert werden können. Im Rahmen von Wandlungsprozessen haben Lernprozesse in der Betrieblichen Sozialisation besondere Bedeutung. Abschließend werden in diesem Kapitel alternative Perspektiven beleuchtet.

3.1   Anpassungsprozesse: Mensch, Ding, System

Wie bereits dargestellt, entwickelt sich das Individuum in Abhängigkeit von seiner Umwelt und Kultur, der Mensch wird sozialisiert. Als Sozialisand hat der Einzelne aber auch Wirkung auf seine Umgebung, Sozialisationsagenten und Sozialisanden unterliegen interaktiven Anpassungsmechanismen (Fusionsmodell), dies drückt sich insbesondere im Aspekt des Rollenaushandelns (role-negotiation) aus.

Der Prozess der personalen Sozialisation als Anpassung zwischen Individuum und betrieblicher (Arbeits-) Umwelt ist eingebettet in die tertiäre Sozialisation und die vorgelagerten Phasen zu betrachten. Die Anpassung an die Organisation und ihre Kultur erfolgt also vor dem Hintergrund bereits gemachter Erfahrungen und daraus abgeleiteter Erwartungen. Mit Eintritt in eine Organisation werden diese Erwartungen an der Realität gemessen, die Kultur der Organisation ist noch unbekannt, die Sprachspiele (Elbe 2002) sind fremd, die eigene Rolle ist ebenso unklar wie die Rollen anderer Organisationsmitglieder. All diese ,Unbekannten' sind zu erlernen. Da sie jedoch an der eigenen Wirklichkeit gespiegelt werden, ist dieses Erlernen eben nicht einseitig, sondern bedingt aufgrund gezeigten Verhaltens auch Lernvorgänge bei den Mitgliedern, die in diesen Sozialisationsprozess involviert sind. Sobald die grundlegenden Werte der Kultur akzeptiert und die Symbole der Organisation bekannt sind, sobald Rollen abgeschätzt werden können und die Sprache im organisatorischen Kontext benutzt werden kann, ist das Individuum fähig, sich im organisatorischen Rahmen dauerhaft zu bewegen.

Damit ist die personale Sozialisation aber nicht abgeschlossen. Durch den Neueintritt anderer Mitglieder im direkten Umfeld (z. B. der Arbeitsgruppe), durch Umsetzung in einen anderen Bereich oder durch Beförderung verändert sich das sozialisationsrelevante Umfeld. Der Prozess beginnt zwar nicht von Neuem, da vermehrt auf Bekanntes aufgebaut werden kann, doch erfährt der Einzelne dadurch einen ,Sozialisationsschub'. Rollen und Blickwinkel ändern sich, sprachliche und dingliche Symbole erfahren eine Neubewertung – z. B. bei Wechsel von Linien- zu Stabtätigkeit oder Aufstieg in eine Vorgesetztenposition. Die personale Sozialisation ist erst mit dem Verlassen der Organisation beendet. Das Bewusstwerden des baldigen Verlassens einer Organisation bedingt sozialisatorische Änderungen. Beispiele finden sich in stark normenbehafteten Organisationen – z. B. der Prozess des Ausscheidens aus der Bundeswehr, bei drohender Arbeitslosigkeit nach dem Arbeitsplatzverlust oder dem voraussichtlichen Ende der Berufstätigkeit wegen des Erreichens einer Altersgrenze.

Nicht nur Menschen erfahren Anpassungsprozesse im organisatorischen Umfeld. Auch Gegenstände (Dinge, Technologien, generell: Artefakte) unterliegen Anpassungen und veränderten Bewertungen in unterschiedlichen Kontexten. Es kann bei dinglicher Anpassung nicht von Sozialisation im eigentlichen Sinn gesprochen werden, da Dinge (als Artefakte) des Persönlichkeitsaspekts ermangeln. Trotzdem muss der Anpassungsaspekt von Dingen hier behandelt werden, da diese zum einen Anpassungsmechanismen unterliegen, zum anderen sozialisatorische Wirkung auf Menschen haben und zum dritten Bestandteile des Systems ‚Organisation‘ sind. Dingliche Anpassung ist durch eine ‚Janusköpfigkeit‘ sozialisatorischer Wirkung gekennzeichnet, zum einen wird die dingliche Umwelt als Resultat der gesellschaftlichen Bedingungen gestaltet, zum anderen wirkt sie symbolvermittelnd und sozialisierend auf das Individuum.

» Aufgrund ihrer Sozialisation reproduzieren die Menschen diese kulturell-gesellschaftlichen Bedingungen und Inhalte. Diese Bedingungen und Inhalte spiegeln sich aber auch in der Ding-Welt: Welche Dinge es wo gibt, und wie sie gestaltet sind, ist immer auch Ausdruck der jeweiligen Kultur. Zugleich sind die Dinge an der Sozialisation der Menschen und der Steuerung ihres Verhaltens beteiligt. (Hemmati-Weber 1993, S. 97)

Die Gegenseitigkeit des Anpassungsvorganges birgt auch den Versuch der Emanzipation in sich. Der Einzelne hat das Bedürfnis, der dinglichen Umwelt eine persönliche Prägung zu verleihen, um damit seiner Individualität Ausdruck zu geben. Doch sind diese Gestaltungsversuche nie autonom, sondern ebenfalls sozialisationsbedingt. Die Interpretation von Gegenständen unterliegt somit dem jeweiligen kulturellen Zusammenhang. „Die Dinge tragen dazu bei, vorgegebene und gewünschte Wirklichkeiten zu reproduzieren" (Hemmati-Weber 1993, S. 105). Ein Beispiel hierfür sind Büroeinrichtungen. Diese erfüllen primär zwei Funktionen: zum einen sind sie funktionale Arbeitsumgebung, zum anderen auch Statusausdruck, derselbe Gegenstand hat aber in unterschiedlichen Kulturen eine veränderte Sinnzuschreibung. Ein hierarchischer Aufstieg ist z. B. häufig mit dem Anspruch auf repräsentativere Räumlichkeiten verbunden. Diese neuen Räumlichkeiten wirken aber auch auf das (veränderte) Rollenverständnis. Die konkrete Einrichtung des Raumes ist wiederum kulturabhängig und nur vor dem kulturellen Hintergrund interpretierbar.

Aus Sicht der analytischen Sozialpsychologie beschreibt Fromm (1979) das Verhältnis von Haben und Sein als Zusammenspiel menschlicher Entwicklung in Auseinandersetzung mit seiner dinglichen Umwelt. Das ‚Haben‘ steht für eine Vereinnahmung und Aneignung von Dingen als Lebensform und erzeugt als Ausfluss hieraus einen Antagonismus zu denen, die weniger besitzen. Die Prinzipien des Habens sind Konsum und Machtausübung (im Sinne von Ausbeutung und Unterdrückung). Demgegenüber steht die Lebensform des ‚Seins‘ für Solidarität, Gleichheit und aktive Teilhabe an der Gesellschaft. Mit dem Gegensatz von Haben und Sein hat Fromm einen populären Ansatz bezüglich des Umgangs mit Dingen geschaffen, der aber weniger einer sozialpsychologischen Analyse als vielmehr einer philosophisch-gesinnungsethischen Vorstellung entspringt. Hier wird auch die Grenze der psycho-analytischen Sozialpsychologie als wissenschaftlicher Disziplin deutlich – die normative Positionierung im Sinne eines humanistischen Neo-Marxismus ist Ausdruck eines politischen Willens und nicht wissenschaftlicher Analyse.

Sowohl in den marktwirtschaftlich-demokratischen Systemen als auch in den planwirtschaftlichen des real exisitierenden Sozialimus galt (und gilt): Die Technologie bestimmt die Arbeitsverhältnisse und erfordert somit individuelle und langfristig auch gesellschaftliche Anpassung. Die Bedeutung von Technologien im Zusammenhang mit dinglicher Anpassung lässt sich auf der sozialisierenden Ebene am Beispiel des Films ‚Moderne Zeiten‘ von Charlie Chaplin verdeutlichen. Die Technologie selbst unterliegt aber dem Anpassungsdruck der wirtschaftlichen und gesellschaftlichen Umwelt auf das System ‚Organisation‘. Diese Anpassungsmechanismen zwischen Ding, Mensch und System bestimmen auch den Umgang mit moderner Technologie, den

Wandel von einer Produktionsgesellschaft zu einer Informationsgesellschaft und den durch diesen Wandel erzeugten Bedingungen Betrieblicher Sozialisation sowohl auf der Mikro-, als auch auf der Makroebene. Dies gilt für die Entwicklung von Cyber Physical Systems und das Internet der Dinge (internet of things). Hier wirken künstliche Intelligenzen, Gegenstände, Technologien und Menschen zusammen in einem System (Jeschke 2015), sie kommunizieren miteinander und sie verschränken sich zunehmend. Der Mensch und die (nunmehr intelligenten) Dinge sozialisieren zusammen hin zu einer Society 4.0, in der Roboter Steuern zahlen (Jeschke 2015) und anthropomorphe Systeme mit uns interagieren[1] – so zumindest die ingenieurwissenschaftliche Vision.

Neben dem Anpassungsverhalten von Menschen und Dingen tritt die Anspassung von Systemen. Die Perspektive der *offenen Systemtheorie* in der Sozialpsychologie (Katz und Kahn 1966) konzipiert Anpassungsprozesse von Organisationen als zielgerichtete Sozialsysteme zum einen als politische Prozesse (Systemwandel) und zum anderen im Sinne der traditionellen Sozialisationstheorie als Anpassungsdeterminanten für das Individuum. Hier eröffnen sich Optionen für die Intervention, um Anpassungsprozesse von Organisationen als sozialen Wandel zu gestalten. Die Entwicklung der geschlossenen Systemtheorie – von offenen über selbstreferentielle hin zu autopoietisch-geschlossenen Systemen – lässt sich gut bei Niklas Luhmann nachzeichnen: Luhmann (1981) konstruierte – ausgehend vom Parsonschen Systemkonzept – einen theoretischen Ansatz des Austauschs zwischen personalem System (dem Menschen), sozialem System (organisatorischen Formen) und Umwelt. „Nur solche Systeme können in dem Sinne interpenetrieren, dass sie sich im Bezugssystem einerseits adaptiv und andererseits selbstregulierend verhalten" (Luhmann 1981, S. 157). Interpenetration tritt somit als erweiternder Begriff an die Stelle von Internalisierung, da der Selbstbezug des Systems (aufgrund mangelnder Stabilität des Gesamtsystems) berücksichtigt wird (Luhmann 1977) – dadurch verliert die Sozialisationstheorie aber an Erklärungskraft. Erst dadurch, dass der Mensch für das System im Rahmen der autopoietischen Wende (Luhmann 1994) zum reinen Kommunikationssystem mutierte und der Mensch in die Systemumwelt ‚verbannt' wurde, konnte dem Individuum anscheinend wieder Sozialisation zugestanden werden. Allerdings nur in dem Maß, dass der Vorgang der Sozialisation „[…] *das psychische System und das dadurch kontrollierte Körperverhalten des Menschen durch Interpenetration formt*" (Luhmann 1994, S. 326). In diesem Sinn ist für das autopoietische psychische System Sozialisation immer Selbstsozialisation. Hier ist der Sozialisationsbegriff sinnlos geworden, da er keinen spezifischen Vorgang mehr beschreibt und der Evolution ähnelt.

> **»** Die Rückführung des Begriffs der Sozialisation auf die Begriffe strukturelle Kopplung und structural drift klärt vor allem, dass Sozialisation ein Vorgang ist, der in allem sozialen Verhalten mit läuft. Diese Automatik der Sozialisation lässt sich nicht verhindern. Jeder Versuch, sie einzuschränken, würde wiederum sozialisierend wirken. (Luhmann 2002 S. 52f.)

Luhmann (2000) verzichtet in seiner abschließenden Betrachtung von Organisationen als Entscheidungssysteme dann auch ganz auf den Sozialisationsbegriff und konzipiert diese Form gegenseitiger Einflussnahme als ‚Integration' im Sinne von wechselseitiger „[…] *Einschränkung der Freiheitsgrade von Systemen* […]" (Luhmann 2000, S. 99). In Organisationen drückt sich dies in ‚Karrieren' als Zusammenwirken von Selbst- und Fremdselektion aus, die nicht unbedingt sozialen Aufstieg bedeuten.

---

1   Richert und Jeschke (2015) weisen darauf hin, dass Menschen technische Systeme als Interaktionspartner eher akzeptieren, wenn diese eine dem Menschen vergleichbare Körpergestalt haben (Anthropomorphismus) und die Systeme selbst benötigen einen Körper, um als Einheit in der Umwelt wirksam werden zu können.

Die geringe Notwendigkeit für einen solchen Begriffswechsel lässt sich aus dem radikalen Konstruktivismus ableiten: „Unsere Hauptfrage war, wie es dazu kommt, dass wir eine relativ stabile und verlässliche Welt erleben, obschon wir nicht imstande sind, Stabilität, Regelmäßigkeit oder irgendeine wahrgenommene Eigenschaft der objektiven Wirklichkeit mit Sicherheit zuzuschreiben" (Glasersfeld 1981, S. 28). Da der Mensch also seine Umwelt selektiv wahrnimmt, *die Wahrheit* nicht existiert, sondern nur individuelle Wirklichkeiten (Watzlawick 1981), passt sich der Mensch den wahrgenommenen Anforderungen der Umwelt an und schreibt Organisationen ebensolche Anpassungsfähigkeiten zu. In unserem sprachlichen Gebrauch werden Organisationen personifiziert. Beispielsweise werden im offiziell-juristischen Bereich bestimmte Organisationen als ‚juristische Person' bezeichnet, in der Alltagssprache werden Handlungen häufig der Organisation ‚per se' zugeschrieben und nicht einzelnen, handelnden Menschen. Die Organisation wird als Individuum behandelt und wahrgenommen. Nach Wittgenstein (1963) bedingen Sprache und Denken einander,[2] das abstrakte Konstrukt ‚Organisation' wird in unserer Wirklichkeit also zur Person, die Sozialisationsmechanismen unterliegt. Die Anpassung von Organisationen an umfassendere Systeme oder die Umwelt erfolgt in einer den Menschen vergleichbaren Weise. Die kulturellen Grundlagen der Gesellschaft und des wirtschaftlichen Systems müssen von der Organisation ‚erlernt' werden. Bei der Gründung einer Organisation haben sie in Form von rechtlichen Normen konstitutiven Charakter. Branchenkulturelle Besonderheiten unterliegen für Unternehmen ebenso der Sozialisation wie beim Menschen schichtbezogene Aspekte. Auch für Organisationen verläuft die Sozialisation nicht einheitlich. Systeme unterliegen der selektiven Wahrnehmung, welche von der jeweiligen kontinentalen und nationalen Kultur, aber auch subkulturell (z. B. Branchenkultur) geprägt ist. Dieser Aspekt wird dadurch verstärkt, dass Organisationen häufig bewusst nur einen relevanten Wirklichkeitsausschnitt (den auf ihre Zielerreichung bezogenen) zur Entscheidungsfindung heranziehen. Der Mensch ist zu einem so selektiven Vorgehen nicht fähig. Unternehmen haben verschiedene Rollen, sie sind u. a. Käufer, Produzenten und Verkäufer, sie treten als Arbeitgeber, Verbandsmitglieder und Sponsoren auf. In all diesen Aspekten organisationaler Sozialisation kommt dem Lernen – ebenso wie bei der personalen Sozialisation – eine zentrale Rolle zu. Die konkrete Wahrnehmung, Speicherung und Anwendung von Wissen oder Verhaltensdirektiven ermöglicht es Organisationen, sich anzupassen.

Menschen, Dinge und Organisationen unterliegen also der Betrieblichen Sozialisation. Die Anpassungsprozesse verlaufen hierbei in gegenseitiger Abhängigkeit. Da nur in Bezug auf Menschen und Organisationen Identitätsmerkmale festzustellen sind, beschränkt sich das hier behandelte Modell Betrieblicher Sozialisation auf diese beiden Subjekte (Mikro- und Makroebene). Sowohl Menschen als auch Organisationen nehmen ihre Umwelt selektiv wahr und interpretieren sie kultur- und sozialisationsabhängig. Hierbei erleben sie Veränderungsprozesse, die vielfach mit Konflikten im sozialen Feld einhergehen.

3.2 Wandel und Konflikte

Anpassungsprozesse werden durch Veränderungen im System oder in der Umwelt (sozialer Wandel) notwendig, leisten aber selbst auch einen Beitrag zu diesen Veränderungsprozessen. Zur Erklärung sozialen Wandels werden wir später noch das Modell der Coleman'schen Badewanne

---

2   Dies war schon in Wittgensteins sprachanalytischer Phase angelegt: Aus „5.6 Die Grenzen meiner Sprache bedeuten die Grenzen meiner Welt." (Wittgenstein 1963, S. 89) und den Folgesätzen ergibt sich dieses Wirklichkeitskonstrukt.

(in Bezug auf Organisationskultur, vgl. Abb. 3.3) vorstellen, zuerst einmal aber stellen wir uns die Frage, was gesellschaftlichen Wandel eigentlich antreibt. Ohne Zweifel geht der soziale Wandel in den differenzierten Organisationsgesellschaften mit hoher Dynamik der technologischen Entwicklung einher. Bekannt wurde diesbezüglich der Ansatz von Nikolai Kondratjeff (1926), der zu dem Ergebnis kommt, dass technische Innovationen nicht die Ursachen, sondern die Folgen langfristiger konjunktureller Entwicklungen (langer Zyklen von 40 bis 60 Jahren) sind. Eine fast entgegengesetzte Erklärung legt der amerikanische Soziologe William Ogburn (1969) vor, der davon ausgeht, dass der technische und organisatorische Fortschritt schneller voran schreitet, als die sozialen Anpassungsprozesse. Die kulturellen Muster des Alltagsverhaltens entsprechen dann zu einem bestimmten Zeitpunkt nicht mehr den technischen Gegebenheiten (cultural lag). Bei beiden Erklärungsvarianten entsteht ein Anpassungsbedarf, der zu sozialem Wandel führt.

Hinsichtlich der organisationalen Binnenstrukturen und Beziehungen werden insbesondere evolutionstheoretische Erklärungsansätze diskutiert. Kirsch (1991) z. B. kommt im Zuge der Entwicklung einer umfassenden Managementtheorie zu dem Ergebnis, dass Anpassungsvorgänge als Evolution, bzw. als geplante Evolution ablaufen:

> **»** Wenn man die strukturellen Gegebenheiten, die Verfassung, die Politik und nicht zuletzt auch die Kultur eines Unternehmens beschreibt und mit jenen anderer Unternehmen vergleicht, dann kristallisiert sich sehr schnell ein Kern grundlegender Eigenschaften heraus, durch den dieses Unternehmen seine unverwechselbare Identität erhält. (Kirsch 1991, S. 308)

Der Begriff der Evolution bedingt die Variation bestehender Handlungsmuster. Das Grundmodell evolutorischer Prozesse (Kieser 1989) basiert auf Mutation und Selektion – zufälligen Variationen in Gesamtheiten oder Populationen (Luhmann 2000). Klimecki et al. (1994) kommen zu dem Ergebnis, dass Gestaltung in diesem Zusammenhang nur die Forcierung von Evolution bedeuten kann, sie wählen alternativ den Begriff der ‚Entwicklung‘. Geplante Evolution verlangt die Antizipation des Zufalls. Organisationen unterliegen evolutionären Prozessen. Die Evolution selbst aber ist nicht planbar, sondern nur die Anpassung an wahrgenommene Veränderungstendenzen. Die Planung von Anpassung an Veränderungen der Umwelt im organisationalen Kontext erfolgt auf der Basis bereits gemachter Erfahrungen. Der Begriff der organisationalen Sozialisation ist deshalb für die Beschreibung organisatorischer Anpassungsprozesse geeigneter, da er den sozialen Kontext explizit berücksichtigt, und dieser drückt sich insbesondere in Konflikten aus.

Wandlungsprozesse sind einerseits die Folge von sozialen Konflikten und werden andererseits von Konflikten in ihrem Ablauf geprägt. Dies ist ein Grundthema der Sozialwissenschaften (Bonacker 2008), wodurch sich ein breiter theoretischer Zugang ergibt. Die sozialpsychologische Konfliktforschung (Fischer und Wiswede 2009) ist dabei eng mit den Forschungsansätzen anderer sozial- oder wirtschaftswissenschaftlicher Disziplinen verbunden (vgl. hierzu auch die Überlegungen zum Ultimatumsspiel im ersten Kapitel),[3] hat aber einen besonderen Bezug zur Gruppenforschung (insbesondere Lewin 1968) und zur Theorie der kognitiven Dissonanz (Festinger 1978). Durch die bewusste Bearbeitung von Konflikten können Aggressionen abgebaut und Wandlungsprozesse gefördert werden (Hugo-Becker und Becker 2004).[4]

---

3   So bearbeiten Fischer et al. (2014) in ihrem Lehrbuch der Sozialpsychologie Konflikte nicht explizit, wenden sich aber in einem Kapitel der Modellierung sozialer Dilemmata und den spieltheoretischen Ansätzen zu.

4   Speziell in der Tiefenpsychologie und in der Kommunikationspsychologie haben Konfliktansätze eine besondere Bedeutung, wobei Konflikte hier primär als Störung (Hugo-Becker und Becker 2004; Schulz-v. Thun 1997) behandelt werden.

Lesenswert ist in diesem Zusammenhang die szenische Darstellung des Verlaufs eines industriellen Konflikts von Lewin (1968), den er einerseits als gruppendynamischen Prozess auffasst und andererseits an die individuelle Wahrnehmung knüpft:

» Für eine ausreichende Tatsachenfindung und für die Zusammenarbeit der Arbeiterinnen an der Maschine genügte es wenigstens, den unruhigsten Teil dieser Gruppe eingeschaltet zu haben. Auch bei dieser Art der Behandlung hat die Definition einer ,Tatsache' zwei Seiten: die der Produktion und der Gruppendynamik. Es ist richtig, dass sich aus der Untersuchung ein ,hinlänglich objektives' Bild der Produktionskanäle und -probleme ergeben sollte. Aber es ist ebenso wichtig, daran zu denken, dass der ,subjektive' Gesichtspunkt der Betroffenen mehr zählt. (Lewin 1968, S. 200)

Während intraindividuelle Konflikte (als innere, seelische Konflikte) nicht unmittelbar mikropolitisch relevant sind, können sie im Fall der Wahrnehmung durch Andere Anlass mikropolitischer Handlungen werden. Interindividuelle, gruppenbezogene und strukturelle Konflikte (Naase 1978) bedingen als soziale Konflikte den Versuch, Interessen auf Kosten der Interessen Anderer durchzusetzen. Marr und Stitzel (1979) sehen Konflikte allerdings als grundsätzliches Strukturelement von Organisationen. Es wird „[…] von einer Basiskomplementarität der Interessen der Organisationsmitglieder ausgegangen, für deren Erfüllung Konflikte sowohl förderlich (funktional), wie auch abträglich (disfunktional) sein können" (Marr und Stitzel 1979, S. 29). Das komplexe Zielsystem der jeweiligen Organisation steht grundsätzlich im Spannungsfeld von ökonomischer und sozialer Effizienz, erzeugt aber im alltäglichen Handeln vielfache Konkurrenzbeziehungen. Die formalen Ziele der Organisation, die Interessen einzelner Organisationsmitglieder, aber auch die Interessen weiterer Akteure (sogenannte Stakeholder, z. B. Kapitaleignern) können komplementäre, indifferente oder konfliktäre Beziehungen eingehen. Neben die Basiskomplementarität, die aus dem prinzipiellen Kooperationsinteresse der Akteure im Rahmen der Organisation entsteht, treten somit partielle Zielkonflikte. Bei Konflikten zwischen ökonomischer und sozialer Effizienz stehen die Konfliktparteien in hierarchischen Beziehungen oder handeln stellvertretend für bestimmte Interessengruppen (z. B. als Betriebsratsmitglieder im Rahmen der formalen Mitbestimmung). Es entfalten aber zahlreiche weitere Konfliktfelder in der Organisation ihre Wirkung. So ist die Verfügung über Zeit – insbesondere Lage und Dauer der Arbeitszeit und deren inhaltliche Ausgestaltung durch konkrete Handlungen – nicht nur Gegenstand von formalen Arbeitsbeziehungen (Marr et al. 2005) sondern auch Konfliktgrund zwischen einzelnen Mitarbeitern im betrieblichen Feld. ,Wann arbeitest Du und was machst Du dabei?' ist ein konkretes Sprachspiel, das sozialen Regeln unterliegt. So wandeln sich Interrollenkonflikte zwischen der Mitgliedschaftsrolle in der Organisation und familiären Verpflichtungen in Rechtsansprüche, wenn ein krankes Kind zu Hause zu versorgen ist. Das ,Konflikt-Sprachspiel' muss kreativ gespielt werden, wenn man eigene Interessen durchsetzen möchte. Das mikropolitisches Handeln (z. B. Neuberger 1995) realisiert sich in Machtspielen, die teilweise offen, vielfach aber verdeckt gespielt werden (Crozier und Friedberg 1993) und die damit zum sozialen Wandel beitragen.

3.3 Organisationskultur und Führung

Sozialisation wurde bereits als kulturspezifischer, interaktiver Anpassungsprozess definiert, Kultur wurde somit als Anpassungsdeterminante eingeführt. Hofstede (1989) ordnet den Kulturebenen Sozialisationsinstanzen zu, wobei er davon ausgeht, dass sich die Anpassungsinhalte im Laufe zunehmender Sozialisation von der Vermittlung grundlegender Werte hin zu

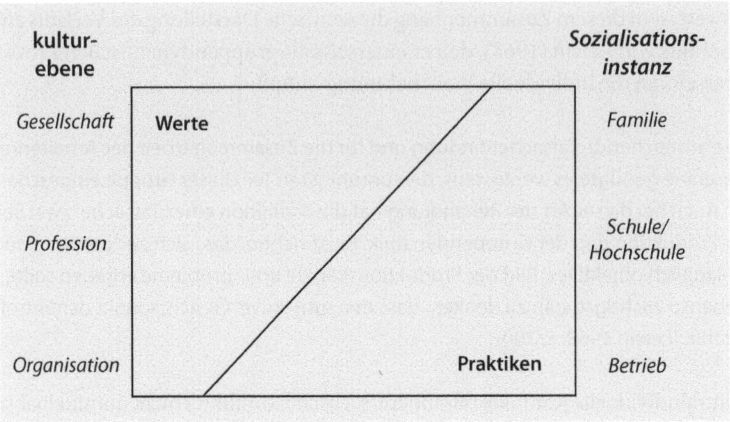

Abb. 3.1   Kulturebenen und Sozialisationsinstanzen

Verhaltenspraktiken verschieben. Neben die Gesellschaft als Kulturebene treten in der Moderne zum einen die Profession (als statusrelevanter Ausweis formaler Sozialisationsprozesse) und zum anderen die Organisation (als Ebene in der die Sozialisationspraktiken ausgehandelt werden). Die Betrachtung des Zusammenhangs zwischen Kulturebenen und Sozialisationsinstanzen in ☑ Abb. 3.1 (in Anlehnung an Hofstede 1989) beschränkt sich dabei auf Individuen.

Unter Berücksichtigung der Systemtheorie ergibt sich eine andere Sichtweise: Subsysteme erfahren kulturelle Anpassung (Sozialisation) im jeweils übergeordneten System. Für das Verhältnis von Individuum, Organisation und Umwelt bedeutet dies: Die Organisation erfährt in der Gesellschaft Anpassung, das Individuum in der Organisation. Organisationskultur ist damit zum einen Ergebnis der organisationalen Sozialisation (Makroebene) und zum anderen Anpassungsdeterminante der personalen Sozialisation (Mikroebene).

Organisationskultur als nach innen wirkende Anpassungsdeterminante wurde schon früh für die Betriebliche Sozialisationsforschung entdeckt (Rehn 1990). Hierbei spielen Führungskräfte eine besondere Rolle. Neben Kommunikation sowie Einfluss/Macht war Führung einer der drei zentralen Prozesse bei Katz und Kahn (1966), die den Verarbeitungsprozess im System steuern. Speziell Pfeffer (1977) hatte in diesem Zusammenhang darauf hingewiesen, dass Herrschaft, Macht und Führung nicht gleichgesetzt werden können. Führung beruht auf der Erwartungshaltung der Geführten, Sinnvermittlung und damit Unsicherheitsabsorption zu erfahren. Dies stellt Führungskräfte vor die besondere Herausforderung, nicht nur eine benennbare Chance auf Willensdurchsetzung zu haben, sondern hierzu verpflichtet zu sein, da sie sonst faktisch ihre Führungskompetenz verlieren (Elbe 2012). Wir hatten bereits angemerkt, dass ‚laissez-faire' die Enttäuschung von Führungserwartungen darstellt (Lewin et al. 1971) und eben diese Anforderung nicht erfüllt. In Anlehnung an Luhmann (1964) hatten wir Führung damit als funktionales Äquivalent bezeichnet, dass zu organisationalen Regeln (Sprachspielen, Institutionalisierung von Normen) eine alternative Form der Handlungssteuerung darstellt. Führung ist, als personalisierte Form der Einflussnahme, an die Prinzipien von Selektion und Sozialisation gebunden und leistet damit einen besonderen Beitrag zum Aufbau der Organisationskultur. Hierauf hatte Lewin (1982) mit seinem ‚Pförtner-Modell' ja bereits hingewiesen. Den Zusammenhang fasst ☑ Abb. 3.2 (in Anlehnung an Robbins 2001) zusammen.

Nach diesem Modell ist der Aufbau der Organisationskultur in engem Zusammenhang mit dem Unternehmensgründer zu sehen. Dieser greift bei der Gründung auf bereits gemachte Erfahrungen – z. B. aus vorgelagerten Phasen der Sozialisation – zurück und agiert in einem real

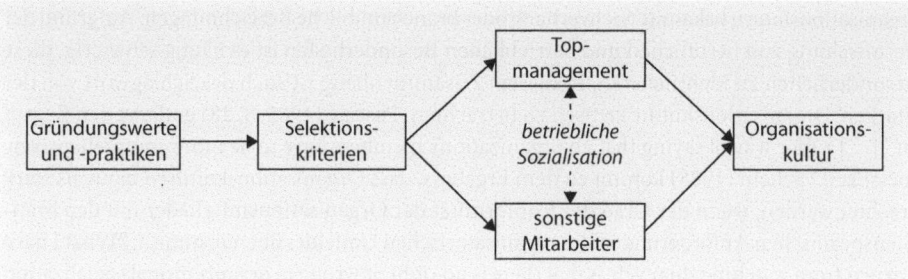

Abb. 3.2 Sozialisation und Organisationskultur

existierenden Umfeld. Hieraus resultieren Problemlösungs- und Unsicherheitsreduktionsmechanismen, die von ihm weitergegeben werden und somit in die Organisationskultur – z. B. in Form von Organisationsstrukturen oder Anekdoten – einfließen. Sowohl für den Gründer als auch für die ersten Mitarbeiter ist dies ein gleichzeitiger Lehr- als auch Lernprozess – die Anpassung ist also eine gegenseitige. Dieser Prozess setzt sich über die ‚Lebensdauer‘ der Organisation fort. Schein (1985) hat für diese ursprüngliche Form der Weitergabe fünf Haupt- und ebenso viele Nebenmechanismen ausgemacht. Als Hauptmechanismen gelten die Aspekte, die der Führung wichtig erscheinen und kontrolliert werden, die Reaktionen der Führung auf Krisen, die Rollenbestimmung, Formen von Weitergabe und Unterstützung durch die Führung, Lob und Tadel sowie die Kriterien für die Auswahl, Beförderung und Entlassung von Mitarbeitern. Nebenmechanismen sind die Wirkung der Organisationsstruktur, die Verfahrensweisen in der Organisation, die Wirkung von Symbolen und Anekdoten sowie die Unternehmensphilosophie und -leitlinien.

Das Verhalten der obersten Führungskräfte wirkt sich auf die gesamte Organisation aus. Sie signalisieren dadurch, wieviel Risikobereitschaft erwünscht ist, welchen Freiheitsgrad Untergebene besitzen sollten, wie man sich anzuziehen hat oder wie mit Gehaltsforderungen und Beförderung umzugehen ist. Die von Robbins und Judge (2012) angeführten Aspekte (Selektion, Top Management und Sozialisation) betreffen sowohl die Haupt- als auch die Nebenmechanismen, die Schein (1985) für den Bereich des Aufbaus einer Organisation ausgemacht hat. Versuche der Änderung dürften dementsprechend unterschiedlich schnell durchsetzbar sein. Robbins (2001) reduziert die Formen der Weitergabe von Organisationskultur auf vier Mechanismen: Anekdoten, Rituale, Symbole sowie die Sprache.

Durch *Anekdoten* werden Verhaltensanweisungen vergleichsweise direkt aus der Vergangenheit in die Gegenwart transportiert. Sie handeln von Verhalten in kuriosen, also meist krisenbehafteten Situationen und beziehen sich häufig auf herausstehende Kulturträger wie den Unternehmensgründer. Es soll gezeigt werden, wie mit Regelverletzungen, Fehlern oder Ähnlichem umgegangen wird. Unter *Ritualen* verstehen Robbins und Judge (2012, S. 587): "[…] repetitive sequences of activities that express and reinforce the key values of the organization, which goals are most important, which people are important and which are expendable." *Symbole* sind erstarrte Rituale. Auch sie zeigen wichtige Werte und wichtige Personen in der Organisation an. Ähnlich wie bei Ritualen handelt es sich hierbei um stark interpretationsbedürftige Inhalte, die jedoch sehr direkt verstanden werden. Jeder weiß, was es zu bedeuten hat, wenn ein Vorgesetzter einen großen Wagen mit Fahrer zur Verfügung hat. Symbole sollen Grundhaltungen, Macht, oder Status ausdrücken (Beispiele: individuell – Größe des Büros, kollektiv – Architektur). Die *Sprache* ist von besonderer Bedeutung, da viele Organisationen eigene Sprachgewohnheiten entwickeln, um gängige Vorkommnisse oder komplizierte Sachverhalte zu beschreiben. Zu diesen Sprachgewohnheiten zählen alphabetische und numerische Abkürzungen ebenso wie Anspielungen auf organisationsintern bekannte Sachverhalte oder branchenübliche Bezeichnungen. Aufgrund der Vermischung von beruflichen und betrieblichen Besonderheiten ist es häufig schwierig, diese Besonderheiten zu identifizieren. In diesem Zusammenhang ist auch das Schlagwort von der ‚starken‘ Organisationskultur kritisch zu betrachten. Pascale (1985, S. 28) entlarvt den Begriff als "[…] a nice way of saying that an organization's members have to be more comprehensively socialized." Schein (1988) kommt zu dem Ergebnis, dass Organisationskulturen dann als stark erachtet werden, wenn der Grad der Konformität der Organisationsmitglieder mit den branchenspezifischen Anforderungen des organisatorischen Umfeldes übereinstimmt. "What I have learned from watching this cycle is that there is no right or wrong in organizational socialization independent of a company's particular circumstances" (Schein 1988, S. 64).

Für die Erklärung organisationskulturellen Wandels ist das Verstehen individuellen Handelns zwar unerlässlich, aber auch eine nachvollziehbare Verbindung zwischen dem individuellen Handeln und der organisationalen Ebene (Elbe und Peters 2016). Eine umfassende, handlungstheoretisch fundierte Erklärung des Wandels von Organisationskulturen ist mit dem Makro-Mikro-Makro-Modell (Coleman 1995) möglich, wobei die theoretische Verbindung zwischen individuellen Handlungen einerseits und dem Phänomen auf der Makroebene (Organisationskultur) andererseits (sogenannte Brückenannahmen) geklärt werden muss (Elbe und Peters 2016). Diese Brückenannahmen werden hier in Anschluss an Bourdieu (1976) aufgrund von Lebensstilen und den dadurch geprägten Handlungsneigungen (Habitus) und die konkrete Handlungswahl im Rahmen der alltäglichen Lebensführung (Weihrich 2001) vorgenommen.[5] Das Gesamtmodell zeigt ◻ Abb. 3.3 (in Anschluss an Elbe und Peters 2016), wobei * die Veränderung anzeigt.

Durch diese Konzeption kulturellen Wandels in und von Organisationen können verstehende mit erklärenden Elementen verbunden werden. Die konkrete Handlungswahl verändert im Erfolgsfall die Rolleninterpretation und damit auch den Habitus. Es ändern sich in Folge die Sprachspiele und Strukturen der Organisation und damit die gesamte Organisationskultur (Elbe und Peters 2016).

Die bisherigen Ausführungen bezogen sich auf das Entstehen und die Weitergabe von Organisationskultur aus einer Innenansicht der Organisation. Organisationskultur fungiert aus dieser Mikroperspektive als Anpassungsdeterminante. Der Außenbezug der Organisationskultur wurde bisher wenig untersucht. Ansätze zu einer Betrachtung der Organisationskultur als Ergebnis organisationaler Sozialisation finden sich bei Van Maanen und Barley (1985) sowie bei Elbe (1997). "The first domain concerns the ecological context in which a group is embedded" (Van Maanen und Barley 1985, S. 33), doch beschränken sich die Autoren im Weiteren auf die Analyse von organisationalen Subkulturen. Das Verhältnis zwischen Organisationskultur und organisationaler Sozialisation wurde nicht untersucht.

3.4   Betriebliche Sozialisation der Organisation

Wir haben nun Organisationen als Systeme, die gesellschaftlicher Anpassung unterliegen, kennen gelernt. Organisationen werden dabei als eigenständige Marktteilnehmer, generell als eigenständige Akteure (die zielgerichtet eigene Interessen verfolgen) und Aktoren (die Rollen annehmen, gestalten und entwickeln) von anderen Handelnden (seien dies nun natürliche Personen oder

---

5   Margit Weihrisch spricht (aufgrund der grafischen Assoziation) gerne davon, soziale Probleme in die Coleman'sche Badewanne zu stecken, wenn eine konkrete Anwendung des Makro-Mikro-Makro-Erklärungsmodell svorgenommen wird – dieser Metapher wollen wir gerne folgen.

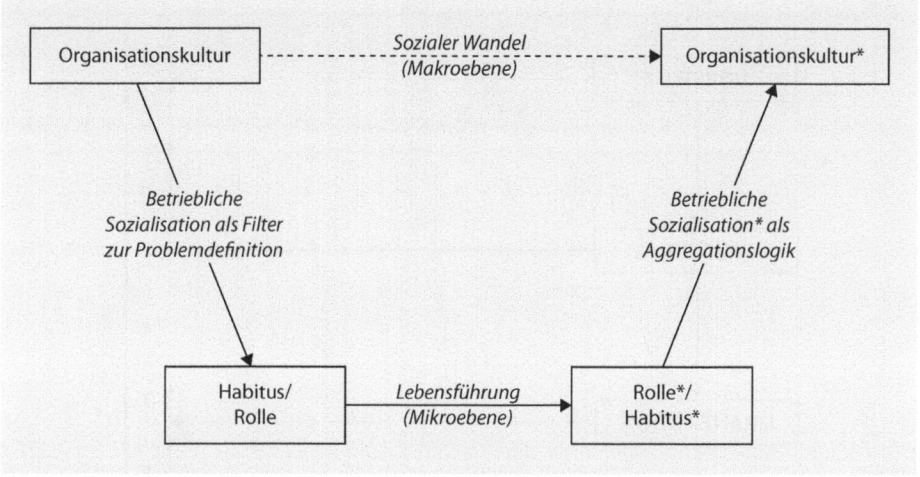

■ Abb. 3.3   Organisationskultur in der Coleman'schen Badewanne

selbst Organisationen) wahrgenommen und das Verhalten wird dahingehend ausgerichtet. Es gibt historisch eine weit zurückreichende Tradition, ,juristische Personen' zu konstruieren, um Träger von Rechten und Pflichten zu haben, die nicht an einzelne, natürliche Personen gebunden sind (Coleman 1979). Aus einer rationaltheoretischen Perspektive erscheint die juristische Person in ihrer Identität aber gespalten: Es lassen sich zwei Teilidentitäten der Organisation ausmachen, die einen permanenten Identitätskonflikt innerhalb der Organisation begründen und die sich in der Prinzipal-Agenten-Konstellation ausdrücken (Coleman 1995). Der unmittelbare Identitätskern (in Anlehnung an Mead, 1968, 1969) findet sich in den Mitgliedern der Organisation (die in dieser Konzeption letztlich immer rational und opportunistisch handelnde Agenten sind – diese entsprechen dem ,Ich/I' der Organisation), gegenüber einem sozialen Identitätsanteil (Anteilseigner als nicht-Mitglieder der Organisation, die versuchen, von außen Kontrolle zu erlangen – diese entsprechen dem ,Mich/Me'). Die Identität der Organisation ist damit einem ständigen Aushandlungsprozess unterworfen, der mikropolitisch geprägt ist. Elbe (2013) zeigt darüber hinaus verschiedene organisationale Identitätskonstrukte auf, wobei aus der Perspektive des Organizational Behavior David Whetten seit Mitte der 1980er Jahre hierzu arbeitet (z. B. Whetten und Godfrey 1998). Auch im Rahmen der Managementlehre gibt es verschiedentlich Ansätze der Personifizierung von Unternehmen. Ein Beispiel ist die Konzeption des ,Corporate Identity' (Birkigt et al. 2002), der Gestaltung einer Unternehmenspersönlichkeit im Rahmen des strategischen Marketings. Kimberly (1980, S. 4) verwendet für bestehende Organisationen den Rollenbegriff: "These organizations have gone through the process of role negotiation, value formation, and structural development." Die Personifizierung von Systemen bedingt, dass ihnen Entwicklungsphasen zugeschrieben werden. Kimberly und Miles (1980) beschreiben aus einer verhaltenswissenschaftlichen Managementsicht den ,organizational life cycle' und unterteilen nach ,creation', ,transformation' und ,decline', wobei sie darauf hinweisen, dass Individuen und Organisationen zwar in einer beliebigen Phase des Lebenszyklus ,sterben' können, für die Organisation das Ende aber nicht determiniert ist. Im Folgenden werden die Sozialisationsmechanismen von Organisationen aus der Makroperspektive in einem Phasenmodell dargestellt (■ Abb. 3.4 in Anlehnung an Elbe 1997).

Die *Entwicklung einer Organisation* und deren Kultur werden schon im Vorfeld der Gründung mit beeinflusst. Die Gründung beruht auf einer ,Unternehmensidee', die von einem oder

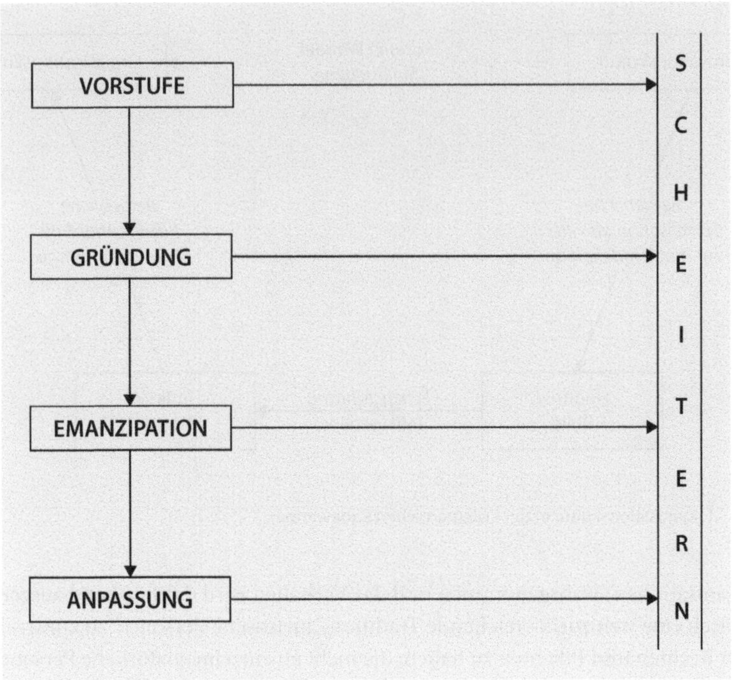

3

◘ **Abb. 3.4**   Modell organisationaler Sozialisation

mehreren Gründern entwickelt wird. Es ist dabei von entscheidender Bedeutung, ob es sich um eine einzelne Person handelt, oder ob mehrere Personen (oder Organisationen) an der Generierung dieser Idee beteiligt sind. Bei einer einzelnen Person ist die Ideenfindung und die Bereitschaft, die Idee in die Tat umzusetzen, also sie durch eine Organisationsgründung ‚zum Leben zu erwecken', nur durch die bisherigen und aktuellen Sozialisationsprozesse der Person im gesellschaftlichen Umfeld beeinflusst. Von ihrer Wahrnehmung der Umwelt ist es abhängig, ob sie die materiellen Voraussetzungen und die gesellschaftliche Durchsetzbarkeit der Idee – z. B. aufgrund gesetzlicher Vorgaben und wirtschaftlicher Einschätzung – als gegeben sieht. Bei mehreren Personen ist die Vorstufe durch mehrfache sozialisatorische Wirkungen gekennzeichnet: Zum einen sind Wahrnehmungsprozesse der Einzelnen wirksam,[6] zum zweiten wirken Sozialisationsprozesse in der sich so bildenden Gruppe (Rollenaushandlung, Kommunikation, Konflikte etc.), zum dritten versucht die Gruppe schon im Vorfeld der Gründung ihr Verhältnis zur gesellschaftlichen Umwelt zu bestimmen. Schon in dieser Phase kann es zum Scheitern der Gründungsabsicht kommen.[7]

Die *Gründungsphase* resultiert aus dem Beschluss, die Idee in die Tat umzusetzen. Die antizipatorischen Einschätzungen der Gründer (Erwartungen) erfahren eine Messung an der Realität. Die konstitutiven Bedingungen der Gesellschaft (z. B. rechtliche und faktische Beschränkungen) bewirken eine branchenspezifische Ausrichtung der Organisation. Dies hat eine erste kulturelle Ausrichtung zur Folge – Sprache, dingliche Umwelt, Werthaltungen, etc. unterscheiden sich schon in der Gründungsphase beispielsweise zwischen einem Schreibwarengeschäft und einer kirchlichen

---

6   Zu Gruppenbildung und Gruppenprozessen vgl. König und Schattenhofer (2010).
7   Die Mechanismen des Scheiterns werden weiter unten besprochen.

Altenpflegeeinrichtung. Diese Unterscheidung resultiert aber nicht aus einem inneren Mechanismus, sondern aus gesellschaftlichen oder branchenspezifischen Bedingungen, an die sich die Organisation anzupassen hat. Doch ist auch dies kein einseitiger Vorgang. Bereits in dieser Phase ist eine Unterscheidung zwischen einem einzelnen Unternehmensgründer und einer Mehrzahl von Gründern nicht mehr notwendig, da selbst im Fall einer Einzelperson die Organisation (z. B. Einzelkaufmann) von der Person abstrahiert ist. Die Organisationskultur bildet sich aufgrund der organisationalen Sozialisation in der Umwelt heraus. Die Organisation nimmt in ihrer Umwelt verschiedene Rollenanforderungen wahr (Käufer, Produzent, Verkäufer, Arbeitgeber, Steuerzahler etc.) und versucht diesen durch Rollenübernahme gerecht zu werden. Es bilden sich Verhaltens- direktiven heraus, um zukünftigen Situation gerecht zu werden. Das zentrale Problem ist der Wahrnehmungsprozess der Organisation. Organisationen haben keine unmittelbaren Sensoren, die organisationale Wahrnehmung erfolgt ursprünglich mittels menschlicher Wahrnehmung.[8] Bei mehreren Personen in der Organisation sind diese Wahrnehmungen aber nicht einheitlich. Im Kern wird Organisationskultur in der Abstimmung dieser Wahrnehmungsfragmente in der Organisation herausgebildet. Die Organisationskultur resultiert somit aus organisationaler Sozialisation aufgrund innerorganisatorischer Lernprozesse in Verbindung mit der Umwelt. Auch in dieser Phase kann die Organisation scheitern.

In der *Emanzipationsphase* löst sich die Organisationskultur von dem ursprünglichen Einfluss der Gründer. Durch das Hinzutreten weiterer Mitglieder erfährt die Organisationskultur einen Wandel aufgrund der personalen Sozialisation der neuen Mitarbeiter. Externe Einflüsse werden so internalisiert. Die neuen Mitglieder bringen in die Organisationskultur andere soziale Erfahrungen ein als die bisher verankerten. Rollenaushandlung und abweichende Wahrnehmungsmuster bedingen eine erneute Abstimmung der Organisationskultur auf diesen gesellschaftlichen Einfluss. Die Gründungsanekdoten, -symbole etc. bleiben zwar erhalten, sie verlieren jedoch ihren übermächtigen Charakter. Die Komplexitätsreduktion im System ist nur noch auf der Basis der veränderten Organisationskultur möglich. Wenn die Organisationskultur in zu starkem Maße auf den oder die Gründer zugeschnitten war und die Auseinandersetzung mit abweichenden Sozialisationserfahrungen nicht verkraftet wird, scheitert daran nicht nur die einzelne personale Sozialisation, sondern langfristig auch die Organisation.

Die *Anpassungsphase* umfasst den weiteren Lebenszyklus der Organisation. Dieser ist durch ständige Anpassungsprozesse zwischen dem System und der Umwelt geprägt. Das System ist in Hinblick auf seine Persönlichkeit, die Organisationskultur, prinzipiell stabilisiert. Wahrnehmungsmechanismen, Interpretationsraster und Handlungsdirektiven verleihen der Organisation die Fähigkeit, sich im gesellschaftlichen und wirtschaftlichen Umfeld zu bewegen. Auf dieser Grundlage werden Änderungen und Potenziale des Umfeldes wahrgenommen. Die Organisation stellt sich auf dieser Basis auf das veränderte Umfeld ein, was wiederum zu einer Änderung der Organisationskultur und ihrer Bestandteile in unterschiedlicher Intensität führt. Die dinglichen Elemente des Systems erfahren ebenso Veränderungen wie die Symbole der Organisation und die sichtbaren Verhaltensmuster. Langwieriger ist die Veränderung grundsätzlicher Werthaltungen. Für Veränderungen am schwersten zugänglich sind die Basisannahmen über Menschen und die Umwelt selbst – vgl. hierzu das Stufenmodell der Organisationskultur nach Schein (1985). Die Organisationskultur ist also nicht statisch, liefert aber immer wieder von neuem die Basis für die Interpretation der Umweltanforderungen. Organisationale Sozialisation wird erst durch den ‚Tod' des Sozialisanden (hier die Auflösung der Organisation) beendet.

---

8   Die automatische Wahrnehmung durch Datenverarbeitungssysteme (z. B. online-Kundenbestellungen im Internet) sind aufgrund menschlicher Wahrnehmung konstruiert.

"Death is an inevitable feature of biological life. The same cannot be said of organizations. There is nothing about organizational life in itself that, of necessity, implies organizational death" (Kimberly 1980, S. 7). Das Lebensrisiko schlechthin (der Tod) bedroht aber jedes System, ob personal oder organisational. Für Organisationen ist dieses ‚Lebensrisiko' eng mit der Anpassungsfähigkeit an die Umwelt, der Sozialisation verknüpft. Es stellt – anders als bei biologischen Systemen – aber keine feste Determinante dar. Der Sozialisationsprozess kann in jeder Phase organisationaler Sozialisation scheitern. Dieses Scheitern führt dazu, dass eine Organisationskultur als Basis organisationalen Handelns nicht herausgebildet werden kann (Phasen I und II: Vorstufe und Gründung in ◨ Abb. 3.4) oder eine bestehende Organisationskultur ‚sozialisationsunfähig' wurde, also nicht mehr als Basis für eine Selbstentwicklung in Bezug auf die Umwelt dienen kann (Phasen III und IV: Emanzipation und Anpassung in ◨ Abb. 3.4). Im Kern ist dies ein Wahrnehmungsproblem. Organisationen scheitern, wenn es ihnen nicht gelingt, adäquate Mechanismen zur Komplexitätsreduktion zu schaffen, d. h. die Wahrnehmung der Organisation nicht auf die Komplexität der Umwelt abgestellt ist. Größere Organisationen nehmen die Umwelt komplexer wahr, da sie nach außen ein erweitertes Handlungsspektrum besitzen und der Wahrnehmungsmechanismus im Inneren aufgrund der Vielzahl der Wahrnehmungsfragmente der Mitglieder eines intensiveren Abstimmungsprozesses bedarf. Wahrnehmungsmängel führen zu Formen kognitiver Dissonanz, die Wahrnehmung entspricht nicht der Wirklichkeitserwartung. Innerhalb des Systems treten Wahrnehmungsbrüche auf, der Umgang mit dieser kognitiven Dissonanz (des Gesamtsystems) kann nicht mit einer Lösungsstrategie verbunden werden, da die Organisationskultur die gemeinsame Basis nicht mehr liefert. Die Überbrückung einer solchen Lücke bleibt somit dem ‚goodwill' der einzelnen Akteure überlassen, die Organisation kann sich nicht mehr konsequent auf die Umweltanforderungen einstellen.

Ein weiteres Problem organisationaler Sozialisation findet sich im Bereich der dinglichen Anpassung: Wahrnehmungsmängel können dazu führen, dass die dingliche Ausstattung (auch Technologie) nicht den sich ändernden Umweltbedingungen angepasst wird. Dies ist weniger ein Problem finanzieller Ressourcen als vielmehr ein Sozialisationsproblem des Systems. Die ‚Zeichen der Zeit' wurden aufgrund von Wahrnehmungsmängeln nicht frühzeitig erkannt. Die Identität der Organisation stimmt nicht mit der materiellen Ausstattung überein (identity confusion), das eigene Rollenverständnis (z. B. des kompetenten Produzenten) weicht von der Rollenzuschreibung in der Umwelt (arbeitet mit veralteter Technologie) ab. Bei einer stagnierenden Organisationskultur führt dies aufgrund der Wahrnehmung der veränderten Rollenzuschreibung zu einer Rollendissonanz (role confusion).[9] Die nach innen gerichtete Sozialisationswirkung dinglicher Stagnation lässt langfristig eine Anpassung nach außen nicht mehr zu.

Zusammengefasst bedeutet dies: Die Organisation scheitert, wenn die Organisationskultur als Relation zwischen Umwelt und Organisation sich im organisationalen Sozialisationsprozess nicht erfolgsorientiert[10] entwickelt, die identitätsstiftenden und komplexitätsreduzierenden Mechanismen der Organisationskultur nicht geeignet sind, adäquate Wahrnehmungsmuster und Verhaltensmaxime zu generieren.

---

9   Mit Rollendissonanz werden zwei unvereinbare Kognitionen bezüglich derselben Rolle bezeichnet. Diese ‚role confusion' ist vom Begriff des ‚role conflicts' abzugrenzen, welcher die widerstreitenden Erwartungen, die sich aus verschiedenen Rollen ergeben thematisiert.

10   „Erfolg liegt vor, wenn das System überlebt und bestimmte Aufgaben 'besser' als vorher erfüllt." (Kirsch 1991, S. 482). Vgl. zum Erfolgsbegriff auch Elbe (2002, 2016).

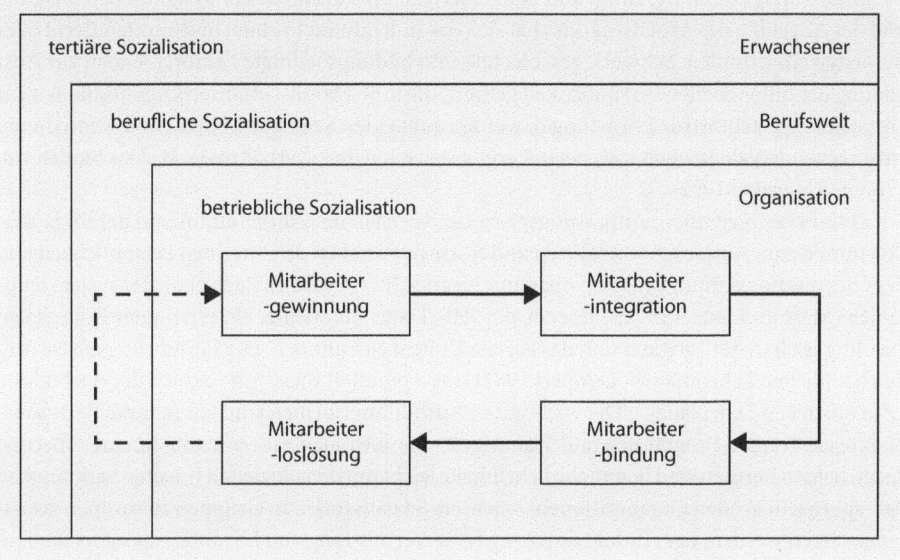

○ **Abb. 3.5** Phasenmodell personaler Sozialisation

3.5 Betriebliche Sozialisation des Individuums

Die Betriebliche Sozialisation von einzelnen Menschen ist als organisationsbezogener Aspekt ihrer beruflichen Sozialisation zu betrachten. Während berufliche Sozialisation in der Schule vorbereitet wird (Sozialisation für den Beruf), im Rahmen der Erwachsenensozialisation volle Wirksamkeit entfaltet (Sozialisation in den und durch den Beruf) und erst mit dem Ausscheiden aus dem Erwerbsleben beendet ist (Sozialisation aus dem Beruf), bezieht sich die personale Sozialisation – als individuumsbezogener Teil der Betrieblichen Sozialisation – auf Anpassungsvorgänge zwischen dem Einzelnen und einer Organisation im professionellen Bereich. Im Laufe seines Erwerbslebens kann der Einzelne in mehreren Organisationen tätig werden. Der Prozess der personalen Sozialisation beginnt bei jedem Organisationswechsel von Neuem, die berufliche Sozialisation wird dabei nicht unterbrochen. Die Aspekte des Rollenaushandelns und des Lernens wurden im Zusammenhang mit der personalen Sozialisation behandelt (diese Mechanismen werden deshalb an dieser Stelle nicht ausführlich diskutiert). Einen interessanten Ansatz lieferte aber Lempert (1982) mit dem Konstrukt des ‚heimlichen Lehrplans‘, der im gegenseitigen Anpassungsprozess zwischen Individuum und Organisation die Basisannahmen und Wertestruktur der Organisationskultur vermitteln soll. „Zwar hat auch mancher Betrieb sein offizielles Lehr- bzw. Aus- und Fortbildungsprogramm, seine verborgenen, zumindest nicht pädagogisch-planmäßig angestrebten *Sozialisationseffekte* dürften jedoch sehr viel weiter reichen. Während aber die Wirkungen des heimlichen Lehrplanes der Schule oft bemerkenswert von den offiziellen Lernzielen abweichen, widerspricht der heimliche Lehrplan des Betriebs dessen offenkundigen ökonomischen Funktionen meist weit weniger, trägt er vielmehr häufig entscheidend dazu bei, dass diese Funktionen erfüllt werden" (Lempert 1982, S. 3).

Die Phasen der personalen Sozialisation und ihr Verhältnis zur beruflichen Sozialisation zeigt ○ Abb. 3.5 (in Anlehnung an Elbe 1997 sowie Morick 2002).

Mitarbeitergewinnung: Aufgrund der bisherigen Sozialisation, der persönlichen Neigung und der Angebote des Arbeitsmarktes hat sich das Individuum in einen bestimmten Beruf oder Berufstyp eingefunden. Schicht-, geschlechts- und bildungsbedingte Faktoren haben zur Ausbildung der individuellen Persönlichkeit geführt, die in Selektionsverfahren Organisationen zur Disposition gestellt wird. Erwartungen werden auf beiden Seiten aufgebaut, und wenn diesen entsprechende Valenz zugemessen wird, ergibt sich ein Arbeitsverhältnis (z. B. ,Das Modell von Vroom', Rosenstiel 1992).

Mitarbeiterintegration: Anpassungsprozesse zwischen dem Individuum und der Organisation führen zum Austausch von Werten und Normen zwischen der einzelnen Persönlichkeit und der Organisationskultur. Um die Anpassung zu erleichtern, wird vielfach ein Patensystem empfohlen (Marr und Stitzel 1979; Kieser et al. 1990). Dabei unterstützt ein erfahrener Kollege den ,Neuling', sich in die Tätigkeit und das soziale Umfeld einzufinden. Die Einführungsphase (mit den heimlichen Lehrinhalten, Lempert 1982) korrespondiert meist mit Formen der Ausbildung (also offiziellen Lehrplänen). Die wichtigsten Ausbildungsformen sind anerkannte Berufsausbildungen, Trainee-Programme und Training-on-the-Job (auch Anlernmaßnahmen)[11]. Bei den ersten beiden Formen sind heimliche Lehrinhalte leicht mit den offiziellen Inhalten verknüpfbar, da – speziell in großen Organisationen – mehrere Sozialisanden in Gruppen zusammen gefasst unterwiesen werden, eine Indoktrinierung (z. B. Vermittlung von Loyalität) somit leichter zu bewerkstelligen ist. Bei Anlernmaßnahmen sind Sozialisationsprozesse weniger steuerbar, da sie zwischen dem ,Neuen' und der Arbeitsgruppe oder dem Vorgesetzten ablaufen. Die Einführung neuer Mitarbeiter wird häufig nach Eingliederung und Einarbeitung unterschieden. Einarbeitung bezeichnet den Qualifikationsaspekt (offizieller Lehrplan) und zielt auf die direkte Verwertbarkeit im Arbeitsprozess. Mit Eingliederung ist die soziale Auseinandersetzung mit dem Arbeitsumfeld gemeint (heimlicher Lehrplan), Zielrichtung ist somit eine indirekte Verwertbarkeit (Neuberger 1991).

Mitarbeiterbindung: Nach Abschluss der stark prägenden Integrationsphase nimmt die Intensität der Sozialisationseffekte ab, sie sind durchgehend vorhanden, doch ist das soziale Umfeld jetzt bekannt und die Organisationskultur wurde vom Einzelnen internalisiert. Weiterbildungsmaßnahmen finden statt. Auch hier gibt es, wie in Phase II (Mitarbeiterintegration), verschiedene Formen der Bildung, z. B. theoretische oder praktische Unterweisung vs. Lernförderlicher Arbeitsgestaltung. Die Weiterbildung ist in das ökonomische und soziale System der Organisation eingebettet und stellt einen wichtigen Einflussfaktor auf die Organisationskultur dar. Auch hier bauen sich Erwartungen auf, die an der Realität gemessen werden. ,Schleichende' Anpassungsprozesse sind durchgehend vorhanden, doch gibt es in dieser Phase auch Brüche, also revolutionäre Änderungen der Sozialisation. Dazu gehören insbesondere Umbesetzungen, wobei Einarbeitung in einen neuen Arbeitsplatz und das Einfinden in ein verändertes soziales Umfeld zu einem verstärkten Sozialisationsvorgang führen. Ähnliches gilt für Beförderungen, doch muss sich das Individuum hier auch in eine höhere berufliche und betrieblich-soziale Ebene einfinden, dies bedingt Einstellungs- und Verhaltensänderungen.

Mitarbeiterloslösung: Durch das Ausscheiden aus der Organisation endet der personale Sozialisationsprozess, er wirkt aber nach. In diesem Zusammenhang bedeutsame Gründe für das Ausscheiden sind Formen der Kündigung und das Erreichen der Altersgrenze. Nachwirkungen sind hier in den Ebenen beruflicher Sozialisation und in den organisationsspezifischen Prägungen

---

11   Andere Formen der betrieblichen Bildung (z. B. training-off-the-job) gehören zum Bereich der Weiterbildung, betreffen also Phase III (Mitarbeiterbindung) – insoweit können sich Maßnahmen verschiedener Phasen überlappen.

zu sehen, die im Ruhestand nicht vollkommen abgelegt werden. Bei der Kündigung sind zwei Ebenen zu unterscheiden, zum einen, ob die Kündigung vom Mitarbeiter oder von der Organisation ausgeht, zum anderen, ob es sich um Einzel- oder Massenkündigungen handelt. Je nach Anlass hat die Kündigung einen unterschiedlichen Sozialisationseffekt. Eine firmenseitige Kündigung im Rahmen von Massenentlassungen, die zu Arbeitslosigkeit führt, hat wohl negativen Einfluss auf die Persönlichkeit. Eine Kündigung von Seiten des Mitarbeiters, der zu einer anderen Organisation wechselt und dabei einen beruflichen Aufstieg zu verzeichnen hat, hat positiv-verstärkende Auswirkung. Im letzten Fall beginnt die personale Sozialisation von neuem (es zeichnen sich Karrieremuster ab), im ersten Fall ist die Betriebliche Sozialisation unterbrochen, die berufliche dagegen ‚läuft‘ während der Arbeitslosigkeit weiter.

Bezüglich dieses Phasenmodells kam der Autor in einer von ihm durchgeführten Untersuchung zur personalen Sozialisation zu folgendem Ergebnis: „Im Verlauf der Ergebnisdarstellung hat sich die Einteilung Betrieblicher Sozialisation in vier Phasen […] als brauchbarer Ansatz für die Erfassung der komplizierten Anpassungsprozesse zwischen dem Individuum und der Organisation erwiesen" (Elbe 1994, S. 91). Gleich organisatorischen Systemen sind personale Systeme (Menschen) in ihrer Betrieblichen Sozialisation vom Scheitern bedroht. Während aber konsequentes Scheitern der Sozialisation für Organisationen den Untergang bedeutet, ist dies in Bezug auf das Individuum und dessen personale Sozialisation, die eben nicht die gesamte berufliche Sozialisation betrifft, sondern nur die in einer spezifischen Organisation, nicht der Fall. Im Unterschied zu der organisationalen Sozialisation ist der personalen aber ein ‚natürliches‘ Ende gesetzt, welches nicht unbedingt ein Scheitern darstellt. Diese Determiniertheit findet sich in Phase IV des Modells, also in der Loslösung des Mitgliedes. Personale Sozialisation scheitert, wenn es in der Vorstufe nicht zu einer Mitgliedschaft in der Organisation kommt, wenn in der Einführung Organisationskultur und persönliche Identität nicht in ein ausreichendes Übereinstimmungsverhältnis gebracht werden können oder wenn in der Phase der Vollmitgliedschaft Organisationskultur und persönliche Identität sich zu weit auseinander entwickeln. Zentrale Merkmale hierbei sind Rollenzuschreibung und Rollenwahrnehmung: Entweder nimmt der Einzelne eine Rollenanforderung wahr, die zu erfüllen er sich nicht (mehr) in der Lage sieht, oder die Organisation hat eine Rollenerwartung, die sie nicht ausgefüllt sieht. Erfahren die derart gesetzten Ansprüche keine sozialisatorische Anpassung, führt dies zum Ausscheiden des Mitgliedes.

Ein so umrissenes Scheitern individueller Betrieblicher Sozialisation ist häufig von mikropolitischen Einflüssen stark geprägt (Dick 1992). Mikropolitik ist in diesem Zusammenhang als Versuch der Interessensdurchsetzung innerhalb der Organisation zu sehen. Mikropolitische Formen der Interessensdurchsetzung sind konfliktorientiert zu betrachten (Marr und Stitzel 1979; Naase 1978). Wie bereits angemerkt sind intraindividuelle Konflikte prinzipiell nicht mikropolitisch relevant, können aber im Fall der Wahrnehmung durch Andere Anlass mikropolitischer Handlungen werden. Interindividuelle, gruppenbezogene und strukturelle Konflikte (Naase, 1978) bedingen den Versuch, ein Interesse auf Kosten eines anderen Interesses durchzusetzen. Wenn in der Organisationskultur keine Mechanismen verankert sind, die Kompromiss- oder Verhandlungslösungen ermöglichen, führt das zu Rollenänderungen, die beim Einzelnen kognitive Dissonanzen hervorrufen, die ihm ein Verbleiben in der Organisation unmöglich machen. Dem Scheiterrisiko stehen mehrseitige Anpassungsmechanismen entgegen (Elbe 2016). In der Literatur gibt es vielfach Versuche, solche Anpassungsmechanismen zu schematisieren, z. B. Hood und Koberg (1994) sowie Elsass und Veiga (1994). Rehn (1990) unterscheidet in einem Rückgriff auf Nicholson zwischen Rollenentwicklung und personaler Entwicklung (◘ Abb. 3.6 in Anlehnung an Rehn 1990).

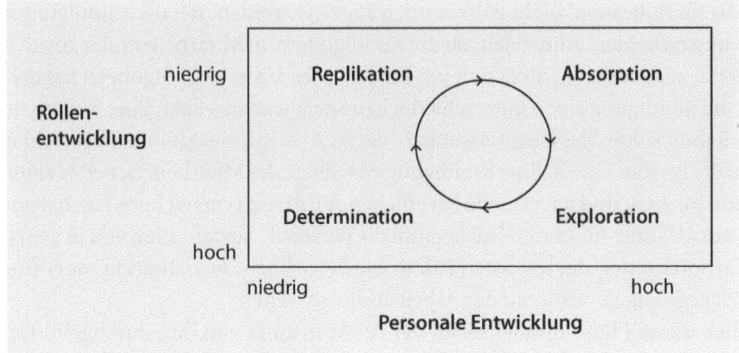

□ Abb. 3.6   Anpassungsstile personaler Sozialisation

Diese Einteilung berücksichtigt (z. B. bei Absorption) auch den Aspekt der Individuation und deutet auf die Wechselseitigkeit des Prozesses hin. Der Aspekt der persönlichen Entwicklung stellt die Einteilung vor den Hintergrund lebenslanger Sozialisation.

3.6   Lernprozesse in der Betrieblichen Sozialisation

In den bisherigen Ausführungen wurde Betriebliche Sozialisation als Anpassung zwischen kulturellem Umfeld und einem System (organisational oder personal) betrachtet. Es wurde speziell auf die Aspekte der Wahrnehmung und des Rollenaushandelns eingegangen. Im Folgenden werden die Aspekte des Herausbildens übersituativer Handlungspotenziale innerhalb eines Systems, konkreter der Bedeutung von ‚Lernen‘ für die Betriebliche Sozialisation behandelt. Lernen wird hier vor dem Hintergrund des Modells des sozialen Lernens (Bandura 1993) gesehen. Klimecki et al. (1991) sehen den Zusammenhang folgendermaßen: „Der Mensch steht in einem reflexiven Austausch mit seiner Umwelt. Er wählt aufgrund individuell reflektierter Erfahrungen, Erwartungen und Überzeugungen Verhaltensweisen aus und schafft somit seine eigene Umwelt. Lernen ist der individuelle Prozess der Auseinandersetzung mit der Umwelt auf der Grundlage bereits erworbener kognitiver Strukturen, die zugleich die Möglichkeitsstrukturen weiteren Lernens sind [...]" (Klimecki et al. 1991, S. 25). Individuelles Lernen wird somit vor den Hintergrund vorhandenen persönlichen Wissens gestellt. Die Aneignung von explizitem Wissen, als theoretisch-bewusstes Konstrukt, entspricht dabei dem umgangssprachlichen Lernbegriff, implizites Wissen, also die Basis für Handlungsanweisungen wird aber durch den oben angeführten Lernbegriff mit berücksichtigt, bzw. sogar in den Vordergrund gestellt (Birus 1993). Die Sozialisation des Einzelnen ist somit ein lebenslanger Lernprozess im gesellschaftlichen Umfeld. Dies trifft auch auf die personale Sozialisation zu. Explizites Wissen wird in der personalen Sozialisation durch den ‚offiziellen Lehrplan‘ vermittelt. Fähigkeiten und Fertigkeiten, die für die Aufgabenerfüllung in der Organisation nötig sind, werden beobachtet. Diese Beobachtung wird vor dem Hintergrund der eigenen Wirklichkeit in Kontext gebracht und auf Anwendungssituationen transformiert. Das somit gezeigte (fachliche) Verhalten erfährt Zustimmung oder Ablehnung durch die Umwelt (Sozialisationsagenten) und damit Verstärkung in eine gewünschte Richtung.

Implizites Wissen betrifft im Zusammenhang mit personaler Sozialisation eher den Bereich des ‚heimlichen Lehrplans‘ (Lempert 1982), also die Vermittlung von Werten und daraus resultierendes soziales Verhalten. Der Lernvorgang von Beobachtung über Transformation hin zur Verstärkung ist prinzipiell derselbe. Lernen führt also zu einer Veränderung der subjektiven

Wirklichkeit, die sich nach außen im Verhalten ausdrückt, insbesondere in der Rollenwahrneh-mung. „Jedes Lernen ist zum Scheitern verurteilt, wenn es dem Eigeninteresse des Lernenden zuwiderläuft" (Becker 1992, S. 37). Anders formuliert bedeutet dies: Für die personale Sozialisa-tion ist erfolgreiches Lernen nur unter Berücksichtigung des bisherigen Sozialisationsprozesses des Einzelnen möglich. Erfolgreiches Lernen zeichnet sich durch eine an den Lerninhalt ange-passte Lernform und den entsprechenden Lernort aus. Die zentrale Frage ist demnach: Welche Sozialisationsinhalte sollen wo und wie vermittelt werden, um eine erfolgreiche personale Sozia-lisation zu unterstützen?

Verlangt wird häufig das Ersetzen bisheriger durch neue Interpretationsmuster und Verhal-tensweisen, sogenanntes ‚Entlernen'. „Das ‚Entlernen', der bewusst vollzogene Abschied vom Ver-trauten, fällt besonders denjenigen Führungskräften und Mitarbeitern schwer, die sich in der Ver-gangenheit mit Einsatzbereitschaft und Energie Erfolge erarbeitet haben" (Ziegler-Pirthauer 1993, S. 25). Argyris (1991) stellt dieses Lernproblem speziell bei Führungskräften, also Organisations-mitgliedern in der Phase der Vollmitgliedschaft, die Sozialisationsschübe erfahren haben, fest. Er beschreibt diese Problematik anhand seines Modells der Lernschlaufen: Experten haben im Laufe ihrer Ausbildung gelernt, konkrete Problemlösungen zu erarbeiten (single-loop-learning), vernachlässigt wurde das Erlernen von Problemlösungskompetenzen (double-loop-learning). Dies betrifft primär die personale Sozialisation in der Phase der Vollmitgliedschaft, es bedarf der Steigerung sozialer Kompetenz, um zu interindividuellen Lösungsstrategien zu gelangen.

Ebenso wie für personale Systeme ist für organisationale Systeme Lernen der zentrale Über-nahmemechanismus in der Betrieblichen Sozialisation. Das Feld des organisationalen Lernens ist – wie auch das der Organisationskultur – ein Bereich der Managementforschung mit stark psychologischer Orientierung. Die verschiedenen Ansätze zum Organisationslernen lassen sich in vier Gruppen zusammenfassen (Fatzer 1990):

1. als Adaption (Anpassung an die Umgebung),
2. als Teilen von Grundannahmen,
3. als die Entwicklung einer Wissensgrundlage und
4. als institutionalisierte Erfahrung.

Diese Ansätze widersprechen sich nicht, sondern ergänzen sich vielmehr (Birus 1993). Dies trifft auch in Hinblick auf die organisationale Sozialisation zu. Die erste Gruppe zielt direkt auf sozia-lisatorische Prozesse ab, die zweite Gruppe bezieht sich auf die Organisationskultur, Gruppe drei betrachtet Aspekte impliziten und expliziten Wissens und Gruppe vier beschäftigt sich mit der Verankerung der Lernfähigkeit in Organisationen.

Prinzipiell können die Ausführungen zum individuellen Lernen für das organisationale Lernen übernommen werden, doch die angesprochene Komplexität und Dynamik des orga-nisationalen Systems macht eine vertiefende Betrachtung in Bezug auf die Emanzipation des organisationalen Lernprozesses von den einzelnen Organisationsmitgliedern notwendig. Damit tritt Lernen als ein spezifischer Aspekt der Organisationskultur in den Fokus: Die *Lernkultur* der Organisation wird zum Indikator dafür, welcher Stellenwert dem Lernen in der Organisation zugesprochen wird (Sonntag et al. 2005). Auch im Rahmen der Lernkultur ist der Zusammen-hang zwischen individuellem Lernen und organisationalem Lernen von zentraler Bedeutung. Dies führt zum Kernproblem organisationaler Sozialisation: Wie entwickelt sich aus den sub-jektiven Wirklichkeitskonstruktionen von Individuen eine intersubjektiv geteilte Wirklichkeits-konstruktion und wie hängt dies mit der Sozialisation zusammen? „Soziale Systeme brauchen ein gemeinsames Fundament an intersubjektiv geteilten Wirklichkeitskonstruktionen. Diese ermög-lichen es, Sinn und Identität des Systems zu erkennen und zur Bezugsgröße von Handlungen zu machen" (Klimecki et al. 1991, S. 21). ◘ Abbildung 3.7 stellt den Übergang von individuellen

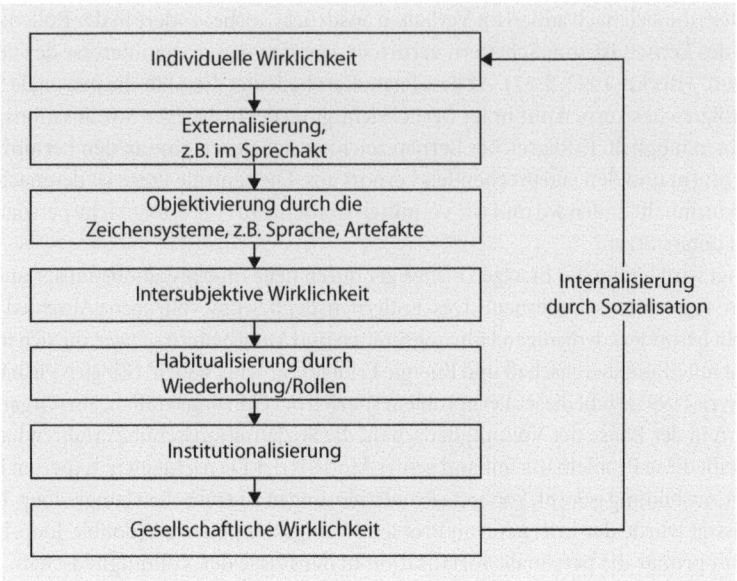

☐ **Abb. 3.7**   Wirklichkeitskonstruktion und Sozialisation

zu gesellschaftlichen Wirklichkeitskonstruktionen im Kontext der Sozialisation (Elbe 2002 in Anlehnung an Berger und Luckmann 1997) dar.

Die Notwendigkeit einer sozialen Wirklichkeitskonstruktion ergibt sich aus der Pluralität individueller Wirklichkeiten. Erst wenn die Organisation mehr als ein Mitglied umfasst, kommt es zu intersubjektiv geteilten Wirklichkeitskonstruktionen. Dies kann auch schon in Phase I der organisationalen Sozialisation (Vorstufe) der Fall sein, wenn es sich um eine Mehrzahl von Gründern handelt. Wahrnehmungen werden vom Einzelnen an der eigenen Wirklichkeit gespiegelt und im Kommunikationsprozess ausgedrückt (Externalisierung). Der Sinn der Botschaft entsteht beim Empfänger vor dem Hintergrund seiner Wirklichkeit. Aufgrund der Mehrstufigkeit des Kommunikationsprozesses wird eine gemeinsame Verständigungsbasis ausgehandelt (Objektivation). Die Objektivation führt im Rahmen der Organisationsgründung (oder bei nur einem Gründer durch das Hinzutreten weiterer Organisationsmitglieder) zu einer institutionellen Wirklichkeit, die im Laufe des personalen Sozialisationsprozesses vom Individuum wieder internalisiert wird. Dieser Lernprozess der Internalisierung ist somit vom Individuum emanzipiert, da nicht der Einzelne ausschlaggebend für die Wirklichkeitskonstruktion ist, sondern das Vorhandensein einer Mehrzahl. Sozialisatorisch entspricht dieser Prozess dem Rollenaushandeln, das bedeutet: Durch Rollenaushandlung kommt es zur intersubjektiv geteilten Wirklichkeit, die Organisation besitzt eine – im Fall erfolgreicher organisationaler Sozialisation einheitliche – Wahrnehmung. Aufbauend auf ihrer Wahrnehmung passt sich die Organisation an Veränderungen der Umwelt an. Diese Anpassungsprozesse lassen sich nach dem Modell des sozialen Lernens analysieren. Neben dem individuellen Lernen im Rahmen der personalen Sozialisation existiert also in jeder Organisation organisationales Lernen (organisationale Sozialisation), welches von den einzelnen Mitgliedern abstrahiert betrachtet werden muss. Viele Autoren betrachten organisationales Lernen als etwas, das in einer Organisation geschaffen werden muss,[12] ohne zu berücksichtigen, dass Organisationen im Zuge ihrer Sozialisation

---

12   Vgl. z. B. Senge 1990: "The Leader's New Work: Building Learning Organizations".

stets lernen. Das Problem liegt primär im Ausmaß der Erfolgsorientierung der organisationalen Sozialisationsstrategien.[13]

3.7   Alternative Perspektiven

Im vorliegenden Kapitel wurden Wandlungsprozesse im System aus der Mikro- und der Makro-Perspektive betrachtet. Die Mikroperspektive modelliert Menschen als personale Systeme in ihren Anpassungsprozessen im organisatorischen Kontext betrachtet, die Sozialisationsforschung liefert hierfür einen theoretisch fundierten Zugang. Zur Erklärung der personalen Sozialisationsprozesse wurde ein Phasenmodell über die Gesamtdauer der Mitgliedschaft entworfen, wobei die Organisationskultur als zentrale Anpassungsdeterminante identifiziert wurde. Der Anpassungsvorgang hängt primär von den Aspekten Wahrnehmung, Rollenaushandlung und Lernen ab, die Anpassung erfolgt nach dem Fusionsmodell (sie beruht auf Gegenseitigkeit).

Die Makroperspektive liefert einen Blickwinkel auf das umfassendere System, die Organisation. Über die Anpassungsprozesse der Organisation in ihrer Umwelt wurde ebenfalls ein Phasenmodell entworfen, wobei Anpassungsdeterminante der jeweilige kulturelle Kontext (also die ethnische Kultur, die Branchenkultur, etc.) war. In dem Sozialisationsprozess zwischen Organisation und Umwelt bildet sich, als eine Art Persönlichkeit der Organisation, die Organisationskultur heraus (auch hier greift das Fusionsmodell). Diese emanzipiert sich durch eine Zunahme der Mitgliederzahl der Organisation von den ursprünglichen Gründern. Die Anpassung erfolgt anhand derselben Aspekte wie bei der personalen Sozialisation: Wahrnehmung, Rollenaushandeln und Lernen, mit dem Kern der intersubjektiv geteilten Wirklichkeitskonstruktion.

Die beiden Perspektiven lassen sich durchaus miteinander vergleichen, da einem ähnlichen Vorgang (der Sozialisation) ähnliche Mechanismen (Wahrnehmung, Rollenaushandlung, Lernen) zugrunde liegen. Verbunden sind die beiden Prozesse über die Organisationskultur, welche Ergebnis der organisationalen Sozialisation und Anpassungsdeterminante der personalen Sozialisation ist. Es tritt eine Wechselwirkung der Prozesse im Aspekt der Organisationskultur ein, da Anpassungsprozesse auf Gegenseitigkeit beruhen. Ein zentraler Unterschied der beiden Perspektiven findet sich in den prozessualen Grenzen. Die individuelle Betriebliche Sozialisation ist durch das Ausscheiden des Organisationsmitgliedes (spätestens bei der Versetzung in den Ruhestand) begrenzt. Die organisationale Sozialisation weist eine solch definitive Grenze nicht auf, sie unterliegt nur dem allgemeinen Scheiterrisiko. Die Perspektiven weichen aber auch in Bezug auf die Einbettung des Prozesses der Betrieblichen Sozialisation voneinander ab: Während die personale Sozialisation des Individuums eingebettet in seine berufliche und in seine lebenslange Sozialisation gesehen werden muss, umfasst die organisationale Sozialisation den gesamten Lebenszyklus des Systems und unterliegt keinen weiteren sozialisatorischen Einflüssen.

Der hier gewählte Ansatz der Betrieblichen Sozialisation, mit seinen beiden Bestandteilen personale und organisationale Sozialisation, ist aber nur ein möglicher Blickwinkel auf organisatorische Prozesse neben einer Vielzahl alternativer Sichtweisen. Üblicherweise finden Annäherungen an den organisatorischen Problemkomplex aus der jeweiligen wissenschaftsdisziplinären Sicht statt – hierfür nutzt z. B. die Betriebswirtschaftslehre ihr mikroökonomisches Instrumentarium zur Effizienzsteigerung und Kostenminimierung. Ein anderer Ansatzpunkt findet sich in der Volkswirtschaftslehre, die wirtschaftende Systeme aus einer Außenansicht

---

13   Zum organisationalen Lernen vgl. auch Sackmann 1993; Klimecki et al. 1994; und Senge 2011.

(als ‚black box') oder in aggregierter Form, mit wirtschaftswissenschaftlichem Erkenntnisinteresse in ihren Beziehungen zueinander betrachtet. Weitere Blickwinkel auf organisatorische Handlungskomplexe finden sich in der Soziologie, mit ihrem Interesse an den gesellschaftlichen Implikationen von Organisationen, der Politikwissenschaft, die politische Beziehungen in und zwischen Organisationen analysiert, oder der Organisationspsychologie, die aus psychologische Sicht den Fit zwischen Person und Organisation analysieren und verbessern soll. In all diesen Disziplinen wurden Ansätze zur Analyse von Organisationen entsprechend dem jeweiligen Erkenntnisinteresse entwickelt. Auch dem Ansatz der Betrieblichen Sozialisation (als Kern der Sozialpsychologie der Organisation) liegt ein spezifischer Blickwinkel zugrunde. Wie bei anderen Ansätzen (z. B. beim evolutionären Management) wird bei der Betrieblichen Sozialisation von biologischen Systemen (hier vom Menschen) ausgegangen. Die somit gewonnenen Erkenntnisse über Entwicklungs- und Anpassungsprozesse werden auf organisationale Systeme übertragen. Hierbei handelt es sich aber nur um eine mögliche Sichtweise, der eine spezifische Fragestellung zugrunde liegt: Wie passen sich Menschen in Organisationen und Organisationen selbst an Veränderungen ihrer Umwelt an? Klimecki et al. (1991) beschreiben diese Bedingtheit eines jeden Modells folgendermaßen:

» Alle Modelle, die wir entwerfen, um soziale Systeme und deren Veränderung zu erklären, sind somit auch Konstruktionen von Wirklichkeit. Unsere Konstruktion eines entwicklungsorientierten Managements hängt von unserer Problemwahrnehmung und -deutung ab und ist eine Wirklichkeitskonstruktion unter vielen anderen. Dabei geht es nicht darum, Wirklichkeitskonstruktionen zu liefern, die richtig, wahr oder falsch sind, sondern die Konstruktionen zu entwerfen, die ‚Sinn' machen, zum entsprechenden Problem ‚passen'. Damit sind andere Konstruktionen, die alternative Sichtweisen des Problems entwerfen, jedoch nicht ausgeschlossen. (Klimecki et al. 1991, S. 17f.)

In diesem Sinn gilt: Der Ansatz der Betrieblichen Sozialisation hilft dabei, organisationale Problemen aus sozialpsychologischer Sicht zu analysieren.

3.8   Fragen

- Welche Bedeutung haben dingliche Anpassungsprozesse im Rahmen der Betrieblichen Sozialisation?
- Diskutieren Sie bitte den Zusammenhang zwischen Evolution und Betrieblicher Sozialisation.
- Unterscheiden Sie bitte die Mikro- von der Makroperspektive der Betrieblichen Sozialisation.
- Wie hängen sozialer Wandel und Konflikte zusammen?
- Skizzieren Sie bitte organisationale Sozialisation als Modell.
- Stellen Sie bitte den dynamischen Konstruktansatz der Organisationskultur dar.
- Welche Bedeutung hat die Sozialisation bei der Entstehung von Organisationskultur?
- Welche Bedeutung hat das Scheiterrisiko für die Sozialisation von Organisationen?
- Stellen Sie bitte das Phasenmodell personaler Sozialisation dar.
- Welche Bedeutung hat das Lernen für die Sozialisation von Organisationen?

Literatur

Argyris C (1991) Wenn Experten wieder lernen müssen. Harvard Manager 4(1991):95–107

Bandura A (1993) Sozialisierung (Sozialisation). In: Arnold W, Eysenck H, Meili R (Hrsg) Lexikon der Psychologie, Bd 3., 11. Aufl. Freiburg, S 2109–2116

Becker F (1992) Selbstentwicklung. Personalwirtschaft. Sonderheft, S 37

Berger P, Luckmann T (1997) Die gesellschaftliche Konstruktion der Wirklichkeit. Eine Theorie der Wissenssoziologie. Frankfurt a. M.

Birkigt K, Stadler M, Funck H (2002) (Hrsg) Corporate identity. Grundlagen, Funktionen, Fallbeispiele, 11. Aufl. München

Birus M (1993) Institutionelle Transfersicherung – Ein Beitrag zur Führungskräfte-Schulung aus der Sicht des Organisationalen Lernens. Konstanz

Bonacker T (Hrsg) (2008) Sozialwissenschaftliche Konflikttheorien, 4. Aufl. Wiesbaden

Bourdieu P (1976) Entwurf einer Theorie der Praxis, auf der ethnologischen Grundlage der kabylischen Gesellschaft. Frankfurt a. M.

Coleman J (1979) Macht und Gesellschaftsstruktur. Tübingen

Crozier M, Friedberg E (1993) Die Zwänge kollektiven Handelns. Über Macht und Organisation. Neuausgabe. Frankfurt a. M.

Dick P (1992) Personalentwicklung aus mikropolitischer Perspektive – Mikropolitik und Sozialisation. Dissertation an der Universität Augsburg. Augsburg

Elbe M (1994) Betriebliche Sozialisation und Personalentwicklung. In: Elbe M, Luzius T(Hrsg) Die Augusta-Kranken-Anstalt gGmbH – Corporate Identity für konfessionelle Krankenhäuser – Betriebliche Sozialisation und Personalentwicklung. München, S 59–114

Elbe M (1997) Betriebliche Sozialisation: Grundlagen der Gestaltung personaler und organisationaler Anpassungsprozesse. Sinzheim

Elbe M (2001) Organisationsberatung: Kritik und Perspektiven aus soziologisch-verstehender Sicht. In: Wüthrich H, Winter W, Philipp A (Hrsg) Grenzen des ökonomischen Denkens: Auf den Spuren einer dominanten Logik. Wiesbaden, S 551–580

Elbe M (2002) Wissen und Methode: Grundlagen der verstehenden Organisationswissenschaft. Opladen

Elbe M (2013) Employography: Flüchtige Identitäten in Zeiten der Ungewissheit. Journal für Psychologie. Jg 21(3):1–24

Elbe M (2016) Scheitern und Identität: Das ungewisse Ich. In: Kunert S (Hrsg) Failure Management – Ursachen und Folgen des Scheiterns. Berlin, S 21–38

Elbe M, Peters S (2016) Die Temporäre Organisation. Kooperation, Gestaltung und Beratung. Berlin

Elsass P, Veiga J (1994) Acculturation acquired organizations: a force-field perspective. Hum Relat 4:431–453

Fatzer G (1990) Die lernfähige Organisation. In: Fatzer G, Eck C (Hrsg) Supervision und Beratung: Ein Handbuch. Köln, S 389–408

Festinger L (1978) Theorie der kognitiven Dissonanz. Bern

Fischer L, Wiswede G (2009) Grundlagen der Sozialpsychologie, 3. Aufl. München

Fischer P, Asal K, Krueger J (2014) Sozialpsychologie für Bachelor. Berlin

Fromm, E (1979) Haben oder Sein. Die seelischen Grundlagen einer neuen Gesellschaft. Stuttgart

Glasersfeld Ev (1981) Einführung in den radikalen Konstruktivismus. In: Watzlawick P (Hrsg) Die erfundene Wirklichkeit. München, S 13–38

Hemmati-Weber M (1993) Die Sozialisation von Menschen und Dingen, zum Beispiel im Büro. Zeitschrift für Personalforschung 1:96–114

Hofstede G (1989) Sozialisation am Arbeitsplatz aus kulturvergleichender Sicht. In: Trommsdorf G (Hrsg) Sozialisation im Kulturvergleich. Stuttgart, S 156–174

Hood J, Koberg C (1994) Patterns of differential assimilation and acculturation for women in business organizations. Hum Relat 2:159–181

Hugo-Becker A, Becker H (2004) Psychologisches Konfliktmanagement. Menschenkenntnis – Konfliktfähigkeit – Kooperation, 4. Aufl. München

Jeschke S (2015) Wenn Roboter Steuern zahlen. Reflektionen zu einer Society 4.0. In: angedacht. Institutszeitung IMA/ZLW der RWTH Aachen University, 11/2015, S 24–25

Katz D, Kahn R (1966) The social psychology of organizations. New York

Kieser A (1989) Entstehung und Wandel von Organisationen. Ein evolutionstheoretisches Konzept. In: Bauer L, Matis H (Hrsg) Evolution – Organisation – Management: zur Entwicklung und Selbststeuerung komplexer Systeme. Berlin, S 161–190

Kieser A, Nagel R, Krüger K-H (1990) Die Einführung neuer Mitarbeiter in das Unternehmen, 2. Aufl. Frankfurt a. M.

Kimberly J, Miles H (Hrsg) (1980) The organizational life cycle: issues in the creation, transformation, and decline of organizations. San Francisco

Kirsch W (1991) Unternehmenspolitik und strategische Unternehmensführung, 2. Aufl. München

Klimecki R, Probst G, Eberl P (1994) Entwicklungsorientiertes Management. Stuttgart

Klimecki R, Probst G, Eberl P (1991) Perspektiven eines entwicklungsorientierten Managements. Konstanz

König O, Schattenhofer K (2010) Einführung in die Gruppendynamik, 4. Aufl. Heidelberg

Lempert W (1982) Sozialisation durch den heimlichen Lehrplan des Betriebes. Einführende Bemerkungen. In: Heid H, Lempert W (Hrsg) Sozialisation durch den heimlichen Lehrplan des Betriebes. Wiesbaden, S 1–8

Lewin K (1968) Die Lösung sozialer Konflikte: Ausgewählte Abhandlungen über Gruppendynamik, 3. Aufl. Bad Nauheim

Lewin K (1982) Feldtheorie. Band 4 der Kurt-Lewin-Werkausgabe. Bern

Lewin K, Lippitt R, White R (1971) Patterns of aggressive behavior in experimentally created 'social climates'. In: Pugh D (Hrsg) Organization theory. Selected readings. Harmondsworth, S 230–260

Luhmann N (1964) Funktion und Folgen formaler Organisationen. Berlin

Luhmann N (1977) Interpenetration – Zum Verhältnis personaler und sozialer Systeme. Zeitschrift für Soziologie 1:62–76

Luhmann N (1981) Soziologische Aufklärung 3: Soziales System, Gesellschaft, Organisation. Opladen

Luhmann N (1994) Soziale Systeme. Grundriss einer allgemeinen Theorie, 5. Aufl. Frankfurt a. M.

Luhmann N (2000) Organisation und Entscheidung. Opladen

Luhmann N (2002) Das Erziehungssystem der Gesellschaft. Frankfurt a. M.

Marr R, Stitzel M (1979) Personalwirtschaft: ein konfliktorientierter Ansatz. München

Marr R, Elbe M, Kaduk S (2005) Arbeitszeitflexibilisierung – Grundlegendes Problem oder Erfolgsmodell moderner Arbeitsbeziehungen? In: Kaluza B, Blecker T (Hrsg) Erfolgsfaktor Flexibilität. Strategien und Konzepte für wandlungsfähige Unternehmen. Berlin, S 409–423

Mead GH (1968) Geist, Identität und Gesellschaft. Frankfurt a. M.

Mead GH (1969) Sozialpsychologie. Neuwied

Morick H (2002) Differentielle Personalwirtschaft. Theoretisches Fundament und praktische Konsequenzen. Neubiberg

Naase C (1978) Konflikte in der Organisation: Ursachen und Reduzierungsmöglichkeiten. Stuttgart

Neuberger O (1991) Personalentwicklung. Stuttgart

Neuberger O (1995) Mikropolitik. Der alltägliche Aufbau und Einsatz von Macht in Organisationen. Stuttgart

Ogburn W (1969) Kultur und sozialer Wandel. Neuwied

Pascale R (1985) The paradox of 'Corporate Culture': reconciling ourselves to socialization. Calif Manage Rev (z). Winter:26–41

Pfeffer J (1977) The ambiguity of leadership. Acad Manage Rev 1:104–112.

Rehn M (1990) Die Eingliederung neuer Mitarbeiter. eine Längsschnittstudie zur Anpassung an Normen und Werte der Arbeitsgruppe. München

Richert A, Jeschke S (2015) Humanisierung der Maschinen? Anthropomorphismus in Industry und Society 4.0. angedacht. Institutszeitung IMA/ZLW der RWTH Aachen University, 11/2015, S 26–27

Robbins S (2001) Organisation der Unternehmung, 9. Aufl. München

Robbins S, Judge T (2012) Organizational Behavior, 12. Aufl. Upper Saddle River

Rosenstiel Lv (1992/2000) Grundlagen der Organisationspsychologie, 3., 4. Aufl. Stuttgart

Sackmann S (1993) Die lernfähige Organisation: Theoretische Grundlagen, gelebte und reflektierte Praxis. In: Fatzer G (Hrsg) Organisationsentwicklung für die Zukunft. Köln

Schein E (1985) Organizational culture and leadership—a dynamic view. San Francisco

Schein E (1988) Organizational socialization and the profession of management. Sloan Manage Rev Fall 1988:53–65

Schulz v, Thun F (1997) Miteinander reden 1: Störungen und Klärungen. Allgemeine Psychologie der Kommunikation. Reinbek bei Hamburg

Senge P (1990) The leader's New Work: building learning organizations. Sloan Manage Rev Fall 1990:7–23

Senge P (2011) Die fünfte Disziplin: Kunst und Praxis der lernenden Organisation, 11. Aufl. Stuttgart

Sonntag K, Schaper N, Friebe J (2005) Erfassung und Bewertung von Merkmalen unternehmensbezogener Lernkulturen. In: ABWF – Arbeitsgemeinschaft Betriebliche Weiterbildungsforschung (Hrsg) Kompetenzmessung im Unternehmen. Lernkultur- und Kompetenzanalysen im betrieblichen Umfeld. Edition QUEM. München, S 19–339

Van Maanen J, Barley S (1985) Cultural organizations – fragments of a theory. In: Frost P, Moore L, Reis L, Lundberg C, Martin J (Hrsg) Organizational culture. Beverly Hills, S 31–53

Watzlawick P (Hrsg) (1981) Die erfundene Wirklichkeit. München

Weihrich M (2001) Alltägliche Lebensführung und institutionelle Selektion oder: Welche Vorteile hat es, die Alltägliche Lebensführung in die Colemansche Badewanne zu stecken? In: Voß G, Weihrich M (Hrsg) tagaus – tagein. Neue Beiträge zur Soziologie Alltäglicher Lebensführung. München, S 219–236

Whetten D, Godfrey P (Hrsg) (1998) Identity in organizations. Building theory through conversations. Thousand Oaks

Wittgenstein L (1963) Tractatus logico-philosophicus: Logisch-philosophische Abhandlung. Frankfurt a. M.

Ziegler-Pirthauer C (1993) Lernen setzt Entlernen voraus. Personalwirtschaft 4:25

Organisations- und Personalentwicklung

4.1   Zum Management Betrieblicher Sozialisation – 94

4.2   Organisationskultur-Management – 94

4.3   Gruppen und Gruppendynamik – 96

4.4   Ansätze der Organisationsentwicklung – 102

4.5   Kultur und Identität – 110

4.6   Differentielles Personalmanagement – 112

4.7   Personalentwicklung im Sozialisationsprozess – 118

4.8   Empirische Personalforschung – 122

4.9   Beziehungsentwicklung, Beratung und
         Kommunikation – 128

4.10   Übungsaufgaben – 131

         Literatur – 132

© Springer-Verlag Berlin Heidelberg 2016
M. Elbe, *Sozialpsychologie der Organisation,*
DOI 10.1007/978-3-662-50383-6_4

Zusammenfassung

Das vierte Kapitel widmet sich der Organisations- und Personalentwicklung als zentralen Ansatz-
punkten eines geplanten Wandels in sozialen Systemen. Die Rahmenbedingungen werden hierbei
durch das Management der Organisationskultur gesetzt, den konkreten Handlungsrahmen liefern
Gruppensettings mit den dort stattfindenden gruppendynamischen Prozessen – einschließlich
eines Exkurses über die Wirkung der geschlechtsspezifischen Zusammensetzung von Gruppen.
Kern der Gestaltungsansätze in diesem Kapitel sind die Ansätze zur Organisationsentwicklung, als
genuin sozialpsychologischem Vorgehen der Veränderung. Hieran schließen die Überlegungen
zur Entwicklung organisationsspezifischer Identität und zum Differenziellen Personalmanagement
an. Dies stellt den Rahmen für ein gezieltes Angebot zur Personalentwicklung als Gestaltungsinstrument des personalen Sozialisationsprozesses dar und führt zu Überlegungen zum Stand der
empirischen Personalforschung. Abschließend wird die Beziehungsentwicklung durch Beratung
und Kommunikationsprozess thematisiert.

4.1   Zum Management Betrieblicher Sozialisation

Die Begriffe zur Betrieblichen Sozialisation erfuhren im Zuge der Entwicklung des hier vorgestellten Ansatzes der Sozialpsychologie der Organisation eine neue Konzeption. Bisherige Ansätze
zum Management Betrieblicher Sozialisation beschränkten sich auf den Bereich der personalen
Anpassung, die organisationale Anpassung wurde kaum unter sozialisatorischen Gesichtspunkten
analysiert. Eine Ausnahme bilden die Sozialpsychologie von Katz und Kahn (1966) und Gronaus
Konzept zur Rollenanalyse als betriebsorganisatorisches Instrument (Gronau 1965). Über den
prinzipiellen Unterschied in der Begriffsfassung hinaus, fällt bei bisherigen Ansätzen und empirischen Untersuchungen zur Betrieblichen Sozialisation auf, dass sich diese in ihrer Konzeptionierung auf die Beschreibungs- und Erklärungsfunktion beschränken. Gestaltungsempfehlungen
erfolgen unsystematisch, ohne direkte Einbindung in die konstruierten Modelle.[1] Im Rahmen der
Entwicklung eines umfassenderen Modells zur Betrieblichen Sozialisation durch die Einbeziehung
organisationaler Anpassung ist die Gestaltungsfunktion aber eine unverzichtbare Komponente.

Das Management Betrieblicher Sozialisation ist stark von der zugrundegelegten Begrifflichkeit abhängig. Ausgehend von einem traditionellen Sozialisationsbegriff kommen Marr und
Stitzel (1979) zu dem Ergebnis, dass Betriebliche Sozialisation noch am ehesten in der Einführungsphase von neuen Mitarbeitern als personalwirtschaftliches Instrument einsetzbar sei, bei
späteren Sozialisationsvorgängen sei dies fraglich. Hier wird angedeutet, dass Sozialisation nicht
nur Beschreibung ist, sondern selbst zur Gestaltung werden kann.

4.2   Organisationskultur-Management

In den bisherigen Ausführungen wurde Organisationskultur als Mittler zwischen personaler
und organisationaler Sozialisation dargestellt. Organisationskultur ist zum einen Ergebnis der
organisationalen Sozialisation und zum anderen Anpassungsdeterminante für die personale

---

1   Dies gilt sowohl für empirische Untersuchungen als auch für theoretische Konzeptionen, vgl. die Ausführungen zur Gestaltung Betrieblicher Sozialisation durch Arbeiterbildung bei Groskurth (1979) oder die Analysen
zum Verhältnis von Sozialisation und neuen Formen der Arbeitsorganisation oder des Managements (Brock
et al. 1975).

Sozialisation, wobei es aufgrund der Gegenseitigkeit der Anpassungsprozesse zu Rückkoppelungen kommt. Die Gestaltbarkeit von Organisationskultur hängt von den zugrundeliegenden Annahmen ab. „Die obigen Ausführungen zeigen, dass Kultur nicht gleich Kultur ist und damit Kulturmanagement nicht gleich Kulturmanagement sein kann" (Sackmann 1989, S. 174). Während der Variablenansatz Organisationskultur als eine gestaltbare Variable der Unternehmenswirklichkeit begreift und somit von deren Machbarkeit ausgeht, steht der Metaphernansatz in der Tradition anthropologischen Erkenntnisinteresses und schließt die Möglichkeit bewussten Gestaltens aus. Im dynamischen Konstruktansatz ist sowohl die Umwelt als auch das einzelne Organisationsmitglied Quelle der Kultur (Sackmann 1989), die Organisationskultur ist durch kulturbewusstes Management in Form von symbolischem Management und Personalmanagement gestaltbar. Dies korrespondiert mit den Grundannahmen zur organisationalen Sozialisation. Im Folgenden wird deshalb die Machbarkeit von Organisationskultur vor dem Hintergrund des dynamischen Konstruktansatzes dargestellt. „Allein schon der Schritt, Organisationen als Kultur(en) zu betrachten, eröffnet neue Sichtweisen und damit neue Möglichkeiten für das Management einer Organisation. Das gewohnte Territorium, die habitualisierten Denkraster werden im Sinne einer Wahrnehmungsveränderung erweitert oder gar verlassen" (Sackmann 1989, S. 172).

Hier wird die Grundvoraussetzung für die Machbarkeit von Organisationskultur angesprochen: In der Organisation muss ein Bewusstsein für die kulturelle Sichtweise des Systems vorhanden sein. Dies gilt für alle Phasen der organisationalen Sozialisation, denn nur was bewusst ist, kann auch bewusst gestaltet werden. Dieses Gewinnen von Handlungsoptionen im kulturellen Bereich bezeichnet Sackmann (2002) mit kulturbewusstem Management, Hemmati-Weber (1993) als symbolisches Management. Durch diese Form des kulturbewussten Managements wird versucht, die in der organisationalen Sozialisation entstandene Organisationskultur anhand von Manifestationen der Kultur organisationsintern zu vermitteln, also das spezifische kulturelle Bewusstsein zu verstärken und somit den Entstehungsprozess intersubjektiv geteilter Wirklichkeitskonstruktionen bewusst zu gestalten. Hemmati-Weber (1993) betrachtet symbolisches Management als Führungssubstitut. Sie kritisiert die vereinheitlichenden Tendenzen dieses Ansatzes und stellt dagegen die „Ent-Deckung der eigenen Kontrolliertheit" (Hemmati-Weber 1993, S. 106) als Emanzipation von der Kontrolle durch die sozialisatorische Wirkung der dinglichen Umwelt. Dies entspricht einem Bewusstwerdungsprozess der Interpretationsmuster aufgrund des gesellschaftlich-kulturellen Hintergrundes, also einer bloßen Verlagerung der Bewusstwerdung von der organisatorischen auf eine höhere Kulturebene. Die integrative Funktion geht dabei verloren.

» Bedeutungskonsistenz über unterschiedliches verbales und nonverbales Verhalten hinweg kann die Wahrscheinlichkeit erhöhen, dass Mitarbeiter mit unterschiedlichen (Lern-) Erfahrungen innerhalb eines Unternehmens wichtige Aspekte ihrer organisatorischen Wirklichkeit ähnlich wahrnehmen und entsprechend handeln, trotz unterschiedlicher Arbeitsbereiche, Hierarchiestufen, Regionen oder Nationen. (Sackmann 1989, S. 173)

Durch symbolisches Management sollen also auch interkulturelle Unterschiede vor dem Hintergrund der in der organisationalen Sozialisation entstandenen Organisationskultur durch das Erlernen gemeinsamer Wahrnehmungsmuster insoweit ausgeglichen werden, als die Organisation zu einer konsistenten Anpassung auch in unterschiedlichen regionalen oder nationalen Umgebungen fähig ist.[2] Durch kulturbewusstes Management wird Organisationskultur – vor

---

2 Zum Interkulturellen Management vgl. Hofstede (1994).

dem Hintergrund des dynamischen Konstruktansatzes – als Ergebnis organisationaler Sozialisation machbar. Die Gestaltungsfunktion im Rahmen dieses Ansatzes zielt auf die Vermittlung des kulturellen Standards innerhalb der Organisation (Mittlerstellung der Organisationskultur), wodurch die intersubjektiv geteilte Wirklichkeit anhand der Manifestationen der Organisationskultur bewusst wird. Auf der Basis des aktuellen organisatorischen Kulturbewusstseins ist die Organisation in erhöhtem Maß fähig, die Veränderungstendenzen der Umwelt wahrzunehmen und sich diesen – auch antizipatorisch – anzupassen. Vor dem Hintergrund des dynamischen Konstruktansatzes wird die Organisationskultur zur Lernkultur, wenn die Lernansätze in der Organisation verstetigt werden (Sonntag, Schaper und Friebe 2005). Nach innen zeigt sich dies durch den Aufbau kontinuierlicher Lernsysteme[3] sowie von Lernförderlicher Arbeitsgestaltung. Hierin findet sich der Kern organisationaler Lernkultur:

» Es genügt eben nicht, dass Arbeit vollständige Handlungen umfasst und anspruchvoll, abwechslungsreich und individuell gestaltbar ist, vielmehr muss Lernförderliche Arbeit Veränderungspotenziale für den Einzelnen (auch über den Arbeitskontext hinaus) und für die Organisation (im Sinne von Innovation) erzeugen. (Elbe, Peters und Schnauffer 2015, S. 10)

4.3   Gruppen und Gruppendynamik

Als eigenständige Form der Vergesellschaftung sind Gruppen spezifische Systemtypen, die zwischen dem Individuum und der Organisation vermitteln (Tyrell 1983). Eine Gruppe ist aus Perspektive der neueren Systemtheorie ein autonomes Sozialsystem, das nicht direkt von außen gesteuert werden kann (König und Schattenhofer 2010). Es gibt zahlreiche Definitionen und Abgrenzungsversuche.

Definition ──

Für die systemische Arbeit bietet sich folgende Begriffsbestimmung für Gruppe (nach Rosenstiel 2000, S. 252) an: „[...]
- *Mehrzahl von Personen in*
- *direkter Interaktion über eine*
- *längere Zeitspanne bei*
- *Rollendifferenzierung und*
- *gemeinsamen Normen, verbunden durch ein Wir-Gefühl."*

Hiermit ist ein minimales Interesse oder auch ein minimales gemeinsames Ziel aller Gruppenmitglieder eingeschlossen: zu interagieren, letztlich also zu kommunizieren. Zielerreichung (Lokomotionsfunktion) und Gruppenzusammenhalt (Kohäsionsfunktion) sind die zentralen sozialen Funktionen, die Gruppen ausmachen und auf die Führungsprozesse einwirken (vgl. hierzu ◘ Abb. 4.1, in Anlehnung an Reichwald und Bastian 1998).

Diese Indikatoren können Hinweise auf die Funktionsfähigkeit von Arbeitsgruppen liefern. Sie zeigen aber nur eine Momentaufnahme und vernachlässigen einerseits den Interaktionseffekt der Gruppenmitglieder und andererseits die Phasen der Entwicklung von Gruppen, die sowohl für Arbeitsgruppen als auch für Trainingsgruppen im Beratungskontext zu beachten sind. Anhand der Unterscheidung von *Gruppenaufbaurollen* (die eher auf die Kohäsionsfunktion zielen) und

---

3   Zur Bedeutung von Career-Related Continuos Learning (CRCL) Systemen vgl. den Abschnitt über Employography im letzten Kapitel.

Lokomotionsfunktion	Kohäsionsfunktion
Förderung der Aufgabenerfüllung und Zielerreichung Indikatoren: • Informationsversorgung • Produktivität • Qualität der Aufgabenerfüllung	**Förderung der sozialen Integration und des Zusammenhalts** Indikatoren: • Qualität des kooperationsklimas • Grad der sozialen Integration • Grad der Identifikation und Anbindung

□ Abb. 4.1 Indikatoren der Lokomotion und Kohäsion

Gruppenaufgabenrollen (für die Zielerreichung/Lokomotion im Vordergrund des Rollensets stehen) entwickelt Tuckman (2001; erste Veröffentlichung hierzu 1965) fünf Gruppenphasen:

1. *Forming*: Kennenlernen der Gruppenmitglieder (im Vordergrund stehen Aufgabenorientierung und Gruppenaufbau),
2. *Storming*: Widerstand gegen Einflussnahmen und Anforderungen (Konflikte zwischen Gruppenmitgliedern und emotionale Verarbeitung der Aufgabenanforderung stehen im Vordergrund),
3. *Norming*: Gruppenbindung und Offenheit für andere Gruppenmitglieder (Entwicklung eines Gruppengefühls, Verhaltensstandards und Rollenverteilung etablieren sich – auch hinsichtlich der Aufgabenbearbeitung),
4. *Performing*: Leistungserbringung als zielgerichtetes Verhalten (die Gruppenstruktur ist akzeptiert, die Aufgabenerfüllung tritt in den Vordergrund, Rollenverhalten flexibilisiert sich),
5. *Adjourning*: Auflösung der Gruppe (Trauer über die Trennung, gesteigerte Empathie gegenüber anderen Gruppenmitgliedern, Versuche der Selbstevaluation).

Hierbei handelt es sich natürlich um eine typisierende Konstruktion. Die konkrete Abgrenzung der einzelnen Phasen zueinander ist problematisch. Das Phasenmodell hat aber einen hohen heuristischen Wert, da hier soziale Prozesse in Gruppen beschrieben werden, die sich gegebenenfalls behindern können. Wird Gruppen nicht hinreichend Zeit gegeben, um die einzelnen Phasen zu durchlaufen und die in der jeweiligen Phase zu bewältigenden Aufgaben im Rahmen der Gruppenbildung auch bearbeitet und abgeschlossen zu haben, dann wird die Leistungsorientierung in der Performance-Phase immer wieder stark durch Storming- und Normingtypische Prozesse in den Hintergrund treten. Natürlich entwickeln sich alle Gruppen, da sie ja soziale Gebilde sind. Allerdings kann diese Entwicklung durchaus beeinflusst werden. Die Art der Beeinflussung unterscheidet sich aber zwischen der älteren und der neueren Systemtheorie, konzipiert doch die neuere Systemtheorie auch Gruppen und Organisationen als autopoietische soziale Systeme.

» Legt man ein solches Systemverständnis zugrunde, so ist die Steuerung von Gruppen vor allem als Selbststeuerung zu konzipieren und somit als Reflexionsprozess der Gruppe in Bezug auf sich selbst. Indem die Beteiligten, die Beobachter und Beobachtete zugleich sind, sich und der Gruppe Feedback geben und ihre Beobachtung zum Thema machen, wird für

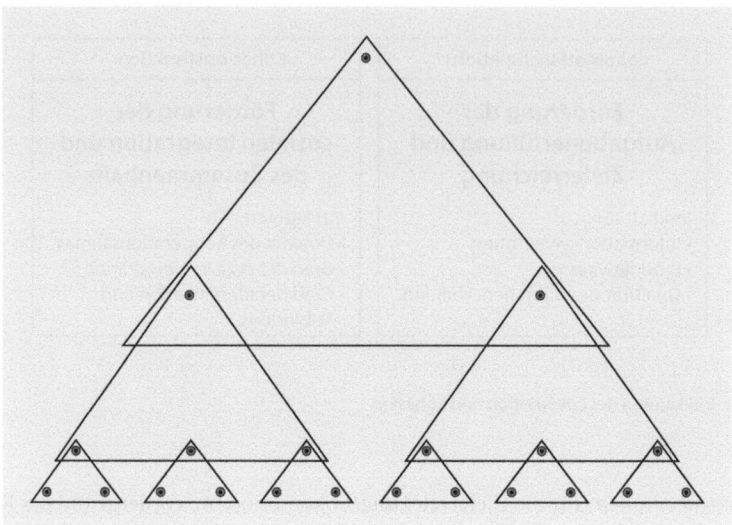

◘ **Abb. 4.2**   Linking-Pin-Struktur

sie die spezifische Ordnung ihrer Gruppe erkennbar und damit auch gestaltbar. (König und
Schattenhofer 2010, S. 20)

Diese Konzeption gilt aber nicht für die Auffassung der systemischen Organisationsentwicklung,
die von offenen Sozialsystemen ausgeht. Auch sind Reflexionsprozesse wichtig und Formen der
Selbstorganisation möglich und wünschenswert. Allerdings besteht durchaus die Möglichkeit,
dies auch von außen, durch Berater, konkret zu gestalten. Den Rahmen hierfür liefern die gruppendynamischen Verfahren.

Die gruppendynamischen Verfahren stellen den Kern der systemischen Organisationsentwicklung und damit eine der wichtigsten Quellen für die systemische Organisationsberatung dar.
Hier knüpfen wir wieder an die Aktionsforschung nach Kurt Lewin (1968, 1982) an. Die Gruppendynamik stellt die Interaktionsbeziehungen innerhalb der Gruppe in das Zentrum der Entwicklung sozialer Systeme. Neben Kurt Lewin waren Jacob Moreno und Muzafer Sherif sowie
die Hawthorne-Gruppe um Elton Mayo in den 1930er-Jahren die Begründer der experimentellen Gruppenforschung und wichtige Impulsgeber für die Entwicklung der Gruppendynamik
(Hofstätter 1957, S. 180). Schon ab den 1950er-Jahren wurden diese Forschungen im deutschsprachigen Raum (u. a. durch Peter Hofstätter) bekannt gemacht.[4] Eine besondere Betonung
der Gruppenstruktur in Organisationen zeigt ◘ Abb. 4.2 (in Anlehnung an Likert 1971), mit der
Linking-Pin-Struktur.

Jeweils ein Gruppenmitglied ist zugleich Mitglied einer weiteren Gruppe auf der nächst
höheren Entscheidungsebene. Dadurch entsteht eine Netzwerkstruktur, mit überlappenden
Gruppen, die individuelle-hierarchische Beziehungen in Gruppenstrukturen auflöst. Dadurch
wird das Gruppenprinzip zum zentralen Strukturmerkmal der Organisation erhoben (partizipative Organisation).

---

4   Zur Geschichte der Gruppendynamik in Europa und insbesondere im deutschsprachigen Raum vgl.
     Rechtien (2007).

Exkurs

zum Einfluss des Geschlechts auf die Gruppenleistung

Beeinflusst die Geschlechterzusammensetzung das Leistungsvermögen in Gruppen? Diese Frage hat die sozialpsychologische Forschung seit langem beschäftigt und es gab hierzu recht unterschiedliche Antworten und theoretische Ansätze. Ballerstedt, Elbe, Greitemeyer und Wagner (1999) geben einen Überblick über wichtige Ansätze: Kanter (1977) unterscheidet anhand der Zusammensetzung nach Geschlecht verschiedene Gruppentypen, wobei der Gruppentyp mit einer sichtbaren Minderheit (den sogenannten ‚Tokens') für die Untersuchung von Geschlechtseffekten eine besondere Bedeutung hat. Die Minderheit (hier als geschlechtsspezifische Minderheit) erfährt erhöhte Aufmerksamkeit hinsichtlich des Sozialverhaltens, nicht aber in Bezug auf Erfolg – hier müssen insbesondere Frauen darauf achten, Männer nicht bloßzustellen. Durch die Sichtbarkeit und die Repräsentantenstellung entsteht ein hoher Erfolgsdruck, der aber nicht zur Stärkung der eigenen Position genutzt werden darf. In diesem Sinne ist auch eine hohe Anpassung der Token (Frauen) an die Majoritätsgruppe (Männer) nicht gewünscht, da dadurch der Statusvorteil der Majorität verloren ginge. Diese besondere Form der Minderheitendiskriminierung wirkt (nach Kanter 1977) bis zu einem Frauenanteil von ca.

20 %. In eher ausbalancierten Gruppenzusammensetzungen bilden sich Untergruppen, die sich durch strukturelle oder persönliche Kriterien abgrenzen und nicht mehr durch das Geschlecht. South et al. (1982) gehen vom genauen Gegenteil aus: Das Verhältnis zwischen den Geschlechtern würde mit zunehmendem Frauenanteil schlechter – u. a. da eine wachsende Minderheit eine zunehmende Gefährdung der Position der Mehrheit darstellt. Diesen Ansatz konnten South et al. (1982) anhand eigener Untersuchungen empirisch stützen. Allmendinger und Hackman (1995) gehen der Frage nach, wie sich das Klima in einer Organisation (hier: einem Orchester) entwickelt, wenn sich die geschlechtsspezifische und ethnische Zusammensetzung vom Tokenlevel hin zu nahezu paritätischer Besetzung verändert. In der empirischen Untersuchung zeigt sich, dass die Zusammensetzung nach Geschlecht für 19 von 22 abhängigen Variablen (z. B. Zufriedenheit mit ‚organizational features', ‚orchestral processes', ‚player motivation and satisfaction', ‚specific satisfactions', ‚behaviour of music director') signifikant als unabhängige Variable fungiert.

» Die Richtung des Effekts ist negativ, je mehr Frauen also (bis zu einem Anteil von 50 %) in einem Orchester

spielen, desto negativer wird die Arbeitssituation von Männern und Frauen gleichermaßen empfunden. Auch die Zufriedenheit mit der erbrachten Leistung sinkt. Ein interessanter Befund ergibt sich, wenn der Frauenanteil die 50 % überschreitet: Hier deutet sich an, dass sich die Richtung des Trends umkehrt, die Beziehungen sich also wieder verbessern. (Ballerstedt, Elbe, Greitemeyer und Wagner 1999, S. 7)

Aufgrund der Inkonsistenz der empirischen Ergebnisse, wie auch der theoretischen Annahmen, entschlossen sich Ballerstedt, Elbe, Greitemeyer und Wagner (1999, S. 8f.) „[…] ein Experiment durchzuführen, um einige der hier aufgezeigten Probleme unter Laborbedingungen untersuchen zu können und so die Variablenvielfalt zu begrenzen."[5] Dieses Experiment wurde im Arbeitsbereich von Jutta Allmendinger am Institut für Soziologie der LMU München 1999 durchgeführt. Der Aufbau des Experimentes umfasste in seiner Grundstruktur fünf Versuchsgruppen. Variiert wurde jeweils das Merkmal Geschlecht, alle anderen Merkmale sollten möglichst konstant gehalten werden, weshalb nur Erstsemester-Studierende der Sozialwissenschaften

5   Die Durchführung dieses Experiments wurde von Jutta Allmendinger angeregt, finanziert und betreut. Intensive Betreuung und Beratung erfolgte auch durch Betina Hollstein. Bei beiden Kolleginnen möchte sich der Autor sehr herzlich sowohl für die Unterstützung als auch für die Genehmigung, die Ergebnisse hier verwenden zu dürfen, bedanken.

als Teilnehmer rekrutiert wurden. Es ergab sich folgende Gruppenaufteilung:

- Gruppe Eins: sechs Männer,
- Gruppe Zwei: Fünf Männer, eine Frau,
- Gruppe Drei: Drei Männer, drei Frauen,
- Gruppe Vier: Ein Mann, fünf Frauen,
- Gruppe Fünf: Sechs Frauen.

Hierdurch konnten sowohl Minderheits-, bzw. Majoritätssituationen als auch balancierte Gruppenzusammensetzungen und geschlechtsspezifisch homogene Gruppen simuliert werden. Das Experiment sollte in allen Gruppenstrukturen dreimal durchgeführt werden, um die Stabilität der Ergebnisse überprüfen zu können. Insgesamt nahmen also 90 Versuchspersonen am Experiment teil. „Der Versuchsaufbau selbst entsprach dem Modell eines ‚one group, post test only'-Designs, d. h. jede der insgesamt fünfzehn Versuchsgruppen führte das Spiel durch und beantwortete anschließend einen Fragebogen." (Ballerstedt, Elbe, Greitemeyer und Wagner 1999, S. 12) Mit Spiel wird hier die Simulation einer Teamaufgabe mit verteilten Wissensanteilen (‚Sin-Obelisk' nach Francis und Young 1996), die kommunikativ ausgetauscht werden müssen, um ein spezifisches Problem zu lösen, bezeichnet.

Fasst man die wichtigsten Ergebnisse des Experiments zusammen, so sind hinsichtlich der Zufriedenheit der Gruppenmitglieder drei Faktoren zu unterscheiden: individuelle Zufriedenheit, Gruppenzufriedenheit und Teamempfinden (Ballerstedt, Elbe, Greitemeyer und Wagner 1999). Das *Teamempfinden* hat als Zufriedenheitsfaktor

zwar eine hohe Bedeutung, es unterliegt aber keinen feststellbaren Einflüssen der Gruppenzusammensetzung, sondern scheint primär vom Teamklima im jeweiligen Fall und von der Teamaufgabe abhängig zu sein. Auf die Zielerreichung hat die geschlechtsspezifisch unterschiedliche Zusammensetzung von Teams im Experiment kaum Einfluss, nur der Zeitbedarf steigt bei zunehmendem Männeranteil in den Gruppen.

Die *individuelle Zufriedenheit* allerdings hängt von der Wahrnehmung des Individuums als zur Minorität oder zur Majorität gehörig ab. Hierbei handelt es sich um einen *generellen Segregationseffekt*, nicht aber um einen geschlechtsspezifischen Einfluss (◻ Abb. 4.3). Die Graphen für Frauen und Männer verhalten sich nahezu identisch, der Differenzgraph ist linear fallend. Die geringste individuelle Zufriedenheit ist für den oder die Einzelne(n) in der Token-Position gegeben, die höchste Zufriedenheit zeigen die Angehörigen in der Majoritätssituation.

Die *Gruppenzufriedenheit* unterliegt hingegen einem klaren *Geschlechtseffekt*: Mit zunehmendem Männeranteil in der Gruppe sinkt die Zufriedenheit der Mitglieder mit der Gruppensituation. Dies zeigt ◻ Abb. 4.4. Hier ist der Gesamtgraph (über alle Gruppenzusammensetzungen) fallend: Je mehr Männer in der Gruppe sind, desto weniger zufrieden sind die Gruppenmitglieder mit der Gruppe. Dies ist dem zunehmenden Dominanzverhalten der Männer mit steigender Männeranzahl in der Gruppe zuzuschreiben – hier ist der Geschlechtseffekt

wirksam, im Vergleich zum generellen Segregationseffekt aus der Minderheitsperspektive. Der Effekt bleibt auch bei homogenen Gruppen weiter feststellbar.

Die festgestellten Ergebnisse stützen damit Aspekte der Theorien von Kanter (1977) und South et al. (1982): Eklatante Minderheiten empfinden sich als Tokens und handeln demensprechend – hierfür sprechen die Ergebnisse der individuellen Zufriedenheit und der Dominanzwahrnehmung und die hohe Stabilität der Ergebnisse, die sich bei doppelter Replikation des Experiments (insgesamt also bei drei Durchgängen) als stabil erwiesen haben (Ballerstedt, Elbe, Greitemeyer und Wagner 1999).

Allerdings gilt für dieses Experiment, was für Experimente generell gilt: Die unter Laborbedingungen erzeugten Ergebnisse lassen sich nicht ohne weiteres in das soziale Feld übertragen. Dies gilt aus kultureller und zeitlicher Sicht, aber dies gilt auch – und das lässt sich an unserem Experiment gut demonstrieren – hinsichtlich der prinzipiellen Verallgemeinerung von experimentellen Ergebnissen. Unser Gruppenexperiment kann noch nicht einmal Gültigkeit hinsichtlich von Geschlechts- und Segregationseffekten für Gruppen in unserer Gesellschaft heute beanspruchen: Unter den Laborbedingungen wurde nur ein spezifischer Gruppentyp simuliert, der eines wissensintensiven Teams mit exklusiven Wissensanteilen der einzelnen Teilnehmer. Es waren alle auf Kooperation angewiesen, wenn sie die Aufgabe erfüllen wollten, alle Teammitglieder mussten mit eingebunden werden. Dies gilt nicht generell für Gruppensituationen, ist aber

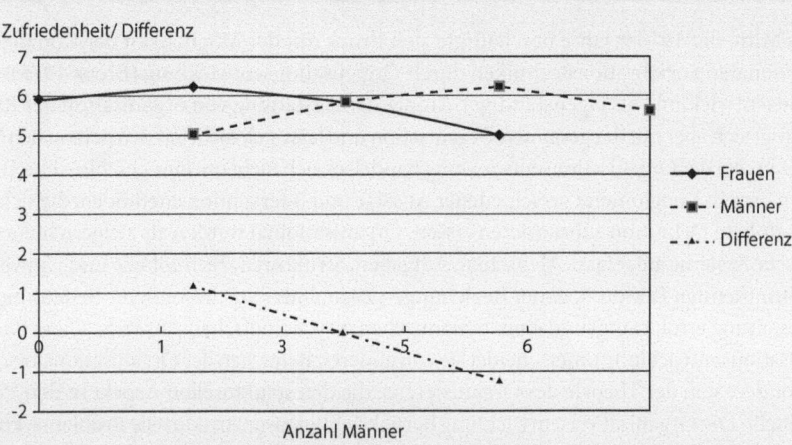

◘ Abb. 4.3   individuelle Zufriedenheit nach Geschlecht

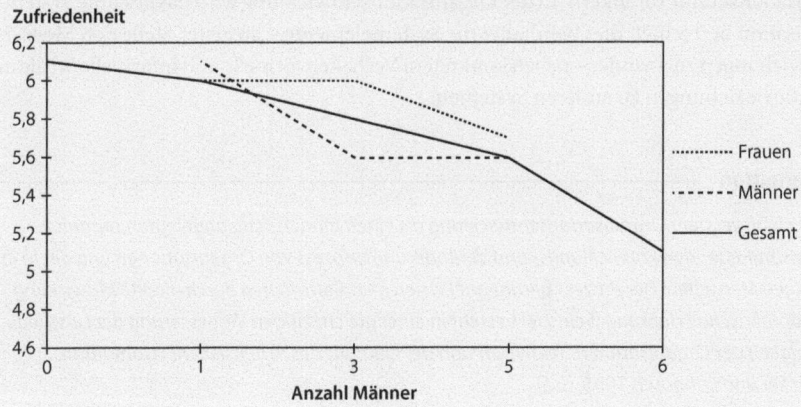

◘ Abb. 4.4   Gruppenzufriedenheit nach Geschlecht

für aufgabenorientierte Teams mit hoher Rollendifferenzierung kennzeichnend. Die zweite Einschränkung bezieht sich auf die Gruppendynamik. Den Teilnehmern am Experiment war bewusst, dass dies eine besondere Situation ist, dass es sich hierbei um eine Simulation handelt und dass die Gruppe, in die sie eingebunden wurden, nur kurzzeitig Bestand haben würde. Das beeinflusst das Erleben und Verhalten in erheblichem Maß: Einerseits müssen in der Ursachenattribution keine zukünftigen Interaktionen mit den Anwesenden berücksichtigt werden, und andererseits hat die Gruppe nicht die Zeit, um die Phasen der Gruppenentwicklung sequenziell ablaufen zu lassen. Der letzte Punkt ist speziell hinsichtlich des Dominanzverhaltens der Männer von besonderer Bedeutung – das Experiment dauerte nicht lange genug, um die Stormingphase überhaupt zu beenden. Letztlich waren alle Gruppenphasen parallel wirksam und das ist bei Gruppen im sozialen Feld nicht der Fall, da es sich dann, aufgrund der Ermangelung der Langfristigkeit des Interaktionszusammenhangs, nur um eine Ansammlung und nicht um eine Gruppe handeln würde.

4.4   Ansätze der Organisationsentwicklung

Bereits Mitte der 1970er Jahre beschäftigte sich Brock mit der Möglichkeit der Konzipierung von personalen Sozialisationstechniken durch Organisationsentwicklung (Brock 1975). Organisationsentwicklung als eigenständiger Ansatz der Gestaltung von organisationaler Realität beschäftigt sich aber mit der gesamten Organisation und lässt sich nicht auf den personalen Sektor begrenzen. Bei der Organisationsentwicklung handelt es sich nicht um eine geschlossene Theorie, sondern um ein Konglomerat verschiedener Ansätze und Interventionsmethoden, die sich unter die angeführte Definition subsumieren lassen. Organisationen werden als zielgerichtete soziotechnische Systeme aufgefasst. Menschen, Aufgaben, Strukturen, Technologie und Umwelt sind die bestimmenden Faktoren, deren Beziehungen zueinander von besonderer Bedeutung sind. Die Gestaltung erfolgt aufgrund eines dynamischen, psychologischen Ansatzes. Diese Basis der Organisationsentwicklung unterscheidet sie von anderen Bereichen der Organisationsforschung, insbesondere von der Theorie des Organisierens, die den strukturellen Aspekt in den Vordergrund stellt. Die Organisationsentwicklung berücksichtigt zwar strukturelle Probleme, konzentriert sich aber auf den Menschen in der Organisation, da Anpassungsfähigkeit letztlich von der Einsicht des Einzelnen, von seiner Flexibilität, seiner Kommunikationsfähigkeit, seinem Konfliktverhalten und seiner Motivation abhängig ist. Außerdem muss die Organisation diese in der Organisationskultur verankern. In der Organisationsentwicklung wird das gesamte System einer Organisation betrachtet, dies beinhaltet die Systemelemente – an erster Stelle den Menschen –, ihre Beziehungen zueinander – neben konkretem Verhalten formelle und informelle Strukturen –, sowie die Beziehungen zu anderen Systemen.

Definition

„Die GOE versteht Organisationsentwicklung als einen längerfristig angelegten, organisationsumfassenden Entwicklungs- und Veränderungsprozess von Organisationen und der in ihr tätigen Menschen. Der Prozess beruht auf Lernen aller Betroffenen durch direkte Mitwirkung undpraktische Erfahrung. Sein Ziel besteht in einer gleichzeitigen Verbesserung der Leistungsfähigkeit der Organisation (Effektivität) und der Qualität des Arbeitslebens (Humanität)."
(Becker und Langosch 1995, S. 5)

Mit dieser Definition der Gesellschaft für Organisationsentwicklung (GOE)[6] wird deutlich, wie sehr die klassische Organisationsentwicklung einem explizit normativ-wertgebundenem Vorgehen anhängt. Das normative Element ergibt sich aus der Idealvorstellung, wie Menschen miteinander umzugehen haben und was sie antreibt, kurz dem Menschenbild – wobei unterstellt wird, dass dies zu effektiveren Gesamtergebnissen einer Organisation führt. Das zugrundeliegende Menschenbild beschreibt Rosenstiel (1992, S. 420) folgendermaßen: „Organisationsentwicklung ist somit an der „Theorie Y" von McGregor [...] orientiert: Der Mensch wird als verantwortungssuchend, auf Erweiterung seiner Möglichkeiten bedacht und als eigeninitiativ verstanden." Demgegenüber steht die Theorie X McGregors, wonach der durchschnittliche Mensch Arbeit zu vermeiden versucht, weshalb er, um effektiv zu arbeiten, kontrolliert und mit Strafe bedroht

---

6   Die GOE wurde in den 1980er Jahren gegründet, in den 1990er Jahren aufgelöst und inzwischen wieder neu gegründet. Die aktuellen Versuche der definitorischen Abgrenzung wurden stärker hin zu einer Betonung der Berater-Perspektive (GOE 2012) entwickelt. Dies entspricht zwar einem grundsätzlichen Trend der Annäherung unterschiedlicher Beratungs-Ansätze (Elbe und Saam 2008), geht aber auf Kosten der definitorischen Klarheit.

werden muss (McGregor 1971). Das Menschenbild der Theorie X scheint auch heute noch das Sozial- und Führungsverhalten vieler Führungskräfte zu bestimmen – hier ist ein erster Ansatzpunkt für Maßnahmen der Organisationsentwicklung.

Es erscheint sinnvoll, zwischen Ansätzen und Interventionsmethoden der Organisationsentwicklung zu differenzieren. Ansätze sind als theoretische Grundhaltungen zu verstehen, die eng mit der Auffassung des Begriffes „Organisation" zusammenhängen. Interventionsmethoden dagegen unterscheiden sich nach der Art des Eingriffs, also der Vorgehensweise.[7] Ausgehend von Sievers (1977) können folgende Ansätze unterschieden werden: Prozessberatung, Managerial Grid, T-Groups, Survey-Guided Development und Kontingenztheorie. Der Autor räumt ein, dass es noch mehr Ansätze gibt, erachtet die aufgeführten jedoch aufgrund ihrer Verbreitung in Literatur und Praxis für die bedeutsamsten.

Grundlage des Ansatzes der *Prozessberatung* (Schein 2000) ist die Annahme, dass Organisationen niemals perfekt sind und die Organisationsmitglieder einer ‚Betriebsblindheit' unterliegen, weshalb sie Problembereiche nicht selbst identifizieren können. Dieses Dilemma wird durch einen externen Berater (change agent) aufgezeigt.[8] Der Prozessberater als change agent hilft dem Klienten zu erkennen und zu verstehen, was innerhalb des Klientensystems passiert, welche Beziehungen zwischen dem Klientensystem und der Umwelt relevant sind, und welche Prozesse hierbei einer Veränderung bedürfen (Schein 2000; Robbins und Judge 2012). Anschließend an eine Diagnosephase werden Interventionen vorgenommen, die „die Aktivierung und das Erlernen prozessorientierter Fertigkeiten sowie die dazu erforderlichen Einstellungsänderungen" (Sievers 1977, S. 13) zum Ziel haben. Besondere Bedeutung hat bei der Prozessberatung der Beratungskontrakt zwischen dem Klienten (der Organisation) und dem Berater oder Beraterteam. Erwartungen, Kompetenzen und Vorgehensweisen werden vertraglich geregelt, so dass dysfunktionale Prozesseingriffe verhindert werden.

Ein weiterer Ansatz ist der *Managerial Grid,* der Ende der 50er Jahre von R. Blake und H. S. Mouton aus Laboratoriumstrainingsmaßnahmen entwickelt wurde, für die sie auch erstmals den Begriff ‚Organization Development' verwendeten (French und Bell 1994). Grundlage ist die Vorstellung, dass eine Organisation, deren Manager die Dimensionen ‚concern for people' und ‚concern for production' als sehr wichtig einstufen, die beste sei. Um diese Idealvorstellung zu verwirklichen, ist in einem Sechs-Phasen-Modell die Organisation zu entwickeln:

1. In einem Trainingsseminar werden ausgewählte Manager in den Ansatz eingeführt.
2. Das kooperative Verhalten in Arbeitsgruppen aller Hierarchieebenen wird entwickelt.
3. Die Beziehungen zwischen Subsystemen der Organisation werden verbessert.
4. Die Organisationskultur wird entwickelt, in dieser Phase wird auch die Organisationsstruktur verändert und neue Organisationsstrategien werden erarbeitet.
5. Planungsstäbe setzen in den einzelnen Teilbereichen das neue Organisationsmodell um.
6. Die letzte Phase dient der Effektivitätskontrolle und Kritik.

Die *Trainingsgruppen (T-Groups)* wurden von Schülern Kurt Lewins (z. B. Ronald Lippitt, Warren Bennis oder Robert Blake) an den National Training Laboratories begründet und in den ersten Jahren in recht starrer Form durchgeführt:

» Man hielt eine Dauer von drei Wochen für notwendig, legte Wert darauf, dass sich die Mitglieder der T-Gruppe vorher nicht kannten und sorgte dafür, dass die einzelnen Gruppen im Laboratorium weitgehend isoliert blieben. (Schmidbauer 1973, S. 34)

---

7   Kappler und Wegmann (1983) führen abweichende Einteilungen an.

8   Zur Rolle und dem Verhalten des Beraters vgl. Elbe und Saam (2008).

Diese Enge ist im Lauf der Zeit einer größeren Flexibilität gewichen, prinzipiell findet der gruppendynamische Entwicklungsprozess aber in einer Trainingsgruppe (mit circa fünf bis zehn Teilnehmern) und mit einem oder zwei Beratern (Trainern/Moderatoren) statt. Das Setting ist ein vom regulären Arbeiten getrennter Bereich (z. B. ein Seminarraum in einem Tagungshotel, das sogenannte Laboratorium), der hiervon abgeleitete Begriff ‚Laboratoriumsmethode' bezeichnet also weniger ein Verfahren als eine Organisationsform für Entwicklungs- und Beratungsprozesse (Rechtien 2007).

Gegenstand des gruppendynamischen Prozesses sind die Selbstbeobachtung und Selbstreflexion der Teilnehmer als Individuen und als Gruppe. Dies wird durch Irritation und Intervention vonseiten der Berater angestoßen und ermöglicht ein niedrig strukturiertes Erfahrungslernen der Teilnehmer. Kern der Gruppendynamik bleibt das Aufeinanderwirken der Gruppenteilnehmer: Da Konflikte ebenso wie Arbeitsprozesse im sozialen Alltag der Organisation stattfinden, stellen eben auch Gruppen das angemessene Setting dar, um jene zu bearbeiten und Entwicklungen einzuleiten. Wichtige Arbeitsprinzipien in T-Gruppen sind: das Hier-und-Jetzt-Prinzip, Feedbackprozesse, der doppelte Fokus auf Struktur und Prozess sowie eine bewusste Rollen- und Beziehungsgestaltung (König 2004). Mit dem Hier-und-Jetzt-Prinzip wird einerseits ein Wahrnehmungsfokus bezeichnet, bei dem der Berater davon ausgeht, dass sich Probleme des Klientensystems als Fragestellung im Setting der T-Gruppe (also im Hier und Jetzt) abbilden. „Auch wenn also zur Bearbeitung einer Fragestellung Exkurse in Vergangenheit und Zukunft nötig sind, so geschieht dies im Hier und Jetzt der aktuellen Situation" (König 2004, S. 14). Andererseits beinhaltet das Hier-und-Jetzt-Prinzip die Gelegenheit für die Beteiligten, sich über eigenes und fremdes Verhalten, Wünsche und Motivunterstellungen bewusst zu werden und so Selbst- und Fremdwahrnehmung im Rahmen eines Feedbackprozesses abzugleichen. „Die Multiperspektivität einer Gruppe wird in dieser Weise von einem potentiellen Hindernis in eine Ressource verwandelt" (König 2004, S. 14). Durch die gegenseitigen Feedbackprozesse werden Metakommunikation ermöglicht und die Handlungs- und Problemlösekompetenz der Gruppe erhöht, wobei sowohl Strukturen also auch Prozesse der Zusammenarbeit entwickelt werden. Zugleich werden Beziehungen zwischen den Gruppenteilnehmern und Rollenverhalten infrage gestellt und neu justiert. Für den Berater stellt dies eine erhebliche Herausforderung dar: Er muss sich einerseits in die Gruppe so einbringen, dass er Veränderungsprozesse initiieren kann, andererseits aber die professionelle Distanz wahren und es der Gruppe selbst ermöglichen, die von der Gruppe als relevant erachteten Probleme zu bearbeiten und zu eigenen Lösungen zu kommen.

» Um diesen Positionswechsel im Sinne des Klientensystems einsetzen zu können und nicht den eigenen Machtvorstellungen und Gegenübertragungen aufzusitzen, bedarf es einer doppelten Betrachtungsweise: Einerseits schaue ich auf das Klientensystem und seine Dynamik, andererseits auf die Wechselwirkung, die sich zwischen mir bzw. Beratersystem und Klientensystem ergeben. (König 2004, S. 15)

Die Dynamik von T-Gruppen lebt von der Interaktion des Einzelnen mit der Gruppe. Das bedeutet, dass auch die einzelnen Teilnehmer sich ihrer selbst und ihrer Wirkung bewusst werden müssen. Gruppendynamische Beratung umfasst damit immer auch Aspekte der Persönlichkeitsentwicklung – dies stellt sogar eine ganz besondere Verantwortung der Berater in gruppendynamischen Settings dar. Diese Herausforderung greift insbesondere das Sensitivity Training (Schmidbauer 1973; Rechtien 2007) auf, wobei hierdurch die eigene Sensitivität, also das Empfinden des Selbst und des eigenen Erlebens als emotional-reflexiver Prozess gesteigert werden soll. Hiermit sind sowohl Empathie – als Fähigkeit, sich in andere hineinzuversetzen – als auch die Bewusstwerdung der eigenen sozialen Identität – Wie nehmen mich andere wahr? – und

	anderen unbekannt	anderen bekannt
mir bekannt	*verborgenes Selbst*	*offenes Selbst*
mir unbekannt	*unbekanntes Selbst*	*blindes Selbst*

◻ **Abb. 4.5**   Johari-Fenster

die Wechselwirkung zwischen Gruppenprozessen und einzelnen Gruppenmitgliedern gemeint (Rechtien 2007).

Aus der gestalttherapeutischen Gruppenarbeit ist ein Ansatz besonders eingängig, um das Individuum im Gruppenkontext zu thematisieren und zu aktivieren: der heiße Stuhl nach Fritz Perls (Hartmann-Kottek 2012). Hier wird die besondere Rolle eines Gruppenmitgliedes in einer Phase der gruppendynamischen Arbeit deutlich gemacht, indem dieses einen herausgehobenen Platz einnimmt, z. B. einen bestimmten Stuhl am Rand oder in der Mitte (eben den ‚heißen Stuhl‘), grundsätzlich sind aber auch andere Positionen, z. B. Liegen oder auch Bewegung im Raum, möglich. Wichtig ist, dass derjenige, der die zentrale Position einnimmt, individuelle Gedanken, Fantasien, Emotionen, Gesten und Haltungen zeigt, sich also exponiert und damit sich selbst zum Gegenstand eines GruppenFeedbacks macht. Die Gruppenmitglieder folgen in ihrem Feedback der freien Assoziation, wodurch ein umfassender Kontext und unbewusste Vorstellungen des Zusammenhangs (der Gestalt), in dem sich der Einzelne im Gruppenkontext befindet, offengelegt werden. Die Gruppe wird damit selbst zur Gestalt. Das Feedback der Gruppenmitglieder kann durchaus konfrontativen Charakter annehmen, weshalb hier eine sorgsame Steuerung der Gruppendynamik durch den Trainer/Berater notwendig ist und ein konsequentes Aufarbeiten der Gruppenprozesse. In größeren Gruppen wird dies durch die sogenannte ‚Fish Bowl & Open Chair‘-Methode umgesetzt (Baumfeld und Plicka 2005). Hierbei werden zwei oder mehr Kreise gebildet (Fish Bowl), wobei im inneren Kreis diskutiert wird; Außenkreise haben Beobachterstatus. Wird dies um einen Open Chair erweitert, dann wird ein Stuhl in die Mitte gestellt, den jeder besetzen kann, um Statements abzugeben, der dann aber wieder verlassen wird, um ihn auch für andere frei zu machen.

Ein weiteres Instrument, um Gruppenmitglieder mit den Wechselwirkungen innerhalb der Gruppe in Berührung zu bringen und Reflexionsprozesse anzuregen, ist das Johari-Fenster – benannt nach Joe Luft und Harry Ingram, die diese Technik entwickelt haben. Anhand von individuellem und kollektivem Wissen werden verschiedene Aspekte des Selbst wie auch von Gruppen bearbeitet. ◻ Abbildung 4.5 zeigt die Grundstruktur des Johari-Fensters (in Anlehnung an Schein 2000) aus Perspektive eines Individuums.

Feld 1 – Offenes Selbst: Diese Aspekte meines Selbst sind mir durchaus bewusst und auch für andere offen wahrnehmbar.

Feld 3 – Blindes Selbst: Das ist der „blinde Fleck" unseres Selbst, diese Aspekte unseres Verhaltens sind für andere sichtbar, uns selbst aber nicht bewusst. Dabei geht es um Abgewehrtes, Vorbewusstes und nicht mehr bewusste Gewohnheiten.

Die Felder 1 und 3 beschreiben also Teile unseres Selbst, die wir unseren Mitmenschen zeigen. Die oberen beiden Quadranten zeigen damit Bereiche, die uns selbst bewusst werden, wohingegen die unteren beiden Felder (3 und 4) Aspekte des Selbst wiedergeben, die uns unbekannt sind.

Feld 2 – Verborgenes Selbst: Das ist der Teil meines Selbst, den ich anderen nicht zeigen möchte, der mir aber durchaus bekannt und auch bewusst ist. Entsprechende Verhaltensanteile versuche ich zu verstecken.

Feld 4 – Unbekanntes Selbst: Dieses Feld erfasst Teile meines Selbst, die weder mir noch anderen bekannt sind und damit im Unbewussten bleiben. Diese muss die Gruppe insgesamt erst entdecken.

In der hier gezeigten Grundstruktur nehmen die vier Felder jeweils einen gleich großen Raum in der Matrix ein. Für eine Gruppe lassen sich die Felder aber in unterschiedlicher Relation zueinander darstellen, je nach Verstehens- und Kommunikationsintensität in den einzelnen Feldern. Mit dem Johari-Fenster lassen sich so gruppendynamische Situationen visualisieren, Entwicklungsziele erarbeiten und Entwicklungserfolge dokumentieren. Visualisiert werden hierbei Formen des Selbst- und Fremdverstehens anhand von Wissenselementen.

Bisher wurden die gruppendynamischen Verfahren im Rahmen eines Laboratoriumssettings dargestellt (T-Gruppen). Dies lässt sich durch den Ansatz des *Survey-Feedbacks* auch in den Arbeitsalltag übertragen und integrieren. Hierbei kommt der Diagnosephase eine besondere Bedeutung zu. Eine genaue, möglichst quantitative Datenerhebung soll Verhaltensursachen für Probleme und Dysfunktionalitäten innerhalb einer Gruppe aufdecken (Elbe 1997). Hierfür eignen sich z. B. Mitarbeiterbefragungen oder auch Beurteilungsverfahren (z. B. zur Vorgesetztenbeurteilung). Die aufgrund der Datenerhebung (Survey) festgestellten Probleme können mit verschiedenen Interventionsmethoden bearbeitet werden – vgl. hierzu den Abschnitt zur Moderation. Wichtig ist nun, dass hierbei die ausgewerteten Informationen an die Betroffenen wieder zurückgespiegelt werden (Feedback) und diese selbst die Interpretation und daraus zu ziehende Schlussfolgerungen vornehmen. Hier setzt der gruppendynamische Prozess im Survey-Feedback an. Die Betroffenen werden zu Beteiligten gemacht, die sich in ihrem Veränderungsbemühen gegenseitig beeinflussen und verstärken. Die Beratertätigkeit ist als Input zu verstehen, der durch den Prozess der systemischen Organisationsentwicklung begleitet und methodisch unterstützt. Die Grundvorstellung des Survey-Feedbacks ist die Überzeugung, dass

» [...] eine intensive Gruppendiskussion zur Nutzbarmachung der Ergebnisse einer schriftlichen Mitarbeiterbefragung ein wirksames Instrument zur Einführung positiver Veränderungen in Unternehmen sein kann. Möglicherweise beruht der Erfolg dieser Methode darauf, dass sie sich – im Vergleich zu traditionellen Trainingskursen – mit dem System der menschlichen Beziehungen als Ganzes befaßt (Vorgesetzte und Untergebene können sich gemeinsam verändern) und dass sie sich mit jedem Manager, Vorgesetzten und Angestellten im Kontext seiner eigenen Arbeit, seiner eigenen Probleme und seiner eigenen Arbeitsbeziehungen befasst. (Baumgartel 1959, zit. nach French und Bell 1979, S. 39)

Das Survey-Feedback-Verfahren ist dabei als zyklischer Prozess zu sehen. Die Schlaufen der Datenerhebung – Datenauswertung – Datenrückspiegelung sind mehrfach zu durchlaufen, wobei in der Feedbackphase schon die neue Datenerhebung angelegt ist. Diesen zyklischen Verlauf zeigt ◘ Abb. 4.6, den Wendell French für die Aktionsforschung generell entworfen hat, der aber das Wechselspiel zwischen Datensammlung (Survey) und Rückspiegelung (Feedback) sowie die hierfür relevanten Zwischenschritte gut zusammenfasst (in Anlehnung an French und Bell 1994).

Hier werden zwei Zyklen des Survey-Feedbacks dargestellt – die Anzahl der Zyklen, die benötigt werden, um ein Problem konkret zu bearbeiten, ergibt sich erst mit der Arbeit im Feld. Es hängt von der Problemstruktur und dem Umgang der Betroffenen mit dem Prozess ab, wann der Entwicklungsprozess als gesättigt, das Problem als bearbeitet gelten kann. Eine genaue,

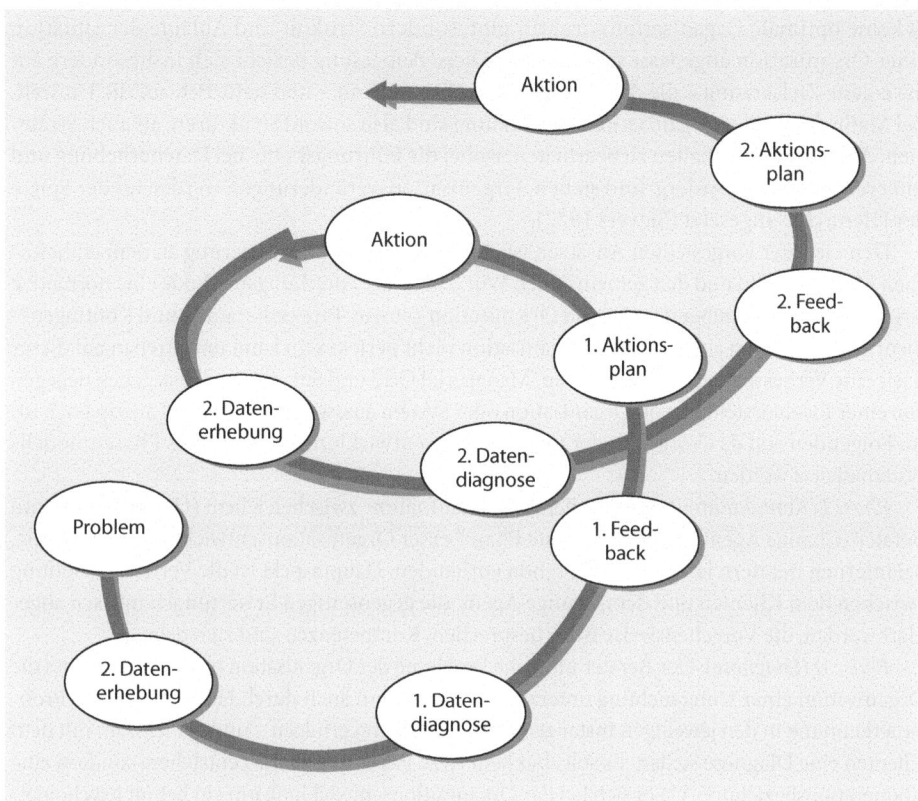

Abb. 4.6 Survey-Feedback-Zyklen

quantitative oder qualitative Datenerhebung soll Verhaltensursachen für ineffektive Verarbeitungsprozesse innerhalb der Organisation aufdecken. Die aufgrund der Datenerhebung (Survey) festgestellten Probleme können mit verschiedenen Interventionsmethoden bearbeitet werden. Wichtig ist aber auch hier die Beteiligung der Betroffenen. Dies wird übelicherweise durch Feedback der Ergebnisse an die Betroffenen erreicht (deswegen auch: Survey-Feedback-Ansatz). Die Beratertätigkeit ist als Input zu verstehen, der durch den organisationsinternen Transformationsprozess zur Organisationsentwicklung führt (Systemorientierung des Ansatzes). Nach Sievers (1977) hat der Berater eine Funktion, die sich von der bei anderen Ansätzen deutlich abhebt. „Die Rolle des Beraters ist weniger die eines Katalysators als vielmehr die eines Übermittlers zwischen dem für den Organisationsablauf relevanten wissenschaftlichen Wissen und der jeweiligen Organisation, in der er handelt" (Sievers 1977, S. 15f.). Bei den anderen Ansätzen hat der Berater – in Interaktion mit den Organisationsmitgliedern – die ‚Katalysatoren-Rolle' und nicht die eines Wissensübermittlers. Das Survey-Feedback stellt zusammen mit den T-Gruppen (Laboratoriumsmethode) den klassischen Kern der Organisationsentwicklung dar. Hier konnten nur einige ausgewählte Methoden dargestellt werden, zur Vertiefung der gruppendynamischen Methoden sei auf König und Schattenhofer (2010) sowie Rechtien (2007) verwiesen.

Oberstes Kriterium der *Kontingenztheorie* ist der Zweck der Organisation, an ihm ist die Organisationskultur auszurichten. Mit Kontingenz wird die Verträglichkeit, bzw. Übereinstimmung zwischen Organisation und Umwelt bezeichnet. Es wird davon ausgegangen, dass es keine optimale Organisationsstruktur gibt, sondern Struktur und Abläufe der Situation einer Organisation angepasst sein müssen. Diese Anpassung bezieht sich insbesondere auf die eigene Zielsetzung – die Änderungen unterliegen kann – und natürlich auf die Umwelt. Bei Maßnahmen der Organisationsentwicklung sind also sowohl Strukturen, als auch Strategien, Abläufe und Verhalten zu bearbeiten, wobei die Führungskräfte bei Datenerhebung und Interventionen im Vordergrund stehen, Organisationsveränderungen werden an der Spitze der Hierarchie angesetzt (Sievers 1977).

Den vier hier vorgestellten Ansätzen ist abgesehen von der Orientierung an dem einheitlichen Menschenbild und den gemeinsamen Wurzeln in der Forschungsmethode eine normative Grundhaltung gegenüber dem Begriff Organisation gemein. Prozessberatung und Kontingenztheorie gehen davon aus, dass eine Organisation nicht perfekt sein kann und streben auf dieser Basis eine Verbesserung der Situation an. Managerial Grid und Survey-Feedback gehen dagegen von einer Idealvorstellung von Organisation oder System aus, welcher der Klient anzupassen ist. Im Folgenden soll das Vorgehen der Organisationsentwicklung anhand eines Phasenmodells systematisiert werden.

Phase I (Kontaktaufnahme): Mit der Kontaktaufnahme zwischen Klient (Organisation) und Berater (Change Agent) beginnt die erste Phase[9] einer Organisationsentwicklungsmaßnahme, bei internen Beratern ist der Kontakt schon vorhanden. Hauptaspekt ist die Vertrauensbildung zwischen dem Klienten und dem Change Agent, die gegenseitigen Erwartungen müssen abgeklärt werden, die Vorgehensweise ist zu besprechen, Kompetenzen sind zu regeln.

Phase II (Diagnose): Der Berater muss die Probleme der Organisation bloßlegen, er muss die Organisation einer Untersuchung unterziehen – dies kann auch durch Hilfestellung zur Problemerkennung in den jeweiligen Instanzen der Organisation erfolgen – und gemeinsam mit dem Klienten eine Diagnose stellen. Es soll aber kein Arzt-Patient Verhältnis entstehen, sondern eine Kooperationsbeziehung. Da es sich bei der Organisationsentwicklung um ein betont psychologisches Vorgehen handelt, wird – neben einer Untersuchung der Strukturen und Kontingenzen – der Mensch im Mittelpunkt der Datensammlung stehen. Vorgegangen wird dabei mit Mitteln der empirischen Sozialforschung, wobei es sich in der Regel um ein systematisches oder quasi-experimentelles Vorgehen im Feld in Form von Befragung oder Beobachtung handelt (hierzu Rosenstiel 1992a, Elbe 2015a). Die Grundlagen der Aktionsforschung sind zu berücksichtigen, wobei Aktionsforschung die wissenschaftliche Erkenntnisgewinnung im sozialen Feld ist. Hierbei werden die Betroffenen als gleichberechtigte Partner beteiligt und es wird von der Annahme ausgegangen, dass durch die Forschung das soziale Feld und somit der Forschungsgegenstand sich verändert (Hart und Bond 2001). Dimensionen der Organisationsdiagnose sind (nach Franke und Kühlmann 1989):

- *Arbeitsplatz* (Innovationsbereitschaft, Handlungsspielraum, Leistungsdruck und Kontrolle),
- *Arbeitsgruppe* (Kommunikationsmuster, Führungsstil, Kohäsion und Konflikte), sowie
- *Gesamtorganisation* (Aufstiegsmöglichkeiten, Transparenz, Hierarchisierung und Partizipation).[10]

Phase III (Intervention): Die Interventions-Phase baut auf die Diagnose auf. Durch Anwendung von Interventionsmethoden wird dem Klienten geholfen, die Probleme aktiv anzugehen und

---

9   Die hier getroffene Phaseneinteilung ist ein genereller Anhalt; aufgrund des interaktiven Prozesses der Organisationsentwicklung kann es Überschneidungen von Phasen geben (z. B. Diagnose und Survey-Feedback Methode).

10   Zur Vertiefung des Vorgehens bei der Organisationsdiagnose vergleiche das Handbuch zur Organisationsdiagnose von Werner und Elbe (2013) sowie das Lehrbuch zur Organisationsdiagnose von Elbe (2015a).

sich zu wandeln. Organisationsentwicklung ist geplanter sozialer Wandel. Die in der Literatur am häufigsten aufgeführten Interventionsmethoden sind die Laboratoriumsmethode (laboratory training) und die Survey-Feedback Methode. Diese beiden klassischen Interventionsmethoden der Organisationsentwicklung stellen die Quelle des sozialpsychologischen Vorgehens der Organisationsforschung dar – sie sind aber eingebettet in weitere Maßnahmen einzusetzen.[11] Maßnahmen zur Teambildung (z. B. durch Outdoor-Training im Rahmen von Teamentwicklungs-Workshops), zur Verbesserung von Inter-Gruppenbeziehungen, zur Personalentwicklung, strukturelle Veränderungen und Zweckanalysen sind für ein erfolgreiches Organizational Development unerläßlich. Am Ende der dritten Phase wird eine neue Organisationsstruktur eingenommen, die Strategien wurden überprüft und eine personale Entwicklung der Organisationsmitglieder hat stattgefunden.

Phase IV (Kontrolle): Diese Phase dient der Erfolgskontrolle. Durch eine abschließende Datenerhebung kann der Veränderungsgrad festgestellt werden, die gemachten Erfahrungen werden ausgewertet und die Maßnahme wird stabilisiert, d. h. institutionell verankert. Die Organisationsentwicklungsmaßnahme ist abgeschlossen, der Berater scheidet aus oder übernimmt (im Falle eines internen Beraters) neue Aufgaben. Der Prozess der Organisationsentwicklung wirkt jedoch weiter, auch wenn die Maßnahme selbst abgeschlossen ist und der Berater andere Aufgaben wahrnimmt.

Während die Phasenmodelle der organisationalen und personalen Sozialisation (vgl. ▶ Kap. 3) als Modellierung ontogenetischer Prozesse – also von lebensgeschichtlichen Veränderungen – zu verstehen sind, ist das hier vorgestellte Phasenmodell der Organsationsentwicklung Ausdruck eines zielgerichteten Gestaltungswillens mit dem Ziel psycho-soziale und ökonomische Verbesserungen zur erreichen. Die Verflechtung von (auch wissenschaftlichem) Erkenntnisgewinn und normativem Gestaltungswillen – zur Bearbeitung sozialer Konflikte – ist schon bei Lewin (1968) angelegt. Im Rahmen der Organisationsentwicklung gibt es generell eine Vielzahl von theoretischen Ansätzen und Interventionsmethoden (Cummings und Worley 1993). Durch das hier vorgestellte Phasenmodell wurde aber ein Überblick über das prinzipielle Vorgehen bei einer Organisationsentwicklungsmaßnahme gegeben. Die Organisationsentwicklung geht von einer systemischen Ansicht von Organisationen aus und gestaltet auf dieser Basis sowohl interne als auch externe Aspekte der Organisation. Ziel von Organisationsentwicklung ist regelmäßig die Steigerung der ökonomischen Effizienz bei gleichzeitiger Humanisierung der Arbeitswelt – Steigerung der sozialen Effizienz. Diese Zieldualität entspricht den beiden Bereichen Betrieblicher Sozialisation, sie lässt sich aber im Aspekt des organisationalen Lernens zusammenführen, da Organisationsentwicklung aufgrund ihrer Methoden auf eine Verbesserung der Lernfähigkeit des Gesamtsystems und damit der Anpassungsfähigkeit durch Komplexitätsreduktion abzielt. Der Zielkorridor der Organisationsentwicklung verengt sich somit auf die Gestaltung organisationaler Sozialisation.

Die Gestaltungsoptionen der Organisationsentwicklung in Bezug auf organisationale Sozialisation sind in hohem Maße von der Sozialisationsphase des Systems, in der sie initiiert wird abhängig. Organisationsentwicklung in Idealform bedeutet ständigen geplanten sozialen Wandel. Schon in der Vorstufe des Phasenmodells organisationaler Sozialisation erfahren Gruppenbildung, Strukturplanung und kulturelle Ausrichtung des Systems eine sozial-psychologische Unterstützung. Kommunikation, Konfliktbewältigung und Wahrnehmung werden durch den Berater, der in diesem Fall eng mit der Organisation verknüpft bleibt, so moderiert, dass die Lernfähigkeit der Organisation und damit ihre Anpassungsfähigkeit gewährleistet sind. Die Rollenerwartungen an die Organisation werden dabei bewusst gemacht. Die Sozialisation der Organisation

---

11   Zu den Interventionen vgl. French und Bell (1994).

kann somit ohne Friktion verlaufen. Die Organisationskultur bildet sich als dynamischer Integrationsfaktor und anpassungsfähige Handlungsmaxime heraus. Organisationsentwicklung wird selbst Teil der Kultur. Als ständiger geplanter sozialer Wandel wirkt Organisationsentwicklung in den folgenden Phasen der organisationalen Sozialisation.

In der auf die Gründung folgenden Phase der Emanzipation gestaltet die Organisationsentwicklung durch fortgesetzte Anwendung des Instrumentariums die Loslösung der Organisationskultur vom Einfluss der Gründer. Auch in der Anpassungsphase wird die Neuinterpretation der Umweltanforderungen auf der Basis der sich geplant anpassenden Organisationskultur (Institutionalisierung von Organisationsentwicklung) gewährleistet. Das Scheiterrisiko der organisationalen Sozialisation ist dadurch auf der Grundlage des Bewusstseins des Anpassungsprozesses minimiert. Dies ist von besonderer Bedeutung für die Durchführung von Maßnahmen des Change Managements. Hiermit wird der Prozess des geplanten sozialen Wandels in Organisationen unter Berücksichtigung von ökonomischer und sozialer Effizienz und Effektivität bezeichnet, wobei der Projektcharakter des Change Managements hervorzuheben ist (Doppler und Lauterburg 2008; Kostka und Mönch 2006). Beim Change Management wird der Führungs- und Gestaltungsanteil des Managements gegenüber den Betroffenen stärker betont, als in der klassischen Organisationsentwicklung, auf die dieser Ansatz der Veränderung von Organisationen gleichwohl aufbaut und damit zur projektorientierten Anpassung Betrieblicher Sozialisationsprozesse.

4.5   Kultur und Identität

Das Management der Organisationskultur wird nicht nur durch ein kulturbewusstes Management der Sozialisationsprozesse und die Organisationsentwicklung gestaltet, vielmehr erscheint die Organisation als korporativer Akteur mit einer eigenständigen Identität (Elbe 2013a). Auch die organisationale Identität bildet sich – wie bereits im Rahmen der Darstellung der organisationalen Sozialisation deutlich wurde – aufgrund der Auseinandersetzung mit der sozialen Umwelt heraus. Hier ist das Zusammenspiel zwischen einer unmittelbare Ich-Identität mit der sozialen Mich-Identität als innere Verarbeitung des von außen an die Organisation als System herangetragenen Inputs – insbesondere im Sinne von Feedback – für die Ausbildung der organisationalen Identität konstitutiv (Elbe 2013a; Boros 2009). Diese zu gestalten und mit den organisationskulturellen Ansätzen in Verbindung zu bringen ist Anliegen des Ansatzes der ‚Corporate Identity‘ (Unternehmenspersönlichkeit).

Mit Corporate Identity wird ein Management-Ansatz bezeichnet, welcher eng mit einer marktorientierten Anwendung verknüpft ist und häufig dem Bereich des strategischen Marketings zugeordnet wird. Auch hier sollen auf der Grundlage einer systemischen Perspektive die Erscheinungsformen und Handlungen von Unternehmen in konsistenten Zusammenhang gebracht werden. Auf die Subjektivität der Wahrnehmung wird nicht eingegangen, vielmehr wird die Erreichbarkeit einer einheitlichen Wahrnehmung der Erscheinung und des Handelns von Organisationen unterstellt. Die Ausrichtung einer Organisation auf Corporate Identity erfolgt in drei Teilbereichen organisationaler Realität: ‚Corporate Attitude/Corporate Behavior‘ (Unternehmensverhalten), ‚Corporate Communications‘ (Unternehmenskommunikation) und ‚Corporate Design‘ (Unternehmenserscheinungsbild). Die einzelnen Bereiche beschreiben Wiedmann und Jugel (1987, S. 188) folgendermaßen: „[…]

- Corporate Communications (CC) = systematischer kombinierter Einsatz aller Kommunikationsinstrumente (Absatz- bzw. Produktwerbung, Verkaufförderung, Personalwerbung, Öffentlichkeitsarbeit usw.) […]

- Corporate Design (CD) = symbolische Identitätsvermittlung im Wege eines systematisch aufeinander abgestimmten Einsatzes aller visuellen Elemente der Unternehmenserscheinung wie z. B. unternehmenstypische Zeichen, Farben, Schrifttypen und Gestaltungsraster [...]
- Corporate Behavior (CB) = in sich schlüssige und damit widerspruchsfreie Ausrichtung aller Verhaltensweisen der Unternehmensmitglieder im Innen- wie auch Außenverhältnis."

Grundlage des Einsatzes dieser Instrumente ist die Erhebung des Ist-Images der Organisation und der Definition eines Soll-Images in den Teilbereichen. Dies zeigt die Verwandtschaft zum Variablenansatz der Organisationskultur, wobei primär der Aspekt der Artefakte betrachtet wird. Hinterhuber und Winter (1991) beschäftigen sich mit diesem Zusammenhang. Sie kommen zu dem Ergebnis, dass es sich hierbei um zwei unterschiedliche Ansätze handelt, die sich aber im Bereich des Corporate Attitude treffen. „Die beiden anderen Komponenten der Corporate Identity – *Corporate Design* und *Corporate Communications* – sind dagegen Phänomene, die ‚gemacht' werden können, sie sind Führungsaufgaben, die von der Unternehmensleitung zentral gesteuert werden müssen" (Hinterhuber und Winter 1991, S. 199). Diese Abgrenzung berücksichtigt nicht, dass auch die Kommunikation und die dingliche Umwelt (z. B. Architektur, Raumgestaltung, Technologien) zu den Artefakten zählen. Corporate Identity wird somit ein spezieller Gestaltungsansatz der Organisationskultur.

Während Corporate Identity als Gesamtkonzept auf eine Steigerung der Anpassungsfähigkeit an die Umwelt (hier im Sinne von Märkten) abzielt, unterstützt das Konzept also auch die Bewusstseinsbildung über die Existenz einer Persönlichkeit der Unternehmung bei den Mitgliedern durch konsequente Darstellung dieser Persönlichkeit (Elbe 2013a). Corporate Identity zielt damit auf den gesamten Komplex der Betrieblichen Sozialisation, der Schwerpunkt findet sich jedoch aufgrund der Ausrichtung nach ‚innen und außen' im organisationalen Aspekt. In sozialisationstheoretischer Diktion liegt der Kern der Gestaltungsbemühungen dieses Ansatzes im Bereich des Rollenaushandelns. Durch die konsequente Darstellung der Unternehmenspersönlichkeit werden die verschiedenen Rollen der Organisation (z. B. gegenüber Lieferanten oder Leistungsempfängern, in Verbänden) klar vermittelt. Gleichzeitig wird durch partnerorientierte Kommunikation die Rollenerwartung anderer wahrgenommen und somit der Mechanismus des Rollenaushandelns unterstützt. Der von Birkigt, Stadler und Funk (2002) angeführte Bewusstwerdungsprozess zielt aber auch auf eine Bewusstwerdung der intersubjektiv geteilten Wirklichkeitskonstruktion als Kern der Persönlichkeitsentwicklung einer Organisation und auf den damit verbundenen Lernprozess.

Aufgrund der Dynamik des Ansatzes ist die Entwicklung der Corporate Identity als ständiger Prozess aufzufassen, der in allen Phasen der organisationalen Sozialisation Wirkung entfalten kann. Speziell bei zunehmender Dynamisierung der Märkte ist es wichtig, durch konsequente Selbstdarstellung Rollen bewusst zu machen und somit die Basis für eine Anpassung an veränderte Rollenerwartungen zu legen. Dies beginnt in der Vorstufe der organisationalen Sozialisation und wirkt in den folgenden Phasen weiter. Problematisch erscheint die pragmatische Grundorientierung des Ansatzes, die Identität des Unternehmens wird als Variable aufgefasst, die im Sinne betriebswirtschaftlicher Unternehmensführung gestaltbar ist.[12] Eine vollkommene Gestaltbarkeit der durch die organisationale Sozialisation entstandenen Unternehmenspersönlichkeit ist aufgrund der Komplexität der Umwelt und somit der Sozialisationsbedingungen nicht erreichbar. Corporate Identity kann aber zur Komplexitätsreduktion beitragen und die relevanten Einflussmöglichkeiten aufzeigen helfen.

---

12 Auf die Verwandtschaft zum Variablenansatz der Unternehmenskultur wurde bereits hingewiesen.

4.6   Differentielles Personalmanagement

Wir hatten Organisationskultur als Anpassungsdeterminante der personalen Sozialisation eingeführt. Die prinzipiellen Gestaltungsmöglichkeiten der personalen Sozialisation werden durch die Verknüpfung von organisationskulturellen Rahmenbedingungen und Handlungsbereichen des Personalmanagements aufgezeigt. Diese Verknüpfung bedingt eine grundsätzliche, strategische Orientierung: Personalmanagement im Sinne von kulturbewusstem Management bedeutet, dass Personalarbeit die Existenz von Organisationskultur berücksichtigt und vor diesem Hintergrund in den personalwirtschaftlichen Funktionen zu gestalten versucht (Bröckermann 2009; Marr 1989a). Personalauswahl, Personalentwicklung, aber auch Personalfreisetzung erfolgen somit auf der Basis der bewussten Aspekte der Organisationskultur und dienen gleichzeitig der Unterstützung kultureller Dynamik. Dies betrifft die personale Sozialisation als Anpassungsprozess an die Organisationskultur sowohl im Qualifizierungs- als auch im Sozialwerdungsprozess. Grundvoraussetzung einer Gestaltung personaler Sozialisation ist somit Personalmanagement im Sinne von kulturbewusstem Management. Die Bedeutung der Sozialisation im Rahmen des Personalmanagements betonen Berthel und Becker (2013) und ordnen diese (unter Rückgriff auf Türk 1981) in das System sozialer Kontrolle im Unternehmen ein. Ausgehend von sozialer Kontrolle, die bereits durch die Sozialisation für und in den Beruf ausgeübt wurde, bemühen sich Organisationen durch Lobby- und Verbandsarbeit (z. B. über Kammern) Bildungsprozesse in ihrem Sinn zu beeinflussen und durch Personalwerbung (erweitert: Employer Branding) die Kontaktaufnahme zu kontrollieren. Anschließend daran findet im Rahmen von Selektion und Allokation des Personals sowie durch Personalentwicklung (Förderung, Aus- und Weiterbildung) eine Kontrolle des organisationalen Potenzials statt. Die konkrete Handlungskontrolle erfolgt nach Berthel und Becker (2013) entweder unpersönlich (über technische oder administrative Verfahren, Anreizsysteme oder Stellenzuschnitte) oder mittels persönlicher Kontrolle (Führungsprozesse) durch Vorgesetzte, andere Mitarbeiter und natürlich durch Gruppenprozesse.

Prinzipiell wird hier noch von einer einheitlichen Ausrichtung und Struktur der Mitarbeiter im organisationalen Kontrollsystem ausgegangen. Eine einheitliche Ansprache erscheint aber zunehmend schwierig. Bereits seit Beginn der 1980er Jahre war „Ein Abrücken vom hypothetischen Konstrukt der ‚Norm(al)-Person' als Grundlage der nomothetisch orientierten Personalwirtschaft […]" (Marr und Friedel-Howe 1989, S. 327) festzustellen. Die Notwendigkeit, sich dem Individuum zuzuwenden, wurde generell erkannt, da schon seit längerem die Personalarbeit nicht mehr auf das Bild eines ‚durchschnittlichen' Arbeitnehmers abgestellt werden konnte, sondern aufgrund der zunehmenden Individualisierung der Gesellschaft und der heterogenen Gruppen von Arbeitnehmern (ausländische Mitarbeiter, ältere Mitarbeiter, Frauen mit Hochschulabschlüssen, Berufseinsteiger etc.) eine Hinwendung zu Individualisierungskonzepten notwendig wurde. Drumm (2004) sieht als eines der strategischen Ziele des Personalmanagements die Aufgabe, die Mitarbeiter und insbesondere die Führungskräfte, zu strategischem Denken und Handeln anzuleiten. Möglichkeiten zur Umsetzung dieses Zieles sieht er in Formen der Individualisierung und in der Personalentwicklung. Bei der konzeptionellen Gestaltung beziehen sich die meisten Autoren auf eine ‚individuelle Personalwirtschaft' (Drumm 1989a). Es gibt verschiedene Facetten individueller Konzeptionen, die sich kaum zu einer geschlossenen Theorie vereinigen lassen. Während Drumm (1989b) einzelne personalwirtschaftliche Konfliktfelder (Arbeitszeit, Vergütung, Personalentwicklung und Führung) in Richtung Individualisierung konzipiert, betrachten Kießler (1989) oder Conrad (1989) Individualisierung vor einem interaktionistisch-handlungsorientierten Hintergrund. Neuberger (1989) dagegen beleuchtet den Zusammenhang zwischen Individualisierung und symbolischem Management. Gemeinsam ist diesen Ansätzen der Individualisierungsgedanke in seiner Reinform: Es wird auf die einzelne Person abgehoben, Gruppenbildung wird in diesem Zusammenhang nicht betrachtet. Neuberger (1989) zeigt die Facetten des Begriffs Individualisierung und die daraus abzuleitende Anwendung anhand von Leitdifferenzen auf. Die ersten beiden Leitdifferenzen Mensch vs. Sache sowie Subjekt vs. Objekt entsprechen Gestaltungsmöglichkeiten in der personalen Sozialisation – z. B. den von Brock et al. 1975 beschriebenen Zusammenhängen zwischen ‚neuen‘ Managementformen und Betrieblicher Sozialisation oder dem von Hemmati-Weber, 1993 beschriebenen sozialisatorischen Wirkungen von Dingen. Die folgenden Leitdifferenzen Persönlichkeit vs. Rolle, Individuum vs. Kollektiv sowie Akteur vs. System befinden sich jedoch mit ihren Konsequenzen der Individuation, des Sozialdarwinismus und des Einzelgängertums nicht in Übereinstimmung mit den in der Erklärungsfunktion personaler Sozialisation getroffenen Feststellungen. Nicht erfasst wird in diesem Schema Neubergers der Zusammenhang zwischen individuellem und organisationalem Lernen (Müller-Stewens und Pautzke 1989). Dieser Aspekt betrifft aber primär die organisationale Sozialisation. Müller-Stewens und Pautzke (1989) behandeln in diesem Zusammenhang primär Aspekte der Institutionalisierung und weniger der Individualisierung.

Es zeigt sich, dass durch das bloße Abstellen auf den Einzelnen die Individualisierung der Personalwirtschaft den komplexen Bedingungen der personalen Sozialisation als mögliche Gestaltungsfunktion nicht gerecht wird. Sie ermangelt der Berücksichtigung von Interdependenzen zwischen Individuum, Gruppe und Gesamtsystem. Einen anderen Weg beschreitet Marr (1989b) mit seinem Konzept einer ‚*Differentiellen Personalwirtschaft*‘. Die Differentielle Personalwirtschaft geht ebenfalls von der Notwendigkeit einer Individualisierung bei der Gestaltung personalwirtschaftlicher Konfliktfelder aus, kommt jedoch unter Einbeziehung von Erkenntnissen der Differentiellen Psychologie zu einer geschlossenen theoretischen Konzeption, welche die *Gruppenbildung* explizit mit berücksichtigt. Differentielle Psychologie bezeichnet ein Teilgebiet der Psychologie, das sich mit der Erforschung der Unterschiede zwischen Individuen oder Gruppen von Individuen beschäftigt (Amelang und Bartussek 2001). Als Teilgebiet der Theoretischen Psychologie lässt sie sich von der Angewandten Psychologie (z. B. Organisationspsychologie) und der Praktischen Psychologie (z. B. psychologischer Tätigkeit in freier Praxis) abgrenzen (Rosenstiel 1992a). Problematischer ist ein Abgrenzungsversuch innerhalb der Theoretischen Psychologie und hier insbesondere zur Persönlichkeitspsychologie (Amelang und Bartussek 2001). Generell beschäftigt sich die Differentielle Psychologie mit stark streuenden Verhaltensweisen und Persönlichkeitsmerkmalen, weshalb die tatsächlichen Gegebenheiten durch bloße Mittelwertangaben nur unvollständig repräsentiert werden. Dies umreißt die Grundproblematik der Differentiellen Psychologie: Der einzelne Mensch soll in seinem Verhalten einer operational-statistischen Erfassung zugänglich gemacht werden, was eine Einordnung in Bezug auf das generelle Verhalten des Gattungswesens ‚Mensch‘ ermöglicht – ihn somit Vergleichen zugänglich macht. „Bei den meisten Eigenschaften nähert sich die Verteilung der glockenförmigen Gaußschen Normalverteilungskurve […] Wegen der besonders großen Anzahl von Vererbungs- und Umweltfaktoren, die zur Entwicklung der meisten Eigenschaften beitragen, kann man erwarten, dass sich der Ausprägungsgrad der Eigenschaften normal verteilt" (Anastasi 1993, S. 366f.).

Die Methode des Vergleichens menschlicher Eigenschaften ist dabei die statistische Auswertung operationalisierten Verhaltens. Ausgewertet werden empirisch erhobene Daten (durch psychologische Tests, Befragung & Fragebögen, selbst- und fremdbeobachtetes Verhalten, psychologische Variablen), welche Bereiche der Persönlichkeit oder des Leistungsvermögens eines Menschen repräsentieren. Auf dieser Grundlage wird versucht, das Streuungsverhalten – letztlich das Abweichungsverhalten einzelner Individuen von der Norm – zu erklären. Ein wichtiges Konstrukt hierbei sind die Moderator-Variablen: Eine Variable ‚moderiert‘ (beeinflusst) das Zusammenwirken anderer Variablen (Hofstätter 1971). Beschrieben werden damit verschiedene Merkmalszusammenhänge in unterschiedlichen Populationen. Amelang und Bartussek (2001) schlagen vor, die Moderator-Variablen anhand folgender Fragestellungen im Voraus festzulegen:

1. Welche Gruppe von Personen weisen ein konsistentes, eigenbestimmtes Verhalten auf?
2. Welche Verhaltensweisen kovariieren bei diesen Personen?
3. Welche Situationen sind funktional äquivalent für diese Personen?

Aus der Erklärungsfunktion lässt sich die Prognose des Verhaltens bestimmter Populationen (Gruppen) in bestimmten Situationen ableiten – auch für diesen Zusammenhang werden Moderator-Variablen herangezogen: „Die Treffsicherheit der Vorhersage eines individuellen Verhaltens in einer spezifischen Situation lässt sich durch die Einführung sogenannter ‚Moderator-Variablen' erhöhen" (Krohne 1977, S. 353).

Als Determinanten interindividueller Unterschiede sind genetische Faktoren, Umwelteinflüsse, Geschlecht und physische Attraktivität (Amelang und Bartussek 2001) zu nennen. Weitere Einflussfaktoren sind Kultur- und Rassenunterschiede oder eben die Phase der Betrieblichen Sozialisation. In diesen Determinanten sind auch die ‚Ressourcen' der Moderator-Variablen zu suchen. Als Bereiche interindividueller Differenzen führen Amelang und Bartussek (2001) den Leistungsbereich (Aspekte: Intelligenz und Kreativität), sowie die Persönlichkeit an. "The term personality is usually used to discribe distinctive, or habitual features, characteristics or properties of an individual's behavior" (Huczynski und Buchanan 1991, S. 117). Der Definition ist zu entnehmen, dass es sich bei der Persönlichkeit um beständige, übersituative, individuelle Verhaltensmuster handelt. Diesen ‚auf die Spur zu kommen' ist wohl das Hauptanliegen der Differentiellen Psychologie. Auf der individuellen Ebene kann, bei der theoriegeleiteten Festlegung der Moderatoren (hier: Persönlichkeitsmerkmale und Fähigkeitsmerkmale), die Organisationspsychologie den theoretischen Unterbau liefern und somit zur Isolierung relevanter Merkmale beitragen. Das gilt auch für die Gruppenebene (funktionale Merkmale). Die gesamtorganisatorische Ebene ist für das Differentielle Personalwirtschaft bei der Einführung des Konzeptes in Unternehmen von Bedeutung, da dies eine Maßnahme der Organisationsentwicklung ist und somit eine Organisationsdiagnose (Werner und Elbe 2013) voraussetzt.

Besondere Aufmerksamkeit verdient der Aspekt der Konflikte (Wiegran 1996; Morick, 2002), da die Differentielle Personalwirtschaft als Weiterentwicklung des konfliktorientierten Ansatzes (Marr und Stitzel 1979) zu verstehen ist. Generell haben wir bereits zwischen seelischen (inneren) Konflikten – innerhalb eines Individuums stehen zwei Handlungstendenzen gegeneinander – und sozialen (äußeren) Konflikten – dies sind Konflikte zwischen Individuen, zwischen Individuen und Gruppen sowie zwischen Gruppen unterschieden (vgl. ▶ Abschn. 3.2). Aus Sicht der Theorie der kognitiven Dissonanz haben unaufgelöste Konflikte in Organisationen problematische Folgen: „Die Folge wäre nämlich eine Blockierung des kontinuierlichen Erlebens- und Handlungsstromes. Zielgerichtetes Handeln ist erst dann wieder möglich, wenn der Konflikt beseitigt ist" (Berkel 1989, S. 270). Das Differentielle Personalmanagement – als konkrete, organisationsbezogene Umsetzung einer Theorie der Differentiellen Personalwirtschaft – hat implizit beide Konfliktformen zu berücksichtigen und geht damit über den konfliktorientierten Ansatz (der nur soziale Konflikte betrachtet) hinaus, sie sprengt aber auch den Rahmen der Differentiellen Psychologie, die nur intrapersonelle Konflikte (z. B. in der Angstforschung, Amelang und Bartussek 2001) behandelt. Vor diesem Hintergrund kann Differentielles Personalmanagement folgendermaßen definiert werden:

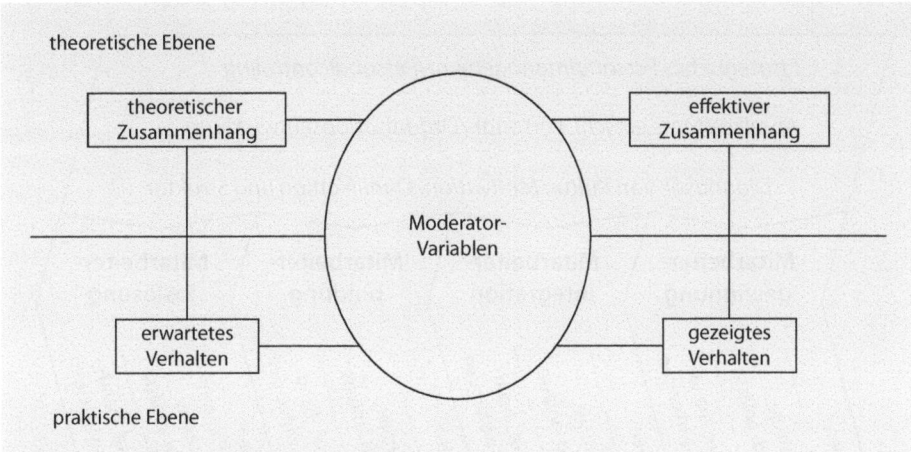

theoretische Ebene

praktische Ebene

▶ Abb. 4.7   Moderator-Variablen

Definition

Differentielles Personalmanagement gestaltet die Arbeitsbeziehungen und die Tätigkeit von Menschen in Organisationen, in Bezug auf ökonomische und soziale Effizienz, unter Berücksichtigung individueller und gruppenspezifischer Merkmale.

Ausgangspunkt ist das Individuum, also der einzigartige Mensch, geprägt von seinen genetischen Anlagen, seiner Sozialisation, seinen Erfahrungen und seinem aktuellen Umfeld. Aufgrund der Unterschiedlichkeit von Menschen führen „[…] gleiche Maßnahmen bei Mitarbeitern zu sehr ungleichen Wirkungen […]" (Marr 1989b, S. 39). Individuumbezogene Merkmale sind dabei als ‚Moderatoren' zwischen dem Erleben und Verhalten von Individuen in Organisationen und allgemeinen Theorien über das Verhalten von Menschen in Organisationen zu sehen. Diese Moderatoren (oder Moderator-Variablen) sollen situationsunabhängig sein. Sie erklären, warum zwei Personen – obwohl sie sich in vergleichbaren Situationen befinden – unterschiedlich reagieren.

Marr (1989b) führt als Beispiele für Moderatoren soziodemographische Merkmale (Alter, Geschlecht, Beruf), funktionale Merkmale (hierarchische, institutionelle, funktionale Rolle), Persönlichkeitsmerkmale (Motive, Werte, kognitive Orientierung), Fähigkeitsmerkmale (fachliche und soziale Kompetenz, Kommunikationsfähigkeit) und persönliche Lebensverhältnisse (Familiensituation, Dauer der Berufsausübung) an.[13] ▶ Abbildung 4.7 zeigt (in Anlehnung an Elbe 1997) die Vermittlungsfunktion von Moderator-Variablen in der Differentiellen Personalwirtschaft.

Das prinzipielle Vorgehen bei der Entwicklung eines Differentiellen Personalmanagments kann folgendermaßen konzipiert werden (Marr und Friedel-Howe 1989):
1. Isolierung relevanter (praktisch bedeutsamer) Moderatoren,
2. Ermittlung einer stabilen Korrelation zwischen Moderator und

---

13   Wiegran (1996) unterteilt nach Kognition, sozialer Interaktion und Motivation, ohne jedoch diese Kriterien ausreichend zu detaillieren.

■ **Abb. 4.8**   Modell des Differentiellen Personalmanagements

3. Effizienzkriterium (Zielsystembezug!),
4. Zuordnung von Individuen zu organisatorischen Gruppen (Integration) entsprechend natürlicher statistischer Gruppierung,
5. Maßnahmendifferenzierung nach individuellen Merkmalen und
6. Gruppenaspekten (in sämtlichen personalwirtschaftlichen Funktionen: Stellenbesetzung, Arbeitsstrukturierung, Wertschöpfungsverteilung, Führung und Koordination).

■ Abbildung 4.8 (Morick 2002) zeigt die Phasen der individuellen Betrieblichen Sozialisation (in Anschluss an Elbe 1997) im Rahmen des konfliktorientierten Ansatzes.

Mit dieser Konzeption ist das Differentielle Personalmanagement den genannten Individualisierungskonzepten überlegen:

— Eine echte Individualisierung, die Abstellung organisatorischer Maßnahmen auf die Persönlichkeit des Einzelnen, würde die Unternehmung überfordern, es bedarf vielmehr einer Differenzierung zwischen Einzelmaßnahmen (wo möglich) und Gruppenmaßnahmen (wo nötig) anhand von Moderatoren.

— Bei der Ermittlung der Persönlichkeitsmerkmale werden die Erkenntnisse der Differentiellen Psychologie genutzt, wobei nicht alle tätigkeitsbezogenen Merkmale berücksichtigt werden können, sondern die relevanten Moderatoren herauszuarbeiten sind (Marr 1989b; Elbe 1997).

— Bei der Differentiellen Personalwirtschaft handelt es sich um eine logische Weiterentwicklung des konfliktorientierten Ansatzes (Marr und Stitzel 1979; Morick 2002) – eine theoretische Einbettung ist also vorhanden.

Das Differentielle Personalmanagement konstruiert eine in sich geschlossene Theorie und beschreibt nicht nur einzelne Bereiche möglicher Individualisierung (Drumm 1989b), wodurch eine abgesicherte Anwendung des (zu entwickelnden) Instrumentariums möglich wird und unerwünschte Interdependenzen handhabbar werden.

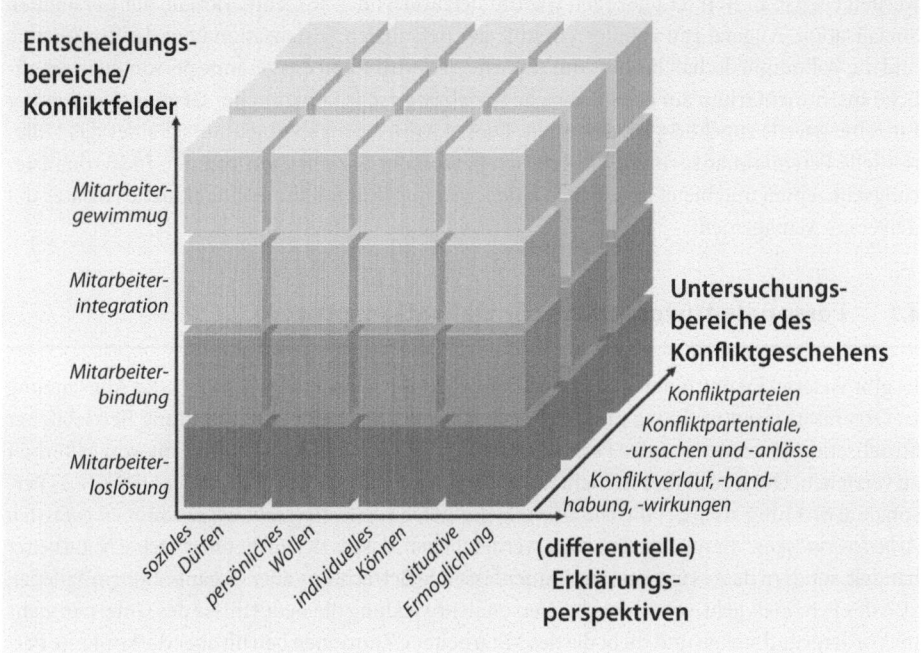

Abb. 4.9 Handlungsfelder des Differentiellen Personalmanagements

Bei der Einführung Differentiellen Personalmanagements in Organisationen ergeben sich Probleme im Bereich der Kosten, dabei kann zwischen ökonomischen und sozialen Kosten unterschieden werden: „[…]

(1) Mehrbedarf an Personal und Expertenwissen […]

(2) Mehrbedarf an Ausstattung und Koordination […]

(3) Konfliktkosten aufgrund von den Mitarbeitern empfundener ‚Ungerechtigkeiten' […]

(4) ‚Kosten' aufgrund von Persönlichkeitsbeeinträchtigung, z. B. wenn der einzelne Mitarbeiter seine Zuordnung nicht akzeptieren kann […]

(5) Kosten sozialer Desintegration […]" (Marr 1989b, S. 46).

Der letzte Punkt bezieht sich auf eine verminderte organisationale Einbindung des Einzelnen aufgrund individueller Maßnahmen. Weitere Probleme ergeben sich aus der rechtlichen Situation. Es ist sehr gut vorstellbar, dass der Betriebsrat eines Unternehmens Differenzierungsbestrebungen wenig aufgeschlossen gegenübersteht, weil er dadurch seinen Einfluss auf Mitarbeiter und Unternehmensführung in Gefahr sähe. Auch der Aspekt des Datenschutzes könnte ein Hemmnis bei der (effektiven) Umsetzung Differentiellen Personalmanagements sein. Die angeführten Probleme stellen eine Herausforderung an das Konzept der Differentiellen Personalwirtschaft dar, den ökonomischen Kosten können aber durchaus langfristige Einsparungen im Personalbereich gegenübergestellt werden. Viele Maßnahmen könnten in ihrer Wirkung optimiert werden (z. B. Personalentwicklung, Anreizsysteme), da sie den Bedürfnissen des Einzelnen besser angepasst wären. Überzeugungsarbeit ist also primär im nicht-monetären Bereich zu leisten. Morick (2002) fasst die Handlungsfelder eines Differentiellen Personalmanagements zusammen (**Abb. 4.9**).

Der Einfluss der lebenslangen Sozialisation wird im Differentiellen Personalmanagement ausdrücklich berücksichtigt. Die aktuellen außerbetrieblichen Sozialisationsbedingungen werden ebenso in Betracht gezogen wie die sich ändernden Rollenmerkmale der personalen Sozialisation. Angefangen von der Vorstufe der personalen Sozialisation über die Einführung und die Vollmitgliedschaft bis hin zum Ausscheiden wird somit das gesamte personalwirtschaftliche Instrumentarium auf die spezifische sozialisatorische Situation der Gruppe, welcher der Einzelne jeweils zugehörig ist, abgestellt. Dieser Anwendungsbezug unterscheidet das Differentielle Personalmanagement hinsichtlich personaler Sozialisation von den Individualisierungskonzepten und bietet damit auch einen systematischen Rahmen für aktuelle Ansätze des ‚Diversity Management'.

4.7 Personalentwicklung im Sozialisationsprozess

Es gibt vielerlei Definitionen der Personalentwicklung (Becker 2005), wobei die Abgrenzung zu Organisationsentwicklung problematisch erscheint. Im Sinne der Gestaltung Betrieblicher Sozialisationsprozesse ist unter Personalentwicklung die individuelle Förderung von Mitarbeit zu verstehen. Doch auch dies ist nicht unproblematisch, so definiert Neuberger (1991, S. 3) Personalentwicklung als „[...] *die Umformung des unter Verwertungsabsicht zusammen gefassten Arbeitsvermögens.*" Er möchte damit u. a. verdeutlichen, dass es sich nicht um einzelne Mitarbeiter handelt, sondern dass es um eine zusammenfassende Betrachtung aller Organisationsmitglieder, also des Personals geht, sowie dass bei Personalentwicklung die Bedürfnisse des Unternehmens im Vordergrund stehen und nicht die des Mitarbeiters. Zum einen betrifft aber die konkrete Personalentwicklungsmaßnahme ein Individuum, zum anderen sind nicht alle Maßnahmen auf direkte Verwertbarkeit ausgerichtet (z. B. Ruhestandsvorbereitung).

Personalentwicklung unterliegt somit – ebenso wie die Organisationsentwicklung – einer Zieldualität nach ökonomischer *und* sozialer Effizienz. „Ziel der Personalentwicklung ist es, die individuellen Entwicklungs- und Karriereziele mit den Zielen der Organisation nach Erhaltung jener Qualifikationen, welche die Mitarbeiter zur Bewältigung gegenwärtiger und zukünftiger Leistungsanforderungen benötigen, zu verbinden" (Marr und Stitzel 1979, S. 335). Im Rahmen der Gestaltung der Betrieblichen Sozialisation hat Personalentwicklung u. a. die Aufgabe die Vermittlung der Organisationskultur zu unterstützen. Personalentwicklung wird somit selbst zum Bestandteil von Organisationskultur, zur Lernkultur (Sonntag, Schaper und Friebe 2005), wobei sich institutionalisierte von individualisierte Taktiken der Sozialisation unterscheiden lassen. Während institutionalisierte Taktiken eher formal, kollektiv und von den Inhalten her fixiert sind, werden individualisierte Taktiken eher informell und randomisiert auftreten, die Inhalte sind variabel und disjunktiv. Mit Sozialisationstaktik bezeichnet die Zdravkovic (2011, in Anlehnung an Van Maanen und Schein 1979) „[...] wie Organisationen Eingliederungsprozesse generell strukturieren und organisieren, um ihren neuen Mitgliedern das Wissen, die fachlichen Fähigkeiten, Fertigkeiten und organisationsspezifischen Anschauungen, Werte und Normen zu vermitteln, die diese für einen zügigen und erfolgreichen Rollenlernprozess benötigen" (Zdravkovic 2011, S. 31). Die Sozialisationstaktiken liefern Anregungen für die Ausgestaltung der Moderatorvariablen im Modell des Differentiellen Personalmanagements. ◻ Abbildung 4.10 zeigt dies in der Modellierung von Morick (2002).

Die zusätzlichen, differentiellen Erklärungsvariablen lassen sich mit Hilfe der Sozialistionstaktiken systematisieren und auf den konkreten Bedarf der jeweiligen Organisation und der differentiellen Mitarbeitergruppe zuschneiden. Zdravkovic (2011) trifft eine Zuordnung der Sozialisationstaktiken und Personalentwicklungsmaßnahmen nach Phasen der Mitarbeiterintegration.

In unserem Modell Betrieblicher Sozialisation bezieht sich Personalentwicklung auf alle Mitarbeiter und alle Phasen der Sozialisation in der Organisation und beschränkt sich nicht auf die Integration von Mitarbeitern, auch wenn diesem Aspekt in der Praxis besondere Aufmerksamkeit

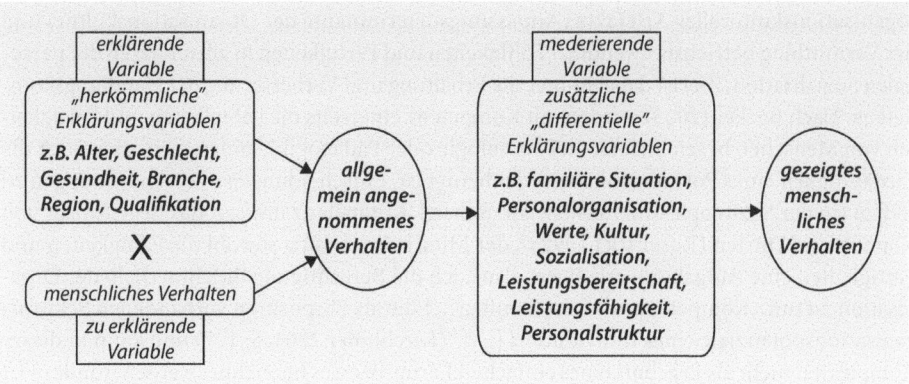

◘ **Abb. 4.10** Variablen Differentiellen Personalmanagements

geschenkt wird. Personalentwicklung reicht über bloße Fortbildung (in Form von Aus- und Weiterbildung) hinaus. Laufbahnplanung und soziale Unterstützung sind ebenso Bestandteil von Personalentwicklung, wie die Vermittlung von Fähigkeiten und Fertigkeiten. Rosenstiel (1992b, S. 85) führt verschiedene Formen von Personalentwicklungsmaßnahmen auf: „[…]

- ,into the job', z. B. im Rahmen der Berufsausbildung oder eines Trainee-Programms
- ,on the job', z. B. als qualitätsfördernde Aufgabengestaltung
- ,along the job', z. B. als Laufbahnplanung und -beratung
- ,near the job', z. B. im Rahmen einer Lernstatt oder quality circle-Arbeit
- ,off the job', z. B. im Rahmen externer Seminare und Schulungen
- ,out of the job', z. B. im Rahmen der Ruhestandsvorbereitung."

Die verschiedenen Formen von Personalentwicklungsmaßnahmen zeigen, dass Personalentwicklung sich über die Gesamtdauer der Mitgliedschaft eines Mitarbeiters in einer Organisation erstreckt. Je nach Zugehörigkeit zu einer bestimmten Phase der Mitgliedschaft lassen sich also Personalentwicklungsmaßnahmen zuordnen. Hierfür konzipiert Sattelberger (1989b) eine ,lebenszyklusorientierte Personalentwicklung' über die Gesamtdauer der Mitgliedschaft und setzt einschneidende Veränderungen mit Personalentwicklungsmaßnahmen in Verbindung, um diese besser bewältigen zu können. Das Phasenmodell personaler Sozialisation geht ebenso wie die lebenszyklusorientierte Personalentwicklung von der Gesamtdauer der Mitgliedschaft des Mitarbeiters in der Organisation aus. Phase I (Mitarbeitergewinnung) entspricht dabei dem Personalentwicklungsaspekt der ,Auswahl eines neuen Mitarbeiters bzw. eines neuen Unternehmens', Phase II (Mitarbeiterintegration) dem ,Eintritt als neuer Mitarbeiter', Phase III (Mitarbeiterbindung) den Aspekten ,Versetzung (neue Abteilung, Funktion, Werk, Auslandseinsatz)', ,hierarchische Weiterentwicklung & Beförderung' und ,in der Mitte des (Berufs-) Lebens', Phase IV (Mitarbeiterloslösung) den Punkten ,Ausscheiden eines Mitarbeiters (während seiner beruflichen Entwicklung)' und ,Vorbereitung auf und Ausscheiden in den Ruhestand'. Für die einzelnen Abschnitte der personalen Sozialisation werden konkrete Maßnahmen der Personalentwicklung vorgeschlagen, die gravierende personale Veränderungen im Zuge der Betrieblichen Sozialisation positiv zu gestalten helfen (Sattelberger 1989b).

Der allgemeine Sozialisationsbegriff umfasst ungeplante soziale Anpassungsprozesse ebenso wie geplante Erziehung und die Vermittlung von Fähigkeiten und Fertigkeiten. Im organisatorischen Bereich bedarf es also einer Unterstützung ungeplanter personaler Anpassungsprozesse im direkten Arbeitsumfeld (soziale Unterstützung), geplanter Vermittlung

4

organisationskultureller Artefakte (Anpassungsdeterminante der Organisationskultur) und der Vermittlung betriebsnotwendiger Fähigkeiten und Fertigkeiten in allen Phasen der personalen Sozialisation. Ziel ist dabei immer die Erhaltung und Verbesserung der Handlungskompetenz. Nach Becker (2005) werden mit Kompetenz einerseits die Fähigkeiten und Fertigkeiten von Menschen bezeichnet (so in Psychologie oder Pädagogik), andererseits aber auch die Zuständigkeit eines Positionsinhabers, der befugt ist, Entscheidungen oder Anordnungen zu treffen (in der Soziologie und Rechtswissenschaft). Kompetenz umfasst das Begriffspaar von Können und Dürfen (Rosenstiel 1992a), der Mitarbeiter besitzt sowohl die Fähigkeiten und Fertigkeiten eine Aufgabe zu erledigen, also auch die Berechtigung dies innerhalb der Organisation zu tun. ‚Kompetenz‘ umfasst damit „[…] die als Disposition vorhandenen Selbstorganisationspotenziale eines Individuums […]“ (Kirchhöfer 2004, S. 127) und kann in dieser Komplexität nicht als Ergebnis eines einfachen Lernprozesses bezeichnet werden, sondern ist mit all seinen Facetten das Ergebnis des Sozialisationsprozesses. In diesem Sinn ist berufliche Kompetenz dann (wiederum als Disposition verstanden) der Habitus, der gezeigt werden *kann* – nicht *muss*! Die motivationalen Aspekte sind (im Gegensatz zur Auffassung Becker 2005) nicht Teil des Kompetenzkonstrukts. Während der Habitus als Handlungsdisposition auf Geschmack und Vorlieben zielt, ist Kompetenz leistungsorientiert. Doch auch hier gilt, dass „[…] die Disposition, sich selbst gegenüber reflektierend zu handeln und kritisch zu sein, verbunden mit der produktiven Einstellung, Werthaltung und Ideale zu entwickeln […]“ (Kirchhöfer 2004, S. 127) nicht mit motivationalen Antrieben oder der volitionalen Handlungsauslösung (Achtziger und Gollwitzer 2010) verwechselt werden darf.

Hintergrund   Der Kompetenzbegriff erlangte ab den 1990er Jahren eine besondere Bedeutung durch die großen Forschungsprogramme Qualifikations-Entwicklungs-Management (QUEM) und Lernkultur Kompetenzentwicklung (Kirchhöfer 2004).

»   Das Projekt Qualifikations-Entwicklungs-Management (QUEM) wurde 1992 bis 2006 vom Bundesministerium für Bildung und Forschung mit der Zielstellung gefördert, den Prozess der Anpassung der beruflichen Qualifikationsstrukturen in den neuen Ländern qualitativ zu unterstützen. Träger dieses Projekts war die ABWF [Arbeitsgemeinschaft Betriebliche Weiterbildungsforschung e. V., Anm. d. Verf.]. Hier werden die Ergebnisse dieses Projekts der Öffentlichkeit dauerhaft zur Verfügung gestellt. Das Projekt QUEM hatte für die Erforschung der betrieblichen und beruflichen Kompetenzfeststellung und -entwicklung in Deutschland eine grundlegende Bedeutung. (ABWF 2003)[14]

Während die Kompetenzperspektive das Können und Dürfen thematisiert, sind Wollen und die situative Ermöglichung (in Anschluss an Rosenstiel 1992a) als ergänzende Erklärungs- und Gestaltungsperspektiven des Differentiellen Personalmanagements eingeführt worden, auf die im Rahmen der Konfliktfelder, die sich aus den Phasen der Betrieblichen Sozialisation ableiten, mit Hilfe der Personalentwicklung eingewirkt wird (Morick 2002). Hierauf zielt

---

14 Das Zitat und umfangreiche Dokumentationen aus den Forschungsprojekten der ABWF können abgerufen werden unter http://www.abwf.de/main/publik/frame_html.html (Download vom 11.03.2016) sowie aktuelle Publikationen und Informationen zur Kompetenz- und Weiterbildungsforschung auf den Internetseiten der Arbeitsgemeinschaft für Betriebliche Weiterbildungsforschung unter www.abwf.de (Download vom 11.03.2016). Die ABWF ist weiterhin eine wichtige Institution zur Erforschung und Vermittlung betrieblicher Lern- und Kompetenzmodelle, mit einem aktuellen Schwerpunkt in der Erforschung der ‚Lernförderlichen Arbeitsgestaltung‘ (ABWF 2015).

die Analyse von Leistungsanreizen, die Unternehmen ihren MitarbeiterInnen bieten, und den (sich wandelnden) Bedürfnissen der Beschäftigten, ab, die zu einem erfolgsrelevanten Faktor, zur Sicherung von Umfang und Qualität der eigenen Belegschaft angesichts demographischer und wirtschaftlicher Entwicklungen, geworden sind (Peters, Elbe und Kunert 2014). Die Autoren erarbeiten auf Grundlage eines Kompetenzmodells, das den Betrieblichen Sozialisationsphasen, wie auch der Zielgruppenangehörigkeit im Rahmen eines Differentiellen Personalmanagments Rechnung trägt, den Anreiz-Beitrags-Zusammenhang als innovatives Konzepte einer wissensfokussierten Personalsteuerung. Hierdurch steigert sich die Passung zwischen organisationalen Anreizen und individuellen Bedarfen und Beschäftigungsfähigkeit. Arbeitszufriedenheit und organisationale Innovationskraft können gestärkt werden (Peters, Elbe und Kunert 2013).

» Zunehmend gilt es dabei ein Kompetenzmodell für Unternehmen zur Förderung der Innovationsfähigkeit unter besonderer Berücksichtigung spezifischer Mitarbeitergruppen zu entwickeln, das also über die Standardanforderungen hinausgeht. In den Fokus treten damit *Anreizkompetenzen,* im Sinne einer Vermittlung von Anreizen für einzelne MitarbeiterInnen und Mitarbeitergruppen, die systematisch nach Kriterien eines differentiellen Personalmanagements die MitarbeiterInnen anspricht und diese dazu befähigt, Anreize wahr- und anzunehmen. Unter Anreizkompetenz soll somit die Fähigkeit verstanden werden, vom Unternehmen angebotene Anreize zur Gestaltung der individuellen, sequentiellen Lebensphase wahrzunehmen (Verstehenskomponente), als *relevante* Ressourcen einzustufen (Bedeutungskomponente) und als konkrete Handlungsoption nutzen zu können (Handhabbarkeitskomponente). Mit dieser spezifischen Ausrichtung kann die Förderung bestimmter Personengruppen besonders in Zeiten demographischen Wandels geleistet werden. […] Der Anreizkompetenz muss eine unternehmensspezifische *Angebotskompetenz* entsprechen. Unter Angebotskompetenz wird hier die Fähigkeit im Unternehmen verstanden, demographiegerecht differentielle Anreize so zu setzen, dass diese von den MitarbeiterInnen als relevant wahrgenommen werden und damit tatsächlich wirksam werden können. (Peters, Elbe und Kunert 2013, S. 676)

Personalentwicklung ist somit im instrumentellen Bereich ein der personalen Sozialisation angemessenes Gestaltungsmittel zur Förderung der Anreizkompetenz. Das zentrale Problem bei dieser Gestaltung ist nach dem Bewusstwerdungsprozess über die Existenz sozialisatorischer Einflüsse und ihrer Verbindung zur Organisationskultur, sowie einer grundsätzlich darauf abgestimmten Personalentwicklung (lebenszyklusorientierte Personalentwicklung), die Ermittlung des Personalentwicklungsbedarfs von seiten des Unternehmens, sowie bei den Mitarbeitern, um so der jeweiligen Sozialisationssituation gerecht werden zu können. Der vierphasige Ansatz personaler Sozialisation hat sich als für Empirie und Praxis brauchbare Einteilung erwiesen (Elbe 1994; Schewtschenko 2008; Chlebus 2012) und wurde im Rahmen des Differentiellen Personalmanagments weiterentwickelt (Elbe 1997, 2002; Morick 2002).

Fassen wir zusammen: Das Management individueller Betrieblicher Sozialisation durch Ansätze des Personalmanagements wurde anhand von Individualisierungstendenzen und von Personalentwicklung dargestellt. Individualisierung als eigenständiger Ansatz erwies sich für die Gestaltung von Sozialisation als ungeeignet, da der Mensch als soziales Wesen kaum Berücksichtigung fand. Das Differentielle Personalmanagement liefert dagegen mit dem Konzept der Moderator-Variablen den theoretischen Bezugsrahmen für den Einsatz der Personalentwicklung als Gestaltungsinstrument personaler Sozialisation. Dies lässt sich durch Maßnahmen der Personalentwicklung gestalten.

4.8   Empirische Personalforschung

Im Personalmanagement steht die Machbarkeit oder, wie der Psychologe Oswald Neuberger (1991, 1990) es formulierte, die *Verwertungsabsicht* im Zentrum des Erkenntnisinteresses. Damit geht das Personalmanagement über die instrumentelle Orientierung der Arbeits- und Organisationspsychologie hinaus – hier wird die mikroökonomische Optimierung zum Gegenstand der wissenschaftlichen und praktischen Bemühungen. Der zugrundeliegende ökonomische Aspekt deutet das Dilemma empirischer Personalforschung an: Wie soll sich das Personalmanagement und damit auch die Personalentwicklung im Spannungsfeld zwischen neutraler, nicht involvierter Beschreibung und Erklärung von Bedingungen, Abläufen und Folgen menschlicher Arbeitsprozesse und einer nach Effizienzsteigerung strebenden Managementorientierung positionieren?

Nienhüser und Krins (2005, S. 5) definieren Personalforschung als „[…] die systematische Gewinnung und Verarbeitung von Informationen in Bezug auf personalwirtschaftliche Entscheidungen". Personalforschung zielt damit einerseits auf betrieblich-personalwirtschaftliche Problemstellungen und ist andererseits, wenn sie systematisch sein soll (und damit wissenschaftlich fundiert), auf die Methoden der empirischen Sozialforschung angewiesen. Empirische Forschung hatte seit dem älteren Methodenstreit in der Ökonomie (Krumbachner 1991), verstärkt durch den mikroökonomisch-faktororientierten Ansatz Gutenbergs (Deters 1992), eine nachgeordnete Bedeutung, die erst seit der Jahrtausendwende eine Neubewertung erfährt. Diese Grundhaltung korrespondiert mit der wissenschaftstheoretischen Fundierung des kritischen Rationalismus Popper'scher Prägung, die zu einer spezifischen Sicht des Verhältnisses zwischen empirischer Personalforschung und Theoriebildung führt.

» Instrumentelle personalwirtschaftliche Theorien sollten allgemeine oder bedingte, zielorientierte Empfehlungen zu personalwirtschaftlichem Handeln geben. Formal bestehen sie aus der Umkehrung erklärender Theorien, die mindestens eine gut gestützte oder nicht widerlegte Hypothese enthalten müssen. Widerlegung oder Stützung von Hypothesen zu zielorientiertem personalwirtschaftlichem Handeln durch Befunde aus Unternehmungen machen also das ‚Empirische' an einer theoriegestützten Personalwirtschaftslehre aus. (Drumm 1993, S. 675)

Der Autor leitet hieraus drei Anforderungskomplexe an empirisch untermauerte Theorien der Personalforschung ab:
1. die jeweiligen kulturellen Besonderheiten sind zu berücksichtigen,
2. Orientierung an den Zielen der jeweiligen Unternehmung ist zu gewährleisten,
3. viele Zusammenhänge zwischen personalwirtschaftlichen Handlungen und deren Zielbeiträgen werden probabilistischen Charakter haben (Drumm 1993).

Die Forderung an den/die PersonalforscherIn, möglichst weitreichende Theorien zu generieren und dabei der Zielorientierung aller möglichen Organisationen gerecht zu werden, erhöht das Scheiterrisiko solcher Theorien in der Praxis beträchtlich. Empirisches Arbeiten ist damit generell für Personalforscher ein risikoreiches und im Vergleich zu logisch-analytischen Arbeiten weniger renommiertes Unterfangen. Dies zeigte sich auch lange Zeit in den wissenschaftlichen Publikationen. Martin (1989) analysierte „Sämtliche Aufsätze in den drei wohl bedeutsamsten wissenschaftlichen Zeitschriften der Betriebswirtschaftslehre[…]" (Martin 1989, S. 146) von 1950 bis 1984. Von den 3.308 erhobenen Artikeln beschäftigten sich nur 26 personalwirtschaftliche Arbeiten mit empirischen Problemen. Drumm (1993) recherchierte für die 1970er und 1980er Jahre 220 empirisch-personalwirtschaftliche Untersuchungen, von denen aber nur 25 explikativen

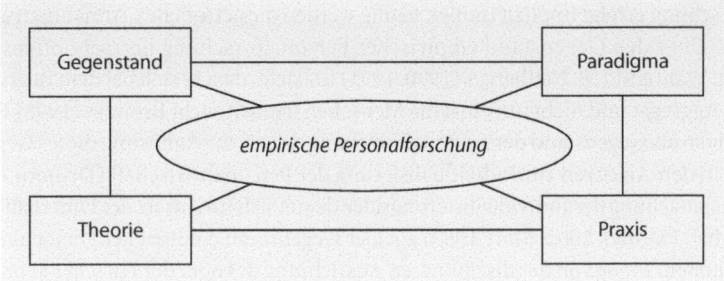

⬛ **Abb. 4.11**   Das Spannungsfeld empirischer Personalforschung

Charakter hatten. Vor diesem Hintergrund analysierten Sackmann und Elbe (2000) anhand von 27 empirischen Studien die Tendenzen empirischer Personalforschung in den 1990er Jahren und verglichen die wesentlichen Ergebnisse mit den Ergebnissen der Untersuchung *„Best Practices in Human Resource Management"* in Deutschland (Sackmann 1996). Generell konnte eine konstante Steigerung der empirischen Orientierung in der Personalwirtschaft und Personalforschung festgestellt werden, die auch bis heute anhält (Schramm 2012). Zugleich bleibt aber eine Diskrepanz zwischen der empirisch-wissenschaftlichen Ausrichtung (die stark am kritischen Rationalismus orientiert bleibt) und der empirisch-praktischen Ausrichtung (die im Rahmen der Auftragsforschung, Beratung oder im Personalmanagement selbst zur Anwendung kommt) bestehen.

Das empfundene Dilemma empirischer Personalforschung in Deutschland ergibt sich also zum einen aus der nomothetischen Ausrichtung der Betriebswirtschaftslehre an sich und zum anderen aus den einseitigen Anforderungen, die an die empirische Personalforschung gestellt werden.[15] Auffallend ist die geringe Anzahl *umfassender* empirischer Arbeiten, die nicht nur einen Teilaspekt der Personalarbeit beleuchten (Drumm 1993). Vor diesem Hintergrund soll auf den folgenden Seiten analysiert werden, welchen Grundproblemen sich die empirische Personalforschung in Deutschland zu stellen hat und welche Schlussfolgerungen daraus hinsichtlich der Sozialpsychologie der Organisation zu ziehen sind.

Der empfundene Mangel theoretischer Bezüge und empirischer Fundierung lässt sich auf eine häufig einseitige konzeptionelle Ausrichtung zurückführen. Empirische Personalforschung als eigenständiges Forschungsprogramm, wie auch jedes einzelne empirische Forschungsprojekt, muss sich anhand von vier Kategorien beurteilen lassen:

1. Was ist Gegenstand der empirischen Personalforschung?
2. Welchem Wissenschafts- und Forschungsparadigma ist empirisches Arbeiten im Personalbereich verpflichtet?
3. Wird ein Beitrag zur Theoriebildung in der Personalforschung geleistet?
4. Welche Relevanz hat ein empirischer Beitrag für die praktische Personalarbeit?

Diese normative Forderung nach einer Standortbestimmung im Spannungsfeld zwischen Gegenstand, Paradigma, Theorie und Praxis (vgl. ⬛ Abb. 4.11) spiegelt die, in der wissenschaftlichen Diskussion aufgestellten Forderungen nach einer Orientierung der Personalforschung an einer der oben genannten Kategorien.

Eine Aussage über eine der Kategorien ist kaum möglich, ohne Stellungnahmen zu den anderen Kategorien abzugeben. Diese Positionsbestimmung im Spannungsfeld empirischer

---

15   Zu den wissenschaftstheoretischen Grundlagen der Personalwirtschaftslehre vgl. Lattmann 1998.

Personalforschung erfolgt implizit immer, häufig werden die getroffenen Annahmen aber nicht offengelegt. Über den Gegenstand empirischer Personalforschung herrscht offensichtliche Uneinigkeit. Während z. B. Neuberger (1990, 1991) feststellt, dass es sich bei dem Begriff ‚Personal‘ um ein Aggregat und nicht um einzelne Menschen handelt, sieht Bronner (1998) Personen, also Individuen als Gegenstand der Personalforschung. Ideen zur Auflösung dieses Gegensatzes finden sich in den Ansätzen zur Individualisierung der Personalwirtschaft (Drumm 1989a, b), eine Handhabmachung der Individualisierungsidee deutet sich im Ansatz der Differentiellen Personalwirtschaft (Morick 2002; Marr 1989) an. Der Gegenstand empirischer Personalforschung ist dabei in hohem Maße von der disziplinären Ausrichtung des oder der Forscher abhängig. Die zu Beginn dieses Textes gestellte Frage ergab sich aus dem speziellen *Erkenntnisinteresse einer disziplinären Richtung*, der betriebswirtschaftlichen Personalforschung, für die per definitionem das Verwertungsinteresse im Zentrum steht. Für Soziologen dagegen steht das soziale Handeln in seiner gesellschaftlichen Bedeutung im Vordergrund (Etzrodt 2003, Auster 1996), für Psychologen das emotionale und kognitive Erleben der Menschen im Betrieb (Gebert und Rosenstiel 1996; Kals und Gallenmüller-Roschmann 2011).

Eine explizite Trennung empirischen Arbeitens nach betriebswirtschaftlicher, psychologischer und soziologischer Personalforschung wäre aber fatal, da eben die mangelnde Interdisziplinarität das empfundene Dilemma der Personalforschung in Deutschland erzeugte. Einen interdisziplinären Rahmen für die Personalforschung kann hierbei der Ansatz der Betrieblichen Sozialisation im Rahmen der sozialpsychologischen Organisationsforschung liefern. Das Erleben und Verhalten[16] von Einzelnen oder von Gruppen, gegebenenfalls aller Menschen einer sozialen Einheit (Organisation) oder auch in einem Kontextzusammenhang – also aggregiert über viele soziale Einheiten – ist als Gegenstand empirischer Personalforschung denkbar. Erleben und Verhalten kennzeichnet dabei durchaus auch Beziehungsgeflechte und Institutionen (z. B. Führung, Beförderung, Mitbestimmung, Kündigung).

Das Problem des Paradigmas[17], dem sich empirische Personalforschung verpflichtet fühlt, umfasst zwei Ebenen der Betrachtung. Auch hier findet sich das Erkenntnisinteresse des Forschers, das i. d. R. eng mit seiner Fachdisziplin[18] verknüpft sein wird. Die fachliche ‚Gemeinschaft‘ einer Disziplin bestimmt, was Gegenstand von Forschung innerhalb der Disziplin sei und wie man sich diesem Gegenstand zu nähern habe. Neben dem Erkenntnisinteresse der Disziplin wird die paradigmatische Ausrichtung auch durch die *wissenschaftstheoretische Grundposition* des Einzelnen bestimmt, die in den meisten Publikationen nicht explizit offengelegt wird, wohl aber implizit vorhanden ist. Die breite wissenschaftstheoretische Diskussion lässt sich für die vorliegende Betrachtung auf die beiden schon eingeführten Grundpositionen nach Wilson (1973), des ‚social factist paradigm‘ und des ‚social constructionist paradigm‘, beschränkt werden (vgl. ► Abschn. 1.2).[19] Die Grundpositionen lassen sich mit wenigen Schlagworten kennzeichnen: Das ‚*social factist paradigm*‘ basiert auf einem kritisch-rationalistischen Weltbild, ist

---

16 Die Unterscheidung von Weber (1980) nach Verhalten, Handeln und sozialem Handeln ist auch im Rahmen empirischer Personalforschung von fundamentaler Bedeutung. Da aber all diese Formen Gegenstand der Forschung sein können, wird hier der umfassendste Begriff verwandt.

17 Schneiders Kritik am Paradigma-Begriff (Schneider 1982) in der Personalwirtschaft konnte sich nicht durchsetzen; so verwendet Müller (1997) den Begriff ebenso wie Drumm (1993) oder Osterloh und Tiemann (1993). Hierbei wird Paradigma nicht mehr eng im Sinne Kuhns verwandt (Schneider 1982), sondern zur Kennzeichnung der wissenschaftstheoretischen Grundausrichtung und des Forschungsprogramms.

18 Zur ‚fachlichen Gemeinschaft‘ im Rahmen der Paradigmavorstellung vgl. Schneider (1982).

19 Diese Begriffe werden in Anlehnung an die Organisationsforschung gewählt (Kasper 1987, Elbe und Peters 2016).

nomologisch-deduktivem Vorgehen verpflichtet und stützt sich auf quantitative Methoden. Diese Position einer empirischen Personalforschung zeigt sich z. B. bei Nienhüser und Krins (2005), Lattmann (1998), Bronner (1998) und Drumm (1993). Das *,social constructionst paradigm'* dagegen orientiert sich an einer interpretativen Geisteshaltung, favorisiert induktiv-reflexives Vorgehen und nutzt dabei primär qualitative Methoden. Vertreter dieser Richtung in der Personalforschung sind z. B. Schramm (2012), Osterloh und Tiemann (1993) oder Modrow-Thiel (1993). Die Auseinandersetzung zwischen den Vertretern der beiden Grundpositionen ist in allen gesellschaftswissenschaftlichen Disziplinen von Bedeutung, speziell in den Wirtschaftswissenschaften ist aber eine Konzentration auf das ,social factist paradigm' feststellbar.

Die Frage nach *Theorie* in Bezug auf empirische Personalforschung ist eng verknüpft mit der Stellung des Menschen in der Organisation, also dem Mitarbeiterbild. Die bekannten Ansätze zu Menschenbildern (z. B. McGregor 1971; Kirchler 2011) korrespondieren mit den Zielkomponenten der Personalforschung, der sozialen und der ökonomischen Effizienz (Marr und Stitzel 1979). Diese beiden Grundkomponenten waren und sind Gegenstand heftiger Kontroversen zur Rolle des Personalwesens und insbesondere seiner sozialen Orientierung (Neuberger 1990; Rieckmann 1990; Wächter 1990). Diese Kontroverse zeigt sich auch in der (teilweisen) Übernahme des Begriffes ,Human Resource Management' in den praktischen und wissenschaftlichen Sprachgebrauch seit Ende der 1980er Jahre. Hierbei handelt es sich nicht nur um ein zeitgemäßes Synonym für bisherige Bezeichnungen des Forschungsfeldes (Personalwirtschaft, Personalwesen, Personalmanagement), sondern um andere inhaltliche Schwerpunkte.

» Das Mitarbeiterbild […] ist in seinen Annahmen, Empfehlungen und Erwartungen offensichtlich betont optimistisch geprägt, in seinen Grundkomponenten humanistisch angelegt und hinsichtlich des Führungsverhaltens normativ ausgerichtet. (Gaugler und Weber 1995, S. 4)

Diese normative Haltung zeigt sich auch in der stark strategischen Orientierung des Human Resource Management-Konzeptes und in der Akzeptanz der ökonomischen Grundausrichtung der ,Human Resources'. Aus der jeweiligen *theoretischen Orientierung* leitet sich auch der Gegenstandsschwerpunkt empirischer Arbeiten ab, wobei jedoch ein grundlegendes Problem bestehen bleibt: „Die Personalwirtschaft, so scheint es, ist im Kern ihrer normativen Wurzel treu geblieben und mehr eine Kunstlehre denn ein von tragenden Theorie durchflutetes Fach" (Drumm 1993, S. 681). Neben diesem konstitutiven Einfluss der Theorie auf die empirische Personalforschung besteht eine Wechselwirkungsfunktion, die sich in der Forderung, empirische Personalforschung habe der *Theoriebildung* zu dienen, ausdrückt. Diese Funktion ist in wissenschaftlichen Disziplinen, deren Theoriebildung traditionell stärker auf Basis der empirischen Sozialforschung fußt, zwar nicht problemlos (im Rahmen der Psychologie, z. B. Fischer und Wiswede 2009; Gebert und Rosenstiel 1996), kann sich aber auf eine breite empirische Basis abstützen. Für die wirtschaftswissenschaftliche Richtung der Personalforschung gilt: „Die betriebswirtschaftlich-rationale Richtung ist auf empirische Forschung nicht angewiesen, wenn sie sich auf präskriptive Entscheidungshilfen mit plausiblen Annahmen über die Realität beschränkt" (Drumm 1993, S. 679). Das empfundene Defizit empirischer Personalforschung der betriebswirtschaftlichen Richtung erscheint somit als ein ,hausgemachtes' Problem, das der paradigmatischen Grundorientierung der Disziplin zuzuschreiben ist.

» Betriebswirtschaftliche Forscher sollten daher die wechselseitige Beziehung und Abhängigkeit zwischen qualitativer und quantitativer Methodologie akzeptieren, um die Zusammenhänge in realen Organisationen erfassen, verstehen und verständlich wiedergeben zu können. (Becker 1993, S. 115)

Wird die Exklusivität rationalistischer Theoriebildung aufgegeben, verbessern sich somit die Möglichkeiten der empirischen Personalforschung zur Theoriebildung beizutragen. Die Frage nach einer theoretischen Fundierung der Personalforschung ist aber auch in engem Zusammenhang mit den *kulturellen Gegebenheiten des Forschungsumfeldes* zu sehen. Hier lassen sich zwei Richtungen der Personalforschung ausmachen: Nationalkulturelle Ansätze stehen universalistischen Ansätzen gegenüber. So fordert Drumm (1993), den jeweiligen kulturellen Kontext im Rahmen der Personalforschung zu berücksichtigen. Vor dem Hintergrund wissenschaftlich-kultureller Tradition ist die schon angeführte nomothetische Ausrichtung der Personalforschung in Deutschland zu verstehen. Auch universalistische Ansätze (z. B. Human Resource Management), wie sie in den USA generiert werden, rekurieren zuerst auf den eigenen, national-kulturellen Standard. Der weltweite Einfluss amerikanischer Forschung führt aber häufig zu einer Übernahme solcher Konzepte (Müller 1997). Trotzdem gibt es für die Personalforschung in Deutschland konstituierende Bedingungen, die sich aus explizit normativen Vorgaben (z. B. rechtlichen Gegebenheiten wie der Mitbestimmung), aber auch impliziten kulturell-historischen Standards ergeben. Dies rechtfertigt zum einen ein vergleichendes Vorgehen – im Rahmen internationaler oder interkultureller Personalforschung –, welches bewusst Differenzierungen aufzudecken beabsichtigt, und zum anderen länderspezifische Analysen, die den speziellen Anforderungen im jeweiligen gesellschaftlich-wirtschaftlichen Umfeld gerecht werden.

Die *Praxisrelevanz* empirischer Personalforschung hängt grundsätzlich vom Abstraktionsgrad der Problemstellung ab (Schnell, Hill und Esser 2012). Während Theorien hoher Komplexität (z. B. der *grundsätzliche* Zusammenhang zwischen Motivation und Leistung) der empirischen Personalforschung kaum zugänglich sind, lassen sich Theorien mittlerer Reichweite (z. B. Herzbergs Zwei-Faktoren-Theorie[20]) mit Hilfe empirischer Forschung generieren und überprüfen. Ad-hoc-Theorien oder empirische Regelmäßigkeiten (z. B. die Wirkung eines neuen Anreizsystems in einem Unternehmen) sind der Bedarfsforschung zuzurechnen und empirischem Arbeiten leicht zugänglich. Neben dem Abstraktionsniveau ist die Initiative eines Vorhabens im Rahmen der Personalforschung für den Praxisbezug von erheblicher Bedeutung. Gemeint ist hierbei weniger der konkrete Auftraggeber als vielmehr die Absicht der Ergebnisverwertung. Während Weber (1992) sowie Töpfer und Poersch (1989) zwischen betrieblicher Personalforschung und Personalforschung im Wissenschaftssystem unterscheiden, betrachten Drumm (2004) und Andere Personalforschung nur vor dem Hintergrund einer betrieblichen Ergebnisverwertung (zu nennen sind hier insbesondere auch betriebsübergreifende Best Practice-Studien, z. B. Sackmann 1996).

In der Praxis erhobene empirische Daten erlangen aber nur dann Bedeutung für die Weiterentwicklung der Personalforschung und ihrer theoretischen Fundierung, wenn die Ergebnisse der (wissenschaftlichen) Öffentlichkeit durch Publikation zugänglich gemacht werden. Betriebliche Personalforschung bleibt somit kurzfristigen Entscheidungshilfen und letztlich den Alltagsüberzeugungen von Praktikern verpflichtet. Sadowski (1991, S. 309) bemerkt hierzu,

❱❱ [...] dass die Theorieferne, eigentlich nicht überraschend, mit Empirielosigkeit in personalwirtschaftlichen Texten einhergeht, und so ist den meisten Autoren personalwirtschaftlicher

---

20   Zur Zwei-Faktoren-Theorie und deren Kritik vgl. Gebert und Rosenstiel (1996).

Lehrbücher leider nicht bewusst, dass sich die Praxis der von ihnen vorgeführten Verfahren und Planungstechniken nicht bedient – selbst wenn die Personalfachleute ihnen programmatisch anhängen.

Außer empirischen Arbeiten im Rahmen der Bedarfsforschung, mit klarer Absicht der betrieblichen Ergebnisverwertung, haben Erkenntnisse der Personalforschung kaum handlungsleitenden Charakter für Personalpraktiker. Nienhüser (1998) entwirft in diesem Zusammenhang fünf (durch Sekundäranalyse gestützte) Hypothesen, deren Kernaussage ist, dass wissenschaftliche Erkenntnisse der Personalforschung für die Entscheidungsfindung in Unternehmen nur geringe Bedeutung haben, vielmehr wird wissenschaftliches Wissen primär als Legitimation in organisationsinternen Machtkämpfen genutzt. Für den Bereich der Bedarfsforschung bedeutet dies: „Bereits durch die Auswahl von Forschern versucht man sicherzustellen, dass die Forschungsergebnisse in Entscheidungsprozessen für die eigenen Interessen politisch nutzbar sind oder vom Gegner nicht genutzt werden können" (Nienhüser 1998, S. 37).

Das Spannungsfeld, in welches sich die empirische Personalforschung einzuordnen hat, ist somit – auch in den Abhängigkeiten der angeführten Kategorien untereinander – umrissen. Nachdem die qualitativen Aspekte empirischer Personalforschung behandelt wurden, gilt es abschließend den quantitative Umfang empirischer Arbeiten im Bereich der Personalforschung zu beleuchten. Eine umfassende Analyse aller in diesem Bereich laufenden oder seit 1990 abgeschlossenen Forschungsarbeiten würde ein Projekt für sich darstellen und kann hier nicht geleistet werden. Es gibt aber Hinweise darauf, dass der Umfang empirischer Forschungsarbeiten im Personalbereich ansteigt. Hierbei zeigt sich für die Personalentwicklung, dass deren Bedeutung konstant anstieg. Über den quantitativen Bedeutungszuwachs hinaus war eine Verschiebung hin zur Verbesserung der sozialen Kompetenz der Mitarbeiter festzustellen. „Soziale Kompetenz erscheint als eine Schlüsselanforderung an Mitarbeiter. Entwicklungsbedarf scheint insbesondere bei Nicht-Führungskräften zu bestehen, wobei Entwicklungsmaßnahmen nicht als ‚Incentives' betrachtet werden" (Sackmann und Elbe 2000, S. 144). In der eigenen Untersuchung stellten die Autoren darüber hinaus fest, dass zwar von den befragten Personalleitern eine Entwicklungsbedarfssteigerung im sozialen Kompetenzbereich vorliegt, dass aber zugleich auch die Fachkompetenzen weiteren und gesteigerten Entwicklungsbedarf zeigen. Für die Personalentwicklung gilt, dass alle Bereich der Betrieblichen Sozialisation – formale wie auch informelle Entwicklungsaspekte – anzusprechen sind und dass dies sich auch in der empirischen Forschung wiederspiegeln muss.

Zusammenfassend ist festzustellen, dass weniger ein empirisches Defizit im Rahmen der Personalforschung besteht als vielmehr eine paradigmatische Selbstbeschränkung der Betriebswirtschaftslehre auf den kritischen Rationalismus, die zu einem Wahrnehmungsdefizit führt. Es bedarf demnach einer konzeptionellen Neuorientierung, um den aktuellen Anforderungen der Personalforschung gerecht zu werden. Aufgrund der bisherigen Ausführungen lassen sich folgende konzeptionellen Forderungen an die Personalforschung und ihre empirische Fundierung stellen:

1. Personalforschung ist als interdisziplinäres Forschungsfeld zu betrachten.
2. Arbeiten im Rahmen der Personalforschung müssen sich im Spannungsfeld zwischen Paradigma, Gegenstand, Theorie und Praxis positionieren.
3. Theoriebildung kann in der Personalforschung sowohl nomologisch-deduktiv als auch empirisch-induktiv erfolgen.
4. Quantitative und qualitative Methoden empirischer Personalforschung sind gleichermaßen zulässig.

4.9   Beziehungsentwicklung, Beratung und Kommunikation

Aus Sicht der Theorie sozialer Systeme ist der Berater ein Beobachter, der feststellen kann, wie die Organisation beobachtet (Winter 1999; Luhmann 1989). Die Organisation ist auf ihre eigenen Unterscheidungen in der Beobachtung festgelegt. Sie sieht nur das, was sie sieht – ist also partiell blind, und diese partielle Blindheit reproduziert sich autopoietisch. Eine Abweichung von diesem Mechanismus ist nur zufällig durch Mutation oder durch Irritation des Systems von außen möglich. Und eben diese Aufgabe weist Luhmann (1989) der Organisationsberatung zu:

» Stattdessen gewinnt man die Chance, die Differenz als Differenz irritierend, anregend, eventuell fruchtbar werden zu lassen. Und das würde auch dann gelten, wenn der Berater das Unternehmen überreden könnte, eine solche Differenz von erster und zweiter Ordnung im Unternehmen selbst als Differenz von Ebenen der Kommunikation über Kommunikation über Kommunikation einzurichten. (Luhmann 1989, S. 226f.)

Der Berater ist Beobachter zweiter Ordnung. Weil der Berater ein anderes System als die Organisation ist, hat er andere Unterscheidungen, andere blinde Flecke – er kann also die Differenz zwischen den Unterscheidungskategorien erarbeiten und diese kommunikativ-irritierend an die Organisation zurückgeben. Im besten Falle werden 'metakommunikative Irritationszyklen' in der Organisation etabliert: Kommunikation über Kommunikation über Kommunikation. Diese sind vergleichbar mit einem Mutationsgen, das die Selbstreferenz irritiert. Die systemische Organisationsberatung in Anschluss an Luhmann bedient sich der Kommunikation, um zu irritieren – oder anders formuliert: Sie ist ein Kommunikationssystem, um zu irritieren.

Auch aus einer stärker interventionsorientierten Sicht bleibt die Vorstellung vom Berater-Klienten-System als Kommunikationssystem aufrechterhalten. Allerdings kann hier die Intervention zielgerichtet eingesetzt werden, um konkrete Beziehungen innerhalb der Organisation aufzuzeigen und weiterzuentwickeln. Prinzipiell kann innerhalb der Organisation zwischen vertikaler, horizontaler und lateraler Kommunikation unterschieden werden.

» Die vertikale Kommunikation bezieht sich auf Ziele, Zielerreichung, Strategien, Störungen und damit zusammenhängende Erkenntnisse. Die horizontale Kommunikation beschäftigt sich in erster Linie mit Tagesproblemen und ihren Lösungen, entsprechend den Ziel- und Verantwortungsfestlegungen in der Aufbauorganisation sowie den Aufgabenbeschreibungen in den Prozessen […] Die dritte Komponente der Kommunikation, die laterale Kommunikation ist nicht an Strukturen und Regeln der Organisation orientiert […]. (Augustin und Hornstein 2013, S. 178)

Mit diesen Kommunikationskomponenten können die tatsächlichen Arbeitsbeziehungen in einer Organisation schematisiert erfasst und in einer Kommunikationsmatrix abgetragen werden (◘ Abb. 4.12).

Die Felder der Matrix zeigen (in Erweiterung des Modells von Augustin und Hornstein 2013) an, wie intensiv der kommunikative Austausch hinsichtlich Enge, Häufigkeit und Routinisierung zwischen Kommunikatoren (K_1 bis K_n: Personen oder Gruppen, auch Abteilungen) ist, wobei sich in der Praxis eine Gewichtung (z. B. nach fünfstufigem Ordinalsystem) bewährt hat. Dies ist ein integratives Verfahren auf der organisationalen Ebene. Es geht darum, die Kommunikationsbeziehungen in ihren tatsächlichen Gegebenheiten zu erfassen, was beispielsweise durch ein Organigramm nicht möglich ist. Die Differenz zwischen individuellen formellen und

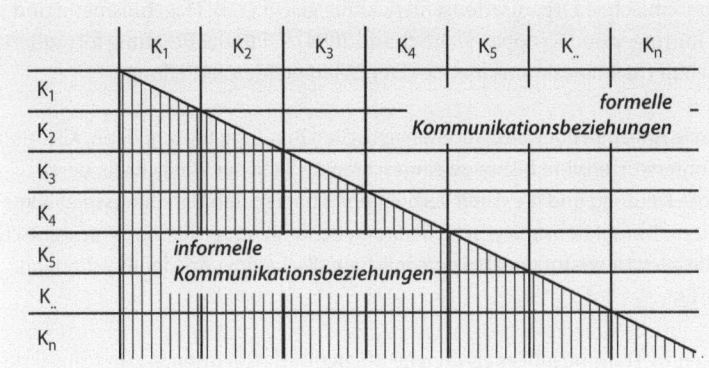

◘ **Abb. 4.12**   Kommunikationsmatrix

informellen Kommunikationsmustern und Beziehungen lässt sich durch die Überlagerung von individuellen formellen und informellen Kommunikationsmatrizen erfassen und darstellen (was aber letztlich nur eine Anwendung des Soziogramms nach Moreno 1991 darstellt) oder, wie hier dargestellt, durch unmittelbare Gegenüberstellung in einer Matrix. Die Kommunikationsmatrix ist ein Instrument zur Visualisierung von Kommunikationsbeziehungen – die Beziehungsentwicklung erfolgt als kommunikativer Prozess aufgrund der Rückspiegelung der Ergebnisse an die Betroffenen. Die Mitarbeiter des Klientensystems werden hierdurch mit ihren eigenen Kommunikationsprozessen konfrontiert, und zwar in einer für sie ungewohnten Darstellungsform. Hierdurch wird einerseits die gewohnte Unterscheidung durchbrochen – der blinde Fleck verliert für den Moment seine Kraft. Über diese irritierende Wirkung hinaus wird aber andererseits durch die Systematik der Darstellung eine Überarbeitung der Kommunikationsbeziehungen konkret angeregt und strukturiert. Damit ist die Irritation zur konkreten Intervention geworden.

Die Kommunikationsanalyse ist einer der zentralen Ansatzpunkte systemischer Beziehungsanalyse und -entwicklung. Sie findet sich bei Watzlawick, Beavin und Jackson (2003) ebenso wie bei Berne (1979) oder bei Schulz v. Thun (1997).[21] Das Analysemodell nach Schulz v. Thun (1997) mit seinen vier Ebenen der Kommunikation hat in Training und Beratung weite Verbreitung gefunden, aber auch hier gilt: Die Analyse der Kommunikationsbeziehungen und der Verstehensprozesse ist nur die Grundlage für deren Weiterentwicklung. Wenn die Beziehungsentwicklung konkrete Inhalte annehmen soll, muss die Irritation auch hier zur Intervention werden. Dabei stehen nicht die Probleme im Vordergrund – diese werden zwar durchaus bearbeitet, sind aber als „Anliegen" nicht von primärer Bedeutung –, im Vordergrund stehen vielmehr die Beziehungen an sich, die Erkenntnis, wie, warum und wozu die Menschen in konkreten Situationen miteinander umgehen und kommunizieren (Bearbeitungsteil) und/oder welchen Anteil der Einzelne daran hat (Selbsterfahrungsteil). Zusammen mit grundsätzlichen, auch theoriebezogenen Fragen stellen diese Aspekte konkrete Anliegen dar, die Teilnehmer im Rahmen eines Seminars oder einer Beratungssequenz einbringen können (Schulz v. Thun 2006). Dadurch werden diese Anliegen Teil des gesamten zu bearbeitenden Programms und bestimmen so dieses Programm mit.

Gruppenstruktur und -dynamik, Gruppenautorität und individuelles Anpassungsverhalten, funktionsgestörte Gruppen und das Management von Organisationen hat Berne (1979) direkt mithilfe der Transaktionsanalyse bearbeitet und somit die Grundlage für einen eigenständigen

Ansatz der systemischen Organisationsentwicklung gelegt (z. B. Hagehülsmann und Hagehülsmann 1998; Rüttinger und Kruppa 1988; Schmid 2004).[22] Für die Beratung formuliert die Deutsche Gesellschaft für Transaktionsanalyse (DGTA) folgende Zielstellung:

» Das zentrale Anliegen der transaktionsanalytischen Beratung besteht darin, KlientInnen darin zu unterstützen, ihre bisherige eingeschränkte Sicht der Wirklichkeit, deren optionslose Deutung und die damit verbundenen begrenzten Handlungsspielräume zu erweitern. Transaktionsanalytische Beratung ist somit neben Klärungs- und Entscheidungshilfe auch Unterstützung bei persönlichem Wachstum und Identitätsfindung. (DGTA 2013)

Für Beratung und Training gibt es zahlreiche Bücher und Anleitungen zur Transaktionsanalyse (z. B. Rüttinger und Kruppa 1988). Zentral aus Sicht der Transaktionsanalyse bleibt dabei aber die Einsicht in die tatsächlichen Spiele in der Organisation – diese gilt es zu verstehen. Berne liefert für die Bedeutung des Verstehens in der Organisationsberatung eine besonders schöne Metapher, die dieses Kapitel beschließen soll:

» Ich gehe hier etwa so vor wie jener Mechaniker, der einen Dampfkessel zu reparieren hatte. Er entdeckte ein klemmendes Ventil, klopfte einmal fest mit dem Hammer darauf und machte den Kessel damit wieder funktionsfähig. Die Rechnung, die er dafür vorlegte, belief sich auf 100 Dollar. Der Eigentümer war der Ansicht, diese Summe sei für einen einzigen Hammerschlag doch wohl zu hoch, und verlangte eine detaillierte Rechnung. Der Mechaniker antwortete folgendermaßen: ‚Hammerschlag auf den Kessel ausgeführt: 1 Dollar. Gewußt wo: 99 Dollar!' Das heißt in meinem Fall: 99 Prozent des Textes sind dem praktischen Verständnis dafür gewidmet, wie einzelne Organisationen funktionieren, denn nur die Kenntnis dieser Vorgänge ermöglicht die Therapie funktionsgestörter Gruppen. (Berne 1979, S. 15)

Sozialpsychologische Beratung geht als Ansatz der Veränderung durch Beteiligung der Betroffenen von einem Bild des Beraters als Unterstützer aus. Berater und Klient begeben sich damit in eine helfende Beziehung. Aus der Perspektive Luhmann (1989, 1994) handelt es sich bei sozialen Systemen um reine Kommunikationssysteme, und damit ist auch das Berater-Klienten-System der Organisationsberatung ein Kommunikationssystem. Während zwar die Bedeutung von Elementen und Beziehungen je Zuschnitt des Systembegriffs differiert, bedeutet ‚systemisch' hier auf alle Fälle, dass es sich um die Gestaltung einer spezifischen Kommunikationsbeziehung handelt. Mit der Aufnahme von Kommunikation treten Berater und Klient in eine Beziehung ein, die von der Kommunikation geprägt wird und mit der konkrete Erwartungen (z. B. Hoffnungen, Ängste) verbunden sind. Wie für alle Beziehung lässt sich für die Beratungsbeziehung ein spezifisches Entwicklungsschema erarbeiten, das die Beziehung strukturiert. Das Schema Soziapsychologischer Organisationsberatung gliedert sich in fünf Phasen:

1. Zunächst gilt es, das Berater-Klienten-System als Beziehung zu etablieren. Erst wenn dies erfolgreich geschehen ist, wenn also sowohl die Beteiligten des Klientensystems wie auch des Beratersystems bereit sind, die Beziehung anzuerkennen und positiv zu gestalten, kann die konkrete Arbeit beginnen.

---

22 Die DGTA hat eigene Fachgruppen für die Bereiche Beratung und Organisation (http://www.dgta.de/index.php vom 22.11.2013).

2. Im zweiten Schritt werden nunmehr die Anliegen formuliert, und das bedeutet, dass die Probleme, die gegebenenfalls im Vorfeld schon als gegeben formuliert wurden, nun wieder infrage zu stellen sind und die Beziehung von einer Offenheit hinsichtlich der zu bearbeitenden Probleme geprägt wird. Diese gilt es nun von den Betroffenen selbst zu formulieren, wobei natürlich die Beteiligten des Beratersystems mit ihrem methodischen Wissen helfen, den Prozess zu gestalten. Es werden Hypothesen gebildet und Interessen geklärt. Die ersten beiden Phasen entsprechen Lewins Vorstellung von Unfreeze/Auftauen.

3. Im dritten Schritt wird die Beziehung nun durch Kommunikationsprozesse geprägt, deren Gegenstände insbesondere der Einsatz von Problemlösungstechniken und Kreativtechniken sind. Hier gilt es, konkrete Vorschläge zu erarbeiten und die Betroffenen darin zu unterstützen, eigene Verantwortung für den Veränderungsprozess zu übernehmen.

4. In der vierten Phase werden Veränderungen umgesetzt. Hier gilt es, diejenigen, die bisher am Prozess noch nicht beteiligt waren, für die Veränderung zu gewinnen und die Dynamik des Prozesses aufrechtzuerhalten, wozu auch gehört, die Offenheit für Umgestaltungen im Prozess zu bewahren. Die beiden Phasen drei und vier entsprechen Lewins Change-Aspekt.

5. Phase fünf beendet aus systemischer Sicht das Kommunikationssystem und die beiden Teilsysteme Berater und Klient entkoppeln sich (Lewins Phase des Refreeze) – oder sie treten in einen neuen Zyklus ein. In diesem Fall gestaltet sich der Beziehungsaufbau dann anders, aber trotzdem bleiben die grundlegenden Funktionen erhalten.

Auch wenn bereits ein Beratungszyklus stattgefunden hat, gilt es trotzdem, für den neuen Durchlauf den Einstieg bewusst zu gestalten, die Arbeitsatmosphäre und die Rahmenbedingungen für die Zusammenarbeit zu regeln und die Anliegen dahin gehend zu klären, was nun im neuen Zyklus erwartet wird und was diesen vom vorangegangenen Zyklus unterscheidet.

Die Beratungsbeziehung ist anfänglich zwar von einer Statusungleichheit (Schein 2000) geprägt, in der sich der Hilfe- oder auch Ratsuchende tendenziell als unterlegen empfindet, da er ja offensichtlich nicht in der Lage ist, seine Probleme selbst zu lösen, und aus diesem unangenehmen Gefühl heraus vielfach Reaktionen der Abwehr (Abwertung, Widerstand) oder auch der Frustration (Unterwerfung, Verantwortungsabgabe) zeigen wird. Berater haben vielfach die Tendenz, diese Reaktionen wiederum aufzugreifen und Durchsetzungsstärke zu zeigen, um Widerstand zu überwinden, oder eine Führungsrolle anzunehmen und zu versuchen, die Frustrierten neu zu motivieren. Solche Konstellationen sind die besten Garanten, um Veränderungsprozesse zu lähmen und einen dauerhaften Wandel zu verhindern. In einer verstehenden Form der Prozessberatung wird dieses Ungleichgewicht von Beginn an bewusst bearbeitet, um Übertragungseffekte zwischen Berater und Beratenem aktiv zu thematisieren. Dies ist aber nicht Teil eines therapeutischen Prozesses. Berater sollen nicht heilen. Sie sollen dabei helfen, *nicht krankhafte* Probleme des Alltags – insbesondere in beruflichen Kontexten – zu bearbeiten. Es gibt verschiedene Formen helfender Beziehungen (Hartmann 2004) als individuumsbezogen-handlungsleitender Beratung (Prozessberatung) in Abgrenzung zu sachbezogen-handlungsleitender Beratung (Inhaltsberatung), die wir im nächsten Kapitel (speziell ▶ Abschn. 5.8) genauer analysieren wollen.

4.10   Übungsaufgaben

— Welche Bedeutung hat das symbolische Management für die Gestaltung von Organisationskultur?
— Bitte definieren Sie Organisationsentwicklung.

- Stellen Sie bitten den Zusammenhang zwischen Organisationsentwicklung und der Sozialisation von Organisationen dar.
- Skizzieren Sie bitten den Ansatz der Corporate Identity.
- Kontrastieren Sie bitten individualisierte und differentielle Ansätze des Personalmanagements.
- Stellen Sie bitte den Zusammenhang zwischen individueller Betrieblicher Sozialisation und dem konfliktorientierten Ansatz dar.
- Neuberger (1991, S. 3) definierte Personalentwicklung einmal als „[...] die Umformung des unter Verwertungsabsicht zusammen gefassten Arbeitsvermögens." Was meint er damit und wie hängt diese Aussage mit der personalwirtschaftlichen Zieldualität zusammen?
- Stellen Sie bitte die Bedeutung von Kompetenz für die Personalentwicklung im Rahmen des Ansatzes integrativer Betrieblicher Sozialisation dar.
- Was ist die sozialpsychologische Perspektive auf die Personalforschung?
- Skizzieren Sie bitte die Phasen sozialpsychologischer Organisationsberatung.

Literatur

ABWF – Arbeitsgemeinschaft Betriebliche Weiterbildungsforschung (2015) Lernförderliche Arbeitsgestaltung. ABWF-Bulletin 1/2015. http://www.abwf.de/wp-content/uploads/2015/11/ABWF_Bulletin_2015-1.pdf. (Download vom 12.03.2016)

ABWF – Arbeitsgemeinschaft Betriebliche Weiterbildungsforschung (2003) ohne Titel. [Materialsammlung QUEM]. http://www.abwf.de/main/publik/frame_html.html. (Download vom 11.03.2016)

Achtziger A, Gollwitzer P (2010) Motivation und Volition im Handlungsverlauf. In: Heckhausen J, Heckhausen M (Hrsg) Motivation und Handeln, 4. Aufl. Berlin, S 309–335

Allmendinger J, Hackmann R (1995) The more, the better? On the inclusion of women in professional organizations. Soc Forces 74:423–460

Amelang M, Bartussek D (2001) Differentielle Psychologie und Persönlichkeitsforschung, 5. Aufl. Stuttgart

Anastasi A (1993) Differentielle Psychologie. In: Arnold et al. (Hrsg) Lexikon der Psychologie, Bd 1, 11. Aufl. Freiburg, S 366–375

Augustin S, Hornstein Ev (2013) Arbeitsbeziehungen. In: Werner C, Elbe M (Hrsg) Handbuch Organisationsdiagnose. München, S 175–189

Auster C (1996) The sociology of work: concepts and cases. Thousand Oaks

Ballerstedt T, Elbe M, Greitemeyer T, Wagner M (1999) Doing gender in teams. Ein Experiment zu geschlechtsspezifischen Leistungs- und Zufriedenheitseffekten in Teams. Ergebnisbericht am Arbeitsbereich von Prof. Dr. Jutta Allmendinger, Institut für Soziologie der Ludwig-Maximilians-Universität. München.

Baumfeld L, Plicka P (2005) Großgruppeninterventionen. Das Praxisbuch. Wien

Becker F (1993) Explorative Forschung mittels Bezugsrahmen – ein Beitrag zur Methodologie des Entdeckungszusammenhanges. In: Becker F, Martin A (Hrsg) Empirische Personalforschung: Methoden und Beispiele. München, S 111–127

Becker H, Langosch I (1995, 2002) Produktivität und Menschlichkeit: Organisationsentwicklung und ihre Anwendung in der Praxis, 4., 5. Aufl. Stuttgart

Becker M (2005) Personalentwicklung. Bildung, Förderung und Organisationsentwicklung in Theorie und Praxis, 4. Aufl. Stuttgart

Berkel K. (1989) Konflikte in Organisationen. In: Greif S., Holling H. & Nicholson N. (Hrsg) Arbeits- und Organisationspsychologie. München, S. 270–275.

Berne E (1979) Struktur und Dynamik von Organisationen und Gruppen. München

Berthel J, Becker F (2013) Personal-management. Grundzüge für Konzeptionen betrieblicher Personalarbeit, 10. Aufl. Stuttgart

Birkigt K, Stadler M, Funck H (2002) (Hrsg) Corporate identity. Grundlagen, Funktionen, Fallbeispiele, 11. Aufl. München

Boros S (2009) Identity and image: the soul and face of organizations. In: Boros S (Hrsg) Exploring organizational dynamics. London, S 644–654

Brock D (1975) Gesellschaftlich organisierte Sozialisation im Betrieb und neue Arbeitsformen. In: Brock D, Hund J, Vetter H (Hrsg) Berufliches Verhalten und Sozialisation. München, S 1–80

Bröckermann R (2009) Personalwirtschaft. Lehr- und Übungsbuch für Human Resource Management, 5. Aufl. Stuttgart

Bronner R (1998) Experimentelle Personalforschung. ZfP 1(98):5–20

Chlebus M (2012) Der demographische Wandel in Deutschland und seine Folgen für die Unilever Deutschland GmbH. Konsequenzen für das Personalmanagement. Berlin

Conrad P (1989) Konzeptionelle Ansätze zur Beschreibung und Erklärung von Individualität und Individualisierung – eine interaktionistische Perspektive. In: Drumm H (Hrsg) Individualisierung der Personalwirtschaft: Grundlagen, Lösungsansätze, Grenzen. Stuttgart, S 49–58

Cummings T, Worley C (1993) Organization development and change, 5. Aufl. St. Paul

Deters J (1992) Verhaltenswissenschaftliche Ursprünge der Betriebswirtschaftslehre. In: Staehle W, Conrad P (Hrsg) Managementforschung 2. Berlin, S 39–110

DGTA – Deutsche Gesellschaft für Transaktionsanalyse (2013) Fachgruppe: Beratung. http://www.dgta.de/beratung vom 22.11.2013

Doppler K, Lauterburg C (2008) Change management. Den Unternehmenswandel gestalten. Frankfurt a. M.

Drumm H (Hrsg) (1989a) Individualisierung der Personalwirtschaft: Grundlagen, Lösungsansätze, Grenzen. Stuttgart

Drumm H (1989b) Vom Einheitskonzept zur Individualisierung: Neue Entwicklungen in der Personalwirtschaft. In: Drumm H (Hrsg) Individualisierung der Personalwirtschaft: Grundlagen, Lösungsansätze, Grenzen. Stuttgart, S 1–13

Drumm H (1993) Personalwirtschaft – Auf dem Weg zu einer theoretisch-empirischen Personalwirtschaftslehre?. In: Hauschildt J, Grün O (Hrsg) Ergebnisse empirischer betriebswirtschaftlicher Forschung: zu einer Realtheorie der Unternehmung. Stuttgart, S 673–712

Drumm H (2004) Personalwirtschaftslehre, 5. Aufl. Berlin

Elbe M (1994) Betriebliche Sozialisation und Personalentwicklung. In: Elbe M, Luzius T (Hrsg) Die Augusta-Kranken-Anstalt gGmbH – Corporate Identity für konfessionelle Krankenhäuser – Betriebliche Sozialisation und Personalentwicklung. München, S 59–114

Elbe M (1997) Betriebliche Sozialisation: Grundlagen der Gestaltung personaler und organisationaler Anpassungsprozesse. Sinzheim

Elbe M (2002) Wissen und Methode: Grundlagen der verstehenden Organisationswissenschaft. Opladen

Elbe M (2013a) Employography: Flüchtige Identitäten in Zeiten der Ungewissheit. Journal für Psychologie. Jg 21(3):1–24

Elbe M (2015a) *Organisationsdiagnose: Methoden – Fallstudien – Reflexionen*. Baltmannsweiler

Elbe M, Peters S, Schnauffer H-G (2015) Perspektiven der Lernförderlichen Arbeitsgestaltung: Anreize, Zeit und Wissen. ABWF Bull 1:5–10

Elbe M, Saam N (2008) „Mönche aus Wien, bitte lüftets eure Geheimnisse." Über die Abweichung der Beratungspraxis von den Idealtypen der Organisationsberatung. In: Gruppendynamik und Organisationsberatung. Zeitschrift für angewandte Sozialpsychologie 3, S 326–350

Etzrodt C (2003) Sozialwissenschaftliche Handlungstheorien. Eine Einführung. Konstanz

Fischer L, Wiswede G (2009) Grundlagen der Sozialpsychologie, 3. Aufl. München

Francis D, Young D (1996) Mehr Erfolg im Team: ein Trainingsprogramm mit 46 Übungen zur Verbesserung der Leistungsfähigkeit in Arbeitsgruppen, 4. Aufl. Hamburg

Franke J, Kühlmann M (1989) Organisationsdiagnostik. In: Greif S, Holling H, Nicholson N (Hrsg) Arbeits- und Organisationspsychologie: internationales Handbuch in Schlüsselbegriffen. München, S 350–353

French W, Bell C (1994) Organisationsentwicklung, 4. Aufl. Bern

French W, Bell C (1979) Zur Geschichte der Organisationsentwicklung. In: Sievers B (Hrsg) Organisationsentwicklung als Problem. Stuttgart, S 33–42

Gaugler E, Weber A (1995) Perspektiven des Human Resource Management. Personal 1(95):4–9

Gebert D Rosenstiel Lv (1996) Organisationspsychologie: Person und Organisation, 4. Aufl. Stuttgart

Gronau H (1965) Die soziologische Rollenanalyse als betriebsorganisatorisches und berufspädagogisches Instrument. Stuttgart

Hagehülsmann U, Hagehülsmann H (1998) Der Mensch im Spannungsfeld seiner Organisation. Transaktionsanalyse in Managementtraining, Coaching, Team- und Personalentwicklung. Paderborn

Hart E, Bond M (2001) Aktionsforschung. Handbuch für Pflege-, Gesundheits- und Sozialberufe. Bern

Hartmann M (2004) Coaching als Grundform pädagogischer Beratung. Verortung und Grundlegung. München

Hartmann-Kottek L (2012) Gestalttherapie. Lehrbuch, 3. Aufl. Berlin

Hemmati-Weber M (1993) Die Sozialisation von Menschen und Dingen, zum Beispiel im Büro. Zeitschrift für Personalforschung 1:96–114

Hinterhuber H, Winter L (1991) Unternehmenskultur und Corporate Identity. In: Dülfer E (Hrsg) Organisationskultur: Phänomen – Philosophie – Technologie. Stuttgart, S 189–201

Hofstätter P (1957) Gruppendynamik. Kritik der Massenpsychologie. Reinbek bei Hamburg

Huczynski A, Buchanan D (1991) Organizational Behaviour. An Introductory Text. New York.

Kals E, Gallenmüller-Roschmann J (2011) Arbeits- und Organisationspsychologie, 2. Aufl. Weinheim

Kanter R (1977) Some effects of proportion on group life: skewed sex ratios and responses to token women. Am J Sociol 82:965–990

Kasper H (1987) Organisationskultur: Über den Stand der Forschung. Wien.

Katz D, Kahn R (1966) The social psychology of organizations. New York

Kießler O (1989) Das Individualisierungskonzept einer handlungsorientierten Betriebswirtschaftslehre. In: Drumm H (Hrsg) Individualisierung der Personalwirtschaft: Grundlagen, Lösungsansätze, Grenzen. Stuttgart, S 27–36

Kirchhöfer D (2004) Lernkultur Kompetenzentwicklung. Begriffliche Grundlagen. Berlin

Kirchler E (Hrsg) (2011) Arbeits- und Organisationspsychologie, 3. Aufl. Wien

König O (2004) Vom Nutzen der Gruppendynamik für die Supervision. In: DGSv aktuell, 4/2004, S 12–15

König O, Schattenhofer K (2010) Einführung in die Gruppendynamik, 4. Aufl. Heidelberg

Kostka C, Mönch A (2006) Change Management. 7 Methoden für die Gestaltung von Veränderungsprozessen, 3. Aufl. München

Krohne H (1977) Persönlichkeitstheorie. In: Herrmann T et al (Hrsg) Handbuch psychologischer Grundbegriffe. München, S 341–355

Krumbachner J (1991) Geschichte der Wirtschaftstheorie. München

Lattmann C (1998) Wissenschaftstheoretische Grundlagen der Personallehre. Bern

Lewin K (1968) Die Lösung sozialer Konflikte: Ausgewählte Abhandlungen über Gruppendynamik, 3. Aufl. Bad Nauheim

Lewin K (1982) Feldtheorie. Band 4 der Kurt-Lewin-Werkausgabe. Bern

Likert R (1971) The principle of supportive relationships. In: Pugh D (Hrsg) Organization theory. London, S 279–304

Luhmann N (1989) Kommunikationssperren in der Unternehmensberatung. In: Luhmann N, Fuchs P (Hrsg) Reden und Schweigen. Frankfurt a. M., S 209–227

Marr R (1989a) (Hrsg) Mitarbeiterorientierte Unternehmenskultur: Herausforderungen für das Personalmanagement der 90er Jahre. Berlin

Marr R (1989b) Überlegungen zu einem Konzept einer ‚Differentiellen Personalwirtschaft'. In: Drumm H (Hrsg) Individualisierung der Personalwirtschaft: Grundlagen, Lösungsansätze, Grenzen. Stuttgart, S 37–47

Marr R, Friedel-Howe H (1989) Perspektiven der Entwicklung einer Differentiellen Personalwirtschaft für den Entscheidungsorientierten Ansatz. In: Kirsch W, Picot A (Hrsg) Die Betriebswirtschaftslehre im Spannungsfeld zwischen Generalisierung und Spezialisierung: Edmund Heinen zum 70. Geburtstag. Wiesbaden, S 324–336

Marr R, Stitzel M (1979) Personalwirtschaft: ein konflikttorientierter Ansatz. München

Martin A (1989) Die empirische Forschung in der Betriebswirtschaftslehre: Eine Untersuchung über die Logik der Hypothesenprüfung, die empirische Forschungspraxis und die Möglichkeit einer theoretischen Fundierung realwissenschaftlicher Untersuchungen. Stuttgart

McGregor D (1971) Theory X and Theory Y. In: Pugh DS (Hrsg) Organization theory. London, S 305–323

Modrow-Thiel D (1993) Qualitative Interviews – Vorgehen und Probleme. In: Becker F, Martin, A (Hrsg) Empirische Personalforschung: Methoden und Beispiele. München, S 129–146

Moreno J (1991) Die Grundlagen der Soziometrie. Wege zur Neuordnung der Gesellschaft, 3. Aufl. Opladen

Morick H (2002) Differentielle Personalwirtschaft. Theoretisches Fundament und praktische Konsequenzen. Neubiberg

Müller M (1997) Human resource management in Germany – a review of the German debate. Arbeitspapier am IWP der Universität Innsbruck. Innsbruck

Müller-Stewens G, Pautzke G (1989) Führungskräfteentwicklung, organisatorisches Lernen und Individualisierung. In: Drumm H (Hrsg) Individualisierung der Personalwirtschaft: Grundlagen, Lösungsansätze, Grenzen. Stuttgart, S 137–147

Neuberger O (1989) Symbolisches Management als Vermittlung zwischen Individualisierung und Organisierung. In: Drumm H (Hrsg) Individualisierung der Personalwirtschaft: Grundlagen, Lösungsansätze, Grenzen. Stuttgart, S 69–81

Neuberger O (1990) Der Mensch ist Mittelpunkt. Der Mensch ist Mittel. Punkt. Acht Thesen zum Personalwesen. Personalführung 1:3–10

Neuberger O (1991) Personalentwicklung. Stuttgart

Nienhüser W (1998) Die Nutzung personal- und organisationswissenschaftlicher Erkenntnisse in Unternehmen. Eine Analyse der Bestimmungsgründe und Formen auf Grundlage theoretischer und empirischer Befunde. ZfP1:21–49

Nienhüser W, Krins C (2005) Betriebliche Personalforschung. Eine problemorientierte Einführung. München

Osterloh M, Tiemann R (1993) Plädoyer für eine interpretative Personalforschung: Konzeptionelle Überlegungen zur Anwendung qualitativer Methoden. In: Becker F, Martin A (Hrsg) Empirische Personalforschung: Methoden und Beispiele. München, S 93–109

Peters S, Elbe M, Kunert S (2014) Anreizkompetenz als Form der reflexiven Professionsentwicklung in differenziellen Personalstrukturen. In: Schwarz M, Weber P, Feistel K (Hrsg) Professionalität: Wissen – Kontext. Sozialwissenschaftliche Analysen und pädagogische Reflexionen zur Struktur bildenden und beratenden Handelns. Bad Heilbrunn, S 674–690

Rechtien W (2007) Angewandte Gruppendynamik. Ein Lehrbuch für Studierende und Praktiker, 4. Aufl. Weinheim

Reichwald R, Bastian C (1998) Führung von Mitarbeitern in verteilten Organisationen – Ergebnisse explorativer Forschung. Arbeitspapier an der TU München. München. http://www.aib.wiso.tu-muenchen.de/publikationen/papers_online/reichwald-bastian-1998-fuehrung.pdf vom 26.11.2013

Rieckmann H (1990) Eine Antwort auf acht Thesen: Sieben Thesen und ein Fazit. Personalführung 1:12–17

Robbins S, Judge T (2012) Organizational Behavior, 12. Aufl. Upper Saddle River

Rosenstiel Lv (1992a/2000) Grundlagen der Organisationspsychologie, 3., 4. Aufl. Stuttgart

Rüttinger R, Kruppa R (1988) Übungen zur Transaktionsanalyse. Praxis der Transaktionsanalyse in Beruf und Organisation. Hamburg

Sackmann S, Elbe M (2000) Tendenzen und Ergebnisse empirischer Personalforschung der 90er Jahre in West-Deutschland. Zeitschrift für Personalforschung (ZfP) 2:131–157

Sackmann S (1989) Kulturmanagement': Lässt sich Unternehmenskultur ‚machen'? In: Sandner K (Hrsg) Politische Prozesse in Unternehmen. Heidelberg, S 157–179

Sackmann S (1996) Personalmanagement – Wirklichkeit und Handlungsbedarf. In: Schwuchow K, Gutmann J (Hrsg) Jahrbuch Weiterbildung 1996. Düsseldorf, S 176–179

Sackmann S (2002) Unternehmenskultur. Erkennen – Entwickeln – Verändern. Neuwied

Sadowski D (1991) Der Wettbewerb von Theorie und Praxis der Personalwirtschaft. In: Kistner K-P, Schmidt R (Hrsg) Unternehmensdynamik: Horst Albach zum 60. Geburtstag. Stuttgart. S 301–314

Sattelberger T (1989b) Lebenszyklusorientierte Personalentwicklung. In: Sattelberger T (Hrsg) Innovative Personalentwicklung: Grundlagen, Konzepte, Erfahrungen. Wiesbaden, S 287–305

Schein E (2000) Prozessberatung für die Organisation der Zukunft. Der Aufbau einer helfenden Beziehung. Köln

Schewtschenko S (2008) Differentielle Personalentwicklung: Entwicklung eines Konzepts am Beispiel der Igel AG. Erding

Schmid B (2004) Systemisches Coaching – Konzepte und Vorgehensweisen in der Persönlichkeitsberatung. Köln

Schmidbauer W (1973) Sensitivitätstraining und analytische Gruppendynamik. München

Schneider D (1982) Das Versagen der Paradigmavorstellung für die Betriebswirtschaftslehre. In: Institut für Controlling, Fakultät für Wirtschafts- und Organisationswissenschaften, Hochschule der Bundeswehr München (Hrsg) Diskussionsbeiträge für die Tagung der Kommission Wissenschaftstheorie im Verband der Hochschullehrer für Betriebswirtschaft e.V. „Paradigmenwechsel in der Betriebswirtschaftslehre" Arbeitspapier Nr. 1. München, S 398–438

Schnell R, Hill P, Esser E (2012) Methoden der empirischen Sozialforschung, 9. Aufl. München

Schramm F (2012) Die arbeitsorientierte Personalforschung im Wandel? In: Ortlieb R, Sieben B (Hrsg) Geschenkt wird einer nichts – oder doch? München, S 37–40

Schulz v, Thun F (2006) Praxisberatung in Gruppen: erlebnisaktivierende Methoden mit 20 Fallbeispielen, 6. Aufl. Weinheim

Schulz v, Thun F (1997) Miteinander reden 1: Störungen und Klärungen. Allgemeine Psychologie der Kommunikation. Reinbek bei Hamburg

Sonntag K, Schaper N Friebe J (2005) Erfassung und Bewertung von Merkmalen unternehmensbezogener Lernkulturen. In: ABWF – Arbeitsgemeinschaft Betriebliche Weiterbildungsforschung (Hrsg) Kompetenzmessung im Unternehmen. Lernkultur- und Kompetenzanalysen im betrieblichen Umfeld. Edition QUEM. München, S 19–339

South S, Bonjean C, Markham W, Corder J (1982) Social structure and intergroup interaction. Men and women of the federal bureaucracy. Am Sociol Rev 47:587–599

Töpfer A., Poersch M (1989) Aufgabenfelder des betrieblichen Personalwesens für die 90er Jahre: Bedeutung und Inhalte in der Unternehmenspraxis. Neuwied

Tuckman B (2001) Developmental sequence in small groups. Group Facilitat: A Res Appl J 1:66–81

Türk K (1981) Personalführung und soziale Kontrolle. Stuttgart

Tyrell H (1983) Zwischen Interaktion und Organisation I. Gruppe als Systemtyp. In: Neidhardt F (Hrsg) Gruppenso-
ziologie. Perspektiven und Materialien. Opladen, S 75–87

Van Maanen J, Schein E (1979) Toward a theory of organizational socialization. In: Staw B (Hrsg) Research in organizational behavior. Greenwich, S 209–264

Wächter H (1990) Personal oder Mensch als Gegenstand einer Personalwirtschaftslehre? Eine Stellungnahme zu
den Thesen von Neuberger und Rieckmann. Personalführung 1:18–22

Watzlawick P, Beavin J, Jackson D (2003) Menschliche Kommunikation. Formen, Störungen, Paradoxien, 10. Aufl. Bern

Weber M (1980) Wirtschaft und Gesellschaft: Grundriß der verstehenden Soziologie, 5. Aufl. Tübingen

Weber M (1992) Die »Objektivität« sozialwissenschaftlicher Erkenntnis. In: Winckelmann J (Hrsg) Max Weber: Soziologie – Universalgeschichtliche Analysen – Politik. Stuttgart, S 186–262

Werner C Elbe M (Hrsg) (2013) Handbuch Organisationsdiagnose. München

Wiedmann K, Jugel S (1987) Corporate-Identity-Strategie: Anforderungen an die Entwicklung und Implementie-
rung. Die Unternehmung 3:186–204

Wiegran G (1996) Entwicklungsansatz einer differentiellen Personalwirtschaft. Dissertation an der Universität der
Bundeswehr München. München

Wilson T (1973) Theorien der Interaktion und Modelle soziologischer Erklärung. In: Arbeitsgruppe Bielefelder Soziologen (Hrsg) Alltagswissen, Interaktion und gesellschaftliche Wirklichkeit. Reinbek b. Hamburg, S 54–79

Winter W (1999) Theorie des Beobachters: Skizzen zur Architektonik eines Metatheoriesystems. Frankfurt am Main

Zdravkovic D (2011) Prozesse organisationaler Sozialisation in Stamm- und Randbelegschaft. Eine empirische
Untersuchung im qualifizierten Tätigkeitsbereich. Dresden

Intervention durch sozialpsychologische Beratung

5.1 Beratungskontext – 138

5.2 Konvergenzhypothese – 139

5.3 Prozess und Methode – 141

5.4 Action Research – 143

5.5 Rat geben: zur Beraterrolle – 144

5.6 Methodische Ansätze sozialpsychologischer Beratung – 146
5.6.1 Quantitative Methoden – 148
5.6.2 Qualitative Methoden – 149

5.7 Diagnose, Aktion, Evaluation – 150

5.8 Beratung und andere helfende Beziehungen – 154
5.8.1 Coaching – 154
5.8.2 Mentoring – 157
5.8.3 Supervision – 158

5.9 Widerstand im Beratungskontext – 159

5.10 Kommunizieren und Darstellen – 160
5.10.1 Kommunikation und Intervention – 160
5.10.2 Fragetechniken – 163
5.10.3 Interviews und Fragebögen – 165
5.10.4 Erzählen, Auf- und Darstellen – 167

5.11 Fragen – 169

Literatur – 169

© Springer-Verlag Berlin Heidelberg 2016
M. Elbe, *Sozialpsychologie der Organisation*,
DOI 10.1007/978-3-662-50383-6_5

Zusammenfassung

Kapitel fünf ist den Ansätzen zur Intervention in sozialen Systemen durch sozialpsychologische Beratung gewidmet. Einführend werden der Kontext der Organisationsberatung vorgestellt und die Konvergenzhypothese der Praxis der Organisationsberatung zugrunde gelegt. Anschließend wird die sozialpsychologische Organisationsberatung als systemische Organisationsentwicklung konzipiert (Aktionsforschung, Beraterrolle, Vorgehen) und einzelne Methoden werden exemplarisch dargestellt. Beratung wird als eine spezifische Form der helfenden Beziehung im Kontext mit anderen Unterstützungsformen thematisiert, wobei Widerstand im Beratungsprozess eine besondere Bedeutung zukommt. Abschließend werden Kommunikations- und Darstellungsansätze im Rahmen der sozialpsychologisch-systemischen Organisationsberatung besprochen.

5.1   Beratungskontext

Beratung ist ein problematisches Unterfangen – und wenn wir hier von Beratung sprechen, dann meinen wir professionelle Beratung, die aufgrund einer spezifischen Expertise (als Berater) und in einem institutionalisierten Kontext (gegen Entgelt) erfolgt. Schon die beiden genannten Einschränkungen verweisen auf Beratung im hier verwendeten Sinn als eine spezifische Interaktionsordnung: Es gibt jemanden, der Rat sucht, und eine andere Person, die Rat erteilt. Die Beziehung zwischen den beiden Personen ist nicht auf Freundschaft, Liebe oder familiärer Beziehung gegründet und im engeren Sinn einer Beratungsprofession auch nicht durch eine andere Beziehung (z. B. im Arbeitskontext als Kollegen oder als hierarchische Über- und Unterordnung oder in einem seelsorgerischen Verhältnis durch Vermittlung des Heiligen). Vielmehr beruht sie auf einem vertraglich fixierten Austauschverhältnis, das aus Erbringung einer Beratungsleistung gegen Bezahlung besteht. Die Beratungsbeziehung kann dabei zwischen natürlichen Personen (Menschen) entstehen und/oder zwischen kollektiven Akteuren (juristische Personen). So kann eine freiberufliche Beraterin (natürliche Person) einen Beratungsvertrag mit einem mittelständischen Unternehmen (in der Rechtsform einer GmbH: juristische Person) schließen und damit eine Beratungsbeziehung begründen, oder eine Beratungsgesellschaft (Rechtsform GmbH) schließt einen Vertrag mit einem großen Sportverband (einem gemeinnützigen, eingetragenen Verein), wodurch eine Beratungsbeziehung zwischen zwei kollektiven Akteuren entsteht.

In beiden Fällen handeln aber Personen, die an die so begründete Beratungsbeziehung spezifische Erwartungen haben:

- Die beratene Person erwartet, dass die Beratung aufgrund inhaltlicher und/oder methodischer Expertise erteilt wird, und dass der Berater keine weiteren eigenen Interessen oder Interessen Dritter verfolgt, sondern nach bestem Wissen und Vermögen handelt und Mikropolitik nur in angemessener Weise zur Erfüllung des Beratungsauftrages einsetzt.
- Der Berater (als individueller oder kollektiver Akteur) erwartet, dass das Beratungsersuchen ehrlich gemeint ist, dass also ein tatsächlicher Beratungsbedarf besteht und die grundsätzliche Bereitschaft, auch Rat anzunehmen – was nicht bedeuten muss, dass ein konkreter Rat akzeptiert oder umgesetzt wird –, sowie dass der Ratsuchende den Berater nicht mikropolitisch missbraucht, also die Beratungsbeziehungen zu verheimlichten Zwecken der Interessendurchsetzung innerhalb oder außerhalb des Klientsystems zu nutzen versucht.

Die Erwartungen lassen sich natürlich noch genauer ausführen und sind je nach Einzelfall zu spezifizieren, es wird aber bereits deutlich, dass Beratung eben von anderen Formen sozialer

Interaktion zu unterscheiden ist und eine spezifische Form der Dienstleistungserbringung darstellt. Die ökonomische Grundstruktur der Beratungsbeziehung weist sie als eine besondere Kommunikationsform und damit systemische Beziehung aus: Es entsteht durch den Beratungsvertrag ein eigenständiges Berater-Klienten-System, das biologische oder soziale Systeme umfassen kann.

Wenn wir in diesem Zusammenhang von Organisationsberatung sprechen, wird deutlich, dass zumindest der Beratene/der Ratsucher als soziales System, als kollektiver Akteur gedacht wird, und dies haben wir oben mit der Bezeichnung 'Klientensystem' schon unterstellt. Speziell für die systemische Beratung ist eine breite Verwendung des Systembegriffs konstitutiv. Mit der Verwendung des Systembegriffs soll eben keine enge Festlegung auf eine konkrete theoretische Perspektive (z. B. im Sinne Luhmanns 1994) erfolgen, sondern vielmehr ist es von zentraler Bedeutung für eine umfassende Perspektive auf Methoden der sozialpsychologischer Beratung, sowohl einen offenen als auch einen geschlossenen Systembegriff zuzulassen und die verschiedenen Ansätze für die Organisationsberatung fruchtbar zu machen. Aus systemischer Perspektive rückt dabei das Berater-Klienten-System ins Zentrum der Betrachtung. Klienten als Organisationen stellen soziale Systeme dar (Klientensystem: KS), und auch Berater sind häufig Vertreter von Organisationen (große Beratungsgesellschaften) und damit von sozialen Systemen (Beratersystem: BS). Doch selbst wenn ein Einzelberater einen einzelnen Unternehmer (z. B. einen freiberuflich Tätigen) berät, handelt es sich hier um personale Systeme. Für all diese Konstellationen ist letztlich ausschlaggebend, dass im Aufeinandertreffen von Beratersystem und Klientensystem aufgrund der spezifischen Interaktionsordnung der Beratung ein eigenständiges Kommunikationssystem geschaffen wird, das Berater-Klienten-System (BKS), welches nach eigenen Prinzipien funktioniert (vgl. hierzu Königswieser und Exner 2008 sowie Luhmann 1989).

Nachdem mit Organisation schon ein konkreter Beratungsgegenstand benannt wurde, um den es im Folgenden in unterschiedlichen Facetten gehen wird, ist eine Begrenzung der Inhalte der Beratungskommunikation gegeben. Es kann z. B. sehr wohl um Gesundheitsfragen und um individuelle Entwicklungschancen von Menschen gehen, Schwangerschaftsberatung im engeren Sinn wird aber nicht ihr Gegenstand sein. Typischerweise stehen bei der Organisationsberatung Arbeitsbeziehungen, Prozesse, Strukturen, Strategien, ökonomische Ziele, aber auch zwischenmenschliche Kommunikation, Kooperation, Führung und Konflikte sowie individueller Nutzen, Bedürfnisse und Potenziale im Zentrum der Beratungsbemühungen. Hieran richtet sich auch die Auswahl der Interventionsmethoden aus. Folgt man der 'reinen Lehre' einzelner Beratungskonzepte, dann kann diese Aussage infrage gestellt werden. Im Folgenden werden wir uns speziell den Methoden intensiver zuwenden. Dabei ist aber zu beachten, dass Beratungsbeziehung, -gegenstand und -methoden nicht voneinander unabhängig sind.

5.2   Konvergenzhypothese

Beratung und insbesondere Organisationsberatung scheint ein zentrales Phänomen unserer westlichen Gesellschaft in der zweiten, reflexiven Moderne zu sein (Beck und Bonß 2001; Beck et al. 1996), bis hin zur Überlegung, dass wir in einer Beratungsgesellschaft leben (Schützeichel und Brüsemeister 2004; Fuchs und Pankoke 1994). Während in den letzten Jahren die Literatur zur Beratung generell, insbesondere aber zur Organisationsberatung an Umfang deutlich zugenommen hat und dabei immer differenziertere Ansätze und Methoden vorgestellt werden, zeigt sich in der Praxis der Organisationsberatung, dass hier die Erwartungshaltung der Klienten einerseits und der ökonomische Druck der Berater andererseits dafür sorgen, dass sich die unterschiedlichen Ansätze in der praktischen Anwendung annähern. Elbe und Saam (2008) untersuchen dies anhand von 48 Interviews mit Organisationsberatern, die sich unterschiedlichen

Beratungsansätzen zuordnen. Unterschieden werden dabei Strategieberatung und (Kern-)Prozessberatung als inhaltsorientierte Beratungsansätze sowie Organisationsentwicklung und systemische Beratung als methodenorientierte Beratungsansätze. Diese Zuschreibung der Berater hinsichtlich eines der Beratungsansätze stellt eine Kennzeichnung im Sinne Goffmans (1996) dar, wodurch die Organisationsberater für sich werben. Sie setzen „[…] Zeichen als offen gegebene Informationen („signs given'), um aktiv ein Bild von sich als Vertreter eines spezifischen Ansatzes zu erschaffen" (Elbe und Saam 2008, S. 327). Damit ist eine Kategorisierung für potenzielle Klienten (und das sonstige Umfeld) möglich. Auf dieser Grundlage lassen sich die Angebote von Beratern und die Erwartungen von Klienten im Vorfeld hinsichtlich potenzieller Passung abstimmen. Bei diesen Selbst- und Fremdzuschreibungen handelt es sich aber um vordergründige Darstellungen (wie auf einer Vorderbühne), die nicht primär das Handeln der Berater bestimmen.

> **»** Organisationsberatung arbeitet zwar mit typisierenden Kennzeichnungen und bedarf dieser, um auf der Vorderbühne Position im Beratermarkt beziehen und ein spezifisches Dienstleistungsversprechen abgeben zu können. Auf der Hinterbühne der Organisationsberatung geht es aber darum, die Erwartungen des Klienten in Erfahrung zu bringen und diesen zu entsprechen, wenn andernfalls Unzufriedenheit des Klienten oder Scheitern der Beratung drohen. Basierend auf den Erwartungen des Klienten kommt es in der Beratungspraxis zu typischen Abweichungen gegenüber den Idealtypen, die eine Konvergenz der Beratungspraxis zur Folge haben. Diese Abweichungen sind im Falle der systemischen Beratungspraxis so bedeutsam und umfangreich, dass es nicht mehr gerechtfertigt ist, hier von einem eigenständigen Ansatz der Organisationsberatung zu sprechen. (Elbe und Saam 2008, S. 326)

Im praktischen Handeln sind alle Organisationsberater darauf angewiesen, ihre Klienten hinsichtlich vorhandenen Problemdrucks zu verstehen und ihnen ein Linderungsversprechen zu geben. Das bedeutet, dass zwar nicht alle Berater jede Methode gleichermaßen anwenden, dass es sich aber kaum ein Berater – auch nicht mit einem wirtschafts- oder ingenieurwissenschaftlichen Label – leisten kann, auf sozialwissenschaftlich fundierte Methoden vollkommen zu verzichten. So werden von Beratern generell kommunikative Fähigkeiten, z. B. Moderationsvermögen, erwartet. Auf der anderen Seite können sich sozialwissenschaftlich orientierte Berater, die sich als der Organisationsentwicklung und der systemischen Beratung zugehörig kennzeichnen, in der Praxis kaum auf inhaltliches Nichtwissen hinsichtlich potenzieller Lösungen zurückziehen, wenn sie Kundenaufträge akquirieren wollen.

In der Theorie lassen sich trefflich Unterschiede zwischen verschiedenen Beratungsansätzen herausarbeiten. In der Praxis hingegen sind Beratungsbeziehung, Beratungsgegenstand sowie Beratungsmethoden voneinander abhängig, und Organisationsberatung ist eine soziale Interaktion, die ein methodisches Vorgehen mit Lösungsversprechen erfordert. Dementsprechend wird in den folgenden Kapiteln ein breites Set an Methoden angeboten, die im Rahmen systemischer Beratung (nach einer weiten Auffassung) eingesetzt werden können. Im Sinne des Pragmatismus gilt: Wer Erfolg hat, dessen Methode war richtig.[1] Doch dies lässt sich im Einzelfall erst im Nachhinein beurteilen. Die Entscheidung hinsichtlich Prozess und Methode muss der Berater aber im Vorfeld treffen.

---

1   In der Medizin gilt: „Wer heilt, hat recht." Ob dies ein ethisch tragfähiges Fundament für professionelles Handeln ist, diskutiert für diese Disziplin Wiesing (2004). Für eine Ethik der Beratung vgl. z. B. Ruschmann (1999).

5.3 Prozess und Methode

Edgar Schein (2000) kommt das Verdienst zu, die Bedeutung des Beratungsprozesses im Rahmen der Organisationsberatung expliziert zu haben. Er fasst die Grundprinzipien der Prozessberatung – gemeint ist damit Organisationsberatung als helfende Beziehung – folgendermaßen zusammen: „[…]

- Versuche stets zu helfen.
- Verliere nie den Bezug zu der aktuellen Realität.
- Setze dein Nichtwissen ein.
- Alles, was du tust, ist eine Intervention.
- Das Problem und seine Lösung gehören dem Klienten" (Schein 2000, S. 41).

Für Schein (2000) war die Konvergenzthese schon Realität. Er hat dies in der Formulierung der Prozessberatung als eines umfassenden Ansatzes der Organisationsberatung bereits berücksichtigt. Der erste Merksatz kennzeichnet die Beratungsbeziehung und formuliert daraus eine Anforderung an den Berater: Nicht die Ideologie eines Beratungsansatzes steht bei der Organisationsberatung im Vordergrund, sondern das Hilfsbedürfnis des Klienten; dem hat sich die Methodenwahl nachzuordnen. Der zweite Merksatz zielt auf die Verknüpfung von Vorder- und Hinterbühne der Organisationsberatung – es geht um die Herstellung einer gemeinsamen Realität zwischen dem Klienten und dem Berater. Nur wenn ich den Klienten in seinem Problemdruck verstehe, bin ich in der Lage, ihm auch zu helfen. Und nur wenn ich mich dem Klienten verständlich machen kann, wird Einsicht für die Notwendigkeit der gemeinsamen Gestaltung von Wandlungsprozessen erzeugt. Für diesen Verstehensprozess ist es hilfreich, scheinbar sicheres Wissen (über Probleme, über Prozesse …) infrage zu stellen – dies fordert Merksatz drei. Beratern (die ja als Experten auftreten) fällt es häufig besonders schwer, Nichtwissen zuzulassen. Es schafft aber die Möglichkeit, gemeinsam mit dem Klienten individuelle Lösungsansätze zu erarbeiten. Eine grundlegende Erkenntnis sozialwissenschaftlicher Beratungsansätze gibt Merksatz vier wieder: Jedes Handeln ist eine Intervention – und damit auch jede Diagnose, jedes Fragen, jedes teilnehmende Beobachten. Jedes Verstehen, das dem Gegenüber bewusst wird, zeigt eben: Hier gibt es eine gemeinsame Verständigungsmöglichkeit und damit eine Möglichkeit zu verändern. Dies gilt es, im Beratungsprozess zu berücksichtigen. Jede Methode ist Teil des Prozesses und wirkt auf den Prozess zurück. Mit dem letzten Merksatz schließlich schließt Schein (2000) den Zirkel der Prozessberatung. In der Organisationsberatung als helfender Beziehung besteht der Erfolg letztlich darin, es dem Klienten zu ermöglichen, selbst Probleme zu erkennen und angemessene Lösungen hierfür zu entwickeln. Damit sind die zentralen Unterschiede zwischen Prozessberatung und Expertenberatung als inhaltsorientiertem Beratungsansatz deutlich geworden. Vor diesem Hintergrund können wir nun mit Schein (2000) Prozessberatung als Kern der systemischen Beratung und in Abgrenzung zur Expertenberatung definieren:

» Prozessberatung ist der Aufbau einer Beziehung mit dem Klienten, die es diesem erlaubt, die in seinem internen und externen Umfeld auftretenden Prozessereignisse wahrzunehmen, zu verstehen und darauf zu reagieren, um die Situation, so wie er sie definiert, zu verbessern. (Schein 2000, S. 39)

Damit kommt dem Verstehen im Beratungsprozess eine besondere Bedeutung zu. Grundlage der Organisationsberatung ist ein Verstehensprozess, wobei hier von einer Form des Fremdverstehens auszugehen ist, einer Rekonstruktion des Handelns eines Anderen im eigenen Bewusstsein (Bühl 1972). Das bedeutet, dass Sinnkonstruktionen in der Beratung als Kommunikationsprozesse zu

Anbahnung	**Entscheidung**	**Realisation**
1. Beraterauswahl 2. Problemidentifikation 3. Problemstrukturierung 4. Zielfestlegung 5. Durchführungsplanung 6. Vertragsgestaltung	7. Informationsbeschaffung 8. Informationsverarbeitung 9. Alternativengenerierung 10. Alternativenbewertung 11. Präsentation/Empfehlung	12. Implementierung 13. Realisierung 14. Erfolgskontrolle 15. Abrechnung

◘ **Abb. 5.1** Sachlogisch-chronologisches Prozessmodell der Beratung

verstehen sind, die selbst ein Verstehen im Kommunikationsprozess erfordern. Wie bereits deutlich gemacht wurde, sind an den Kommunikationsprozess unterschiedliche Verstehensvorgänge geknüpft, die zwischen Selbst- und Fremdverstehen alternieren. Wie Elbe (2002) betont, gilt, dass es keinerlei Evidenz dafür gibt, dass Selbstverstehen vor Fremdverstehen gehe. Eben hier setzt die Organisationsberatung als helfende Beziehung, als Hilfe zum Selbstverstehen durch Fremdverstehen ein. Es entstehen somit zwei Anforderungen, denen sich der Organisationsberater zu stellen hat: Aufbauend auf einem impliziten oder expliziten Verstehensprozess (der sich z. B. in der Diagnose ausdrückt) muss der Berater eine Hypothese hinsichtlich der Ziel- und Kausalzusammenhänge sowie der Wirklichkeitskonstruktionen bilden und eine Beratungsleistung erbringen. Diese beiden Anforderungen an den Berater, sowohl eine Verstehens- als auch eine Beratungsleistung zu erbringen, also eine mehrfache Kompetenz im einheitlichen Prozess zu zeigen, haben für die Organisationsberatung grundlegenden Charakter. Aus systemischer Perspektive bedeutet dies aber auch, dass sich der Berater selbst dabei beobachtet, wie er das Klientensystem berät.

Erst durch die bewusste Annahme aller vier Verstehensphasen im Kommunikationsprozess der Beratung (vgl. Abb. 1.2 im ersten Kapitel) werden Selbstreferenz und reflektierte Hypothesenbildung ermöglicht. Der Hypothesenbildung wird im Rahmen der systemischen Beratungsliteratur vielfach ein großer Raum eingeräumt – letztlich handelt es sich dabei um die Strukturierung und Reflexion des Vorwissens, das der Berater in den Kommunikationsprozess mit dem Klienten einfließen lässt. Wie Elbe und Peters (2016) betonen, ist die Verstehensleistung durch den Berater in der Rekonstruktion des Empfindens eines Mangels beim Ratsuchenden angelegt, wodurch als soziale Handlung prinzipiell der Beratungsprozess ausgelöst wird. Dabei will der Ratsuchende nicht nur verstanden werden, er will auch Handlungsempfehlungen erhalten. Es gibt somit eine teleologische Begründung in der Nachfrage nach Beratung: Der Ratsuchende erwartet Hilfestellung, um den Handlungserfolg in der Organisation zu erhöhen.

In dieses Spannungsfeld tritt der Berater ein. Die Interaktionen zwischen Ratsuchendem und Berater können (idealtypisch) in Phasenmodelle gefasst werden, die sich anhand der gewählten Perspektiven unterscheiden, z. B. der Perspektiven der Entscheidungslogik, der Sachlogik oder der zeitlichen Logik (Elbe und Peters 2016). ◘ Abbildung 5.1 verdichtet die letzten beiden Perspektiven zu einem Prozessmodell (in Anlehnung an Weiershäuser 1996).

Bei diesem Prozessmodell handelt es sich um eine idealtypische Darstellung des ABlaufs im Berater-Klienten-System, da sich die einzelnen Phasen in der Beratungspraxis kaum so eindeutig voneinander trennen lassen. Vielfach kommt es z. B. zu einer Änderung der Zieldefinition im Verlauf des Beratungsprozesses, und auch die Diagnose (im obigen Modell insbesondere durch die Schritte 7 und 8 – Informationsbeschaffung und -verarbeitung – angesprochen) kann sich im Rahmen des Prozesses mehrfach wiederholen. Der Kern der Beratungsbeziehung liegt dabei in der Entscheidungsvorbereitung (bis Punkt 11 im obigen Modell). Allerdings wird in der Beratungspraxis vielfach von Klientenseite der Wunsch nach Unterstützung im Rahmen der Realisation genannt. Hierbei ist aber darauf zu achten, dass dies die eigentliche Beratungsleistung überschreitet und eben nicht mehr Beratung, sondern eine andere Form der Dienstleistung (z. B. Management auf Zeit) darstellt. Aus der Perspektive einer einheitlichen Prozessberatung ist die Veränderung aber unvermeidlich und damit auch angestrebtes Ziel der Beratung.

5.4   Action Research

Die Einsicht, dass Diagnose als Informationsgenerierung und -verarbeitung kein Selbstzweck ist, sondern stets auch Konsequenzen in der sozialen Realität hat, lässt sich letztlich auf die Ansätze der Aktionsforschung und die erkenntnistheoretischen Überlegungen Kurt Lewins (1968) zurückführen. Das Vorgehen der Aktionsforschung ist durch folgende Maximen bestimmt: „[…]
- Aktionsforschung ist immer Feldforschung, Interaktionen der Betroffenen sind Teil und Gegenstand des Forschungsprozesses;
- die Betroffenen werden hierbei als gleichberechtigte Partner behandelt – dadurch haben sie Einfluss auf den Ablauf des Forschungsprozesses;
- durch die Forschung (und insbesondere die Beteiligung der Betroffenen) werden die sozialen Tatsachen und somit der Forschungsgegenstand verändert;
- gleichzeitig werden wissenschaftliche Erkenntnisse gewonnen;
- Aktionsforschung ist durch zyklisches Vorgehen geprägt: Forscher und Betroffene legen gemeinsam Ziele fest, führen die Datenerhebung und -interpretation durch und bewerten dann die Ziele erneut;
- Ziel von ‚action research' ist die ‚action', also die gemeinsame Veränderung sozialen Handelns; mit dem Willen zur Veränderung ist Aktionsforschung immer auch bewusst-teleologisches Gestalten" (Elbe 2013b, S. 32).

Mit diesem Ansatz positionierte Kurt Lewin die Aktionsforschung als sozialpsychologisch fundierte Methodologie der Gruppendynamik und damit auch der Organisationsentwicklung, auf die French und Bell (1994) oder Schein (2000) aufbauen. Die Anwendung der Aktionsforschung geht aber über die Organisationsentwicklung im engeren Sinn hinaus und findet im sozialen Bereich, in Pflege- und Gesundheitsberufen ebenso Beachtung (Hart und Bond 2001) wie im Wirtschaftsbereich (z. B. Becker und Langosch 2002). Aus Perspektive der Aktionsforschung wird die Organisationsberatung zu einem zyklischen Prozess, bei dem die Veränderung integrativer Teil des Beratungsprozesses ist. Obwohl Manzini (1988) den Prozess aus Sicht der Diagnose konzipiert, wird er trotzdem von der Veränderungsplanung, Beurteilung und Umsetzung dominiert. In Anschluss an Lewin (1968) wird dieser Zyklus eingebettet in eine Metapher des Auftauens, Veränderns und Wiedereinfrierens von Strukturen in sozialen Gruppen. Speziell für die Gestaltung von Organisationen als soziotechnische Systeme (Sydow 1985) wurde der Ansatz der Aktionsforschung unter Beteiligung der Betroffenen zur zentralen Perspektive einer systemischen Organisationsberatung. Diagnose und Intervention lassen sich im Sinne der Aktionsforschung nur in der Abstraktion trennen. Im Beratungshandeln der systemischen Beratung fallen die beiden Aspekte vielfach zusammen, weshalb im Folgenden auch nicht zwischen diagnostischen und interventionsorientierten Verfahren unterschieden wird. Trotzdem gilt es, auch im Rahmen dieses integrativen Verständnisses daran zu denken, dass eine wissenschaftlich fundierte Beratung keine Intervention ohne Diagnose einsetzt (Werner und Elbe 2013), nur erfolgt dies aus systemischer Perspektive in der Praxis zyklisch-verschränkt.

5.5   Rat geben: zur Beraterrolle

Wie bereits festgestellt wurde, bedingt Beratung, dass ein Rat erteilt, also eine normative Aussage (implizit oder explizit) getroffen wird. Aus systemischer Perspektive ist dabei zu fragen: Wie verändert die Explizierung spezifischen Wissens durch den Berater die Wirklichkeitskonstruktion des Klienten?[2] Wissen kann dabei als handlungsnaher, an sprachlichen Kategorien konkretisierter Ausdruck der diffusen Wirklichkeitskonstruktionen angesehen werden. Werte, Normen und Handlungsanweisungen lassen sich sprachlich ausdrücken, die Wirklichkeitskonstruktion in ihrer Gesamtheit dagegen nicht. Die Zurverfügungstellung von Wissen und die Geheimhaltung von Wissen kontrollieren die intersubjektiv geteilte Wirklichkeitskonstruktion; die Regeln, nach denen diese Kontrolle zu erfolgen hat, erfährt das Subjekt in der Sozialisation. Und das Wissen um diese Regeln gibt dem Individuum eine Vorstellung von Struktur – als Ordnungsprinzip und damit auch Machtbasis – in einer Gesellschaft und von Handlungsmöglichkeiten[3].

Das Zurverfügungstellen von Wissen ist speziell für die Beratung von besonderer Bedeutung; Rat geben ist Wissensexplikation. In der Beratungsliteratur (speziell der klassischen Organisationsberatung und der Organisationsentwicklung) wird dieses weite Wissensverständnis häufig enger gefasst und mündet in die Auseinandersetzung um das richtige Beratungsvorgehen. Soll Organisationsberatung Wissen vermitteln (z. B. anzustrebende Strukturen, wie in einem favorisierten Managementsystem) und dabei helfen, dieses zu implementieren? Oder soll im Beratungsprozess Hilfe zur Selbsthilfe gegeben werden? Der Berater ist dann Spezialist für die Steuerung von Entwicklungsprozessen, nicht aber für inhaltliche Empfehlungen. Aus wissenssoziologischer Sicht handelt es sich in beiden Fällen um Wissensvermittlung. Während aber das Problem bei der Inhaltsberatung häufig die mangelnde Kompatibilität des neuen Wissens mit den vorhandenen Wissensbeständen und der damit verbundenen Wirklichkeitskonstruktion ist, bleiben die meisten Formen der Prozessberatung defizitär, da die Verstehensleistungen unsystematisch erbracht werden. Die systemische Organisationsberatung unterliegt diesem Manko nicht, da hier das Verstehen systematisiert ist. Durch das Rekonstruieren organisationaler Idealtypen und die Auseinandersetzung der Organisationsmitglieder mit diesen Konstrukten werden Lösungen von Problemen ermöglicht. Sowohl Datenerhebung als auch Alternativengenerierung und die Erarbeitung eines Lösungsvorschlages sind Teile eines gemeinsamen Prozesses, an dem sowohl der Berater als auch die Organisationsmitglieder beteiligt sind. Inhaltliche Vorschläge des Beraters können dabei diskutiert werden, über die Sinnhaftigkeit entscheiden aber die Organisationsmitglieder.

Abgesehen von absichtlicher Wissensvermittlung und Wissenserhebung durch den Berater ist der Beratungsprozess aber durch die Anwendung von Wissen geprägt. Der Berater legt den wissenschaftlichen Idealtyp als perspektivische Basis der verstehenden Organisationsberatung zugrunde, und dies drückt sich in seinem Vorgehen aus. Diese Beratungsgrundlage muss er dem Klienten als sinnvoll vermitteln. Während des Prozesses der Datenerhebung wendet der Berater Methoden an, die Aufschluss über sein Wissen, seine Wirklichkeitskonstruktion geben, und beeinflusst damit die Organisationsmitglieder. Bei der Alternativengenerierung ist der Berater

---

2   „Wie ist es möglich, dass subjektiv gemeinter Sinn zu objektiver Faktizität wird? Oder, in der Terminologie Webers und Durkheims: Wie ist es möglich, dass menschliches Handeln (Weber) eine Welt von Sachen hervorbringt? So meinen wir denn, dass erst die Erforschung der gesellschaftlichen Konstruktion der Wirklichkeit – der ‚Realität sui generis' – zu ihrem Verständnis führt. Das glauben wir, ist die Aufgabe der Wissenssoziologie" (Berger & Luckmann 1997, S. 20). [Eine Fußnote wurde fortgelassen.]

3   Bezogen auf Organisationskultur lassen sich vier Wissensarten unterscheiden, die das Handeln prägen: (1) dictionary knowledge, (2) directory knowledge, (3) recipe knowledge sowie (4) axiomatic knowledge (Sackmann 1991).

für die Steuerung des Prozesses verantwortlich. Ob er diese nun selbst übernimmt oder nicht – die Verantwortung ist Bestandteil der Beratungsbeziehung. Hierfür braucht der Berater wiederum Methodenkompetenz (z. B. Visualisierungstechniken, Moderationsmethode), und in der Anwendung dieser Methoden liegt ein Anteil an Wissensvermittlung. Die Unterscheidung zwischen Inhalts- und Prozessberatung verliert vor diesem Hintergrund an Bedeutung. Organisationsberatung bedingt immer Prozesssteuerungskompetenz und inhaltliche Kompetenz.[4] Die Frage ist vielmehr die nach Anwendbarkeit im Sinne von Validität und nach Verträglichkeit mit den vorhandenen Wirklichkeitskonstruktionen.

Wie aber erfolgt die Wissensvermittlung im Zuge verstehender Organisationsberatung? Neben zielgerichteten Formen der Wissensvermittlung betont die Sozialisationstheorie die scheinbar nicht zielgerichteten Lernprozesse in der Anpassung zwischen Subjekt und Umwelt. Für die Vermittlung von Lerninhalten im organisationalen Rahmen können als theoretische Hilfskonstrukte insbesondere die Ansätze des Organisationslernens (Senge 2011; Geißler 1994) herangezogen werden. Es geht in der systemischen Organisationsberatung letztlich eben nicht um eine pädagogisch motivierte Wissensvermittlung, sondern um die gemeinsame Rekonstruktion von Wirklichkeiten, die sich in Kommunikation über Wissen offenbaren. Dieses Wissen lässt sich erfragen und aufgrund seiner Handlungswirkung verstehen. Wissen ist also sinngebunden, und Wissensvermittlung ist demnach Sinnvermittlung. In der Rekonstruktion von Sinnbezügen, der Konstruktion organisationaler Idealtypen und der darauf abgestimmten Alternativen-Generierung liegt der Kern der Wissensvermittlung systemischer Organisationsberatung. Dies lässt sich begrifflich spezifizieren: In der systemischen Organisationsberatung geht es letztlich nicht um geplante Wissensvermittlung, sondern um gemeinsame Wissensermittlung.

Die Rolle des Trainers, des pädagogischen Wissensvermittlers ist also nicht Bestandteil der selbst zugeschriebenen Attribute eines „verstehenden Organisationsberaters" zu Beginn einer Beratungsbeziehung. In der klassischen Organisationsberatung ist dies anders; aufgrund der häufigen Orientierung an „Moden und Mythen des Managements" steht die Vermittlung von Wissen im Vordergrund, und nach diesem Selbstverständnis ist die Lehrerrolle ein wichtiger Bestandteil der Beraterrolle: „Von einem Management Consultant erwarten die meisten Auftraggeber vor allem ausgezeichnete didaktische Fähigkeiten zur Vermittlung von Strategien, geeigneten Konzepten und innovativem Gedankengut – vielleicht sogar Visionen" (Rickenbacher 1989, S. 41). Auf dieser Basis werden dann diffuse Anforderungen an die Qualifikation von Organisationsberatern gestellt, z. B. hinsichtlich der persönlichen Ausstrahlung, überzeugender didaktischer Fähigkeiten oder eines breit gefassten Grundwissens.

Obwohl es Ansätze zur Institutionalisierung der Beraterausbildung gibt und sich diese nicht an den obigen „Anforderungen" orientieren (z. B. Rickenbacher 1991), bleiben sie doch der klassischen Organisationsberatung verhaftet. Für den Bereich der soziologischen Beratung scheint der Begriff der Institutionalisierung von Beratungsqualifikation nach wie vor zu weit gegriffen. Anforderungen an das Profil ‚systemischer Organisationsberater' müssen deshalb aus den bisherigen Ausführungen abgeleitet werden, damit der Berater seiner Position gerecht werden und die Beraterrolle im Zuge des Prozesses entwickeln kann:

- Der Berater muss die systemische Perspektive verinnerlicht haben und dazu fähig sein, entsprechende Methoden anzuwenden.
- Der Berater muss die Grundprinzipien des Verstehens annehmen; dies bedeutet keine methodische Festlegung, wohl aber eine Absage an positivistische oder kritisch-rationale Vorstellungen.

---

4 Wie oben angedeutet, lassen sich Inhalt und Methode nicht wirklich voneinander trennen, da auch im methodischen Vorgehen eine inhaltliche Beschränkung und eine normative Auffassung begründet liegen.

━ Systemische Organisationsberatung bedarf eines Rahmens ('Frame'), um die wertinterpretative Basis zu explizieren. Um kommunikatives Handeln in und von Organisationen
verstehen zu können, muss der Berater eine theoretische Grundlage (Organisationstheorie) durchdrungen haben und anwenden können.

Um den möglichen Rollenanforderungen im Beratungsprozess gerecht werden zu können, muss
der Berater Methodenkompetenz erworben haben. Dies bezieht sich auf empathische Fähigkeiten,
insbesondere bei der Anbahnung einer Beratungsbeziehung, aber auch im Verlauf des Prozesses
bei der Neuaufnahme von Kontakt zu Organisationsmitgliedern. Mit empathischen Fähigkeiten sind keine diffusen Anforderungen verbunden; einfühlendes Verstehen lässt sich üben (z. B.
Hackney und Cormier 1998). Methodenkompetenz ist darüber hinaus bei der Datenerhebung
erforderlich; der Berater muss die wissenschaftlichen Prinzipien der Datenerhebung, Datenauswertung und Dateninterpretation beherrschen, um Sinnzuschreibungen in der Organisation aufdecken zu können. Schließlich bedeutet Methodenkompetenz in der Beratung die Fähigkeit, den
Beratungsprozess steuern zu können. Hierzu bedarf es Projektmanagementfähigkeiten (um den
Gesamtprozess steuern zu können) und Moderationsfähigkeiten (um eine systematische Alternativengenerierung und -bewertung möglich zu machen). Spezifische inhaltliche Kompetenzen
erleichtern zwar die Erfüllung von Rollenerwartungen des Klienten an den Berater dahin gehend,
dass Letzterer Lösungen für Probleme anbieten kann, und helfen auch dem Berater, andere Unterscheidungen zu treffen, als in der Organisation üblich. Zugleich beschränken sie aber die Alternativengenerierung, da es sich nur um ein anderes 'Set' an Unterscheidungen handelt, das in
seiner Gesamtheit zwar verlockend sein mag, dem es im Detail aber an Kompatibilität mangelt.[5]
Es besteht die Gefahr, die wertinterpretative Basis zunehmend zu erweitern, ohne dies noch ausdrücken zu können oder zu wollen.

Mit dem Spannungsfeld Inhaltsberatung versus Prozessberatung, dem Einfluss wissenssso-
ziologischer und lerntheoretischer Positionen sowie den Anforderungen, die an den Berater im
Sinne der verstehenden Organisationsberatung zu stellen sind, wurden einige wichtige Aspekte
des Beratungsprozesses und des sich daraus ergebenden Rollenspiels des Beraters aufgezeigt.
Die folgenden Ausführungen beschäftigen sich mit dem methodischen Vorgehen verstehender
Organisationsberatung.

5.6   Methodische Ansätze sozialpsychologischer Beratung

❯❯ Verstehen bedeutet – um es noch einmal in Erinnerung zu rufen, jenen Erlebnisprozess
   bzw. jene erlebnismäßig dargestellten Interaktionsprozesse nachzuvollziehen, in dem
   das zu verstehende Handeln bzw. die ihm zugrundeliegende Orientierung entstanden ist.
   Interpretation meint die begrifflich-theoretische Explikation des derart Verstandenen […].
   (Bohnsack 1993, S. 167)

Ein zentrales Problem jeder Organisationsberatung, die nicht nur ein vorgefertigtes Konzept,
unabhängig von der spezifischen Situation der Organisation, als „Allheilmittel" anpreist, ist
die Frage: Wie komme ich zu verlässlichen Daten, die mir die Situation der Organisation

---

5   Inhaltliche Kompetenzen sind deshalb nicht expliziter Bestandteil des Forderungskataloges an den Organi-
     sationsberater. Sie bilden sich aber aufgrund zunehmender Erfahrung des Beraters heraus, da er bestimmte
     inhaltliche Lösungswege als praktikabel in seiner Tätigkeit erlebt.

zugängig machen? Für die verstehende Organisationsberatung (Elbe und Peters 2016) heißt dies: Aufgrund welcher Wahrnehmungen kann ich das Handeln von und in der Organisation verstehen, und wie komme ich zu dieser Wahrnehmung? Im zweiten Schritt geht es dann darum, diesem Verstehen wieder Ausdruck zu verleihen, die Wahrnehmung sprachlich zu fassen und mit den verstandenen Sinnzuschreibungen zu hinterlegen. Verstehen als wissenschaftstheoretische Grundposition des hier vorgestellten Beratungsansatzes orientiert sich also an konkreten Methoden der Datenerhebung und -interpretation. Zwischen Datenerhebung und wissenschaftstheoretischem Ansatz steht aber vermittelnd die Methodologie als grundsätzliches Vorgehen, das sich aus der wissenschaftlichen Grundposition ableitet. Die Methodologie des verstehenden Ansatzes, wie er hier zugrunde gelegt ist, lässt sich folgendermaßen zusammenfassen:

» Jener „Sinnzusammenhang", der von Weber auch „Motiv" genannt wird und in dessen Kontext ein beobachtbares (ein „aktuell verständliches") Handeln erklärbar wird, kann nun entweder derart konstruiert werden, dass ich das beobachtete Handeln im Kontext eines Einzelfalles mit seiner individuellen Geschichte und fallspezifischen Besonderheit (ideographische Betrachtung) erkläre oder im Kontext von Durchschnittswerten (statistisches Verfahren) oder auf dem Wege einer idealtypischen Konstruktion. (Bohnsack 1993, S. 144f.)

Obwohl Bohnsack in seinem Entwurf einer ‚rekonstruktiven Sozialforschung' die Methodologie Webers einführt und in ihrer Breite umreißt, setzt er sich anschließend nur noch mit der Idealtypenbildung auseinander und wählt einen anderen, hermeneutischen Zugang zur Typenbildung.[6] Das Problem liegt eher in der absichtlichen Selbstbeschränkung vieler ‚verstehender Forscher' auf qualitative Ansätze der Sozialforschung (insbesondere der Hermeneutik) und der darin begründeten Ausgrenzung empathischer oder quantitativer Methoden. Webers Methodologie lässt die gesamte Bandbreite empirischer Sozialforschung zu. Das Verstehen erteilt lediglich dem Auffinden objektiver Wahrheiten eine Absage. Auch das statistische Testen von Hypothesen ist somit nur eine Form der Typenbildung. Für die systemisch-verstehende Organisationsberatung bedeutet dies, dass grundsätzlich alle systematischen Formen der Datenerhebung zulässig sind – sie müssen nur intersubjektiv nachvollziehbar sein – und dass die Dateninterpretation logisch geschlossen (also ebenfalls nachvollziehbar) erfolgen muss (Elbe und Peters 2016). Aus systemischer Perspektive ist hierbei zu beachten, dass beobachtbare Phänomene wie „ […] Ereignisse, Prozesse oder Zustände, die als Zeichen für andere, nicht beobachtbare Ereignisse, Prozesse oder Zustände in einem anderen, nichttransparenten Phänomenbereich einer tatsächlichen oder vermuteten ‚Wirklichkeit hinter der Wirklichkeit' […]" (Beushausen 2012, S. 18) als Symptome zu deuten und zu verstehen sind.

In den folgenden Abschnitten werden zuerst die grundsätzlichen Ansätze der empirischen Sozialforschung auf ihre Anwendbarkeit im Rahmen verstehender Organisationsberatung diskutiert. Anschließend wird auf einige Ansätze empirischer Organisationsforschung eingegangen, die dem Verstehen verpflichtet sind.

---

6   Bei Weber (1980) ist das Verstehen im Einzelfall ebenso angelegt wie das Bilden von Idealtypen; hinter dem Handeln können ebenso zweckrationale wie auch affektuelle Gründe liegen. Nur favorisiert Weber für sich eben das Idealtypen bildende Vorgehen (aufgrund seines wirtschaftshistorischen Interesses) und eine bestimmte Perspektive (nämlich die soziologische), ohne jedoch andere Perspektiven des Verstehens zu negieren (z. B. die psychologische).

5.6.1   Quantitative Methoden

Mit quantitativen Methoden werden üblicherweise formalisierte Verfahren der Statistik oder des Operation Research bezeichnet, die sich einer spezifischen Sprache der Logik bedienen, der Mathematik. Im Kern handelt es sich hierbei um Verarbeitungsalgorithmen, die innerhalb ihrer sprachlichen Bedingungen bestimmten grammatikalischen Regeln folgen und sich aufgrund ihrer Ein-Ein-Deutigkeit besonders eignen, große Datenmengen zu verarbeiten. Es gibt zwei zentrale Problemfelder, die in der praktischen Anwendung (auch in der Wissenschaft) immer wieder missachtet werden:

- Gegenstände und Subjekte in unserer Wahrnehmung und ihre Beziehungen zueinander werden von der Mathematik nicht bestimmt; die Übersetzung in eine formalisierte Sprache (Mathematik) muss außermathematisch begründet werden. Das bedeutet, dass die Ergebnisse mathematischer Diskussion nur so gut sein können wie die Sinnhaftigkeit der ursprünglichen Übersetzung sozialer Sachverhalte in mathematische Begriffe und Relationen (umgangssprachlich: ‚garbage in – garbage out‘).
- Auch bei ursprünglich guter Übersetzung müssen die grammatikalischen Regeln streng eingehalten werden, sonst sind die produzierten Aussagen sowohl mathematisch als auch bei Rückübersetzung in unsere Sprache sinnlos. Es dürfen also nur zulässige Transformationen vorgenommen werden. Regelverletzungen der einfachsten Art, die allerdings in einem nicht existenten Sprachraum operieren, finden immer wieder statt. So werden insbesondere vielerlei statistische Operationen (Varianzenbildung, Faktoranalysen etc.) für Messungen vorgenommen, die auf Ordinalskalenniveau[7] stattfanden, obwohl dieses Skalenniveau die Bildung eines arithmetischen Mittels nicht zulässt, und die oben erwähnten Operationen auf dem arithmetischen Mittel basieren. Es werden sinnlose Aussagen produziert, in die anschließend wieder Sinn hineininterpretiert wird.

Hierbei handelt es sich aber um Übersetzungsprobleme und mangelnde sprachliche Sorgfalt; dies ist kein Manko der Methoden, sondern der sorglosen Anwendung derselben. Grundsätzlich lassen sich Sinnzuschreibungen und Wissensbestandteile als Ausdruck individueller Wirklichkeitskonstruktionen durchaus mithilfe standardisierter Verfahren verarbeiten. Grundlagen der Datenerhebung sind ebenso standardisierte Verfahren der Beobachtung (gegebenenfalls mit automatisierten Systemen, z. B. Zeiterfassung) oder der Befragung (insbesondere mithilfe standardisierter Fragebögen). Mit quantitativen Methoden lässt sich nicht der im Einzelfall gemeinte Sinn erfassen, wohl aber der durchschnittlich gemeinte. Mithilfe größerer Datenmengen und standardisierter Erhebung lassen sich Realtypen in der Organisation bilden, und somit lässt sich eine Basis für die Rekonstruktion organisationaler Wirklichkeit herstellen. Das im Einzelfall gemeinte lässt sich vor dem Hintergrund des im Durchschnitt Gemeinten besser verstehen. Dies betrifft insbesondere die Erhebung von Mustern personaler Sozialisation in einer Organisation und von damit verbundenen Sinn- und Handlungsmustern (Elbe 2015). Das Beispiel in ◘ Abb. 5.2 zeigt Fragen im Rahmen der personalen Sozialisation (in Anlehnung an Elbe 1994).

Der Fragebogen, dem das Beispiel entnommen ist, umfasst insgesamt sieben Seiten und diente der Erhebung personaler Sozialisation und des Personalentwicklungsbedarfs in den jeweiligen Sozialisationsphasen in einem Krankenhaus (Elbe 1994). Durch die Anwendung statistischer Methoden auf das so gewonnene Datenmaterial lässt sich die durchschnittliche Sinnzuschreibung

---

7   Quantitative Fragebögen im sozialwissenschaftlichen Bereich arbeiten primär mit Ordinalskalen (Abstufung von Einschätzungen, Meinungen oder Erfahrungen).

7- Finden Sit, dass in folgenden Bereichen zuviel oder zuwenig Anpassung verlangt wird?

	viel zuviel	zuviel	genau richtig	zuwenig	viel zuwenig
a, soziale Widmung	☐	☐	☐	☐	☐
b, Freizeitverhalten	☐	☐	☐	☐	☐
c, Kleidung/ Frisur	☐	☐	☐	☐	☐
d, Umgangston	☐	☐	☐	☐	☐
e, Verhalten in der Arbeit	☐	☐	☐	☐	☐
f, Überstunder	☐	☐	☐	☐	☐
g, an die Vorgesetzten	☐	☐	☐	☐	☐
h, an die Kollegen	☐	☐	☐	☐	☐

Abb. 5.2 Beispielfragen zur quantitativen Methode

in Bezug auf Strukturen oder Handlungen als Realtyp fassen. Die Bedeutung quantitativer Methoden geht aber über die Realtypenbildung hinaus. Insbesondere im Bereich des Managements orientiert man sich vielfach an quantitativen Idealtypen, z. B. Kostenrechnungssystemen, Leistungskennzahlen, Umsatzkennzahlen, die in ihrer reinen Form im Unternehmen nicht angewandt werden, sondern als wissenschaftliche Idealtypen aufzufassen sind. In spezifisch angepasster Form sollen sie allerdings das Handeln in der Organisation in ausgewählten, übersteigerten Aspekten sichtbar machen (organisationale Idealtypen) und dadurch kontrollierbar. Auch hierbei handelt es sich um einen Ausfluss der organisationalen Wirklichkeitskonstruktion, die es im Beratungsprozess bloßzulegen und anhand der Umweltanforderungen sowie der Grundannahmen der Organisationskultur zu überprüfen gilt.

5.6.2 Qualitative Methoden

Zweifellos bilden die qualitativen Methoden den Kern des methodischen Vorgehens der verstehenden Organisationsberatung. Obwohl die quantitativen Methoden durchaus Hilfestellung bei der Konstruktion von Realtypen geben können, ist das Verstehen sozialen Handelns letztlich doch nicht vom Verstehen des Einzelfalles zu lösen. Während bei den quantitativen Methoden die Verarbeitung großer Datenmengen im Zentrum steht, sind bei den qualitativen Methoden die Rekonstruktion des einzelnen Falles und die entsprechende Intensität der Auseinandersetzung mit dem Subjekt Grundlage des Vorgehens. Auch hier stehen allerdings die Auswahl der Fälle und die Systematik des verstehenden Vorgehens am Anfang des Datenerhebungsprozesses (das ‚garbage in/garbage out'-Modell gilt in analoger Weise). Das Verstehen des Einzelfalles sagt so lange nur etwas über den Einzelfall aus, bis hinreichend begründet ist, warum dieser Fall (oder eine Auswahl von Fällen) typisch für das Handeln in der Organisation ist. Ziel bleibt also auch hier die Bildung von Realtypen, aus denen zuletzt Idealtypen abgeleitet werden können. An den Idealtypen orientiert sich letztlich das Handeln in der Organisation und der Organisation selbst – diese müssen also in der Entscheidungsphase zur Diskussion gestellt werden, um zu einer

Veränderung des Handelns zu gelangen. Triangulation zwischen qualitativen und quantitativen Methoden ist also in der verstehenden Organisationsberatung angelegt. Nur durch die Verschränkung der beiden methodischen Ansätze lassen sich hinlänglich Tiefe der Sinnkonstruktionen und Breite derselben bestimmen, sodass Idealtypen entlang der organisationalen Wirklichkeitskonstruktion bloßgelegt werden können. Die zahlreichen Ansätze zur qualitativen Datenerhebung zeigen das grundlegende Problem des Umgangs mit Sinn. Während dieses Problem in den quantitativen Methoden einer eher unsystematischen Handhabung überlassen bleibt, wird es im qualitativen Vorgehen in das Zentrum der Methode gerückt.

In den hermeneutischen Ansätzen wird das Problem dadurch ‚gelöst‘, dass die Typenbildung aus dem erhobenen Material heraus erfolgt. Auch hier lassen sich als grundsätzliche Formen der Datenerhebung Beobachtung und Befragung unterscheiden. Für die Hermeneutik grundlegend ist allerdings die Vertextung der so erhobenen Daten: Interviews werden transkribiert, Beobachtungen in Protokolle gefasst. Anhand dieser Texte werden dann die zentralen Kategorien der Sinnzuschreibung erarbeitet. Die Vielzahl der hermeneutischen Ansätze (objektive Hermeneutik, wissenssoziologische Hermeneutik, Tiefenhermeneutik etc., vgl. z. B. Hitzler und Honer 1997) lässt eine zusammenfassende Darstellung, die den einzelnen Ansätzen noch gerecht wird, kaum zu. Als Grundmuster erscheinen aber Vertextung und Kategorienbildung anhand der Texte. Ähnliches gilt auch für phänomenologisches Vorgehen.

Darüber hinaus gibt es qualitative Verfahren (einfühlendes Verstehen, szenisches Verstehen, Methode des lauten Denkens etc.), die andere Speichermedien als die Vertextung nutzen (z. B. Videoaufnahmen, die nicht transkribiert werden) oder auf Speicherverfahren verzichten und trotzdem durch Regeln systematisiert sind, also nachvollziehbar bleiben. Für die verstehende Organisationsberatung ist es von zentraler Bedeutung, dass der Berater ein breites Set an methodischen Ansätzen zur Verfügung hat, welches er dem Beratungsprozess entsprechend triangulieren kann. Das bedeutet nicht, dass alle Methoden qualitativer Sozialforschung für den einzelnen Berater zur Anwendung kommen können. Dies ist auch gar nicht möglich – manche Methoden schließen einander aus. Die objektive Hermeneutik z. B. erscheint mit dem Empathiemodell unvereinbar. Der Berater muss aber fähig sein, in unterschiedlichen Beratungsprozessen adäquate Methoden einzusetzen, die der Problemstellung und dem zeitlichen Rahmen entsprechen, also eine Offenlegung der relevanten Sinnstrukturen und Wirklichkeitskonstruktionen versprechen. Ziel bleibt, organisationale Idealtypen so zu rekonstruieren und gemeinsam mit den Organisationsmitgliedern neu zu gestalten, dass sie eine Basis für intendierte Handlungsänderungen liefern. Hierbei ist der Berater aber nicht auf die Methoden empirischer Sozialforschung allein angewiesen. Durch verstehende Ansätze der Organisationsforschung kann der Organisationsberater Hilfestellung bei der Methodenauswahl (sowohl im qualitativen als auch im quantitativen Vorgehen) erhalten. Diese werden in den folgenden Absätzen diskutiert.

5.7   Diagnose, Aktion, Evaluation

Aktionsforschung als eine der Wurzeln der verstehend-systemischen Organisationsentwicklung wurde bereits (▶ Abschn. 5.4) vorgestellt. Obwohl es sich hierbei um einen sozialpsychologischen Ansatz handelt und dieser eher der Methodologie zuzuordnen ist[8], als dass er eine konkrete Methode der Datenerhebung beschreibt, zeigt er doch in seinen Grundannahmen Verträglichkeit zum verstehenden Ansatz und hat für die Organisationsberatung erhebliche Bedeutung

---

8   Mayring (1996) betrachtet Aktionsforschung als qualitatives Design oder auch Untersuchungsplan.

gewonnen. In der Aktionsforschung überwiegen zwar qualitative Methoden, grundsätzlich ist aber auch die Anwendung quantitativer Methoden möglich (Mayring 1996). Die Praxisnähe dieses Ansatzes zeigt sich daran, dass Aktionsforschungsprojekte häufig im organisationalen Rahmen stattfinden. Damit wurde die Aktionsforschung eine der Grundlagen der systemischen Organisationsberatung. Auch hier liegt ein gemeinsamer Veränderungsprozess zugrunde, die Datenerhebung und Dateninterpretation erfolgen zyklisch unter Beteiligung der Betroffenen, und dies hat Auswirkung auf die systemische Perspektive. Die Prozesskompatibilität ist also höher als die Perspektivenkompatibilität, die außerdem in der Aktionsforschung bezüglich des Forschungsgegenstandes „Organisation" nicht ausreichend spezifiziert wird. Die vielfältigen Erfahrungen, die im Rahmen der Aktionsforschung mit dem Einsatz und der Kombination unterschiedlicher Methoden gewonnen wurden, können aber eine Hilfestellung bei der Prozessstrukturierung und Methodenauswahl verstehender Organisationsberatung liefern.

Hilfestellung zur Methodenauswahl und Prozessstrukturierung findet sich auch in Verfahren der Organisationsdiagnose (Werner und Elbe 2013). Diese Ansätze bauen auf der Aktionsforschung auf, sind aber beratungsorientierter (im Sinne von weniger aufwendig), da sie insbesondere auf die Wiederholung von Forschungszyklen verzichten und stärker mit standardisierten Methoden arbeiten. Im Gegensatz zur Aktionsforschung stehen bei der Organisationsdiagnose zwar vielfach standardisierte Methoden im Vordergrund, und teilweise wird auf den soziotechnischen Systemansatz zurückgegriffen, trotzdem bleibt ein grundsätzlich verstehender Zugang erhalten (Elbe 2013b). In der Organisationsdiagnose ist das Beratungsergebnis offen. Es wird kein bestimmtes Managementmodell zugrunde gelegt, an das die Organisation anzupassen ist. Sie zeichnet sich vielmehr dadurch aus, dass sowohl quantitative als auch qualitative Verfahren zur Anwendung kommen können. Nevis (1988) bezeichnet dies mit Sherlock-Holmes-Methode (für ein quantitatives, aktiv-gerichtetes Vorgehen) und mit Columbo-Methode (für ein qualitatives, offen-ungerichtetes Vorgehen)[9]. Das breite methodische Spektrum, das von der Erhebung der Verhaltensweisen von Organisationsmitgliedern über die Analyse der Aufbauorganisation bis zur Offenlegung von Zielen und Strategien reicht, findet hierbei eine sinnvolle Verschränkung und Systematisierung. Dies lässt sich für die Triangulation im methodischen Vorgehen der verstehenden Organisationsberatung nutzen.

Sowohl die Aktionsforschung als auch die Organisationsdiagnose sind als Beratungskonzepte von der Organisationsentwicklung nicht trennbar (French und Bell 1994). Für die *sozialpsychologische Organisationsberatung* bedeutet dies, dass auf Hilfestellungen durch bewährte Methoden zurückgegriffen werden kann, wo immer diese den Verstehensprozess befördern. Dabei darf allerdings nicht vergessen werden, dass mit der Änderung der Perspektive (Frame) und der Zugrundelegung des zyklischen Verstehensprozesses speziell im Bereich der Intervention deutliche Unterschiede existieren. So teilt sich die *systemische Organisationsberatung* in ein irritatives Konzept Luhmannscher Prägung und ein interventionistisches Konzept, welches den Grundsätzen der Organisationsentwicklung verhaftet bleibt. Die Reinheit der Forderungen des irritativen Konzepts findet sich nur bei wenigen Autoren wieder – vielmehr werden die beiden Konzepte zu einem kommunikationstheoretisch-interventionistischen Ansatz vereinigt, der zwar die Aspekte der

---

9   Der Rückgriff auf die beiden berühmten Kriminalisten erzeugt eine intuitive Vorstellung vom Unterschied im Vorgehen. Die beiden Detektive stehen für die wissenschaftstheoretischen Grundpositionen: Sherlock Holmes ist Positivist, seine Methode szientistisch, Columbo dagegen steht für ein phänomenologisch-verstehendes Vorgehen. Beide sind ‚Meisterdetektive' – beide Arten des Vorgehens haben für Nevis somit ihre Berechtigung, obwohl er selbst mit seiner gestalttheoretischen Ausrichtung einer phänomenologischen Verstehensposition nahesteht(Nevis 1988, Elbe 2013a).

◻ **Tab. 5.1** Dimensionen Systemischer Beratung

Beratungsmodell:	**Beratungsprinzipien**
(1) Beratungssystem (BKS)	(1) Absichtsarmes Engagement
- 1. Element: Beratersystem (BS)	(2) Selbstveränderung
- 2. Element: Klientensystem (KS)	(3) Allparteilichkeit
- Beziehung von BS und KS	(4) Wirklichkeit als Konstruktion
- Beziehung zur relevanten Umwelten	(5) Persönliche Konflikte ausblenden
(2) Beratung als dreistufiger Prozess	(6) Keine blockierende Konkurrenz
1. Phase: Informationssammlung	(7) Offen für Kommunikationsspiele
2. Phase: Hypothesenbildung	(8) Unterschiedliche Akteure
3. Phase: Intervention	
Beobachtungsfokusse:	**Beratungsaufgaben:**
(1) Selbstbeschreibung des KS	1. Grenzen ziehen
(2) Intrasystemische Relationen	2. Anfang & Ende bewusst gestalten
(3) Extrasystemische Relationen	3. Kommunikation aufrecht erhalten
(4) Umgang mit Problemen	4. Inter- und Supervision anbieten
(5) Dynamik des KS	
(6) Erwartungen an die Beratung	
Interventionsziele:	**Interventionsinstrumente:**
(1) Neue Sicht- und Handlungsweisen	(1) Zirkuläres Fragen
(2) Identitätsarbeit fördern	(2) Innenkreis/Außenkreis
(3) Dynamik in Gang setzen	(3) Open Chair
(4) Selbstbeschreibungsfähigkeit steigern	(4) Open Reflecting
(5) Lernfähigkeit fördern	(5) Positive Konnotation
(6) Wirksame Umwelt produzieren	(6) Symptomverschreibung
(7) Bewusstseinsarbeit leisten	(7) Splitting

Autopoiese, des Beobachtens und des ‚blinden Flecks' berücksichtigt, dabei aber doch auf Interventionen setzt[10] und organisationale Lernprozesse anstrebt. Den grundlegenden Ansatz systemischer Beratung fasst ◻ Tab. 5.1 (in Anlehnung an Mingers 1996) folgendermaßen zusammen:

Mit diesen Dimensionen werden die zentralen Aspekte einer systemischen Organisationsberatung gut umrissen. Allerdings ist der Katalog der Instrumente deutlich zu erweitern, da aufgrund der Interdisziplinarität sozialpsychologischer Beratung auch Instrumente aus dem Bereich der Organisationsentwicklung zu berücksichtigen sind. Speziell aufgrund der Interventionsziele zeigen sich Berührungspunkte zwischen Systemischer Beratung und der Analytischen Sozialpsychologie. Die Systemische Organisationsberatung stellt, wie die Systemtheorie selbst, eben einen interdisziplinären Ansatz dar, der zwar von einer szientistischen Grundlage (in der Biologie, der Physik, aber auch in der funktionalistischen Orientierung Luhmanns) ausgeht, durch seine konstruktivistische Ausrichtung aber die Aspekte des Verstehens explizit berücksichtigt. Die Erkenntnis, dass es nur individuelle Wirklichkeiten gibt, führt zu der Konsequenz, dass nicht paradoxe Kommunikation der Herstellung eines gemeinsamen Wirklichkeitskontextes dient, dass also der jeweils andere verstanden werden muss. Bei aller Instrumentenorientierung der beratenden Praxis bleibt aber das Verstehen der Kern sozialpsychologischer Beratung. Die verstehende Position sozialpsychologischer Beratung ist eine konstruktivistisch-phänomenologische.[11]

---

10   Vgl. z. B. Ellebracht et al. 2009; König und Volmer 2008; Königswieser und Hillebrand 2006.

11   Die radikalen Konstruktivisten berufen sich dabei zwar eher auf die Paradoxien, die szientistisch-naturwissenschaftliche Forschungen ergeben haben, die Konstruktion der Beobachtungen erster und zweiter Ordnung lehnt sich aber stark an die phänomenologische Verstehensposition an.

Die sozialpsychologische Organisationsberatung steht somit in einer doppelten Tradition des Verstehens:

- der konstruktivistischen Verstehenstradition, die das Verstehen beobachteten Handelns (Beobachtung zweiter Ordnung) als Grundlage für Wahrnehmungsdifferenzen nimmt und diese kommunikativ-irritierend an das soziale System Organisation zurückgibt;
- der Verstehenstradition der Organisationsentwicklung, welche die Grundlage für die psychoanalytisch-kommunikationstheoretisch ausgerichteten Interventionstechniken darstellt.

In der Beratungsanwendung wird der systemischen Beratung immer wieder ein grundlegendes Manko vorgeworfen: Die Ergebnisse (Erfolge) der Beratungsleistung seien kaum messbar; Kosteneinsparungen oder Umsatzsteigerungen als wichtige Kategorien wirtschaftlicher Organisationsführung könnten den Beratungsleistungen nicht zugeordnet werden, sofern sie denn im Anschluss an die Beratung überhaupt zu verzeichnen seien. Das grundlegende Problem hierbei scheint das Verständnis des Handlungsbegriffs zu sein: Wenn als Ergebnis von Beratung die Veränderung von Handeln angestrebt wird, so sollte diese auch erhebbar sein. Damit dieses Handeln aber dauerhaft gezeigt werden kann, müssen die zugrunde liegenden Sinnstrukturen und Wirklichkeitskonstruktionen in den Veränderungsprozess einbezogen werden. Es genügt also nicht, ein kennzahlenorientiertes Managementsystem einzuführen und dabei ‚mitarbeiterorientiert' vorzugehen – wie dies beispielsweise mit dem System der Balanced Scorecards angestrebt wird (Marr und Elbe 2001). Vielmehr ist zu prüfen, inwieweit Sinnstrukturen und Wirklichkeitskonstruktionen dieses Kennzahlensystems tragen. Anderenfalls wird es sich bei dem ‚neuen Managementsystem' um eine recht kurzfristige Erscheinung handeln, da das geforderte Handeln zum hinterlegten Sinn nicht kompatibel ist. Diesen herauszufinden, ist Aufgabe des Verstehens im Einzelfall, bei der Realtypenbildung und bei der Abstraktion zu Idealtypen, anhand derer Kompatibilität zu messen ist. Das Handeln in der Mitgliedschaftsrolle des Individuums (also auch als Agent) ist ebenso sinngebunden wie das Handeln der Organisation. Verfahren im Vertrieb, im Einkauf, in der Produktion und in der Verwaltung sind sinngebundene Routinen, die sich nicht allein zweckrational bestimmen lassen.

Wenn das Ziel von Beratung also die konstante Verhaltensänderung ist,[12] dann kann eine kurzfristige Kostensenkung oder Qualitätssteigerung in der Leistung nicht der eigentliche Maßstab für Beratungserfolg sein. Optimierungskennzahlen sind aber durchaus Kriterien für die Beurteilung eher zweckrationaler Routinen: Das Erstellen einer Kostenrechnung ist soziales Handeln. Die Dauer, die Genauigkeit und die zugrunde gelegten Verfahren lassen sich aber nicht nur zweckrational bestimmen. Dies ist ein konstitutiver Aspekt von Organisationsberatung. Der Beratungserfolg muss sich also anhand der Kompatibilität des dem veränderten Handeln zugrunde gelegten Sinns mit den Sinnstrukturen der Organisation beurteilen lassen. Eine Evaluation der Beratungsleistung findet in der verstehenden Organisationsberatung in doppelter Hinsicht statt: zum einen im zyklischen Verfahren, das auch in der Realisationsphase Anwendung findet – hier wird verstanden, ob sich Handlungsroutinen und Sinnzuschreibungen geändert haben –, und zum anderen in der die Beratung abschließenden Übereinkunft zwischen Berater

---

12 Kühl (2008b) unterscheidet verschiedene Ebenen der Evaluation: Die Messung der Teilnehmerreaktion (z. B. mittels einer Zufriedenheitsskala), von Lerneffekten (z. B. Wissens- und Fertigkeitsänderungen können mittels Vorher-nachher-Tests erhoben werden), von Verhaltensänderungen (z. B. Transfermessung aufgrund von Vorher-nachher-Vergleichen) oder von Resultaten (z. B. Messung der Veränderungen ökonomischer Kennzahlen) stellen unterschiedliche Möglichkeiten des Ansatzes der Evaluation von Organisationsberatung dar.

und Auftraggeber, ob das in der Kontaktphase gemeinsam formulierte Problem gelöst ist. Dies ist der formale Abschluss einer erfolgreichen Beratung.

Die Methoden der Beratungsevaluation können dabei ebenso vielfältig sein wie die in den vorhergehenden Abschnitten diskutierten Methoden der Datenerhebung. Mit quantitativen Verfahren lässt sich bestimmen, ob sich Handlungsroutinen dergestalt verändert haben, dass z. B. eine höhere Prozesssicherheit im Sinne des Qualitätsmanagements vorliegt oder dass eine Kostenreduktion aufgrund einer Senkung des Krankenstandes festgestellt wird. Das Problem der Dauerhaftigkeit dieser Verhaltensänderung ließe sich aber quantitativ nur durch Längsschnitte erheben, die eine enge und dauerhafte Bindung des Beraters (oder des Beratungsunternehmens) an die Organisation bedingen – und gegebenenfalls in die Institutionalisierung führen würden. Mit qualitativen Verfahren hingegen kann der Sinn, der hinter dem Handeln liegt, erhoben werden. Somit lässt sich beurteilen, ob es sich um eine grundlegende, dauerhafte Verhaltensänderung handelt oder um ein temporäres, sinnentfremdetes Verhalten. Die Annahme vieler. insbesondere klassischer Beratungsansätze, dass z. B. durch Prozessautomatisierung, Strategieoptimierung oder chirurgisch genaue Entfernung unproduktiver Organisationsteile das Überleben der Organisation gesichert werden könne oder gar eine ‚Verbesserung der Performance‘, die sich im ‚Shareholder-Value‘ ausdrückt, wird von der Kurzlebigkeit der Moden der Beratung ad absurdum geführt.

Die Möglichkeiten der Beurteilung des Beratungserfolges hängen stark vom Umfang des Projektes ab, und dieser bestimmt sich aus der Problemdefinition. Eine ‚umfassende‘ Organisationsberatung ist eine diffuse Bezeichnung, die jede Evaluation in die Nähe von Beliebigkeit rückt. Evaluation ist einer komplexen Handlungsrationalität unterworfen; für das Vorgehen gelten primär zweckrationale Sinnzuschreibungen. Die Grundlagen der Evaluation, also das, was zu messen ist und welchen Ansprüchen es genügen soll (Zielinhalt, Zielausmaß und zeitliche Dimension), bestimmen sich dagegen eher wertrational. Kostensenkung, Produktivitätssteigerung oder Humanisierung der Arbeit sind wertrationale Sinnzuschreibungen, nach denen sich aber die Beurteilung einer Beratungsleistung richten kann und anhand derer das Ergebnis der Evaluation recht unterschiedlich ausfallen mag. Ein Betriebsratsmitglied sieht gegebenenfalls ein anderes Beratungsergebnis als erfolgreich an als ein Mitglied der Geschäftsführung; ebenso legt ein ‚typischer‘ Industriesoziologe einen anderen Bewertungsmaßstab an als ein ‚typischer‘ Betriebswirtschaftler. Die Grenzen der Evaluation sozialpsychologischer Organisationsberatung ergeben sich somit nicht aus dem Beratungsgegenstand, aus dem Frame oder den methodischen Möglichkeiten, sondern aus der Erwartungshaltung, aus der Sinnzuschreibung, aus den Wirklichkeitskonstruktionen derjenigen, die die Evaluation beurteilen, und aus der Sorgfalt der Problemdefinition.

5.8   Beratung und andere helfende Beziehungen

5.8.1 Coaching

Beim Coaching steht traditionell eine Entwicklungsperspektive im Sinn eines sportlichen Wettkampfes oder einer beruflichen Karriere im Vordergrund. Während (Schreyögg 1997, S. 316) hier die Assoziation einer Kutsche als einem „[…] kuscheligen Ort, an dem ein Mensch all seine Gefühle, Fragen oder Sorgen ausbreiten kann […]“, nahelegt, ist diese Beziehung aber in ihrem Ursprung deutlich zielorientierter aufzufassen. Wie bei der Karriere handelt es sich beim Coaching zwar um das Bild eines Wagens (englisch coach, carrier, carriage), der aber im Sinne einer Laufbahn sich im Wettstreit mit anderen befindet und hierfür der Unterstützung, der Beratung oder auch des Trainings bedarf. Coaching als Form der helfenden Beziehung ist also nicht als

‚Kuschelveranstaltung' misszuverstehen, sondern als Hilfe zur Selbsthilfe, um sich im Wettstreit zu behaupten. „Coaching lässt sich also definieren als Hilfe zur Selbsthilfe in Form eines auf Zeit begleiteten Prozesses, in dem umfassende Maßnahmen zur Hilfe bei insbesondere beruflichen Konflikten, Aufgaben und Problemen eingesetzt werden" (Rückle 1992, S. 20).

In den letzten Jahren sind neben die berufliche Perspektive weitere Aspekte der Lebensführung getreten, sodass nun meist ein umfassendes Selbstmanagement für ein Leben in Balance (Seiwert 2001) durch Coaching angestrebt wird. Das bedeutet, dass hier nach einem Ausgleich zwischen Belastungen (die zu Stress führen) und Ressourcen (die der eigenen Widerstandsfähigkeit und damit auch Lebensfreude) in verschiedenen Lebensbereichen gesucht wird. Zentrale Themen hierbei sind der Wechsel zwischen Anspannung und Entspannung, Reflexion von Belastungsfaktoren und Ressourcen, Zeitmanagement, Priorisierung von Prozessen und Aufgaben, aber eben auch von unterschiedlichen Lebensbereichen und Rollen, insbesondere in Arbeit und Familie. Während klassische Coaching-Konzepte vielfach an den Problemen des Coachees ansetzen, wird durch systemisches Coaching (z. B. Tomaschek 2003) ein lösungsorientierter Beratungsansatz eingeführt.[13] Hierbei wird nicht mehr vom Problem ausgegangen und am Problem entlang gearbeitet. Vielmehr sind Probleme aufzulösen, und die Möglichkeiten (im Sinne von Lösungsräumen) im System sowie die Ressourcen (des Einzelnen und auch des Systems) rücken ins Zentrum des Coachings. Die spezielle systemische Perspektive ist gekennzeichnet durch systemische Techniken wie zirkuläres Fragen sowie „[…] Fragen, die Paradoxien, Absurditäten, Widersprüche und Unlogiken einführen […]" (Tomaschek 2003, S. 113).

Generell können im Rahmen von Coaching-Prozessen zahlreiche Interventionstechniken, z. B. Kommunikationstechniken und Visualisierungstechniken, eingesetzt werden. Ziel des Einsatzes von Interventionen ist aber grundsätzlich, die individuelle Reflexions- und damit Problemlösungsfähigkeit zu stärken. Nicht der Coach benennt die Probleme und entwirft hierzu Lösungen. Dies kann letztlich nur der Beratene, der Coachee selbst. Die Interventionen sind die eigentlichen Vehikel in dieser Form der helfenden Beziehung. Sie dienen dazu, Sichtweisen zu verändern, Lähmungen aufzulösen, Ressourcen neu oder auch wiederzuentdecken. Für die Gestaltung einer Beratungsbeziehung als Coaching-Beziehung ist die direkte Interaktion zwischen Berater und einem einzelnen Klienten als natürlicher Person konstitutiv, aber darüber hinaus ist es die Wertschätzung, die der Coach dem Coachee entgegenbringt. Die Anerkennung als Partner und als Spezialist: für die eigenen Bedürfnisse, Fähigkeiten und Potenziale, aber auch für die Probleme und Lösungspotenziale im Arbeitskontext. Diese kennt der Beratene besser als der Berater. Der (Prozess-)Berater als Coach ist aber Methodenspezialist, der Interventionstechniken einsetzen kann, um den Wandlungsprozess zu strukturieren und neue Perspektiven zu ermöglichen. Zentral ist somit die Geisteshaltung des Coaches als Berater, der nicht Besserwisser ist, sondern Anderswisser (Spezialist für Veränderungsprozesse). Eine wertschätzende Haltung ist Grundlage jeder helfenden Beziehung und damit der systemischen Beratung schlechthin.

„Diese Charakterisierung von Haltung impliziert auch eine bestimmte Qualität von Beziehung zum Klienten:

- Unser Klientensystem umfasst das ganze System bzw. Teilsystem mit allen Mitarbeitern, nicht aber ausschließlich die Auftraggeber bzw. das Topmanagement. Wir arbeiten nicht nur mit den mächtigen Personen, sondern mit allen Hierarchieebenen.
- Da wir trainiert sind, in erster Linie die Ressourcen, die Potenziale und nicht die Defizite zu sehen, liegt uns mehr daran, mit Möglichkeiten, positiven Zukunftsbildern und Optionen zu arbeiten: Was läuft gut? Wo gibt es Erfolge? Welches ist die Vision des

---

13 Ellebracht et al. (2009) sehen demgegenüber Coaching als Erweiterung der systemischen Beratung.

Klientensystems? Diese Haltung erweitert Handlungsfelder. Sie kann helfen, eingefahrene Denkschienen zu verlassen.

— Wir sind auf der Suche nach den Energieblockaden. Sind sie beseitigt, ‚fließt es wieder'. Meist wissen die Betroffenen am besten selbst, was sie blockiert und wie sie sich selbst helfen können.

— Feedback bedeutet Lernen und Selbststeuerung. Wir glauben an Selbstverantwortung, an Selbstheilungskräfte lebendiger Systeme, die es zu aktivieren gilt. Dabei sollten wir anschlussfähig sein.

— Da wir uns der Grenzen unserer Interventionsmöglichkeiten bewusst sind und Autopoiesis ernst nehmen, gehört bei allem Selbstbewusstsein auch Bescheidenheit zu unserer Haltung.

— Damit wir im ganzen System wirksam sein können, bedarf es der Neutralität in dem Sinne, dass kein Standpunkt als richtiger bewertet werden sollte als der andere. Wir sind Anwälte der Ambivalenz" (Königswieser und Hillebrand 2006, S. 77).

Die hier geschilderte Haltung in der systemischen Beratung ist auch für das Coaching konstitutiv, da das Einzelcoaching letztlich nur ein spezifischer Anwendungsfall, eine spezifische Ausgestaltung einer systemischen Beratungsbeziehung ist, die immer dann zum Tragen kommt, wenn der Berater individuell mit einem Klienten (als natürlicher Person) arbeitet. Handow (2003, S. 85) fasst die Prinzipien des Coachings folgendermaßen zusammen: „[…]

1. Freiwilligkeit der Teilnahme
2. Selbstverantwortung des Klienten
3. Umfassende Qualifikation des Coach
4. Geeignetes und transparentes Coaching-Konzept
5. Evaluation der im Coaching durchgeführten Maßnahmen
6. Beziehung/Passung zwischen Klient und Coach
7. Neutralität des Coach
8. Diskretion des Coach
9. Transparenz im Coachingprozess
10. Coaching als Angebot für eine eingegrenzte Zielgruppe
11. Zielsetzung für ein Coaching
12. Prozessorientierung
13. Leistungsorientierung
14. Interaktion
15. Zeitrahmen
16. Vertrag"

Hier drücken sich einerseits Qualifikation und Haltung des Coaches aus, andererseits aber auch Ziel- und Leistungsorientierung im Coaching-Prozess. Coaching als ein Handlungsaspekt systemischer Organisationsberatung ist immer auch im Arbeitskontext verordnet und damit grundsätzlich an Zielen und Leistungserbringung orientiert. Diese doppelte Orientierung an „Produktivität und Menschlichkeit" (Becker und Langosch 2002) kennzeichnet die systemische Orientierung, die sich am soziotechnischen System orientiert.

Für das Gruppencoaching gelten grundsätzlich die gleichen Prinzipien wie für das Einzelcoaching. Auch hier wird am soziotechnischen System gearbeitet, wobei der Ansatzpunkt das Individuum ist – nun allerdings im Beratungssetting mit erweitertem sozialen Kontext. Während im Einzelcoaching zwei personale Systeme als Coach und Coachee das Berater-Klienten-System bilden, wird im Gruppencoaching dieses System nun durch mehrere Personen und ihre jeweiligen

Beziehungen zueinander gebildet. Das Beratungs-Klienten-System besteht nun aus einer Kopplung eines sozialen Klientensystems mit einem personalen Beratersystem oder in der Kopplung zweier sozialer Systeme (KS und BS bestehen jeweils aus mehreren Personen). Aus diesen unterschiedlichen Konstellationen entsteht eine Vielzahl von Kommunikationsvarianten, die Verstehensleistungen im Beratungsprozess erfordern und die unmittelbar (d. h. direkt im Beratungsprozess) komplexe Interaktionen mit individuellen Entwicklungsansprüchen kombinieren müssen. Und auch hier gilt die doppelte Zielsetzung des Beratungsprozesses nach Produktivität und Menschlichkeit – oder wie Marr und Stitzel (1979) es ausdrücken: nach ökonomischer und sozialer Effizienz. Das Ziel eines Gruppencoachings kann in der Entwicklung eines Teams liegen. Das muss aber nicht das zentrale Ziel sein. Es können auch Leistungsziele im Vordergrund stehen. Allerdings werden im Gruppencoaching immer beide Effizienzbereiche angesprochen, sodass, wenn eine der beiden Perspektiven (z. B. die ökonomische) dominiert, die andere Perspektive (im Beispiel dann die soziale) immer auch Einfluss auf die Zielerreichung hat. Grundsätzlich sind im Gruppencoaching also stets beide Bereiche bewusst zu bearbeiten.

Das Gruppencoaching ist eines der zentralen Settings gruppendynamischen Arbeitens. Hier können ganze Abteilungen ebenso zum Beratungssetting werden wie kleinere Teams oder Projektgruppen (Rauen 2002). Dieses Setting ist aber von Großgruppenverfahren zu unterscheiden. Das Gruppencoaching bleibt von der unmittelbaren, direkten Interaktion zwischen Beratern und Klienten geprägt: Alle Teilnehmer kommunizieren direkt miteinander. Das begrenzt die Gruppengröße auf unter 20 Teilnehmer im gesamten Berater-Klienten-System. Häufig wird es sich bei Gruppencoachings im Rahmen systemischer Organisationsberatung um Teams handeln, die ein gemeinsames Leistungsziel haben. Auch hier greifen natürlich die Grundprinzipien systemischer Berater:

> » Alle vorgenommenen Maßnahmen werden jedoch weiterhin selbst durch das Team gesteuert und gelöst, weshalb der Coach [...] lediglich als ‚Analytiker und Prozessberater' fungiert. Letztlich soll der Coach insofern überflüssig werden, als das Team zukünftig selbst in der Lage sein sollte, frühestmöglich die bestehenden Problemursachen zu erkennen und aufzulösen. (Hartmann 2004, S. 48)

Das Gruppencoaching muss als gruppendynamisches Setting die Einflüsse der Gruppe auf das Verhalten des Einzelnen wie auch auf das Beratungshandeln berücksichtigen. Es sind die wechselseitigen Verhaltensweisen, die Interaktionen und deren jeweils eigene Dynamiken, die das Gruppencoaching vom Einzelcoaching unterscheiden. Während im Einzelcoaching der Coach dem Coachee hilft, eine alternative Perspektive auf einen als entwicklungsbedürftig empfundenen Ausschnitt des (beruflichen) Alltags zu entwickeln, wird im Gruppencoaching die Gruppe in ihrer Dynamik unterstützt, einen gemeinsamen Entwicklungsprozess so zu gestalten, dass sowohl individuelle wie auch kollektive Ziele im Sinne ökonomischer und sozialer Effizienz besser realisiert werden. Verfahren, die hierfür besonders geeignet sind, sind das Survey-Feedback, T-Groups oder auch Moderation (vgl. hierzu ▶ Abschn. 2.3 und 2.4).

5.8.2 **Mentoring**

Auch das Mentoring bezeichnet eine helfende Beziehung, die aber primär als Patenschaft verstanden werden kann (Rauen 2002). Das Mentoring wird durch die Beziehung zwischen einem erfahrenen Förderer und einer vom Mentor als förderungswürdig erachteten Person geprägt. Diese Förderungsbeziehung drückt nach Hartmann (2004) einen nicht professionellen Beratungscharakter aus und weist aufgrund des Erfahrungsunterschiedes ein hierarchisches Gefälle auf. Es finden sich allerdings durchaus formelle Mentoringprogramme, die die professionelle Entwicklung von Mentees (den zu Fördernden) über verschiedene Organisationen hinweg befördern (so z. B. in formalisierten Professionalisierungssettings wie Kammern für Freiberufler oder auch genderspezifischen Fördernetzwerken).

Allerdings gilt für das Mentoring als Form der helfenden Beziehung im Rahmen der systemischen Beratung, dass es primär innerhalb von Organisationen stattfindet und hier durchaus institutionalisiert sein kann, auch über die gesamte Dauer der Organisationszugehörigkeit. Diese weite Perspektive bildet sich beispielsweise in der Firmenkultur der W. L. Gore & Associates GmbH ab.[14] Hier wird ein dauerhaftes Mentoringkonzept praktiziert, wie es sich innerhalb von Organisationen, aber auch über organisationale Grenzen hinweg zunehmend verbreitet. Aus Netzwerkperspektive ist das Mentoring eine der traditionellsten Formen helfender Beziehungen in der Arbeitswelt (z. B. in Studentenverbindungen). Als Methode der Unterstützung eines Klienten im Rahmen eines Selbstentwicklungsprozesses kann Mentoring damit einerseits Teil einer Beratungsbeziehung sein, andererseits kann die Einführung von Mentoringprogrammen in einer Organisation selbst Gegenstand des Beratungsprozesses werden (Schmid und Haasen 2011).

5.8.3 Supervision

Mit Supervision wird eine helfende Beziehung im professionellen Kontext bezeichnet, in deren Verlauf berufliches Handeln anhand konkreter Situationen reflektiert wird. Damit hat Supervision sowohl einen Reflexions- und Weiterbildungscharakter als auch einen Kontrollanteil, da Supervision vielfach von hierarchisch höhergestellten Organisationsmitgliedern oder von externen Supervisoren im Auftrag einer Kontrollinstanz (z. B. in Gesundheits- oder Sozialberufen) durchgeführt wird (Ebbecke-Nohlen 2009). Supervision unterscheidet sich damit vom Coaching durch eine stärkere Defizitorientierung und durch die hierarchische Perspektive, da Supervision vielfach eher als (nach-)helfende Beziehung für den nachgeordneten Bereich angesehen wird (Kühl 2008a). Beispiele für Fragen in der systemischen Supervision führt Ebbecke-Nohlen (2009) an:

- Die Frage ‚Wer ist in Ihrem Team mehr an der Fall- und wer mehr an der Teamsupervision interessiert?‘ führt zum Aufzeigen von Unterschieden in individuellen Konstrukten zwischen Personen.
- Die Frage ‚Wer von Ihnen arbeitet in dem Projekt intensiver zusammen?‘ führt dazu, dass Beziehungsunterschiede aufgezeigt werden.
- ‚Zu welcher Lösung könnte der Konflikt einen Beitrag liefern?‘ zielt auf Ideen und die funktionale Wirkung von Konflikten.
- ‚Wenn Sie wollten, wie könnten Sie die Krise verschlimmern?‘ würde auf die Handlungsebene zielen und zur Bewusstmachung eine paradoxe Intervention wählen.

Weitere Beispielfragen betreffen die Zeitperspektiven (Gegenwart und Vergangenheit, Gegenwart und Zukunft, die transzendente Perspektive wird hier nicht angesprochen) sowie die Verortung im Raum (Ebbecke-Nohlen 2009). Aus systemischer Sicht sind dabei insbesondere die

---

14   http://www.gore.com/de_de/aboutus/culture/corporate_culture.html, Download vom 19.02.2016.

Systembezüge zu anderen Elementen des Systems und weiterreichende Vernetzungen von besonderem Interesse. Probleme, die im Supervisionsprozess bearbeitet werden, sind als Symptome einer spezifischen Konstellation im System und nicht als bloße Konflikte zwischen Menschen oder Fehler im Arbeitsprozess zu verstehen und zu bearbeiten. Supervision kürzt damit den Prozess der Organisationsdiagnose ab (Rappe-Gieseke 2013), da von vornherein ein Kontrakt über die Intervention geschlossen wird.

5.9 Widerstand im Beratungskontext

Mit Coaching, Mentoring und Supervision wurden die grundlegenden Beziehungsformen sozialpsychologischer Organisationsberatung angesprochen. All diesen Beziehungsformen ist ein tendenziell nicht dirigistisches Beratungsverständnis gemeinsam, es handelt sich um helfende Beziehungen, die im Rahmen der sozialpsychologischer Beratung den Prozess der Veränderung gestalten sollen, aber nicht Inhalte vermitteln. Unter anderem dadurch unterscheidet sich die z. B. systemische von klassischer Organisationsberatung. Bei beiden Beratungsformen geht es um Wandel und Veränderung, und das bedeutet immer, dass sich Menschen mit der Anforderung konfrontiert sehen, in Lernprozesse einzutreten, sich selbst und die gewohnten Routinen zu hinterfragen, gegebenenfalls aber auch Ressourcen und Machtpositionen, über die man bisher verfügte, zur Disposition zu stellen. Damit sind alle Veränderungsprozesse von Ungewissheit hinsichtlich zukünftiger Entwicklung geprägt, und dies wird häufig (negativ konnotiert) als Unsicherheit, als Bedrohung empfunden.

Während aber in der klassischen Organisationsberatung Widerstand als kontraproduktive Verhaltensweise bis hin zur Gleichsetzung mit Sabotagehandlungen konzipiert wird, Widerstand also ausgeschaltet oder gebrochen werden muss, ist Widerstand für die systemische Beratung eine Chance. Für die systemische Beratung ist es von zentraler Bedeutung, die Mitarbeiter des Klientensystems für den Beratungsprozess zu gewinnen, Motivationslagen zu klären, aktuelle Bedürfnisse der Betroffenen zu beachten und Störungen frühzeitig aufzuarbeiten, um Energien für den Wandel freizusetzen (Lahninger 2005). Widerstand ist aus dieser Perspektive ein Sinnausdruck. Er zeigt Ängste und Potenziale auf, deutet auf Problemfelder hin, die zu bearbeiten sind. Widerstand im Beratungsprozess ist damit ein zentraler Ansatzpunkt für die Veränderung, allerdings muss er ernst genommen und zur Grundlage des gemeinsamen Veränderungsprozesses gemacht werden. Berater und Klient müssen verstehen, warum Widerstände in bestimmten Situationen auftreten, welche Konstellationen (z. B. als Strukturen oder Prozesse) hierdurch angesprochen sind, welche Veränderungspotenziale hier zu finden sind und wer dabei seine Position zu verschlechtern scheint. Diese Betroffenen müssen im Prozess intensiv beteiligt werden. Aus therapeutischer Sicht formuliert Weil (1984) zehn Thesen zum Umgang mit Widerstand, die hier in Bezug auf Beratung umformuliert werden.

1. Widerstand stützen: Der Berater würdigt den Widerstand des Klienten als Überlebensentscheidung, wodurch dieser für seine persönlichen Schutzmechanismen sensibilisiert wird.
2. Widerstand verstärken: Der Klient soll sein Widerstandsverhalten bewusst übertreiben, wodurch er einerseits die Dysfunktionalität des Verhaltens erlebt, andererseits aber auch seine Möglichkeit, das Verhalten zu steuern (und damit zu verändern).
3. Widerstand als kooperatives Verhalten definieren: Der Klient erhält eine Aufgabe, deren Erfüllung und Abwehr gleichermaßen für den Beratungsprozess hilfreich sein können. Der Klient erlebt sich damit als Teil des Berater-Klienten-Systems.
4. Stärken des Widerstandes nutzen: Widerstand zeigt Potenziale des Klienten an, dies nutzt der Berater, um den Beratungsprozess voranzutreiben.

5. Widerstand auf eine andere Person transformieren: Der Klient richtet den Widerstand an eine andere Adresse. Hierdurch kann einerseits der Beratungsprozess entlastet werden, andererseits entsteht die Chance, einen konkreten Konflikt zu bearbeiten.
6. Widerstand auf ein anderes Thema transformieren: Ähnlich wie im vorherigen Punkt wird auch hier der Widerstand zielgerichtet formuliert und verliert so entweder an Bedeutung für den Beratungsprozess oder kann konkret bearbeitet werden.
7. Bedeutung des Widerstandes unterlaufen: Der Beratungsgegenstand wird dem Widerstand so angepasst, dass dieser für den aktuellen Prozess an Bedeutung verliert.
8. Widerstand metaphorisch spiegeln: Der Widerstand wird als Gleichnis formuliert, wodurch die Aufmerksamkeit des Klienten auf das Widerstandsverhalten dirigiert wird und die inhaltlichen Probleme demgegenüber in den Hintergrund treten, mithin lösbar erscheinen.
9. Widerstandsverhalten aktualisieren: Der Klient wird darin bestärkt, alte Verhaltensmuster zu zeigen, wodurch ihm neue Möglichkeiten des Handelns erlebbar und attraktiver erscheinen.
10. Aufgeben von Widerstand: Die Aufgabe von Widerstandspositionen wird als Vertrauensvorschuss definiert, der Anerkennung verdient.

Die von Weil (1984) formulierten Thesen zum Umgang mit Widerstand nehmen schon einige Methoden systemischen Arbeitens, die wir später genauer besprechen werden, vorweg. Wichtig ist hier, Widerstand als Phänomen wahrzunehmen, das bearbeitet werden muss, wenn der Beratungsprozess dauerhaft Erfolg haben soll, und das im besten Fall als Potenzial nutzbar gemacht werden kann. Die hier dargestellten Formen von helfenden Beziehungen sind dazu geeignet, Widerstand positiv wirksam werden zu lassen.

5.10   Kommunizieren und Darstellen

5.10.1 Kommunikation und Intervention

Wir hatten das Berater-Klienten-System als eigenständiges Kommunikationssystem eingeführt und dabei auch darauf hingewiesen, dass dies kein interessenloses System ist. Vielmehr ist Beratung per definitionem absichtsvoll, zielgerichtet und normativ – zumindest insoweit, als angenommen wird, dass Hilfebedarf auf einer Seite besteht (Klient), und die andere Seite (Berater) diese Hilfe geben kann. Aus systemischer Sicht besteht Beratungskommunikation in erster Linie darin, dass über Kommunikation kommuniziert wird, dass also der Berater dem Klienten Feedback über das vom Klienten Kommunizierte gibt. Wie bereits ausgeführt wurde, wird durch gegenseitige Feedbackprozesse Metakommunikation ermöglicht und dadurch die Handlungs- und Problemlösungskompetenz der Gruppe erhöht. Eben dies hatte ja auch Luhmann schon angeregt, wenn er die Beobachter- oder auch Reflexionsdifferenz erster und zweiter Ordnung in der Organisation selbst als „[…] Differenz von Ebenen der Kommunikation über Kommunikation über Kommunikation […]" (Luhmann 1989, S. 227) einrichten will.

Feedback und Metakommunikation bergen die Chance in sich, Veränderungen anzustoßen. Feedback kann Widerstände auslösen, die dann Ausgangspunkte für Wandlungsprozesse sein können, es können damit aber auch Konflikte manifestiert werden, die eine Weiterarbeit nur noch schwer möglich machen. Deswegen ist es wichtig, Kommunikationstechniken und Feedbackregeln zu beherrschen, um diese zielgerichtet in der Beratungsbeziehung einsetzen zu können. Spielregeln der Kommunikation über Kommunikation nach Sperling et al. (2007, S. 79) können z. B. sein: „[…]

1. Beschreiben Sie eine ganz konkrete Beobachtung: Was haben Sie gesehen, gehört, was hat ein anderer getan, gesagt?
2. Begründen Sie sachlich, warum Sie gerade diese Beobachtung für berichtenswert halten. Nützlich kann hierbei sein, wenn Sie Zusammenhänge zwischen Ihren Beobachtungen und nachfolgenden Geschehnissen herstellen können (persönliche Interpretation).
3. Sagen Sie was Sie persönlich gerade an dieser Beobachtung für bedeutsam halten und wie sie auf Sie wirkt (eigener Beurteilungshintergrund)."

Auch in solchen Spielregeln stecken Annahmen über zulässige Kommunikationsformen im Rahmen von Beratung. Es lohnt sich, hier noch einmal zurückzublättern (vgl. insbes. ▶ Abschn. 1.5 und 4.9) und sich bewusst zu machen, wie bestimmte Kommunikations- und Beratungs-/ Therapiekonzepte eben auch bestimmte Aspekte der Kommunikation in den Fokus rücken. Das gilt natürlich auch an dieser Stelle. Spielregeln rekurrieren immer auf ein bestimmtes Spiel – hier gilt es sicherzustellen, dass alle Beteiligten an einem Kommunikationsprozess das gleiche Spiel spielen und somit diese Regeln auch nutzen wollen. Für Feedbacknehmer heißt das in Bezug auf das oben eingeführte Spiel: „[…]

1. Hören Sie dem Feedbackgeber zu, ohne ihn zu unterbrechen und ohne sich zu rechtfertigen.
2. Fragen Sie nach, wenn etwas nicht verstanden wurde.
3. Wenn möglich, sagen Sie dem Feedbackgeber, was Ihnen sein Feedback bedeutet" (Sperling et al. 2007, S. 79).

Ein Grundprinzip der humanistischen Orientierung systemischer Beratung drückt sich in der Wertschätzung des Gesprächspartners, generell der Beteiligten aus. Dies wird in der Beratungs-kommunikation durch wertschätzende Konnotation, mittels anerkennender Bemerkungen oder auch Komplimenten umgesetzt (Schlippe und Schweitzer 2007). Verstehen beinhaltet auch das empathische Moment, welches sich eben in der positiven Konnotation zeigt. Im Feld treten im Kommunikationsprozess Kräfte auf, die in unterschiedliche Richtungen wirken – diese gilt es, aus systemischer Perspektive dahin gehend zur Entfaltung zu verhelfen, dass sie eine funktionale Wirkung für das System haben. Empathie ist eine wichtige Fähigkeit, die hierfür benötigt wird und die trainiert werden kann. An dieser Stelle lohnt es sich, noch einmal einige Grundprinzipien systemischen Denkens und Kommunizierens in Erinnerung zu rufen. Nach Ellebracht et al. (2009) soll systemisches Denken:

— komplex statt trivial sein,
— beziehungsrelevant statt eigenschaftsorientiert sein,
— reflexiv statt linear ablaufen,
— sowohl auf Inhalt als auch auf den Prozess ausgerichtet sein,
— den Kontext explizit berücksichtigen.

Die wertschätzende Konnotation erfährt in der Technik der positiven Konnotation (Mingers 1996) in gewisser Weise eine Umdeutung. Die Wertschätzung wird durch den Klienten gehört, gleichzeitig aber werden Nebenbedeutungen und andere Kontexte des positiv Formulierten mit-gedacht und auch bewusst gemacht. Hiermit schließt diese Technik an das Reframing (Schlippe und Schweitzer 2007) an. Beim Reframing werden umfassendere systemische Kontexte infrage gestellt (Ellebracht et al. 2009) und hinsichtlich ihrer Kontextbindung hinterfragt. Dieser Ansatz ist eine zentrale Methode der neurolinguistischen Programmierung (NLP). Der Ansatzpunkt ist hierbei, dass ein problematisches Verhalten in einen anderen Zusammenhang gebracht wird und dadurch eine Umdeutung erfährt, hierdurch werden Deutungs- und Handlungsroutinen unterbrochen, und es muss nach neuen Wegen der Verortung und Handlungsverankerung gesucht werden (Bandler und Grinder 2005) – dies kann aber auch dysfunktionale Effekte auslösen, der Prozess ist durch den Berater begleitungsbedürftig.

Gesteigert wird diese Technik durch die paradoxe Intervention (Mingers 1996), ein Verfahren, bei dem die dysfunktionalen, problematischen oder konfliktären Verhaltensweisen durch den Berater verstärkt werden. Der Klient wird aufgefordert, genau das weiter zu tun oder sogar noch verstärkt zu tun, was ihm den ‚Schlamassel' eingebracht hat. So könnte beispielsweise der Auftrag an einen Klienten im Rahmen einer paradoxen Intervention sein, herauszuarbeiten, welche Vorteile/positiven Effekte aus Mobbingverhalten entstehen. Hierdurch sollen die bisher unhinterfragten Interaktionsmuster in einen irritierend-paradoxen Zusammenhang gestellt und dadurch einer neuen Bewertung zugeführt werden. Die Grundlagen hierfür haben u. a. Watzlawick, Beavin und Jackson (2003) herausgearbeitet. Watzlawick (2006) hat der Vorstellung der paradoxen Alltagsgestaltung mit seiner „Anleitung zum Unglücklichsein" zu großer Popularität verholfen – das Hammerbeispiel ist inzwischen schon fast Allgemeingut geworden.

Speziell wenn sich Klientensystem oder Beratersystem im eigenen Bereich hinsichtlich eines Problems oder eines Verhaltens uneinig ist, ob dieses beibehalten oder verändert werden soll, kann die Methode des Splittings angewandt werden. Mit dem Klienten werden verschiedene Möglichkeiten des Handelns erarbeitet, ein Rat wird nicht erteilt (Schlippe und Schweitzer 2007). Auch hierin liegt ein paradoxes Moment, da der Berater einmal für, das andere Mal aber gegen ein und dieselbe Position Stellung bezieht. Die bisher dargestellten Feedbacktechniken können unter dem Überbegriff Symptomverschreibung subsumiert werden (Hand 1981), womit eine Gruppe von Interventionstechniken bezeichnet wird, bei denen Aufforderungen des Beraters der Klientenerwartung zuwiderlaufen und das Symptom als positiver oder negativer Spiegel des Klientenverhaltens reflektiert wird.

Ein Setting, das konkret Feedback in Gruppen systematisiert, ist der Innenkreis-Außenkreis (Mingers 1996). Hierbei wird die Gruppe halbiert, eine Hälfte bildet einen Innenkreis, die andere einen Außenkreis. Die Gruppenmitglieder sitzen oder stehen nun jeweils einem Gesprächspartner gegenüber, mit dem sie sich bezüglich einer Fragestellung austauschen. Während die Person im Innenkreis spricht, hört die im Außenkreis zu. Dann fordert der Moderator zum Wechsel auf, und nun berichtet der Außenkreis, und der Innenkreis hört zu. Durch Rotation werden nun multiple Feedbackprozesse parallel ermöglicht. Dieses Setting kann als Fish Bowl auch dazu dienen, dass in größeren Gruppen ein Teil der Gruppe in einem inneren Kreis diskutiert und ein oder mehrere äußere Kreise diese Diskussion verfolgen und anschließend gegebenenfalls mittels der Open-Chair-Technik weiter reflektieren. ❒ Abbildung 5.3 stellt dies (in Anlehnung an Baumfeld und Plicka 2005) schematisch dar.

Die hier vorgestellten Feedbackvarianten werden insbesondere von Kommentaren geprägt (Schwing und Fryszer 2007). Hier stehen Aussagen und Aufträge des Beraters an den Klienten im Vordergrund der Intervention, dies ist mit unseren alltäglichen Erwartungen an Beratungskommunikation in hohem Maß vereinbar – es werden ja (scheinbar) Ratschläge erteilt,[15] wenn auch in der Regel mit der Paradoxie und Absurdität des Alltags gespielt wird und so Reflexions- und Kommunikationsprozesse in Gang gesetzt werden. Dies hat hochirritativen Charakter und ist deshalb in besonderem Maß geeignet, die Anforderung Luhmanns (1989) an systemische Beratung zu erfüllen: Metakommunikation zweiter Ordnung in der Organisation zu initiieren.

---

15   An dieser Stelle gewinnt der Kalauer, dass auch Ratschläge Schläge seien, eine vertiefte Bedeutung.

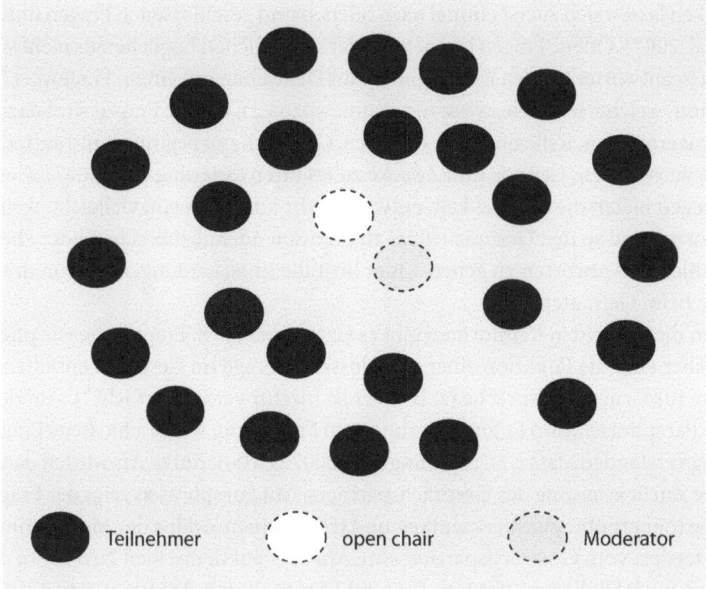

◘ Abb. 5.3 Fish Bowl mit Open Chair

5.10.2 **Fragetechniken**

Im Kern systemischen Denkens und Handelns steht nicht die Intervention durch Dritte (hier das Beratersystem), sondern die Steigerung der Fähigkeit zur Selbstreflexion im (Klienten-) System. Dementsprechend sind nicht Aussagen oder Kommentare die dominante Form der Kommunikation im Berater-Klienten-System, sondern der sokratische Dialog. Diese Methode orientiert sich an der scheinbar naiven Art zu fragen, die dem antiken Philosophen Sokrates zugeschrieben wird. Ziel der sokratischen Methode ist, Reflexionsprozesse in Gang zu setzen. Dies bedeutet, dass der Gesprächspartner zu Urteilen „angestiftet" wird, die er selbst anhand von Nachfragen, Zuspitzung, Paradoxien hinterfragt. Dies kann begriffsbezogene Urteile (Was ist Fishing?), funktionale Urteile (Darf ich Fishing zur Kundenwerbung einsetzen?) oder moralische Urteile (Soll ich Fishing zur Kundenwerbung einsetzen?) betreffen (Stavemann 2007). Bei der konkreten Umsetzung sollte der Berater einige Anforderungen beachten (Stavemann 2007):

- Es soll ein konkretes Thema aus dem Alltag des Klientensystems behandelt werden.
- Der Klient soll prinzipielle Reflexionsfähigkeit und -bereitschaft besitzen und den Dialog auch führen wollen.
- Es ist zu prüfen, inwieweit der Zeitrahmen für den Dialog angemessen ist und ob der Dialog auch abgeschlossen werden kann.
- Es ist festzustellen, ob ein Berater-Klienten-System das den Dialog zulässt vorhanden ist, oder ob gibt es Abhängigkeiten gibt, die diesen behindern.
- Es ist eine adäquate Dialogtechnik zu wählen.
- Arbeite mit kurzen und genauen Fragen.
- Überprüfe, ob die Fragen beantwortet werden.
- Achte darauf, dass Themen- und Realitätsbezug gewahrt bleiben.
- Die Fragetechnik sollte einfach, fast naiv, aber niemals belehrend wirken.

Fragetechniken lassen sich zuerst einmal nach offenen und geschlossenen Fragen unterscheiden (Sperling et al. 2007). Offene Fragen können aus der sprachlichen Logik heraus nicht sinnvoll mit Ja oder Nein beantwortet werden und beginnen im Deutschen mit einem Fragewort (W-Worte: wer, was, wann, welche, wie viele, wessen, warum, wozu …). Offene Fragen sind dazu geeignet, Meinungen zu erkunden, Reflexionen anzustoßen, Gespräche zu beginnen und aufrechtzuerhalten, Themen zu vertiefen, Gründe und Zwecke zu erfahren (Sperling et al. 2007). Geschlossene Fragen hingegen bieten die Möglichkeit, entweder sehr kurz (ja, nein, vielleicht, weiß ich nicht …) zu antworten und so den Gesprächsfluss zu bremsen oder abzubrechen oder aber ausführlichere, erzählende Antworten zu geben – hier liegt die Entscheidung, auch von der logischen Struktur her, beim Gefragten.

Zwischen diesen beiden Reinformen gibt es Grauzonen, z. B. Fragen, die wie offene Fragen wirken, die aber eher die Funktion einer geschlossenen Frage im Gespräch entfalten – dies gilt insbesondere für Gruppengespräche (z. B. „Wer ist hierfür verantwortlich?"). Auf der anderen Seite wirken Paraphrasen, also Reformulierungen in Frageform, wie geschlossene Fragen („Habe ich Sie richtig verstanden, dass … ?"; Sperling et al. 2007, S. 106). Kurze Antworten darauf wirken aber wie eine Zurückweisung des Gesprächspartners. Mit Paraphrasen zeigt der Fragende dem Gesprächspartner erhöhte Aufmerksamkeit und tritt in einen Zyklus der Metakommunikation ein – dies erfordert vom Gesprächspartner eine Antwort auf demselben Niveau. In diese Kategorie gehören auch Skalierungsfragen; das sind Fragen, deren Beantwortung auf einer Skala erfolgt. Die Antworten markieren Standpunkte der Befragten und werden häufig in Workshops im Rahmen von Visualisierungen eingesetzt.

Eine weitere Sonderform ist die paradoxe Frage (auch eine Form der paradoxen Intervention), wobei die Paradoxie hier deutlich aufscheint und unmittelbarer als absichtlich eingesetzte Technik vom Gesprächspartner erkannt wird. Damit eignen sich paradoxe Fragen aber insbesondere, um z. B. Kreativitätsphasen mithilfe eines Brainstormings einzuleiten, da ihre Suggestivwirkung stark, aber offensichtlich ist. Die paradoxe Frage ist von manipulativen Fragen zu unterscheiden, also Fragen, deren suggestive Wirkung ungebrochen ist (z. B. rhetorischen Fragen: „Sie sind doch sicherlich auch der Meinung, dass … ?"; Sperling et al. 2007).

Systemisches Fragen baut auf der sokratischen Gesprächsführung auf und nutzt bewusst Fragetechniken, um Beziehung im System und individuelle Vorstellungen von Beziehungen offenzulegen, so z. B. nach Wirklichkeitskonstruktion und Möglichkeitskonstruktion (Schlippe und Schweitzer 2007).

» Systemisches Fragen zielt nicht nur auf eine veränderte Beschreibung des aktuellen Kontextes und der Vergangenheit, sondern vor allem auch darauf, neue Sichtweisen und Handlungsmöglichkeiten in die Zukunft hinein zu eröffnen, sozusagen den Möglichkeitssinn zu entwickeln. Dazu dienen z. B. Fragen nach Ausnahmen und Ressourcen (‚Was ist anders, wenn das Symptom nicht oder nur schwach auftritt?', ‚Woran würden Sie merken, wenn das Problem plötzlich nicht mehr vorhanden wäre, Ihnen das aber keiner gesagt hätte?'), Fragen nach der Beeinflussbarkeit des Problems in die Zukunft hinein (‚Was müssten Sie tun, wenn Sie Ihr Problem behalten wollten?') oder direkte Zukunftsfragen (‚Was ist in 2, 5, oder 10 Jahren, wenn alles so bleibt, wie es ist?') u. a. M. (Levold und Martens-Schmid 1999, Abs. 40)

Eine spezifische Form des systemischen Fragens (neben der paradoxen Frage) ist das zirkuläre Fragen (diese Technik wird bei aller Varianz, die sonst feststellbar ist, in vielen systemischen Beratungsbüchern angesprochen, z. B. Königswieser und Exner 2008; Schlippe und Schweitzer 2007; Schwing und Fryszer 2007; Levold und Martens-Schmid 1999). Diese Technik führt den

Wechsel der Beobachterperspektive in die Frage ein. Die zirkuläre Frage veranlasst die Befragten, „[…] sich in ihre Kommunikationspartner hineinzudenken und zu fühlen, und die Tendenz zu Anklagen und Beschuldigungen wird verringert" (Levold und Martens-Schmid 1999, Abs. 40). Grundlage hierfür kann z. B. eine Interaktion zwischen zwei Personen/Workshopteilnehmern (A und B) sein, die für die Anwesenden gut beobachtbar war (Ellebracht et al. 2009). Die zirkuläre Frage stellt nun eine zweite Interaktionssequenz dar, die den Kontext verschiebt. Eine dritte, an der ersten Interaktion unbeteiligte, Person C wird vom Moderator D nun gefragt: „Was glauben Sie hat B vorhin über A gedacht?"

- Die erste (offene) Interaktion betrifft A und B.
- Die zweite (offene) Interaktion betrifft D und C.

Wenn C nun hierauf eingeht und seine Vermutung aufgrund der Beobachtung äußert, kommt es zu Folgeinteraktionen.

- Es entsteht eine dritte (verdeckte) Interaktion zwischen C und B.
- Es folgen weitere (offene) Interaktionen zwischen allen Beteiligten – einschließlich des Moderators – da nun alle das Interesse haben, nicht die Interpretationshoheit (Fremdverstehen) selbst gemeinter Sinnbezüge (Selbstverstehen) Anderen zu überlassen.

Durch den Perspektivenwechsel können emotionale Befindlichkeiten ebenso wie individuelle Interessen oder rollenkonforme Verhaltensweisen anderer vielfach besser verstanden werden, und es fällt leichter, einen Ausgleich zu suchen, da der Schuldaspekt in der Beziehung (oder allgemeiner: im System) reduziert wird. Zirkuläre Fragen können auch mit Skalierungen und Vergleichen verbunden werden.

5.10.3 Interviews und Fragebögen

In systemischen Beratungskontexten werden (z. B. zur Bildung von Hypothesen) vielfach Interviews eingesetzt. Mit Interview werden spezielle Gesprächssituationen bezeichnet, in denen klar verteilte Rollen die Kommunikation prägen. Der Interviewer sucht Information, der Interviewte gibt Auskunft. Hinsichtlich der Interviewformen gibt es verschiedene Einteilungen, die sich insbesondere nach Offenheit und Geschlossenheit der Fragen sowie dem Ausmaß der Strukturierung des Gesprächsverlaufs unterscheiden. Generell gilt für alle Interviewformen, dass die Datenerhebung für Dritte nachvollziehbar sein muss. Die Interviews müssen deshalb als Tonaufnahmen aufgezeichnet und verschriftlicht (transkribiert) werden, wobei der Detaillierungsgrad der Übertragung darüber entscheidet, welche Auswertungsmöglichkeiten später zur Verfügung stehen.

» Die einheitliche Aussage, vom gesprochenen Wort, mit seinen Verkürzungen, Betonungen, dialektischen Einfärbungen, grammatikalischen Brüchen, über paraverbalen Anteilen (z. B. ‚ähm', ‚hm' aber auch Lachen, Räuspern, Glucksen), bis hin zu non-verbalen Elementen (Gestik, Mimik) wird im direkten Gespräch unmittelbar und einheitlich verstanden. Sie lässt sich aber in ihrer Komplexität durch Transskription nicht vollständig erfassen. Es muss entschieden werden, welche Anteile der Äußerung des Interviewten relevant sind und somit transkribiert werden müssen. (Elbe 2015, S. 13f.)

Hier sollen insbesondere Leitfadeninterviews und narrative Interviews besprochen werden. Bei Leitfadeninterviews ist der Ablauf des Interviews in hohem Maß strukturiert. Das Interview wird anhand eines vorab formulierten Leitfadens geführt, hierbei sind die Fragen vorab festgelegt und müssen auch alle beantwortet werden. Dies bedeutet nicht unbedingt, dass jede Frage in der vorformulierten Form zu stellen ist – dies kann dem Gesprächsverlauf angepasst werden. Auch können Fragen, die schon an anderer Stelle beantwortet wurden, dann ausgelassen werden. Trotzdem gehört das Leitfadeninterview zu den hoch strukturierten Interviewvarianten. Mit Leitfadeninterviews werden vielfach Wissensschichten erhoben, die gut reflektiert sind, z. B. als Experteninterviews (Liebold und Trinczek 2002).

Narrative Interviews (Holtgreve 2002) hingegen stellen die offenste Form eines Interviews dar. Hier kommt es darauf an, dass der Interviewer einen Erzählimpuls setzt, der den Interviewten dazu veranlasst, eine längere, zusammenhängende Erzählung zu generieren. Beim Setzen des Erzählimpulses wird von den üblichen Empfehlungen zu Fragetechniken regelmäßig abgewichen, da es sich hier um eine ganz spezielle Gesprächsform handelt. Um einen nachhaltigen Erzählimpuls zu setzen, sind Kettenfragen, die von der gegenwärtigen Situation zurückführen an den Beginn einer für das Interview interessanten Sequenz – z. B. als das Problem erstmalig auftrat oder als der Interviewpartner Mitglied in der Organisation wurde –, durchaus üblich und Erfolg versprechend. Damit zielen narrative Interviews auf die Lebenswelt der Befragten im organisationalen Kontext ab, die ihre Identität, ihre persönliche Entwicklung, aber auch Erfolge oder Misserfolge in der Organisation thematisieren und in der Erzählung vielfach auch über die Organisation hinausgreifen und auf andere Teile ihrer Lebenswelt (z. B. Familie) verweisen. Systemische Bezüge treten in solchen Erzählungen primär im Sinne eines soziotechnischen Systemansatzes auf, da Gegenstand von Erzählung regelmäßig Handlungssequenzen sind (Holtgreve 2002).

Zur Auswertung gibt es für Interviews verschiedene Techniken, die von der Interviewform nicht unabhängig sind. Generell gemeinsam sind sozialwissenschaftlichen Auswertungstechniken, dass sie Sinnstrukturen, die in den Interviews zu finden sind, offenlegen wollen. Hierzu sind die Interviews zuerst einmal zu transkribieren und diese Transkripte werden dann analysiert. Die Analysemethoden unterscheiden sich von ihrem methodologischen Hintergrund und der Offenlegung des Vorwissens (Hypothesen), anhand dessen die Inhalte interpretativ erschlossen werden. Eine Methode, die eine (auch für den Beratungsalltag) vertretbare Effizienz bei gleichzeitig weitverbreiteter qualitativer Akzeptanz aufweist, ist die Inhaltsanalyse nach Mayring (1996). Da der Prozess der Datenerhebung zum Abschluss der Auswertung eine gewisse Zeit beansprucht, ist der unmittelbar intervenierende Aspekt von Interviews im Rahmen der Beratung auf den Anstoß von Reflexionsprozessen bei den Befragten beschränkt. Dies kann aber – speziell aus systemischer Sicht – schon einen erheblichen Teil der Intervention ausmachen. Fragen sind die zentrale Kommunikationsform systemischer Beratung, und Interviews strukturieren dies auf eine besondere Weise. Die Wirkung auf Multiplikatoren in einem System (z. B. herausgehobene Führungskräfte) oder auf Experten durch Interviews kann ganz erheblich sein und intensiv in das System hineinwirken. Dies gilt es, aus systemischer Sicht mitzuplanen.

Neben Interviews stellen in der Organisationsdiagnose Fragebögen das häufigste Instrument zur Datenerhebung dar und werden speziell für quantitative Befragungen eingesetzt, z. B. anonyme Mitarbeiterbefragungen. Hiermit ist es möglich, „[…] das Organisationsklima, die Bindung der Einzelnen an das Unternehmen, die Bewertung organisationaler Veränderungen oder die Arbeitszufriedenheit etc. zu erfassen" (Rosenstiel 2013, S. 67). Elbe (2015) zeigt ein Beispiel für den Einsatz eines Fragebogens zur Betrieblichen Sozialisation bei Pflegekräften in einem Krankenhaus. Hierbei werden insbesondere ordinal- und nominal skalierte Items verwendet, um Einstellungs-, Überzeugungs- oder Verhaltensmerkmale bei den Befragten zu erheben (Schnell et al. 2012). „Darüber hinaus gibt es metrisch skalierte Fragen (z. B. nach Einkommen oder Alter), die komplexere Auswertungen zulassen" (Elbe 2015, S. 16). Sowohl allgemein in der Sozialforschung, als auch in der Organisationsdiagnose werden vielfach ordinalskalierte Fragen

als quasimetrisch interpretiert und mit anspruchsvollen Methoden (z. B. Faktoren- oder Varianz-
analyse) bearbeitet – dies ist theoretisch problematisch, praktisch aber üblich.

5.10.4 Erzählen, Auf- und Darstellen

Für die Erfassung von Organisationen als Systeme kommt Erzählungen eine besondere Bedeutung
zu – dies wurde auf der individuellen Ebene im vorangegangenen Abschnitt bereits hinsichtlich
des narrativen Interviews angesprochen. Doch auch die Organisation als System ist von einer
Geschichte und von Geschichten geprägt. Diese werden ihr von Organisationsmitgliedern und
anderen Beteiligten zugeschrieben. Eben dies aber ist ein wichtiger Teil dessen, was eine Organisation als kommunikatives System kennzeichnet und von anderen Systemen trennt: selbst-
referenzielle Kommunikation innerhalb des Systems und Unterscheidungen ermöglichende
Zuschreibungen von außen. Dies lässt sich mithilfe des Ansatzes des Storytellings (Czarniawska
1998) erfassen. Hierfür werden neben einzelnen Interviews (insbesondere narrative Interviews
erzeugen entsprechende Erzählungen) auch teilnehmende Beobachtungen bei Besprechungen,
in Pausen, aber auch in informellen Kontexten (z. B. Feiern) eingesetzt. Auch diese gilt es, entsprechend zu dokumentieren. Teilsysteme, auf die das Storytelling insbesondere wirkt, zeigt Bittelmeyer (2004) auf:

- Wissensmanagement: Geschichten werden besser aufgenommen und schneller weitergegeben als abstrakte Informationen. Auch lässt sich durch Erzählungen Wissen erfassen
  und dokumentieren, an das Unternehmen mittels normaler Umfragen gar nicht kommen
  würden. Dies ermöglicht individuelles und kollektives Lernen.
- Change-Management: Geschichten sind interessant, sie thematisieren langjährige
  Gewohnheiten und Einstellungen und erzählen von Veränderungen. Mit Geschichten
  lassen sich Mitarbeiter für den Wandel gewinnen und Widerstände kanalisieren.
- Führungsstil: Storytelling zeigt, wessen persönlicher Führungsstil erfolgreich ist und wer
  scheitert. Hieran orientieren sich andere Führungskräfte und Mitarbeiter und geben damit
  Auskunft über die Werte, die dem Führungsverhalten im System zugrunde gelegt werden
  sollen.
- Unternehmenskultur: Geschichten vermitteln auch in modernen Organisationen Sinn und
  stiften Identität. Damit geben Geschichten Auskunft über die gelebte Unternehmenskultur,
  über Werte und Normen, zulässige Verhaltensweisen, Gefahren und Chancen und den
  Umgang damit.

In diesen Erzählungen, die erzeugt oder beobachtet werden, spielen Metaphern und Witze
(Schlippe und Schweitzer 2007) eine besondere Rolle. Hier finden sich Verweise auf das Werte-
system einer Organisation. Geschichten sind Kommunikation darüber, wie in Systemen kommuniziert wird, deshalb ist Storytelling ein wichtiges Diagnoseinstrument in der systemischen
Beratung (Schwing und Fryszer 2007). Gegenstand von Erzählungen sind vielfach Mythen und
Heldengeschichten (Zulauf 1994). Die Bedeutung von Helden (als Führungskräften) wird momen-
tan in der systemischen Organisationsberatungsliteratur hinter den Dienst ‚am System‘ (Doppler
2009) zurückgestellt, propagiert wird eine Zeit der ‚postheroischen Führung‘ (Baecker 2012).

Während Erzählungen sich auf den virtuellen Raum beschränken, dehnen sich Darstellungsformen in den präsenten Raum des Hier und Jetzt aus. Darstellende Formen mit Erzählcharakter
sind insbesondere das Unternehmenstheater und die Organisationsaufstellung. Heindl (2012)
beschreibt Unternehmenstheater als intervenierendes System im System Organisation, wobei
theatrale Interventionen eine zweckgerichtete körper- und darstellungsorientierte Form sozialen

Handelns bezeichnen. Eine besondere Form des Unternehmenstheaters ist das Unternehmenska-barett, welches Leyhausen (2003) als paradoxe Intervention beschreibt, was aufgrund der Provo-kation durchaus nachvollziehbar ist. Für beide Autoren ist Unternehmenstheater eine Form der systemischen Intervention in das System Organisation. Dies hat spezifische Herausforderungen:

» Spielfreude kann mitreißen und begeistern. Um jedoch in die Tiefe zu gehen und die Möglichkeiten, die in diesen Methoden liegen, zu nutzen, bedarf es der Reflexion, einer intensiveren Auseinandersetzung mit der Situation, der angewandten Techniken und Methoden. (Heindl 2012, S. 4)

Die Beziehung zwischen Darstellern und dem Publikum ist dabei ein wichtiger Bestimmungs-faktor für die theatrale Intervention. Eine direktive Beziehung zum Publikum liegt vor, wenn die Zuschauer nicht in Interaktion mit den Darstellern treten und keinen Einfluss auf den Verlauf der Handlung haben (Heindl 2012) – sie sind Beobachter, die Beobachter bei der interpretati-ven Darstellung ihrer Beobachtung beobachten. Bei der selektiven Einbeziehung können aus-gewählte Zuschauer aktiv werden und den Verlauf der Aufführung mit beeinflussen. Eine par-tizipative Beziehung liegt vor, wenn die Schauspieler aktiv den Dialog mit Zuschauern suchen (Heindl 2012). In Verbindung mit der zugrunde liegenden Absicht leitet Heindl (2012) neun unterschiedliche Interventionsformen ab, die vom Vorspielen für Konsumenten bis zum gemein-samen Erkunden reichen.

Organisations- oder Unternehmensaufstellung (Schwing und Fryszer 2007; Weber 1998; Gleich 2008) ist eine räumliche Veranschaulichung systemischer Strukturen, anhand derer dann auch Beziehungen (mit ihren Funktionalitäten und Dysfunktionalitäten) thematisiert werden. Fokussiert wird dabei insbesondere auf Nähe und Distanz und spezifische Konstellationen von Personen (z. B. Kollegen), Einheiten (z. B. Abteilungen) oder Rollen (z. B. Führungskräften oder Kunden). Die Beziehungen im System werden durch die Abstände der Repräsentanten – in der originalen Form sind dies Teilnehmer in einem gruppendynamischen Setting – zueinander, das Ausmaß der Hin- oder Abwendung zu bzw. von anderen Repräsentationen ausgedrückt. Groth (2012) zeigt die Organisationsaufstellung als Abfolge, wobei dies keine Linearität ausdrücken soll, sondern durchaus zyklische Form annehmen kann. Bereits der Start einer Aufstellung fordert vom Klienten Reflexionsvermögen, da er sich bei der Formulierung seines Anliegens folgende Fragen stellen muss: „[…]

— Was ist mein wichtigstes Problem?
— Wie sieht (sic!) das Problem konkret aus?
— Wer ist beteiligt? Welche Personen, welche Sachzwänge etc. müssen aufgestellt werden?
— Wie stehen die Beteiligten zueinander?" (Groth 2012, S. 86)

Von besonderer Bedeutung bei der Aufstellungsarbeit ist die Körperwahrnehmung, was der Aufstellungsarbeit eine mit hoher Empathie verbundene Besonderheit in den Methoden der sys-temischen Beratung und auch in der Gruppendynamik verleiht. Die Aufstellung ist eine Visuali-sierung, die einerseits die Struktur eines Systems (durch die Platzierung im Raum), andererseits Beziehung (durch Distanz sowie den Grad der Zuwendung) darstellt. Die Darstellung ist aber nur ein Teil des Prozesses. Sie regt die eigentliche Reflexion an, an der sowohl der Aufstellende als auch die Repräsentanten beteiligt sind. Denn auch diese geben in der Aufstellung ihre Gefühle und Assoziationen wieder und geben dem Aufstellenden damit auch Feedback darüber, wie dieser selbst im System wirkt. Diese Methode ist in hohem Maße dazu geeignet, Systembeziehungen aus individueller Sicht darzustellen und dadurch zur Reflexion und zur Beziehungsarbeit anzuregen.

5.11   Fragen

- Skizzieren Sie bitte das Berater-Klienten-System (BKS).
- Was verstehen Sie unter Prozessberatung?
- Was besagt die Konvergenzhypothese der Organisationsberatung?
- Beschreiben Sie bitte das Vorgehen der Aktionsforschung.
- Welche Bedeutung hat ‚Sinn' für die Methodenwahl im Rahmen der sozialpsychologischen Beratung?
- Wie hängen Diagnose, Aktion und Evaluation zusammen?
- Welche Formen helfender Beziehungen kennen Sie? Grenzen Sie diese bitte gegeneinander ab.
- Welche Bedeutung hat Widerstand im Beratungskontext?
- Was verstehen Sie unter einer Fish-Bowl?
- Welche Erzählungs- und Darstellungsformen in Bezug auf Organisationen kennen Sie?

Literatur

Baecker D (2012) Postheroische Führung. In: Grote S (Hrsg) Die Zukunft der Führung. Berlin, S 475–490
Bandler R, Grinder J (2005) Reframing. Ein ökologischer Ansatz in der Psychotherapie (NLP), 8. Aufl. Paderborn.
Baumfeld L, Plicka P (2005) Großgruppeninterventionen. Das Praxisbuch. Wien
Beck U, Bonß W (2001) Die Modernisierung der Moderne. Frankfurt a. M.
Beck U, Giddens A, Lash S (Hrsg) (1996) Reflexive Modernisierung. Eine Kontroverse. Frankfurt a. M.
Becker H, Langosch I (1995, 2002) Produktivität und Menschlichkeit: Organisationsentwicklung und ihre Anwendung in der Praxis, 4., 5. Aufl. Stuttgart
Berger P, Luckmann T (1997) Die gesellschaftliche Konstruktion der Wirklichkeit. Eine Theorie der Wissenssoziologie. Frankfurt a. M.
Beushausen J (2012) Genogramm- und Netzwerkanalyse. Die Visualisierung familiärer und sozialer Strukturen. Göttingen
Bittelmeyer A (2004) Storytelling – Geschichten, die das Unternehmen schreibt. Managerseminare 78:70–78
Bohnsack R (1993) Einführung in die Methodologie und Praxis qualitativer Forschung, 2. Aufl. Opladen
Bühl W (1972) Verstehende Soziologie. Grundzüge und Tendenzen. München
Czarniawska B (1998) A narrative approach to organization studies. Thousand Oaks
Doppler K (2009) Über Helden und Weise. Von heldenhafter Führung im System zu weiser Führung am System. OrganisationsEntwicklung 2(2009):4–13
Ebbecke-Nohlen A (2009) Einführung in die systemische Supervision. Heidelberg
Elbe M, Saam N (2008) „Mönche aus Wien, bitte lüftets eure Geheimnisse." Über die Abweichung der Beratungspraxis von den Idealtypen der Organisationsberatung. In: Gruppendynamik und Organisationsberatung. Zeitschrift für angewandte Sozialpsychologie 3, S 326–350
Elbe M (1994) Betriebliche Sozialisation und Personalentwicklung. In: Elbe M, Luzius T (Hrsg) Die Augusta-Kranken-Anstalt gGmbH – Corporate Identity für konfessionelle Krankenhäuser – Betriebliche Sozialisation und Personalentwicklung. München, S 59–114
Elbe M (2002) Wissen und Methode: Grundlagen der verstehenden Organisationswissenschaft. Opladen
Elbe M (2013a) Employography: Flüchtige Identitäten in Zeiten der Ungewissheit. Journal für Psychologie. Jg 21(3):1–24
Elbe M (2013b) Erkenntnistheoretische Grundlagen der Organisationsdiagnose. In: Werner C, Elbe M (Hrsg) Handbuch Organisationsdiagnose. München, S 31–41
Elbe M (2015) Organisationsdiagnose: Methoden – Fallstudien – Reflexionen. Baltmannsweiler
Elbe M, Born S (2015) Von der Männergesundheit zur Differenziellen Gesundheitsförderung: Innovative Themen auf kommunaler Ebene anschieben. In: Kuhn J, Heyn M (Hrsg) Gesundheitsförderung durch den öffentlichen Gesundheitsdienst. München, S 67–74
Elbe M, Peters S (2016) Die Temporäre Organisation. Kooperation, Gestaltung und Beratung. Berlin
Ellebracht H, Lenz G, Osterhold G (2009) Systemische Organisations- und Unternehmensberatung. Praxishandbuch für Berater und Führungskräfte, 3. Aufl. Wiesbaden

French W, Bell C (1994) Organisationsentwicklung, 4. Aufl. Bern

Fuchs P, Pankoke E (Hrsg) (1994) Beratungsgesellschaft. Schwerte

Geißler H (1994) Grundlagen des Organisationslernens. Weinheim

Gleich M (2008) Organisationsaufstellungen als Beratungsinstrument für Führungskräfte. Eine empirische Analyse. Heidelberg

Goffman E (1996) Wir alle spielen Theater. Die Selbstdarstellung im Alltag, 5. Aufl. München

Groth T (2012) Organisationsaufstellung – systemtheoretisch gewendet. In: Groth T, Stey G (Hrsg) Potenziale der Organisationsaufstellung – Innovative Ideen und Anwendungsbereiche. Heidelberg, S 81–93

Hackney H, Cormier L (1998) Beratungsstrategien, Beratungsziele, 4. Aufl. München

Hand I (1981) Symptomverschreibung. In: Linden M et al (Hrsg) Psychotherapie-Manual. Berlin, S 217–220

Handow O (2003) Coaching in Leistungssport und Wirtschaft. Vorstellung eines integrativen Ansatzes. München

Hart E, Bond M (2001) Aktionsforschung. Handbuch für Pflege-, Gesundheits- und Sozialberufe. Bern

Hartmann M (2004) Coaching als Grundform pädagogischer Beratung. Verortung und Grundlegung. München

Heindl A (2012) Theatrale Interventionen – Von der mittelalterlichen Konfliktregelung zur zeitgenössischen Auf-stellungs- und Theaterarbeit in Organisationen, 2. Aufl. Heidelberg

Hitzler R, Honer A (1997) Sozialwissenschaftliche Hermeneutik: Eine Einführung. Opladen

Holtgreve U (2002) Narratives interview. In: Kühl S, Strodtholz P (Hrsg) Methoden der Organisationsforschung. Ein Handbuch. Reinbek bei Hamburg, S 71–103

König E, Volmer G (2008) Handbuch Systemische Organisationsberatung. Weinheim.

Königswieser R, Exner A (2008) Systemische Intervention. Architekturen und Designs für Berater und Verände-rungsmanager, 9. Aufl. Stuttgart

Königswieser R, Hillebrand M (2006) Haltung in der Systemischen Beratung. In: Tomaschek N (Hrsg) Systemische Organisationsentwicklung und Beratung bei Veränderungsprozessen: Ein Handbuch. Heidelberg, S 74–81

Kühl S (2008a) Coaching und Supervision: Zur Personenorientierten Beratung in Organisationen. Wiesbaden

Kühl S (2008b) Das Evaluations-Dilemma der Beratung: Evaluation zwischen Ansprüchen von Lernen und Legiti-mation. Bielefeld. http://www.uni-bielefeld.de/soz/forschung/orgsoz/Stefan_Kuehl/pdf/ Das-Evaluations-Di-lemma4-Kap-4-02042008.pdf vom 22.11.2013]

Lahninger P (2005) Widerstand als Motivation: Herausforderungen konstruktiv nutzen in Moderation, Training, Teamentwicklung, Coaching und Beratung. Münster

Levold T, Martens-Schmid K (1999) Systemische Therapie. In: Behnsen E et al (Hrsg) Management Handbuch für die psychotherapeutische Praxis. Loseblattsammlung. Heidelberg

Lewin K (1968) Die Lösung sozialer Konflikte: Ausgewählte Abhandlungen über Gruppendynamik, 3. Aufl. Bad Nauheim

Leyhausen M (2003) Unternehmenskabarett als paradoxe Intervention auf Manager-Konferenzen. In: McNally J, Sprengel P (Hrsg) Hundert Jahre Kabarett. Würzburg, S 212–220

Liebold R, Trinczek R (2002) Experteninterview. In: Kühl S, Strodtholz P (Hrsg) Methoden der Organisationsfor-schung. Ein Handbuch. Reinbek bei Hamburg, S 33–71

Luhmann N (1989) Kommunikationssperren in der Unternehmensberatung. In: Luhmann N, Fuchs P (Hrsg) Reden und Schweigen. Frankfurt a. M., S 209–227

Luhmann N (1994) Soziale Systeme. Grundriss einer allgemeinen Theorie, 5. Aufl. Frankfurt a. M.

Manzini A (1988) Organizational diagnosis: a practical approach to company problem solving and growth. New York.

Marr R, Elbe M (2001) Die Grenzen der Balanced Scorecard: Gedanken zu den Risiken eines kennzahlenorientierten Führungssystems. In: Wüthrich H, Winter W, Philipp A (Hrsg) Grenzen ökonomischen Denkens. Auf den Spuren einer dominanten Logik. Wiesbaden, S 365–386

Marr R, Stitzel M (1979) Personalwirtschaft: ein konfliktorientierter Ansatz. München

Mayring P (1996) Einführung in die qualitative Sozialforschung: Eine Anleitung zu qualitativem Denken, 3. Aufl. Weinheim

Mingers S (1996) Systemische Organisationsberatung: eine Konfrontation von Theorie und Praxis. Frankfurt a. M.

Nevis E (1988) Organisationsberatung: ein gestalttherapeutischer Ansatz. Köln

Rappe-Gieseke K (2013) Diagnose in Supervision und Organisationsberatung. In: Pühl H (Hrsg) Handbuch Super-vision und Organisationsentwicklung, 3. Aufl. Wiesbaden, S 75–90

Rauen C (2002) Handbuch coaching. Göttingen

Rickenbacher U (1989) Sozialwissenschaftliche Aspekte zur Entwicklung eines Anforderungsprofils für die Ausbil-dung von Management-Consultants. In: Sertl W, Zapotoczky K (Hrsg) Neue Leistungsinhalte und internationa-le Entwicklung der Unternehmensberatung. Stuttgart, S 39–66

Rosenstiel L.v. (2013) Erleben und Verhalten: Ich und die Organisation. In: Werner C, Elbe M (Hrsg) Handbuch Organisationsdiagnose. München, S 55–70

Rückle H (1992) Coaching. Düsseldorf

Ruschmann E (1999) Philosophische Beratung. Stuttgart.

Sackmann S (1991) Cultural Knowledge in Organizations: Exploring the Collective Mind. Newbury Park.

Schein E (2000) Prozessberatung für die Organisation der Zukunft. Der Aufbau einer helfenden Beziehung. Köln

Schlippe Av, Schweitzer J (2007) Lehrbuch der systemischen Therapie und Beratung, 10. Aufl. Göttingen

Schmid, B., Haasen N (2011) Einführung in das systemische Mentoring. Heidelberg

Schnell R, Hill P, Esser E (2012) Methoden der empirischen Sozialforschung, 9. Aufl. München

Schreyögg A (1997) Coaching – Fitting für Führungskräfte. Rep Psychol 22:316–319

Schützeichel R, Brüsemeister T (Hrsg) (2004) Die beratene Gesellschaft. Zur gesellschaftlichen Bedeutung von Beratung. Wiesbaden

Schwing R, Fryszer A (2007) Systemisches Handwerk. Werkzeuge für die Praxis, 2. Aufl. Göttingen

Seiwert L (2001) Life Leadership. Sinnvolles Selbstmanagement für ein Leben in Balance. Frankfurt a. M.

Senge P (2011) Die fünfte Disziplin: Kunst und Praxis der lernenden Organisation, 11. Aufl. Stuttgart

Sperling J, Stapelfeldt U, Wasseveld J (2007) Moderation. Teams professionell führen mit den besten Methoden und Instrumenten. Planegg

Stavemann H (2007) Sokratische Gesprächsführung in Therapie und Beratung. Eine Anleitung für Psychotherapeuten, Berater und Seelsorger, 2. Aufl. Weinheim

Sydow J (1985) Der soziotechnische Ansatz der Arbeits- und Organisationsgestaltung. Frankfurt a. M.

Tomaschek N (2003) Systemisches Coaching. Wien

Watzlawick P (2006) Anleitung zum Unglücklichsein, 3. Aufl. München

Watzlawick P, Beavin J, Jackson D (2003) Menschliche Kommunikation. Formen, Störungen, Paradoxien, 10. Aufl. Bern

Weber G (1998) Praxis der Organisationsaufstellungen – Grundlagen, Prinzipien, Anwendungsbereiche. Heidelberg

Weber M (1980) Wirtschaft und Gesellschaft: Grundriß der verstehenden Soziologie, 5. Aufl. Tübingen

Weiershäuser S (1996) Mitarbeiterverhalten im Beratungsprozeß: eine ökonomische Betrachtung. Wiesbaden

Weil T (1984) Vom Umgang mit dem Widerstand des Klienten in der Therapie. Ein Beitrag zu einem psychoanalytischen Konzept aus der Sicht der Transaktionsanalyse. Wege zum Menschen 6355–362.

Werner C, Elbe M (Hrsg) (2013) Handbuch Organisationsdiagnose. München

Zulauf S (1994) Unternehmen und Mythos. Der unsichtbare Erfolgsfaktor. Wiesbaden

Aktuelle Anwendungsfelder

6.1   Beschreibung, Erklärung und Gestaltung – 174

6.2   Anreiz- und Führungssystem – 176

6.3   Employography als neue Perspektive – 181

6.4   Sozialpsychologisches Innovations management – 183

6.5   Betriebliches Gesundheitsmanagement – 186

6.6   Fragen – 188

        Literaur – 188

© Springer-Verlag Berlin Heidelberg 2016
M. Elbe, *Sozialpsychologie der Organisation*,
DOI 10.1007/978-3-662-50383-6_6

Zusammenfassung

Kapitel sechs zielt auf die Anwendung der Sozialpsychologie der Organisation. Der theoretische Ansatz wird in seinen Teilfunktionen zusammenfassend dargestellt. Anschließend werden Anwendungsfelder (im Anreiz- und Führungssystem der Organisation, mit Employography als neuer Perspektive, im sozialpsychologischen Innovationsmanagement sowie im betrieblichen Gesundheitsmanagement) angesprochen und damit aktuelle Handlungsfelder für die Sozialpsychologie der Organisation sowohl im Bereich der Theorieentwicklung als auch für die empirische Forschung und die Entwicklung neuer Gestaltungsansätze eröffnet.

6.1   Beschreibung, Erklärung und Gestaltung

Der hier vorgestellte Ansatz einer Sozialpsychologie der Organisation hat in der Beschreibung und Erklärung eine verstehende Perspektive zugrunde gelegt, wodurch eine wissenschaftstheoretische Engführung vermieden wurde und zugleich zentrale Theorien einer verstehend-reflexiven Sozialpsychologie in Bezug auf das Organisationsphänomen zur Anwendung gebracht werden konnten. Dies gilt insbesondere für die Systemperspektive sowie das Sozialisations- und Rollenkonzept. Auf dieser Grundlage haben wir auch sozialpsychologisch fundierte Beratungskonzepte und -techniken vorgestellt. Mit diesem Zugang waren aber kaum Gestaltungsvorschläge verbunden – abgesehen von der humanistischen Grundperspektive, die sich aus dem Partizipationspostulat ergibt. Gestaltungsvorschläge im Sinne eines sozialpsychologisch fundierten, integrierten Managements werden im vorliegenden, abschließenden Kapitel der Sozialpsychologie der Organisation thematisiert. Dieses integrierte Management folgt nicht einem spezifischen Umsetzungskonzept (wie z. B. Hauser und Brauchlin 2004 in Anlehnung an das St. Gallener Modell) sondern dem dynamischen Konstruktansatz.

Der dynamische Konstruktansatz der Organisationskultur führte zu einer Gestaltbarkeit organisationaler Sozialisation in den Bereichen des symbolischen Managements und des Personalmanagements. Dies entspricht der Mittlerfunktion der Organisationskultur in der Betrieblichen Sozialisation. Organisationskultur ist Ergebnis organisationaler Sozialisation und Anpassungsdeterminante personaler Sozialisation. Die Anpassungsvorgänge beruhen auf Gegenseitigkeit (Fusionsmodell). Auf dieser theoretischen Grundlage zeigt die Corporate Identity Handlungsbereiche auf, die durch die Organisationsentwicklung gestaltet werden. Die Gestaltung organisationaler Sozialisation wird somit zum geplanten sozialen Wandel des Gesamtsystems Organisation. Organisationsentwicklung ist aber in engem Zusammenhang mit Personalentwicklung zu sehen. Conradi (1983) versteht unter Personalentwicklung den individuumsbezogenen Teil der Organisationsentwicklung. Dies führt zu einer Integration auf der Instrumentenebene der Gestaltung Betrieblicher Sozialisation (Elbe 1997).

Der Handlungsrahmen in der individuellen Betrieblichen Sozialisation wird durch das Differentielle Personalmanagement gestellt, da diese mit dem Moderatoren-Konzept Gruppierungsmerkmale und deren Korrelationen für die Praxis liefert – dies jedoch vor einem fundierten theoretischen Hintergrund der Differentiellen Psychologie. Die organisationsspezifischen Moderatoren leiten sich aus der Organisationskultur ab und sind für den Einzelfall zu ermitteln. Mit dem Differentiellen Personalmanagement wurde somit ein genereller Ansatz des Personalmanagements in die Gestaltung Betrieblicher Sozialisation eingefügt. Der hier umrissene Zusammenhang zwischen den Gestaltungselementen der jeweiligen Perspektiven Betrieblicher Sozialisation führt zur integrierten Gestaltungsfunktion Betrieblicher Sozialisation. Wie generell bei integrativen Modellen, gilt es Wechselwirkungen zwischen den einzelnen Modellbausteinen zu beachten. Die Beschreibungsfunktion mit den Aspekten der menschlichen, dinglichen und systemischen Anpassung wirft dabei keine Probleme auf, da diese Modellelemente einen natürlichen Bezug zueinander haben – Menschen und Dinge sind Elemente oder Subsysteme des Systems Organisation – und jeweils sozialisatorischen Einflüssen unterliegen. Im Zuge der Deskription erfolgt eine Zerlegung der gesamtorganisatorischen Anpassungsprozesse in die Elementarbereiche. Diese sind einer Beschreibung zugänglich und lassen sich mit Hilfe der Sozialisationstheorie – nach einem Grundmuster – analysieren.

In der Erklärungsfunktion der Betrieblichen Sozialisation werden diese Bausteine wieder integriert. Betriebliche Sozialisation ist der Überbegriff für die beiden Perspektiven personale und organisationale Sozialisation, die durch die Organisationskultur miteinander verbunden sind. Beide Teilbereiche Betrieblicher Sozialisation haben erklärenden Charakter für die Anpassung der organisationalen Dingwelt (Artefakte), diese ist also der Mittlerposition der Organisationskultur zuzuordnen. Ein konkreter Wirkungszusammenhang findet sich in Beschreibungs- und Erklärungsfunktion des Modells erst in der Mittlerstellung der Organisationskultur als Ergebnis der organisationalen Sozialisation und Anpassungsdeterminante der personalen Sozialisation. Aufgrund dieser Integration wird die Resilienz der Organisation ebenso gefördert wie die der Mitarbeiter. Mit Resilienz wird dabei die Widerstandsfähigkeit von Individuen und Organisation gegenüber Belastungen und Traumata bezeichnet, (Heller et al. 2012) wobei sieben Kompetenzbereiche zur erfolgreichen Krisenbewältigung (die Säulen der Resilienz) als relevant erachtet werden: Optimismus fördern, Akzeptanz sichern, lösungsorientiert arbeiten, Opferrolle verlassen, Verantwortung übernehmen, Netzwerkorientierung berücksichtigen und Zukunftsplanung anstellen – vgl. Heller et al. (2012) und die dort angegebene Literatur. In einer empirischen Untersuchung (n = 40) zur organisationalen Resilienz haben die Autoren festgestellt,

> » […] dass in allen Kompetenzbereichen die Einschätzungen der organisationalen Resilienz in den mittleren Lebensaltern (also zwischen 26 und 35 Jahren sowie zwischen 36 und 45 Jahren) deutlich niedriger liegen als in den früheren oder späteren Phasen der organisationalen Zugehörigkeit. (Heller et al. 2012, S. 226)

Die Autoren leiten hieraus einen sozialisatorischen Effekt ab, der in Bezug auf die Unternehmensresilienz, insbesondere für die Personalpolitik und die Corporate Identity, besondere Bedeutung erhält. „Speziell jüngere und ältere Mitarbeiter befördern die organisationale Resilienz, dies gilt es auch bei der Zusammensetzung von Arbeitsgruppen und Teams zu berücksichtigen, speziell vor dem Hintergrund des demographischen Wandels" (Heller et al. 2012, S. 272). Dieses Beispiel zeigt, dass die Betriebliche Sozialisation der zentrale Mechanismus zur Verknüpfung individueller und organisationaler Identitäten ist und Gestaltungsoptionen für das Management zur dauerhaften Förderung der Widerstandsfähigkeit von Organisationen bietet.

Die Gestaltungsfunktion dient dem geplanten Wandel der Betrieblichen Sozialisation (Elbe 1997). Die Wirkung von Gestaltungsbemühungen entfaltet sich in den jeweiligen Teilbereichen der Mikro- und Makroperspektive. In der Gestaltung Betrieblicher Sozialisation wird vom dynamischen Konstruktansatz ausgegangen, der aber nicht direkt auf die Organisationskultur einwirkt, sondern über die Artefakte (im symbolischen Management) und durch das Personal (im Personalmanagement). Diese Aspekte können im Bewusstwerdungsprozess zusammen gefasst werden, was im jeweiligen Kontext zu Handlungsrahmen – Differentielles Personalmanagement für die personale Sozialisation und Corporate Identity für die organisationale Sozialisation – führt. Diese wirken über konkrete Gestaltungsinstrumente (Personalentwicklung und Organisationsentwicklung) direkt in den Teilbereichen Betrieblicher Sozialisation. Aufgrund der nomothetischen Eigenschaften der Gestaltungsfunktion werden Wechselwirkungen (z. B.

zwischen Personal- und Organisationsentwicklung) nicht näher betrachtet. Das Erkenntnisinteresse liegt in der Gestaltung Betrieblicher Sozialisation und somit in den Wirkungsmöglichkeiten auf die jeweiligen Perspektiven und nicht in der Abgrenzung der Instrumente zueinander. Die Integration zur Gestaltungsfunktion erfolgt im dynamischen Konstruktansatz. Mit dem Einfügen der Gestaltungsfunktion und der Betrachtung der Wirkungszusammenhänge hat das Modell eine Konzeptionierung erfahren, die den interdisziplinären Grundlagen der Sozialisationsforschung – in Beschreibung und Erklärung – Rechnung trägt, sowie die Gestaltbarkeit Betrieblicher Sozialisation als gesamtorganisatorischen Prozess anhand vorhandener Managementkonzepte aufzeigt und in einen umfassenden Managementansatz integriert.

Betriebliche Sozialisation ist hierbei aber nicht nur als theoretischer Hintergrund für praktische Anwendung zu sehen. Das Modell zielt vielmehr auf den Bewusstwerdungsprozess grundlegender Anpassungs- und Lernmuster sowohl von Personen in ihrer direkten Arbeitsumwelt wie auch von Organisationen in ihrem gesellschaftlichen Umfeld. Durch diese Bewusstwerdung wird das Management der Betrieblichen Sozialisation zum zentralen Anwendungsfeld der Sozialpsychologie der Organisation. Die Ursachen von Anpassungsproblemen in der Auseinandersetzung des Unternehmens mit seiner Umwelt werden als Wahrnehmungsprobleme erkannt, die in der Organisationskultur verankert sind. Fehler werden somit zu Reflexionsanlässen, die Sozialisationsmängel und damit Entwicklungschancen aufzeigen. Dies gilt sowohl für die personale, als auch für die organisationale Sozialisation und trägt somit zur Steigerung sozialer und ökonomischer Effizienz bei. Im Folgenden werden aktuell besonders bedeutsame Anwendungsfelder der sozialpsychologischen Organisationsforschung und damit verbundene Gestaltungsoptionen aufgezeigt.

6.2   Anreiz- und Führungssystem

Die Entwicklung von Beziehungsstrukturen wird in professionellen sozialen Systemen (Organisationen) durch spezifische Formen symbolischer Kommunikation vermittelt. Eine besonders wichtige Form der Kommunikation ergibt sich aus organisationalen Subsystemen der Anreizgestaltung – u. a. durch Lohnzahlung als Entgelt –, die damit in hohem Maße das Gerechtigkeitsempfinden der Einzelnen betrifft. Aufgrund seiner Wahrnehmung der Angemessenheit des Gehalts und der sonstigen Anreize gestaltet der Einzelne seine individuellen Beiträge, seine Bereitschaft, sich für die und im Rahmen der Organisation zu engagieren. Das Anreiz-Beitrags-Modell (March und Simon 1993; Marr und Stitzel 1979) konzipiert dies als sachliches Austauschverhältnis, wobei die Mitarbeiter materielle und immaterielle Anreize (Nutzen) und Beiträge (Opfer) in Balance zu bringen versuchen (Peters et al. 2014). Solange die Anreize höher erscheinen als die abzuliefernden Beiträge, wird der Mitarbeiter zufrieden sein und die Beteiligung an der Organisation aufrechterhalten. Anreize sind dabei aber eben nicht nur monetärer Art, sondern beziehen sich auch auf Bildungs- und Aufstiegschancen, auf Möglichkeiten zur individuellen Entfaltung und zur sozialen Gestaltung (z. B. auch zur Machtausübung), aber auch zum Ausgleich mit anderen Systemen (z. B. dem Familiensystem) aufgrund flexibler Arbeitszeiten oder auch anderer Sozialleistungen (beispielsweise eines Betriebskindergartens). Problematisch erscheinen hierbei vielfach die Anreizkompetenzen, also die Fähigkeiten der Einzelnen, von der Organisation angebotene Anreize adäquat wahrzunehmen (Verstehenskomponente), als eigene Ressourcen einzustufen (Bedeutungskomponente) und daraus konkrete Handlungsoption ableiten zu können (Handhabbarkeitskomponente) – dementsprechend müsste der Begriff eigentlich ‚Anreizrezeptionskompetenz' heißen (Peters et al. 2014). Eben diese Anreizkompetenz zu entwickeln, ist eine wichtige Anforderung an systemische Organisationsberatung, die hierfür z. B. Coaching-Instrumente einsetzen kann. Ausgehend von individuellen Bedürfnissen gilt es aus systemischer Sicht aber, hierbei eben Systembezüge zu berücksichtigen. Das bedeutet, dass für eine konsequente Entwicklung der Anreizkompetenz auch die Kompetenz der Organisation entwickelt werden muss, relevante Angebote für relevante Mitarbeitergruppen zu machen. Neben die zu entwickelnde Anreizkompetenz auf Mitarbeiterseite tritt also gruppenspezifisch eine Kompetenz auf Seiten der Organisation, die diese zu relevanten Angeboten befähigt (Angebotskompetenz).

In Bezug auf spezifische Mitarbeitergruppen gilt es, die Passung von Angebotskompetenz und Anreizkompetenz herauszuarbeiten und damit einen dynamischen Jobfit über die Gesamtdauer der Mitgliedschaft der Organisationsmitglieder angepasst zu gestalten. Der Würfel der Handlungsfelder des Differenziellen Personalmanagements (Morick 2002) lässt sich hierzu in Hinblick auf die Anreiz-Beitrags-Kompetenz erweitern.

》　Ergebnis dieses Würfel-Modells ist ein sozialisationsbasierter Anreiz-Beitrags-Zusammenhang, der den grundsätzlichen Charme besitzt, dass diese Perspektive das Management eines Unternehmens in eine aktive Rolle versetzen kann und seine motivationalen Steuerungsmaßnahmen mit einem Wirkmodell unterfüttert. Zugleich greift in Zeiten herausfordernder demographischer Entwicklungen und immer wissensintensiverer Arbeitsformen diese Denkweise immer noch zu kurz. Gesetzte Anreize müssen auf der Empfängerseite erkannt, verstanden und genutzt werden, sonst verfehlen sie ihre Wirkung. Dieser Aushandlungsprozess ist von beiden Seiten heraus zu gestalten. Eben dies wird durch den Anreiz-Beitrags-Zusammenhang ermöglicht. Hier spielen Kommunikationsprozesse eine entscheidende Rolle, da viele Anreizpotenziale dem Management naturgegeben eben nicht bekannt sind. An dieser Stelle kann eine separate Betrachtung von Sozialisationsphase, Kompetenzperspektive und Zielgruppe einen gangbaren Weg aufzeigen und die Potenziale, die ein differentielles Personalmanagement für die herausfordernden demographischen Entwicklungen bietet, erschließen helfen. (Peters et al. 2014, S. 687)

Eine spezielle Form von Anreizen stellen für die Organisationsmitglieder die Aussichten auf weitere berufliche Entwicklung, auf neue Herausforderungen oder die Verbesserung von Position und Status innerhalb der Organisation dar. Die Kommunikation über solche Chancen findet in der Organisation in der Regel über Feedback- und Beurteilungssysteme statt. Es gibt unterschiedliche Formen von Beurteilung, wobei als erste Grundunterscheidung vielfach die Leistungsbeurteilung von der Potenzialbeurteilung abgegrenzt wird (Crisand und Rahn 2011). Aus systemischer Sicht scheint eine solche Unterscheidung allerdings wenig hilfreich, da es sich bei beiden Formen um Kommunikation über Anreiz-Beitrags-Gestaltung handelt. Die systemische Perspektive ergibt sich bei dieser Form der Beziehungsentwicklung insbesondere aus der Einbindung in das Kommunikationssystem der Organisation. Hiernach lassen sich folgende Formen unterscheiden:

- Linienbeurteilung: Dies ist die Standardvariante, bei der der oder die hierarchisch Vorgesetzte die unterstellten Mitarbeiter hinsichtlich Leistung, Qualifikation und Zusammenarbeit im Rahmen eines systematischen und einheitlichen Verfahrens in der Organisation bewertet.
- Selbstbeurteilung: Durch die Einbindung des Mitarbeiters soll der individuelle Entwicklungsprozess auch an den Wünschen und Bedürfnissen des Betroffenen ausgerichtet werden – dies erhöht die Akzeptanz und die motivationale Wirkung für die eigene Leistungserbringung.
- Kollegenbeurteilung: Durch die Einbindung von Kollegen zur Einschätzung der Leistung, Qualifikation und Zusammenarbeit können Teameffekte berücksichtigt und blinde Flecke aus der Vorgesetztenperspektive ausgeglichen werden.

- Aufwärtsbeurteilung: Hierbei werden Vorgesetzte von ihren unterstellten Mitarbeitern hinsichtlich des Führungsverhaltens (gegebenenfalls auch Qualifikationen und Leistungs- merkmalen) bewertet. Dieses System des AufwärtsFeedbacks kommt z. B. im Rahmen von Feedbackgesprächen und Workshops zur Anwendung, wobei dieses Verfahren sich insbesondere „[…] zur Verbesserung der Arbeitsbeziehung sowie der prosozialen Bezie- hungsgestaltung zwischen Führungskraft und MitarbeiterInnen" bewährt hat (Augustin und Hornstein 2013, S. 184).
- 360-Grad-Beurteilung: Dies ist die umfassendste Form der Beurteilung. Es wird das Leistungsverhalten von Mitarbeitern aus unterschiedlichen Perspektiven (Vorgesetzte, Kollegen, nachgeordnete Mitarbeiter, gegebenenfalls sogar Externe wie Kunden) bewertet.
- Expertenbeurteilung: Hier findet die Beurteilung nicht durch den Linienvorgesetzten, sondern durch geschulte Experten (Personalabteilung, externe Berater) statt. Hierzu werden standardisierte Verfahren (Testverfahren, Simulationen, Gespräche) eingesetzt, die zur Objektivierung des Urteils beitragen sollen.
- Assessment-Center: Im Rahmen von Assessment-Centern werden mehrere zu Beurteilende von mehreren geschulten Beurteilern hinsichtlich zahlreicher Kriterien anhand verschiedener Erhebungstechniken beurteilt. Es können hierbei Wissens- oder Persönlichkeitstests ebenso zum Einsatz kommen wie Simulationen oder Gruppen- und Einzelgespräche.

Für alle Formen ist aus sozialpsychologischer Sicht (im Sinne von Katz und Kahn 1966) wichtig, dass sie als integratives Element in betrieblichen Kommunikations-, Führungs- und (Personal-) Entwicklungssystemen konzipiert werden, dass also speziell das Beurteilungssystem Teil des Anreiz-Beitrags-Systems ist. Hierfür ist wichtig, dass das Beurteilungsverfahren in den orga- nisationalen Alltag integriert wird, die Ergebnisse der konkreten Beurteilung in einem Mit- arbeitergespräch reflektiert werden, und dass hieraus Konsequenzen hinsichtlich der Anreiz- gestaltung (Bezahlung, Förderungsmaße, Entwicklungschancen etc.) gezogen werden. Das Anreiz-Beitrags-System hat dabei eine doppelte Funktion: Es gestaltet einerseits den betriebli- chen Gerechtigkeitsdiskurs (insbesondere Chancen- und Verteilungsgerechtigkeit), und ande- rerseits moderiert dieses organisationale Subsystem die Funktionalität bzw. Dysfunktionalität von Anreizen (z. B. variablen Entgeltanteilen) hinsichtlich des Verhaltens der Organisations- mitglieder. Damit ist die Gestaltung des Anreiz-Beitrags-Systems einschließlich zugehöriger Beurteilungsverfahren ein wichtiges Themenfeld für die systemische Organisationsberatung. Wichtig bedeutet hier (wie bei allen inhaltlichen Fragen), dass das Anreiz-Beitrags-System regelmäßig als Problemfeld im Beratungsprozess zu bearbeiten ist. Dies zu thematisieren und den Klienten bei der Problembearbeitung/Lösungsfindung methodisch zu unterstützen, ist die Aufgabe des systemischen Beraters – nicht aber, selbst Lösungsvorschläge zu machen. Für diese methodische Unterstützung können Formen des Coachings ebenso eingesetzt werden wie Moderationsverfahren oder andere Formen systemischer Organisationsentwicklung.[1] Aus systemischer Sicht können auch Mitarbeiterbefragungen mithilfe von Fragebögen, gegebe- nenfalls auch zur Vorgesetztenbeurteilung, vorgenommen werden sowie weitere Instrumente zur Messung individueller und gruppenspezifischer Beziehungsaspekte angewandt werden. Es sind vielerlei Kombinationen möglich, deren Stimmigkeit sich aus den Gegebenheiten des praktischen Einsatzes ergibt.

---

1   Zum Einführungsprozess von Beurteilungssystemen vgl. z. B. Hornstein und Rosenstiel (2000), die dies u. a. anhand eines Praxisprojekts ausführlich demonstrieren.

Die Ausgestaltungen des Anreiz-Beitrags-Systems sind Formen der Institutionalisierung in Organisationen (Unternehmen, Verwaltungen, Vereinen) und stellen damit eine Form der Kommunikation dar, die individuelle Führung vielfach ersetzt – oder wie Luhmann (1964, S. 207) es formuliert: „Führung ist also ein funktionales Äquivalent zur Institutionalisierung von Normen." Führung bedarf dabei der persönlichen Interaktion, anders als Institutionen, etwa Beurteilungen (diese können auch durch mehrere Personen, Kollegen oder gar externe Experten vorgenommen werden). Führung hingegen „[…] wird nur so lange von den Geführten akzeptiert, wie sie ihre Koordinationsfunktion erfüllt – sie ist somit fragil und verliert ihre Akzeptanz, wenn die Geführten den Glauben an die hierbei vermittelte Vision und den Erfolg verlieren. Das unterscheidet fragile von stabilen Institutionen" (Elbe 2012b, S. 177). Führung ist dabei ein typisches Spiel der Erwachsenen (Berne 1970), das zwar eigenen Regeln unterliegt, durchaus aber mithilfe der Transaktionsanalyse bearbeitet werden kann.

„Führung als Spiel referiert zum einen auf den institutionellen Rahmen der Organisation, zum anderen hat Führung eigene Regeln, die beim Spiel zu beachten sind:

- Führung ist eine Zumutung der Geführten an den Führenden, es entsteht ein Anspruch der Geführten, Führungsleistungen zu erhalten;
- Führung muss Ziele (Visionen) aufzeigen und somit ein Erfolgsversprechen für die Zukunft abgeben;
- Führung muss sich bewähren, also nachweisen, dass sie geeignet ist, Ungewissheit zu bewältigen und Handlungsoptionen über das formell geregelte Maß hinaus zu erzeugen" (Elbe 2012b, S. 183).

Die Transaktionsanalyse konzipiert Führung als ein Spiel, das dem Muster des Dramadreiecks folgt, das bedeutet, dass die Analyse der Transaktionen in Führungssituationen von der eigenen Rollendefinition der Beteiligten abhängt: Sehen sie sich im Führungsspiel als Opfer oder als Täter? Oder als Retter von Dritten? Oder als Retter ihrer selbst? Hagehülsmann und Hagehülsmann (1998) zeigen das Beispiel eines solchen Führungsspiels. Der Einzelne kann dabei zu unterschiedlichen Zeiten, in unterschiedlichen Situationen oder auch im Verlauf einer Spielsequenz verschiedene Rollen (Opfer, Täter, Retter) einnehmen. Dies bezieht sich einerseits auf intrapersonale Transaktionen zwischen den Ich-Zuständen einer Person, andererseits auf interpersonale Spiele, also tatsächliche soziale Transaktionen. Das Dramadreieck konzipiert zuerst einmal psychische Rollen, die mit spezifischen Ausprägungen der Ich-Zustände korrespondieren. Es ist darauf zu achten, dass das Führungsspiel eine Sequenz von Transaktionen zwischen zwei oder mehr Personen darstellt. Mithilfe des Dramadreiecks lässt sich Führungshandeln im Einzelfall und in der Aggregation auch in typischen, häufig wiederkehrenden Konstellationen und Spielsequenzen analysieren und im Rahmen einer systemischen Intervention bearbeiten.

Das Training von Führungskräften schließt vielfach an die Erhebung des jeweiligen Führungsverhaltens an. Eines der am häufigsten eingesetzten Instrumente in der Diagnose von Führungsverhalten im deutschsprachigen Raum war in der Vergangenheit der FVVB, der Fragebogen zur Vorgesetzten-Verhaltens-Beschreibung (Fittkau-Garthe und Fittkau 1971). Ein aktuelles Instrument findet sich z. B. im LMX 7 – Leader-Member-Exchange (Schyns und Paul 2006). Wie beim transaktionsanalytischen Arbeiten mit dem Dramadreieck gilt auch beim Einsatz von Fragebögen, dass zwar das Erhebungsverfahren selbst schon intervenierenden Charakter hat, der Systemeingriff aber eines verstehenden Zyklus der Entwicklung bedarf (z. B. durch Trainings- oder Coaching-Maßnahmen). Die Entwicklung des Führungssystems als Teil der Beziehungsentwicklung kann sich nicht auf eine Intervention in das Führungsverhalten von einzelnen Führungskräften beschränken. Vielmehr geht es hier um das Führungssystem der Organisation insgesamt oder einen Ausschnitt aus dem Führungssystem, das Gegenstand des

Veränderungsprozesses wird. Der Einsatz von Beurteilungs- oder Beobachtungsverfahren dient als Anstoß des Entwicklungszyklus, die Kommunikation im Klienten-Berater-System zielt auf einen Systemwandel. Dementsprechend sind alle Beteiligten des Führungsprozesses in diesen Kommunikationsprozess zu integrieren.

Wurden bisher mit dem Anreiz-Beitrags-System und dem Führungssystem Teilsysteme der Organisation angesprochen, die einer formalen Planung durch die Organisation unterliegen, dann sollen nun Beziehungsmuster betrachtet werden, die nicht standardmäßig Teil eines Managementsystems sind. Individuelle Zufriedenheit und der Umgang mit Kollegen sind Aspekte sozialer Beziehungen in Organisationen, die stark durch informelle Kommunikation in der Organisation geprägt werden. Neben Kommunikationsformen, die sozialen Beziehungen generell anhaften (z. B. Verlauf von Klatschgesprächen: Keppler 1987, oder der Witz in der Organisation: Neuberger 1988), treten hier auch Formen der Ausgrenzung (z. B. Mobbing: Roth 2002).

Neuberger (1988) weist mit seiner Untersuchung zum Witz in der Organisation darauf hin, dass Macht, abweichendes Verhalten, Verschleierung, Lebensbalance, Rivalität, Neid, Angst, aber auch Sexualität und generell Moral Aspekte des alltäglichen Lebens und Arbeitens in Organisationen sind, die den Umgang mit Kollegen prägen und über die auch kommuniziert wird – nur eben nicht unbedingt direkt, sondern vielfach indirekt, eben mittels Humor und Witzen. Diese Form der Kommunikation stellt damit eine eigenständige Quelle der Analyse von Beziehungen in Organisationen dar, die sich nicht entlang formaler Hierarchien orientiert, diese aber auch nicht ausblendet. Ähnlich verhält es sich mit Klatschgesprächen: Klatsch erfüllt wichtige soziale Funktionen. Er hilft uns dabei, Gruppen aufrechtzuerhalten und soziale Kontrolle auszuüben – z. B. Wer gehört dazu? Was darf man machen? Wie sich kleiden? Darüber hinaus aber dient Klatsch dem Informationsmanagement – individuelle Interessen werden deutlich und Ungewissheiten als Möglichkeiten erörtert. Klatsch stützt durch ‚diskrete Indiskretion‘ informelle Strukturen bzw. Loyalitäten (Bergmann 1987). Geklatscht wird über Abwesende, die aber den Beteiligten bekannt sind. Keppler (1987) analysiert den Verlauf von Klatschgesprächen anhand der Grobstruktur ihrer sequenziellen Ordnung nach

- Klatsch-Präsequenz (Abklärung der Bereitschaft),
- Klatschgeschichte (Charakterisierung des oder der Akteure) und
- Klatsch-Nachsequenz (als soziale Generalisierung) und strukturiert damit die Erfassung (z. B. durch teilnehmende Beobachtung).

Die Auswertung erfolgt mit Techniken der qualitativen Sozialforschung (Konversationsanalyse, Inhaltsanalyse). Klatsch liefert damit Erkenntnisse über die sozialen Strukturen und den Umgang miteinander, er deckt Spiele auf und legt Normen offen. Wenn die Funktionen des Klatsches missbräuchlich zur Isolierung einer einzelnen Person genutzt werden und dies dann auch in Anwesenheit der betroffenen Person stattfindet, dann ist die Grenze zur aktiven sozialen Ausgrenzung überschritten. Hier spricht man von Mobbing (Roth 2002), das destruktive Kritik und Sabotagehandeln – z. B. Herabwürdigung und Angriffe gegen die Arbeitsleistung – bis hin zur Infragestellung des Bestands des Beschäftigungsverhältnisses umfassen kann. Diese Form der Devianz im Berufskontext ist, ähnlich wie Formen der sexuellen Belästigung oder der Gewaltausübung, für den individuellen Fall therapeutisch behandlungsbedürftig (Roth 2002), bedarf aber auch aufgrund der systemischen Ermöglichung Reflexion und Umstrukturierung im Rahmen eines Organisationsentwicklungsprozesses.

Wie bereits angemerkt können zur Beziehungsanalyse unterschiedliche Interventionstechniken zum Einsatz kommen. Dies reicht von themenspezifischen Fragebögen (z. B. „Zufriedenheit und Belastung im Beruf"; Weyer et al. 2006) über Visualisierungstechniken (wie Soziogrammen: Moreno 1989, 1991) bis zu komplexen sozialen Darstellungstechniken (z. B. der Organisationsaufstellung: Gleich 2008). Auch hier gilt, wie schon mehrfach angemerkt, dass die Intervention zwar mit der Datenerhebung beginnt, aber mit geplanter Reflexion zu veränderten Abläufen und Strukturen führen muss.

6.3   Employography als neue Perspektive

Durch das integrierte Management Betrieblicher Sozialisation entsteht für Organisationen über die Effizienzsteigerung hinaus auch die Chance, neuen Herausforderungen zu begegnen und Ungewissheit zu reduzieren. Durch die Koppelung von individueller und organisationaler Identität in der Betrieblichen Sozialisation wird erreicht, dass in stabilen Umwelten sowohl dem Einzelnen als auch der Organisation Handlungsfähigkeit aufgrund stabiler Identitäten erhalten bleiben (Elbe 2013). Diesen Wunsch des Subjekts nach Unsicherheitsreduktion mittels sozialer, hier organisationaler Identitätsanteile beschreibt Hoog (2001) als starkes Motiv, da dadurch Wahrnehmungen, Haltungen und Verhalten an Gruppenvorgaben geknüpft und somit vorhersagbar werden. Allerdings ändert sich dies mit zunehmend dynamischen Umweltbedingungen. Individualisierung und Vermarktlichung innerhalb der Organisationen bedürfen neuer Antworten, um Unsicherheiten kompensieren und in eine Ressource wandeln zu können.

„Behörden stellen oft nur befristet ein. *Die Bundesregierung stellt neue Mitarbeiter mit Vorliebe befristet ein. Von rund 13.700 Beschäftigten, die die 14 Bundesministerien und ihre nachgeordneten Behörden im vergangenen Jahr anheuerten, erhielten knapp 7000 nur einen Arbeitsvertrag auf Zeit. Zugleich wurden auch mehr Leiharbeiter eingesetzt. Ihre Zahl stieg 2015 leicht auf 493, gegenüber 471 im Jahr 2014.*
Die Statistik geht zurück auf eine Antwort des Innenministeriums auf eine Anfrage der Grünen-Bundestagsfraktion. Nach deren Berechnung erfolgten fast 60 Prozent aller 2015 bestehenden Befristungen ohne Grund, es handelte sich also nicht um Krankheitsvertretungen oder besondere Engpässe. ‚Bundesministerien und Behörden ignorieren mit dieser Praxis ihre Vorbildfunktion‘, kritisiert die Grünenpolitikerin Beate Müller-Gemmeke. ‚Befristungen ohne Grund führen dazu, dass die Beschäftigten permanent in Unsicherheit leben.‘ Die SPD hat im Einklang mit den Gewerkschaften Befristungen und Leiharbeit regelmäßig als ‚prekäre Beschäftigungsformen‘ kritisiert" (Der Spiegel vom 06.02.2016).

Traditionelle Normalarbeitsverhältnisse erodieren zunehmend und können nicht mehr als dauerhafte Identitätsbezüge fungieren: Befristete Arbeitsverträge, Teilzeitarbeit und Zeitarbeit nehmen zu und berauben die Moderne einer ihrer zentralen Erzählungen, der zunehmenden Sicherung durch Planung und Kontrolle. Baumann (2008) verdeutlicht dies in Bezug auf Arbeitsroutinen und individuelle Karrieren.

» Da es eindeutig vorgeschriebene Laufbahnen und ermüdende, aber beruhigend beständige Routinen gab, Veränderungen in der Arbeitsorganisation langsam von statten gingen, einmal erworbene Fähigkeiten lange ihren Nutzen behielten und somit die in einem Arbeitsfeld erworbenen Erfahrungen sehr geschätzt wurden, konnte man die Risiken des Arbeitsmarktes auf Distanz halten, die Unsicherheit unterdrücken, wenn auch nicht ganz ausschalten, und Ängste in den Randbereich von ‚Schicksalsschlägen‘ und ‚verhängnisvollen Unfällen‘ verdrängen, so dass nicht der gesamte Alltag von ihnen durchdrungen war. (Bauman 2008, S. 91)

Wie (Elbe 2013a) betont, dienten diese Mechanismen der Unsicherheitsreduktion durch Kontrolle und führten zu natürlichen Anpassungsprozessen der Betroffenen. Sie ermöglichten soziale Identitätsbezüge in der Betrieblichen Sozialisation. „Vor dem Hintergrund des institutionellen Wandels in der Arbeitswelt wird der eigene Lebenslauf für das Individuum nun aber selbst zur Institution und die Organisation als Identitätsstifter wird fragil, da die Betriebliche Sozialisation als befristet erscheint und die Karriereplanung dem Arbeitsmarkt überantwortet wird" (Elbe 2013a, S. 17f.). Dies spitzen Keupp und Dill (2010, S. 10) zu: „Entwickle ein unternehmerisches Selbst und weise mir das nach!" Die Verantwortung der Unternehmen zur Gestaltung der Betrieblichen Sozialisation wandelt sich zur Aufforderung an die Mitarbeiter, für ihre konstante Weiterentwicklung selbst verantwortlich zu sein. Dies wird als ein Anreiz, die eigene Anstellungsfähigkeit zu erhalten oder sogar zu erhöhen, dargestellt und den Betroffenen unter dem Schlagwort *Employability* als neue Freiheit verkauft (Elbe 2013a, Pongratz und Voß 2003).

Hierbei ist aber darauf zu achten, dass das Image einer Organisation als Arbeitgeber durch die Propagierung einer radikalen Selbstverantwortlichkeit der Organisationsmitglieder hinsichtlich ihrer beruflichen Entwicklung, ihrer Anstellungsfähigkeit (Empoyability) ebenso verändert wird, wie die organisationale Identität. Die von den Unternehmen propagierte Employability wurde von den Arbeitnehmern angenommen und mit der *Employography* (Elbe 2012a, 2013a) beantwortet. Die eigene Biographie wird nunmehr als unsicher, gestaltungs- und beherrschungsbedürftig begriffen. Damit verschiebt sich die Perspektive für das Individuum von der betrieblichen zur beruflichen Sozialisation. „Der Lebenslauf als Institution [...] war zur neuen Folie für individuelle Lebensführung geworden und blieb dabei handlungs- und deutungsoffen, ja er schrieb sogar eine solche Handlungs- und Deutungsoffenheit als soziale Anforderung im Sinne einer Biographisierung der Lebensführung fest" (Kohli 2003, S. 526).

Damit schafft die Employography, als Orientierung an der eigenen Erwerbsbiographie, die Möglichkeit Unsicherheitsfelder in der Arbeitswelt dauerhaft zu reduzieren, da die eigene Erwerbsbiographie zur handlungsleitenden Institution und zum zentralen Identitätsbezug geworden ist (Elbe 2012a, 2013a). Die Employography wird zum dauerhaften Bezugspunkt der sozialen Identität, die organisationale Identität und die damit verbundene Betriebliche Sozialisation kann nur noch temporäre Identitätskoppelungen anbieten.

> » Sowohl die Mitarbeiter als auch die Organisationen sehen sich mit *flüchtigen Identitäten* in Zeiten der Ungewissheit konfrontiert. Um den Herausforderungen einer immer stärker von Ungewissheit geprägten Zukunft gewachsen zu sein, bedarf es der resilienten Organisation, in der Ungewissheit zur Metaressource wird. Zur Steigerung der organisationalen Widerstandsfähigkeit bedarf es aber einer dauerhaften und nicht nur temporären Koppelung zwischen individueller und organisationaler Identität und hierfür müssen die mittleren Lebensalter, die Mitarbeiter in der Bindungsphase der Betrieblichen Sozialisation gewonnen werden. (Elbe 2013a, S. 18)

Damit dies gelingt müssen die Organisationen in Vorleistung gehen und den Mitarbeitern dauerhafte, statt temporäre Identitätsangebote machen. Diese steigern die Resilienz, da sie das *Kohärenzgefühl* mit den drei Faktoren Verstehbarkeit, Handhabbarkeit und Bedeutsamkeit stärken, (Antonovsky 1997) wodurch die lähmende Unsicherheit zur gestaltbaren Ungewissheit wird. Ein hohes Kohärenzgefühl ermöglicht es dem Akteur Ungewissheitszonen als verstehbar und damit strukturiert zu erleben. Das Kohärenzgefühl stellt dabei eine generelle Lebenseinstellung dar, nicht einen spezifischen Coping-Stil. Dadurch wird es dem Einzelnen möglich, Strategien der Ungewissheitsbewältigung zu verfolgen, vorhandene Ressourcen zu nutzen und dies in den Prozess der Betrieblichen Sozialisation wieder mit einfließen zu lassen. „Ressourcen können

z. B. Wissen oder soziale Unterstützung sein, wodurch sowohl der einzelne Mitarbeiter als auch die Organisation, Handlungsprobleme als bewältigbar und Ungewissheit als Entwicklungschance begreifen können. […] Die zentrale Ressource für einen salutogenen Mitarbeiter und damit für eine resiliente Organisation ist aber die dauerhafte Identitätskoppelung zwischen individueller und organisationaler Identität. Nur eine Koppelung bindet die individuelle Employography an die Organisation, die ja als kollektiver Akteur eben einen Gegenentwurf zum flüchtigen Markt darstellt" (Elbe 2013a, S. 19). Diesen Teil ihrer sozialen Identität müssen sich viele Organisationen aber erst wieder neu erschließen. Dabei hilft der Aufbau von Resilienz Ungewissheit zu bewältigen (nicht zu beherrschen) und damit eine hohe Offenheit für echte Innovationen in der organisationalen Identität zu verankern.

6.4 Sozialpsychologisches Innovations management

Die organisationsbezogene psychologische Innovationsforschung hat sich in den letzten Jahren etabliert (z. B. Scholl et al. 2014; Witte und Kahl 2009; Frey et al. 2006; Gebert 2004; Fliaster 2007). Der Innovationsbegriff zielt auf die sozio-technische Perspektive und lässt technische Neuerungen als Gegenstand von Wandlungsprozessen stärker mit in den Fokus treten. Sozialer Wandel im Sinne der Organisationsentwicklung war hierbei insbesondere von der Gestaltung der Zusammenarbeit abhängig. Scholl et al. (2012, 2014) machen darauf aufmerksam, dass auch die Innovationsfähigkeit von der Art der Zusammenarbeit in der Organisation abhängt, wobei drei zentrale Aspekte dies beeinflussen:

- die Gestaltung der Wissensprozesse,
- das Ausmaß an Koordinationsfähigkeit sowie
- das Ausmaß und die Handhabung von Konflikten.

Diese Aspekte hängen insbesondere davon ab, wie sehr die Organisationskultur den Mitarbeitern bewusst ist und von diesen geteilt wird, was sich durch ein hohes Maß an Vertrauen in den sozialen Beziehungen in der Organisation ausdrückt. Dies zeigt in hohem Maß Übereinstimmung mit dem Ansatz der humanbasierten Innovationsidentität von Fliaster (2000, 2007), der die Innovationsidentität in Organisationen in Abhängigkeit von den sozialen Beziehungen als Ausdruck der Organisationskultur und der gesellschaftlichen Kultur, in die diese eingebettet sind, konzipiert. Auch Frey et al. (2006) sehen die kulturelle Komponente, betonen aber, dass eine heterogene Zusammensetzung von Teams – z. B. hinsichtlich Ausbildung, Persönlichkeit und Hintergrund – durchaus innovationsförderlich sein kann, aber nur dann, wenn diese sich eben gemeinsamen Werten und Spielregeln verpflichtet fühlen. Es sind also die Regeln der sozialen Beziehungen, die in der personalen Sozialisation erworben (und ggf. variiert) wurden, die Innovationen als zulässig oder gar förderlich erscheinen lassen. Hierbei kommt, wie die Arbeitsgruppe um Dieter Frey (Frey et al. 2006; Maier et al. 2007) deutlich gemacht hat, dem Bedürfniss nach organisationaler Gerechtigkeit eine besondere Bedeutung zu. Sie stellen fest, dass ein hohes Bedürfnis nach prozeduraler Gerechtigkeit mit einer höheren Bereitschaft zu innovativem Verhalten verbunden ist, während ein hohes Bedürfnis nach distributiver Gerechtigkeit mit einer verringerten Bereitschaft zu innovativem Verhalten einhergeht, wobei diese Zusammenhänge eine Moderatorvariable in der intrinsischen Motivation finden (Maier et al. 2007).

Innovation bedeutet, dass die Regeln der sozialen Beziehungen neu justiert werden. Hierbei wollen die Menschen beteiligt werden, sonst tendieren Sie dazu, die Innovation abzulehnen. Dies lässt sich auf sozio-technische Beziehungen erweitern und damit werden alle Beziehungen und ihre Darstellung in Prozessen, Strukturen und Institutionen (als Ausdruck der Temporalität der

Organisation; Elbe und Peters 2016), aber auch von Technologien, Produkten oder Dienstleistungen mit erfasst, denn all diese Phänomene werden in sozialen Beziehungen verhandelt und verändert. Die Bedeutung der sozialen Komponente des Innovationsprozesses in sozialen Systemen wird vielfach noch zu gering geschätzt. Mit der Vorstellung vom einsamen Genie herrscht vielfach noch das „[…] untersozialisierte Menschenbild der Kreativitäts- und Innovationsforschung" (Fliaster 2007, S. 77) vor. In Anschluss an Csikszentmihalyi (1997) skizziert Fliaster (2007) die Abhängigkeit des Individuums im Innovationsprozess vom kulturellen Hintergrund und dem konkreten sozialen Feld (Organisation/System) in das der Einzelne eingebunden ist. Wie bei Lewin (1982) beschreibt auch hier das Feld einen Zusammenhang, der durch das konkrete Erleben der hier interagierenden Menschen zum Lebens- und Innovationsraum wird. Der Lebensraum als Handlungsfeld stellt zugleich eine Ungewissheitszone dar, deren Sinn als Institution solange erhalten bleibt, bis ein funktionales Äquivalent an ihre Stelle tritt. Dieser Sinn reproduziert sich im Alltag durch die Anwendung der Regeln der Institution im Sprachspiel. Elbe (2007) liefert hierfür ein empirisches Beispiel: Anhand der Sprachspiele einer Vertriebsmitarbeiterin wird gezeigt, wie diese von den postulierten Institutionen des Unternehmens abweicht und relevante Ungewissheitszonen zur Umgestaltung des Arbeitsalltags einsetzt.

Der Innovationsprozess selbst wird dabei als Sprachspiel aufgefasst (Elbe 2002), die Regeln im alltäglichen Sprachspiel können kreativ angewandt werden – in diesem Fall liegt eine Innovation vor, wenn diese Spielvariante von den anderen Beteiligten im Umfeld akzeptiert wird. Das ist die einfache, erwartbare Variante der *Innovation*, die durch folgende Prinzipien gekennzeichnet ist:

- Prinzip der kleinen Schritte,
- Technologie- oder Regelvariation,
- Verbesserung bestehender Tatsachen,
- geplanter Innovationsprozess,
- Innovationsmanagement als Prozessbeherrschung.

Die hierfür gängige Innovationsstrategie ist das *Satisficing* (March und Simon 1993) – es wird die erste Variation des Sprachspiels, die geeignet ist, die aktuellen Innovationserwartungen zufrieden zu stellen, gewählt. Das ist der Standard.

Komplexer wird es, wenn es sich um disruptive, grundlegende Veränderungen handelt. Dann wird die Spielstruktur verändert (Crozier und Friedberg 1993), es treten Widerstände gegen diese Regelbrüche auf, und die Neuerung muss sich erst durchsetzen. Dies gilt für technische Erfindungen ebenso, wie für neue soziale Praktiken. Hier haben wir es mit *Inventionen* zu tun, die über einfache Variationen (als erwartbare Innovation) hinausgehen. Aus Sicht der meisten Beteiligten im Sprachspiel handelt es sich um eine radikale Idee. Die Prinzipien hier sind:

- vollkommen neue Idee,
- Technologie- oder Regelinvention,
- Verdrängung bestehender Tatsachen,
- spontaner Innovationsprozess,
- Handeln als Ungewissheitsbewältigung.

Die notwendige Innovationsstrategie hier ist die *Revolution*. Es geht darum Regeln zu brechen, um neue Ideen generieren zu können – dies ist, was Christensen (1997) als disruptiven Wandel bezeichnet. Trotzdem bedarf es des Sinnverweises auf das bekannte Sprachspiel – denn hierfür stellt es ja die Innovation dar und hierfür bedarf es der Anschlussfähigkeit.

Die dritte Form ist die *Imitation*, als Übernahme von bewährten Neuerungen aus anderen sozialen Feldern. Hier kann man sich an Benchmarks oder eben erfolgreichen Variationen orientieren, die der eigenen Regelanpassung Legitimität verleihen, letztlich aber keine

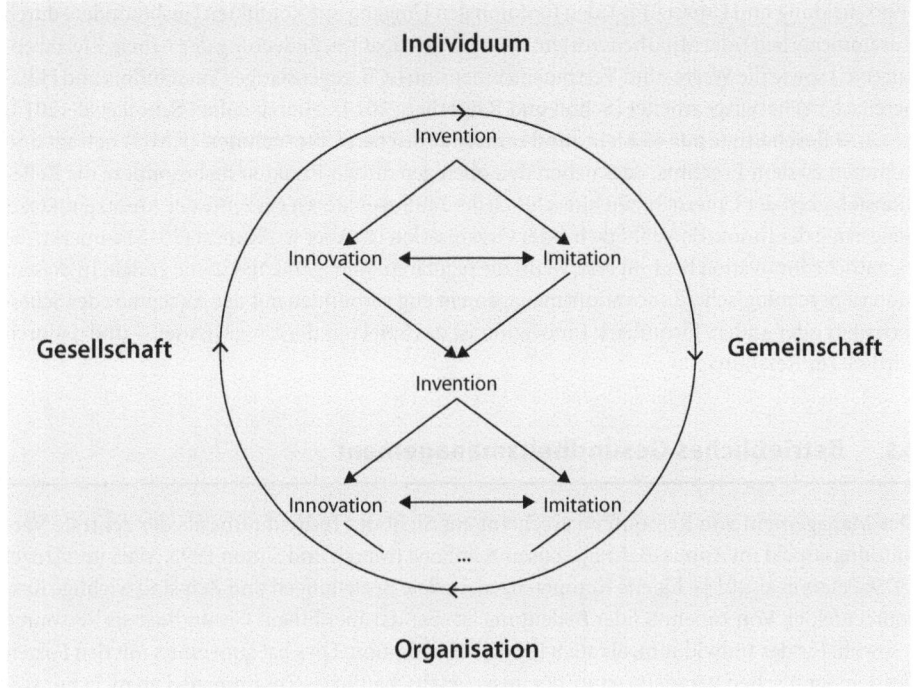

Abb. 6.1   Sozialpsychologischer Innovationszyklus

Innovation an sich darstellen, sondern nur eine Anpassung an bereits erfolgte Umweltverän-
derung (die zumindest in der Erwartungsanpassung liegen). Imitation ist die Innovation des
Ungewissheitsvermeiders (Elbe 2016). Die nachahmende, mimetische Innovation schließt
an den mimetischen Isomorphismus (DiMaggio und Powell 1983) an und umfasst folgende
Prinzipien:

— Anwendung bekannter Ideen,
— Technologie- oder Regelimitation,
— Nutzung erfolgreicher Tatsachen,
— Vermeidung von Wettbewerbsnachteilen,
— Innovationsmanagement als Gefahrenabwehr.

Die hier zugrundeliegende Innovationsstrategie ist das ‚*More of the Same*‘. Es werden keine neuen
Sprachspiele generiert, sondern bekannte Muster werden übernommen und in die eigene Organisationskultur integriert. Mit verbreiteter Imitation schließt der Innovationszyklus.

  Abbildung 6.1 zeigt den Zusammenhang von Invention, Innovation und Imitation als
Zyklus im sozialpsychologischen Spannungsfeld vom Individuum in seinem sozialen Feld, in
dem gemeinschaftliche Sprachspiele gespielt werden. Dieses ist eingebettet in die gesamte Organisation mit ihrer Kultur. Das Nahumfeld trägt mit den Sprachspielen zu dieser Kultur bei und
reproduziert sie. Die Gesellschaft differenziert sich in Organisationen und tritt dem Einzelnen in
den unterschiedlichen organisationalen Feldern wieder gegenüber. Alle vier Aspekte des Sozialen stellen den Rahmen für das Innovationgeschehen.

  Innerhalb dieses Rahmens hat das sozialpsychologische Innovationsmanagement als zentrale Einflussfaktoren für den Erfolg von Innovationsprojekten die Koordinationsfähigkeit

(Entscheidung und Umsetzung), den funktionalen Umgang mit Konflikten (insbesondere durch Zusammenarbeit), die Mitarbeiterorientierung (Partizipation, Bedeutung der Arbeit, Zielakzeptanz etc.) sowie die Werte- und Vertrauensdimension (z. B. gegenseitiges Verständnis und Hilfsbereitschaft) herausgearbeitet (Scholl und Rauterberg 2014). Hierzu haben Scholl et al. (2014) u. a. 639 Beschäftigte aus 45 klein- und mittelständischen Unternehmen (KMU) befragt und kommen zu dem Ergebnis, dass neben den oben genannten Punkten insbesondere die Reflexionsfähigkeit der Unternehmen hinsichtlich der Einflussfaktoren ein zentraler Ansatzpunkt zur Steigerung der Innovationsfähigkeit einer Organisation ist. Aber wie Kunert (2015) anmerkt, die eigentliche Innovation beginnt erst, wenn die regulären Managementsysteme enden. In diesem Sinn ist psychologisches Innovationsmanagement eng verbunden mit der Akzeptanz des Scheiterrisikos oder anders formuliert: Innovation ist das Spiel mit der Ungewissheit – und dadurch wird sie zur Ressource.

6.5   Betriebliches Gesundheitsmanagement

Das Management von Ressourcen erscheint aus Sicht des Individuums als der zentrale Vermittlungsaspekt im Anreiz-Beitrags-Zusammenhang (March und Simon 1993; Marr und Stitzel 1979; Peters et al. 2014). Eigene Kompetenzen, soziale Beziehungen und Zeit sind wichtige Ressourcenfelder. Von zunehmender Bedeutung ist aber darüber hinaus Gesundheit als Ressource – sowohl für das Individuum, als auch für die Organisation. Dies hat zum einen mit den Folgen des demografischen Wandels zu tun, der unser gesellschaftliches Zusammenleben nicht nur statistisch, sondern unmittelbar im Alltag unserer segmentierten Lebenszusammenhänge beeinflusst und zum anderen mit einer generellen ‚Vergesundheitlichung' unserer Lebensführung (Elbe 2015). Dabei ist festzuhalten, dass die individuelle (auch organisationale) Lebensführung von Menschen durch Ungleichheit gekennzeichnet ist. Dem versucht der Ansatz der Differenziellen Gesundheitsförderung (Elbe und Born 2015) Rechnung zu tragen. Hierdurch wird das konkrete Handeln im jeweiligen Feld in Hinblick auf die tatsächlichen Lebensumstände modellierbar. Das Gesundheitsmanagement im Unternehmen muss aus sozialpsychologischer Sicht also an die differenzielle Personalwirtschaft (Marr und Friedel-Howe 1989; Elbe 1997; Morick 2002) anschließen und dabei die aktuellen Entwicklungen des Gesundheitsmanagements und der Gesundheitspsychologie berücksichtigen. Hier ist der Ansatz der Salutogenese von Antonovsky (1997) von besonderer Bedeutung.

Der Ansatz von Aaron Antonovsky (1997), den wir schon an anderer Stelle angesprochen haben, stellt die *Salutogenese*, also die Frage, wie Gesundheit entsteht und gestärkt werden kann, ins Zentrum seiner Analyse. Gesundheit und Krankheit werden dabei als Kontinuum konzipiert, das durch das Zusammenspiel von Stressoren (Reize, die krank machen) und Ressourcen (Faktoren, die das Gesundheitsempfinden stärken) geprägt wird. Der Mensch ist nie ganz krank oder ganz gesund, vielmehr befinden wir uns alle auf einer Position des Gesundheits-Krankheits-Kontinuums, die sich aus der Kombination von Stressoren und Ressourcen ergibt (Antonovsky 1997). Dies ist aber keine simple Relation, sondern wird durch das Kohärenzgefühl – das wir bereits im ▶ Abschn. 2.3 eingeführt hatten – vermittelt. Das Kohärenzgefühl kann durch den Kohärenzfragebogen (‚Sense of Coherence Questionnaire': SOCQ) erhoben werden, wobei sich die Einzelmerkmale des Fragebogens auf drei Faktoren verteilen:

- das *Verstehen* der Umweltgegebenheiten (Personen, Situationen, Zusammenhängen),
- deren *Bedeutsamkeit* (als Bewertung der individuellen Relevanz) und schließlich
- die *Handhabbarkeit* (das Beeinflussungspotenzial durch das Individuum).

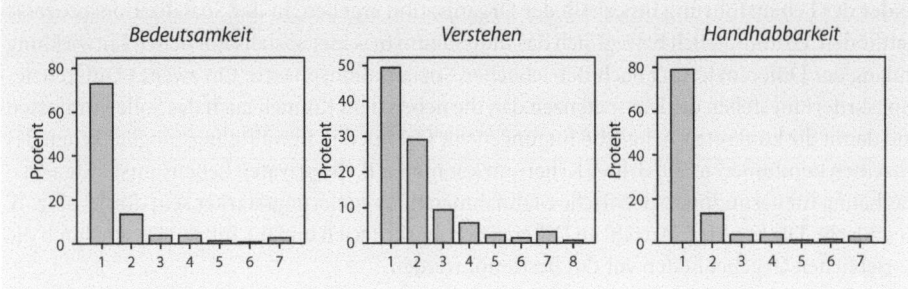

◙ **Abb. 6.2**   Zusammenhang der Kohärenzfaktoren

Durch diese Faktoren erscheint die Umwelt vertraut und dadurch als zugänglich (in Sinne von gestaltbar) – hierfür sind spezifische Ressourcen relevant und aktivierbar. Hiermit hat Antonovsky (1997) ein Modell geschaffen, das mit einer explizit verstehenden Komponente einen umfassenden Rahmen für ein (differenzielles) Gesundheitsmanagement bieten kann. Von zentraler Bedeutung ist hierbei, dass für den Einzelnen nur das beeinflussbar erscheint, was ihm/ihr auch bedeutsam ist. Elbe (2015) zeigt dies anhand einer Untersuchung mit 1.606 Befragten in Bezug auf die Bereitschaft zur Darmkrebsvorsorge. Hier wurden die Kohärenzfaktoren mit einzelnen Fragen erhoben, und es zeigt sich, dass Bedeutsamkeit, Verstehen und Handhabbarkeit in Bezug auf Darmkrebsvorsorge signifikant (sig < 0,01) mit hohem Zusammenhang (rp > .500) miteinander verbunden sind. Die ◙ Abb. 6.2 zeigt die Verteilungen für alle drei Faktoren (in Anlehnung an Elbe 2015).

Beim Vergleich der Diagramme fällt die grundsätzliche Ähnlichkeit aller drei Verteilungen auf, wobei insbesondere Bedeutsamkeit und Handhabbarkeit fast identische Verteilungsmuster aufweisen, was sich auch im Korrelationswert (r_p = .848) zeigt (Elbe 2015). Es gilt eben: *Beeinflussen kann ich nur was mir wichtig ist.* Dies ist bei der Bildung von Differenzierungskriterien im Rahmen eines Differenziellen Gesundheitsmanagements dahingehend zu berücksichtigen, dass Differenzierungskriterien an den jeweiligen Lebensausschnitt anzupassen sind, da dieser dafür ausschlaggebend ist, welche Aspekte besondere Relevanz gewinnen und welche Ressourcen zur Verfügung stehen. Für die Bildung von Differenzierungskriterien lassen sich drei zentrale Regeln, als Minimalforderung, aufstellen:

1 *Lebensführungsrelevanz:* Anpassung der Differenzierungskriterien an den jeweiligen Lebensausschnitt, so können z. B. im Rahmen der betrieblichen Gesundheitsförderung spezifische Zielgruppen (Migrationshintergrund, Professionalisierungsgrad, Kompetenzmuster etc.) besondere Relevanz haben und als Differenzierungskriterien fungieren.

2 *Trennschärfe:* Differenzierungskriterien müssen eine getrennte Gruppenansprache ermöglichen und ein formales Trennschärfekriterium erfüllen. „Die Gruppendifferenzierung ist gesättigt, wenn die Intergruppendifferenz (äußere Gruppendifferenz: $GD_\text{Ä}$) größer ist als die Innergruppendifferenz (GD_I), also $GD_\text{Ä} > GD_\text{I}$" (Elbe 2015).

3 *Gesundheitsrelevanz:* Differenzierungskriterien sind in Bezug auf einen spezifischen inhaltlichen Fokus zu bilden, hier also hinsichtlich gesundheitsrelevanter Aspekte (z. B. Ernährung, Bewegung, physische und psychische Belastung).

Gesundheitsspezifische Differenzierungskriterien lassen sich nun wieder in einem Würfelmodell (vgl. ◙ Abb. 4.9) darstellen, wobei sich in der Kombination der verschiedenen Kriterien konkrete

Felder der Lebensführung innerhalb der Organisation ergeben, in der Sozialisationsprozesse stattfinden. Grundsätzlich bewegt sich das Individuum in seiner sozialisatorischen Entwicklung entlang der Differenzierung nach Betrieblichen Sozialisationsphasen. Ein zweites Differenzierungskriterium stellen die Kompetenzen dar, die neben dem Können auch das Sollen umfassen und damit die konkreten Arbeitsbedingungen vor Ort mit den Bewältigungsmöglichkeiten des einzelnen kombinieren. Ein drittes Kriterium könnten z. B. die privaten Lebensumstände sein – was häufig für gesundheitsspezifische Maßnahmen differenzierungsstärker sein dürfte, als z. B. Geschlecht. Die konkrete Anzahl an Differenzierungskriterien und ihr Inhalt müssen durch die betrieblichen Gegebenheiten vor Ort bestimmt werden.

Aufgrund der Differenzierung lassen sich konkrete Maßnahmen des Gesundheitsmanagements in spezifischen Handlungsfeldern ergreifen. Die zentralen Handlungsfelder des betrieblichen Gesundheitsmanagements sind der Gesundheitsschutz vor übermäßigen arbeitsspezifischen Belastungen (z. B. Ergonomie, Umwelteinflüsse), die Förderung des Gesundheitsbewusstseins und gesundheitswirksamen Verhaltens im Arbeitskontext (z. B. Ernährung, Bewegung, soziale Kontakte), Lernförderliche Arbeitsgestaltung, die Vereinbarkeit von Privatleben (z. B. von familiären Rollen und Ansprüchen) und Beruf, Förderung von Menschen mit besonderen gesundheitlichen Herausforderungen (z. B. Wiedereingliederung nach schwerer Krankheit oder Förderung von Schwerbehinderten), Gesundheitsförderung durch Partizipation. Prinzipiell gilt, dass die Nutzung von gesundheitsspezifischen Ressourcen erlernt ist und in andauernden Lernprozessen vom Einzelnen immer wieder neu hergestellt wird (Elbe 2015). Dies kann durch Formen des Gesundheitscoachings gefördert werden. Hierfür bieten sich Ansätze des salutogenen Coachings (Elbe und Holfeld 2014) als helfende gesundheitsförderliche Beziehung an.

6.6   Fragen

- Welche Bedeutung hat die Gestaltung im Rahmen der Sozialpsychologie der Organisation?
- Was verstehen Sie unter Resilienz und was bedeutet das für Organisationen?
- Skizzieren Sie bitte das Anreiz-Beitrags-Modell.
- Welche Formen der Beurteilung kennen Sie?
- Grenzen Sie bitte Klatsch und Mobbing voneinander ab.
- Was ist Employography? Inwiefern stellt dies eine Herausforderung für Organisationen dar?
- Welche Formen der Innovation kennen Sie und welche Strategien sind damit verbunden?
- Welche Bedeutung hat der Ansatz der Salutogenese für das Betriebliche Gesundheitsmanagement?
- Skizzieren Sie die wichtigsten Handlungsfelder des Gesundheitsmanagements.

Literaur

Antonovsky A (1997) Salutogenese. Zur Entmystifizierung der Gesundheit. Tübingen

Augustin S, Hornstein Ev (2013) Arbeitsbeziehungen. In: Werner C, Elbe M (Hrsg) Handbuch Organisationsdiagnose. München, S 175–189

Baumann Z (2008) Flüchtige Zeiten. Leben in der Ungewissheit. Hamburg

Bergmann J (1987) Klatsch. Zur Sozialform der diskreten Indiskretion. Berlin

Berne E (1970) Spiele der Erwachsenen. Psychologie der menschlichen Beziehung. Reinbek bei Hamburg

Christensen C (1997) The Innovator's Dilemma: when new technologies cause great firms to fail. Boston.

Conradi W (1983) Personalentwicklung. Stuttgart

Crisand E, Rahn H (2011) Personalbeurteilungssysteme, 4. Aufl. Hamburg

Crozier M, Friedberg E (1993) Die Zwänge kollektiven Handelns. Über Macht und Organisation. Neuausgabe. Frankfurt a. M.

Csikszentmihalyi M (1997) Kreativität. Wie Sie das Unmögliche schaffen und Ihre Grenzen überwinden. Stuttgart.

DiMaggio P, Powell W (1983) The iron cage revisited: institutional isomorphism and collective rationality in organizational fields. Am Sociol Rev 48:147–160

Elbe M, Holfeld A (2014) Salutogenes Coaching: Gesundheitsorientierte Beratung von Individuen und Gruppen. In: Zinner J, Elbe M, Lange D (Hrsg) Handbuch Gesundheitscoaching. Kompendium für Praxis und Lehre. Berlin, S 161–181

Elbe M, Born S (2015) Von der Männergesundheit zur Differenziellen Gesundheitsförderung: Innovative Themen auf kommunaler Ebene anschieben. In: Kuhn J, Heyn M (Hrsg) Gesundheitsförderung durch den öffentlichen Gesundheitsdienst. München, S 67–74

Elbe M (1997) Betriebliche Sozialisation: Grundlagen der Gestaltung personaler und organisationaler Anpassungsprozesse. Sinzheim

Elbe M (2002) Wissen und Methode: Grundlagen der verstehenden Organisationswissenschaft. Opladen

Elbe M (2007) Verstehen und Beraten betrieblicher Handlungsproblematik. In: Ludwig J, Moldaschl M, Schmauder M, Schmierl K (Hrsg) Arbeitsforschung und Innovationsfähigkeit in Deutschland. München, S 275–284

Elbe M (2012a) Employography – Neuer Umgang mit Berufsbiographien. In: Böhle F, Busch S (Hrsg) Management von Ungewissheit. Neue Ansätze jenseits von Kontrolle und Ohnmacht. Bielefeld, S 279–296

Elbe M (2012b) Management der Ungewissheit: Zukünftige Zumutungen der Führung. In: Grote S (Hrsg) Die Zukunft der Führung. Berlin, S 173–189

Elbe M (2013a) Employography: Flüchtige Identitäten in Zeiten der Ungewissheit. Journal für Psychologie. Jg 21(3):1–24

Elbe M (2013b) Erkenntnistheoretische Grundlagen der Organisationsdiagnose. In: Werner C, Elbe M (Hrsg) Handbuch Organisationsdiagnose. München, S 31–41

Elbe M (2015) Gesundheitscoaching als Strategie Differenzieller Gesundheitsförderung. In: Gesundheit Berlin-Brandenburg (Hrsg) Gesundheit gemeinsam verantworten. Dokumentation des 20. Kongress Armut und Gesundheit – Der Public Health Kongress in Deutschland 2015. Berlin

Elbe M (2016) Scheitern und Identität: Das ungewisse Ich. In: Kunert S (Hrsg) Failure Management – Ursachen und Folgen des Scheiterns. Berlin, S 21–38

Elbe M, Peters S (2016) Die Temporäre Organisation. Kooperation, Gestaltung und Beratung. Berlin

Fittkau-Garthe H, Fittkau B (1971) Fragebogen zur Vorgesetzten-Verhaltens-Beschreibung (FVVB). Göttingen

Fliaster A (2000) Humanbasierte Innovationsidentität als Managementherausforderung. Interdisziplinäres Erklärungsmodell des japanischen Wissensmanagements. Frankfurt a. M.

Fliaster A (2007) Innovation in Netzwerken: Wie Humankapital und Sozialkapital zur kreativen Ideen führen. München

Frey D, Traut-Mattausch E, Greitemeyer T, Streicher B (2006) Psychologie der Innovationen in Organisationen. München

Gebert D (2004) Innovation durch Teamarbeit. Eine kritische Bestandsaufnahme. Stuttgart

Gleich M (2008) Organisationsaufstellungen als Beratungsinstrument für Führungskräfte. Eine empirische Analyse. Heidelberg

Hagehülsmann U, Hagehülsmann H (1998) Der Mensch im Spannungsfeld seiner Organisation. Transaktionsanalyse in Managementtraining, Coaching, Team- und Personalentwicklung. Paderborn

Hauser P, Brauchlin E (2004) Integriertes Management in der Praxis. Die Umsetzung des St. Galler Erfolgskonzeptes. Frankfurt a. M.

Heller J, Elbe M, Linsenmann M (2012) Unternehmensresilienz – Faktoren betrieblicher Widerstandsfähigkeit. In: Böhle F, Busch S (Hrsg) Management von Ungewissheit. Neue Ansätze jenseits von Kontrolle und Ohnmacht. Bielefeld, S 213–232

Hoog M (2001) A Social Identity Theory of Leadership. In: Personality and Social Psychology Review. S 184–200

Hornstein, E.v. & Rosenstiel, L.v. (2000): Ziele vereinbaren - Leistung bewerten. München.

Katz D, Kahn R (1966) The social psychology of organizations. New York

Keppler A (1987) Der Verlauf von Klatschgesprächen. Zeitschrift für Soziologie 4:288–302

Keupp H, Dill H (2010) Vorwort: Erschöpfende Arbeit – Gesundheit und Prävention in der flexiblen Arbeitswelt. In: Keupp H, Dill HS (Hrsg) Erschöpfende Arbeit. Gesundheit und Prävention in der flexiblen Arbeitswelt. Bielefeld, S 7–17

Kohli M (2003) Der institutionalisierte Lebenslauf: ein Blick zurück und nach vorn. In: Allmendinger, J (Hrsg) Entstaatlichung und soziale Sicherheit. Opladen, S 525–545

Kunert S (2015) Failure-driven innovation from the process perspective. In: Allen A, Bertod O, Kunert S, Salge T, Washington A (Hrsg) Failure-driven innovation. Berlin, S 55–74.

Lewin K (1982) Feldtheorie. Band 4 der Kurt-Lewin-Werkausgabe. Bern

Luhmann N (1964) Funktion und Folgen formaler Organisationen. Berlin

Maier G, Streicher B, Jonas E, Frey D (2007) Bedürfnisse nach organisationaler Gerechtigkeit und Bereitschaft zu innovativem Handeln. Wirtschaftspsychologie 2:43–54

March J, Simon H (1993) Organizations, 2. Aufl. Cambridge

Marr R, Friedel-Howe H (1989) Perspektiven der Entwicklung einer Differentiellen Personalwirtschaft für den Entscheidungsorientierten Ansatz. In: Kirsch W, Picot A (Hrsg) Die Betriebswirtschaftslehre im Spannungsfeld zwischen Generalisierung und Spezialisierung: Edmund Heinen zum 70. Geburtstag. Wiesbaden, S 324–336

Marr R, Stitzel M (1979) Personalwirtschaft: ein konfliktorientierter Ansatz. München

Moreno J (1989) Psychodrama und Soziometrie: essentielle Schriften. Köln

Moreno J (1991) Die Grundlagen der Soziometrie. Wege zur Neuordnung der Gesellschaft, 3. Aufl. Opladen

Morick H (2002) Differentielle Personalwirtschaft. Theoretisches Fundament und praktische Konsequenzen. Neubiberg

Neuberger O (1988) Was ist denn da so komisch? Der Witz in der Firma. Weinheim

Peters S, Elbe M, Kunert S (2014) Anreizkompetenz als Form der reflexiven Professionsentwicklung in differenziellen Personalstrukturen. In: Schwarz M, Weber P, Feistel K (Hrsg) Professionalität: Wissen – Kontext. Sozialwissenschaftliche Analysen und pädagogische Reflexionen zur Struktur bildenden und beratenden Handelns. Bad Heilbrunn, S 674–690

Pongratz H, Voß G (2003) Die Institutionalisierung von Employability. Anforderungen an die Regulierung eines neuen Vermittlungsmodus zwischen Person und Betrieb. In: Allmendinger J (Hrsg) Entstaatlichung und soziale Sicherheit. Opladen, S 455–464

Roth W (2002) Mobbing. Eine Theorie für die Therapie. Deutsches Ärzteblatt 9:416–418

Scholl W, Rauterberg H (2014) Making the difference: Benchmarks der Innovation in deutschen KMU. In: Scholl W, Schmelzer F, Kunert S, Bedenk S, Hüttner J, Pullen S, Tirre S (Hrsg) Mut zu Innovationen. Impulse aus Forschung, Beratung und Ausbildung. Wiesbaden, S 59–75

Scholl W, Bedenk S, Kunert S, Rauterberg H (2012) Was macht Innovationsvorhaben erfolgreich? Empirische Befunde und Implikationen für die Praxis. Humboldt-spectrum 1:20–25

Scholl W, Schmelzer F, Kunert S, Bedenk S, Hüttner J, Pullen S, Tirre S (Hrsg) (2014) Mut zu Innovationen. Impulse aus Forschung, Beratung und Ausbildung. Wiesbaden

Schyns B, Paul T (2006) Skala zur Erfassung des Leader-Member Exchange (LMX 7 nach Graen & Uhl-Bien 1995). Übersetzung. In: Glöckner-Rist A (Hrsg) ZUMA-Informationssystem. Elektronisches Handbuch sozialwissenschaftlicher Erhebungsinstrumente. ZIS Version 10.00. Mannheim

Weyer C, Hodapp V, Neuhäuser S (2006) Subjektive Zufriedenheit und Belastung von Arbeit und Beruf. In: Glöckner-Rist A (Hrsg) ZUMA-Informationssystem. Elektronisches Handbuch sozialwissenschaftlicher Erhebungsinstrumente. ZIS Version 10.00. Mannheim

Witte E, Kahl C (2009) Sozialpsychologie der Kreativität und Innovation. Lengerich

Schlussbemerkungen

Literatur – 192

© Springer-Verlag Berlin Heidelberg 2016
M. Elbe, *Sozialpsychologie der Organisation*,
DOI 10.1007/978-3-662-50383-6_7

Zusammenfassung

Im Schlusskapitel wird die Stellung der Sozialpsychologie der Organisation in Bezug auf Wissenschaft und Praxis abschließend beleuchtet.

Anhand der aktuellen Anwendungsfelder wird noch einmal deutlich, dass die Sozialpsychologie der Organisation sich nicht auf eine neutrale Wissenschaftsposition reiner Beschreibung und Erklärung zurück ziehen kann. Durch die verstehende Perspektive wird bereits Stellung bezogen, im Sinne einer aufklärerischen Position. Hier geht die Sozialpsychologie der Organisation heute ganz zurück zu ihren Anfängen und ihrer Begründung – speziell durch Kurt Lewin (1968, 1982). Das Verstehen führt zur Aktionsforschung und damit zur Partizipation der Betroffenen. Der Mensch im jeweiligen sozialen (Um-)Feld der differenzierten Organisationsgesellschaft ist Objekt und Subjekt der Sozialpsychologie der Organisation gleichermaßen. Für den Menschen in der Organisation gilt es Handlungsmöglichkeiten, aber auch die Sinnhaftigkeit im Erleben der sozialen Umwelt und damit verbunden das Verstehen eigenen Erlebens und Handeln – letztlich also die Förderung der Salutogenese im Sinne Antonovskys (1997) – zu entwickeln. Dies ist das eigentliche Ziel einer verstehend-reflexiven Sozialpsychologie. Hierfür wurden Interventionsansätze vorgestellt und abschließend Anwendungsfelder aufgezeigt.

Die Organisation als System, die hier stattfindenden gruppendynamischen Prozesse und die damit verbundenen Sozialisationsprozesse und Rollenspiele sind die zentralen Ansatzpunkte der *Sozialpsychologie der Organisation*, hierauf zielen Organisations- und Personalentwicklung, als Strategien geplanten sozialen Wandels. Mit diesem Rahmen hat die Sozialpsychologie der Organisation zwar Überschneidungen mit der Arbeits- und Organisationspsychologie, es gibt aber auch deutliche Unterschiede, die insbesondere in der wissenschaftstheoretischen Tradition und im Ansatz der Instrumente zur Verwertung der psychologischen Erkenntnisse, liegen. Die Sozialpsychologie der Organisation, wie sie hier dargestellt wurde, ist eine angewandte, verstehende Wissenschaftsdisziplin, die Menschen und Organisationen in der Förderung ihrer Salutogenese unterstützen will.

Literatur

Lewin K (1968) Die Lösung sozialer Konflikte: Ausgewählte Abhandlungen über Gruppendynamik, 3. Aufl. Bad Nauheim
Lewin K (1982) Feldtheorie. Band 4 der Kurt-Lewin-Werkausgabe. Bern

Serviceteil

Weiterführende Literatur – 194

© Springer-Verlag Berlin Heidelberg 2016
M. Elbe, *Sozialpsychologie der Organisation*,
DOI 10.1007/978-3-662-50383-6

Weiterführende Literatur

ABWF – Arbeitsgemeinschaft Betriebliche Weiterbildungsforschung (2005) Kompetenzmessung im Unternehmen. Lernkultur- und Kompetenzanalysen im betrieblichen Umfeld. Edition QUEM. München.

Beck U (1996) Wissen oder Nicht-Wissen? Zwei Perspektiven „reflexiver Modernisierung". In Beck U, Giddens A, Lash S (Hrsg) Reflexive Modernisierung. Eine Kontroverse. Suhrkamp, Frankfurt a. M.

Bellebaum A (2001) Soziologische Grundbegriffe – Eine Einführung für soziale Berufe, 13. Aufl. Stuttgart.

Brüggemann H, Ehret-Ivankovic K, Klütmann C (2012) Systemische Beratung in fünf Gängen. Ein Leitfaden, 4. Aufl. Göttingen

Ebers M (1985) Organisationskultur: Ein neues Forschungsprogramm? Wiesbaden

Elbe M (2004) Der Offizier – Ethos, Habitus, Berufsverständnis. In: Gareis S, Klein P (Hrsg) Handbuch Militär und Sozialwissenschaft. Wiesbaden, S 418–431

Elbe M (2012a) Employography – Neuer Umgang mit Berufsbiographien. In: Böhle F, Busch S (Hrsg) Management von Ungewissheit. Neue Ansätze jenseits von Kontrolle und Ohnmacht. Bielefeld, S 279–296

Elbe M (2013b) Erkenntnistheoretische Grundlagen der Organisationsdiagnose. In: Werner C, Elbe M (Hrsg) Handbuch Organisationsdiagnose. München, S 31–41

Elbe M (2013c) Kognitive Fähigkeiten: Der Link zwischen Individuum und Organisation. In: Landes M, Steiner E (Hrsg) Psychologie der Wirtschaft. Wiesbaden, S 59–70

Elbe, M. (2015b) Katz, Daniel & Kahn, Robert L. (1966): the social psychology of organizations. Wiley, New York, S. IX; 498. In: Kühl S (Hrsg) Schlüsselwerke der Organisationsforschung. Berlin, S 371–374

Engelhardt S (2006) Neue Mitarbeiter erfolgreich einarbeiten. Erfolgreiche Unternehmen investieren in ihr Humankapital. Stuttgart

Gaugler E, Schneider B (1997) Entwicklung von Professuren und Habilitationen in der Betriebswirtschaftslehre an den wissenschaftlichen Hochschulen im deutschsprachigen Raum. DBW 57 (6):777–795

Henrich J, Heine S, Norenzayan A (2010) The weirdest people in the world? Behav Brain Sci 2(3):61–135

Kirchler E, Meier-Pesti K, Hoffmann E (2011) Menschenbilder. In: Kirchler E (Hrsg) Arbeits- und Organisationspsychologie, 3. Aufl. Wien, S 15–195

Kühl S (2002) Visualisierte Diskussionsführung. In: Kühl S, Strodtholz P (Hrsg) Methoden der Organisationsforschung. Ein Handbuch. Reinbek bei Hamburg, S 243–276.

Liebl H, Oechsler W (1994) Handbuch human-resource-management. Wiesbaden

Luhmann N (1968) Zweckbegriff und Systemrationalität. Über die Funktion von Zwecken in sozialen Systemen. Tübingen

Nerdinger F (2011) Gravitation und organisationale Sozialisation. In: Nerdinger F, Blickle G, Schaper N (Hrsg) Arbeits- und Organisationspsychologie, 2. Aufl. Berlin, S 69–79

Nijstad B, Knippenberg Dv (2007) Gruppenpsychologie: Grundlegende Prinzipien. In: Jonas K, Stroebe W, Hewstone M (Hrsg) Sozialpsychologie. Eine Einführung, 5. Aufl. Berlin, S 409–441

Peters U (o. J.): Psychiatrie und Medizinische Psychologie von A – Z, 3. Aufl. München

Rampe M (2005) Der R-Faktor: Das Geheimnis unserer inneren Stärke, München

Rauen C (2008) Coaching, 2. Aufl. Göttingen

Röben P (2006) Ausbilder im lernenden Unternehmen – Ergebnisse aus einem internationalen Forschungsprojekt. bwp@ 9:1–21. http://www.bwpat.de/ausgabe9/. Abgerufen am: 30.05.2012.

Sattelberger T (1989) Personalentwicklung als strategischer Erfolgsfaktor. In: Sattelberger T (Hrsg) Innovative Personalentwicklung: Grundlagen, Konzepte, Erfahrungen. Wiesbaden, S 15–37

Schulte J (1989) Wittgenstein: Eine Einführung. Stuttgart

Sofer C (1972) Organizations in theory and practice. London: Heinemann

Sonntag K, Stegmaier R (2007) Arbeitsorientiertes Lernen. Zur Psychologie der Integration von Lernen und Arbeit. Stuttgart

Ullrich O (1978) Soziale Rolle in der Industriegesellschaft. München

Weick K, Sutcliffe K (2003) Das Unerwartete managen. Wie Unternehmen aus Extremsituationen lernen, Stuttgart

Wienands A (2002) Palo Alto: die Wiege systemischen Denkens. Zeitschrift für systemische Therapie 3:236–244

Zick A (2000) (Katz, Daniel/Kahn, Robert L) The social psychology of organizations. In: Türk K (Hrsg) Hauptwerke der Organisationstheorie. Wiesbaden, S 150–152

Zimbardo P, Gerrig R (2008) Psychologie, 18. Aufl. München

Zimbardo P, Haney C, Banks W (2005) Das Stanford-Gefängnis-Experiment. Eine Simulationsstudie über die Sozialpsychologie der Haft, 3. Aufl. Goch

The manufacturer's authorised representative in the EU is Springer
Nature Customer Service Centre GmbH, Europaplatz 3, 69115 Heidelberg,
Germany. If you have any concerns regarding our products, please
contact ProductSafety@springernature.com

Printed and bound by CPI Group (UK) Ltd, Croydon, CR0 4YY
27/04/2026
02097652-0012